当代国际政治丛书
CONTEMPORARY INTERNATIONAL POLITICS SERIES

国际关系中的制度选择

一种交易成本的视角

（增订版）

田 野 著

上海人民出版社
Shanghai People's Publishing House

“当代国际政治丛书”

编委会名单

丛书总序

走向世纪之交的国际社会，以其前所未有的成就，期盼着、静候着一个崭新时代的到来。

人类从未有过如此辉煌的业绩，也从未面临过如此艰难的选择。

当下之时，人们刚刚庆幸于和平地实现了国际格局的大转换，却又忧心忡忡于帝国崩溃之后的动荡与纷乱；旧有观念系统被冲击后的迷惘与困惑，以及未被摧毁的武力所带来的疑虑与恐惧。人们在欢呼史无前例的繁荣进步之余，还不得不为已经显露、或尚被隐匿的种种不测之虞所困扰：国际交往迅速增加之后所伴生的失控；政治经济体制变迁的同时引发的失却平衡；科技昌盛之后所出现的自然与社会生态破坏；尤其是新一轮大国竞争所酝酿的国际社会的重大变化。凡此种种，无不对这个因循沿袭和重新构建中的国际政治秩序提出巨大的挑战。

恰恰是这种变动与期盼、困境与挑战，渴望着一门能够对当前国际变化指点迷津的成熟的知识门类应运而生。在这种背景之下，作为专门研究国家间交往规则与方式、国际结构要素与机制及其变化规律与逻辑的国际政治学科，不仅无由推却自己的历史责任，而且必须以自身所持有的知识工具，为新世纪的降临催产。

传统的国际政治学科曾有丰厚的积累。这一知识领域对世界体系、国家主权、民族观念、冲突合作、地缘政治，以及交往机制与结构性问题有着诸多理论思考与详尽的实证记载。问题在于，当今的国际变迁已经大大超出这一传统知识门类所能容纳的范围。

当今，人们已远远不满足于对国际事务简单的、或者哪怕是详尽的记录式描述，而往往要求知其然，还要知其所以然。从描述方式向理论分析方式的转化，已经是客观的国际现实的耳提面命。人们也往往不满足于仅仅或从政治，或从经济，或从军事的单一学科的国际现象分析，国际事务本身早已经跨出了学科的阈域。所以，从单一学科向政治、经济、社会、文化、军事、心理、历史乃至包括各门自然科学在内的多学科跨学科研究，已经是学科本身的逻辑发展所使然。恐怕，一个更为具有挑战性的问题，是人们还往往不满足于从国际政治与国内问题相互割裂的眼光来看问题，一个高度一体化的世界，已经把各国国内的变迁与国际交往与世界性事务紧密相连。因此，从国际与国内相互关联的角度来审视当今世界发展的水平，潮流的变迁，甚至于世风的转换，无论对于学科建设，还是对于战略选择与政策判断来说，都是一个格外重要，也格外需要重视的方面。

在海外，面对新世纪的国际政治学者们已经向世人交出了他们的答卷。近年来，蜚声欧美的保罗·肯尼迪、布热津斯基、塞缪尔·亨廷顿，包括基辛格等，已经写出了多部长篇巨著，直面国际巨变，预言天下走势。虽然，这样的一类著述不会也不可能给出令所有人都满意的答案，但是，国外同行世纪末的冲刺，无论如何给出了一个振聋发聩的信号：中国的国际政治学界将如何回答既是来自客观研究对象的、也是来自同行同代人的挑战？

所幸者，国际问题学术研究领域已经不大可能再是欧美国家的一言堂了。生存与发展、一体化的挑战以及出于对全人类命运的共同关切，使包括中国在内的发展中国家学者，一步一个脚印地营建着自身独特的国际政治知识结构。

当然，要达到这一目标远不容易。中国国际问题学者首当其冲的任务，恐怕是要寻找和形成国际政治专门领域的研究语言与研究规模，并克服模棱两可、大而化之表述的障碍。因为主观臆测、缺乏实证基础的做法，曾经给我们的国际研究与重大问题的判断带来干扰与破坏。

与此同时，构筑国际政治领域独特的概念与范畴体系，也是需学者们皓首穷经，冥思苦寻方能实现的境界。对于一个思辨逻辑传统相对薄弱的民族，这无疑是一场脱胎换骨的观念革命。事情恰恰在于，一个没有独特范畴与概念体系的专业门类，就没有权利去担当反映和影响国际政治现实的“理论”角色。

从客观上说，与工业发达国家早期现代化阶段的国际环境相比，当初，西方列强是在一个积贫积弱的环境中以坚船利炮和先进的科技文明开拓新边疆的；而今，当发展中国家起而奋争时，举目四望，国际环境中却早已是强手林立。这样的国际环境反差，也决定了两种国情与国际背景下的国际政治研究将会在研究的主题、方法、素材等许多方面大相径庭。这也是中国国际政治学者必得对当今国际问题作出自己回答的无可推卸的责任和义务所在。

出于上述考虑，本丛书立意于回应国际社会走向新世纪进程中提出的重大问题，并出于构建中国背景的国际政治理论体系的长远考虑，延请国内一流的国际政治学者，采用多学科跨学科的研究方法，推出一批高质量的国际政治学术著作，以飨海内外的同行与读者。

“当代国际政治丛书”编委会

1995.5

重版代序
国际政治经济学理论在中国:回顾与思考*

田　野

国际政治经济学(International Political Economy, IPE)是20世纪70年代以来首先在西方兴起的一门社会科学学科。尽管理查德·库珀、查尔斯·金德尔伯格等个别经济学家为这一新兴学术领域的形成作出了重要的贡献,国际政治经济学成为一个相对独立的学科仍首先归功于政治学家的贡献。从学科形成起,国际政治经济学就成为国际政治/国际关系学科下发展的一个次级学科。

学术文献是学科发展最主要的体现。尽管社会科学文献特别是经济学文献越来越多地采取了论文的形式,但是在国际政治学领域中最有影响力的文献还是以著作的形式出现的。这些著作不仅构成了国际政治学专业教学的基本参考文献,也为国际政治学研究者之间的相互沟通提供了共同知识背景。本文将以近十几年来出版的学术著作为基础回顾国际政治经济学在中国的发展轨迹,揭示中国国际政治经济学理论已经初步呈现的特质,展现中国国际政治经济学对中国国际关系研究的贡献,并探讨既有研究的不足之处和未来取得更大知识进步的空间。

* 感谢宋新宁教授、王正毅教授和李巍副教授对本文初稿提出的宝贵意见,刘毅博士对本文思路的形成也有一定的贡献,在此一并致谢。本文的最初版本曾以访谈录的形式发表于《国际政治研究》2016年第1期,此次收录于本书时作了较大幅度的调整与补充。

国际政治经济学在中国的发展轨迹

在改革开放以来新一轮"西学东渐"的浪潮中,国际政治经济学随着国际关系学科在中国的发展开始在中国落地生根。20世纪80年代,倪世雄、桑玉成、陈德照、刘同舜等先生陆续发文介绍了西方国际政治经济学研究的一些文献,布鲁诺·弗雷的《国际政治经济学》和罗伯特·吉尔平的《国际关系政治经济学》也被翻译为中文出版。不过,在整个国际关系学科的发展尚未展开的大环境下,国际政治经济学在当时的中国也只能处在萌芽阶段。

20世纪90年代,随着国际关系学科建设在中国的全面展开,国际政治经济学在中国真正迈入起步阶段。在1991年北京大学国际关系研究所主办的"跨世纪的挑战:中国国际关系学科的发展"国际学术研讨会上,中国人民大学的宋新宁提交了《中国的国际政治经济学研究:挑战、困境、出路》的长篇论文,对国际政治经济学的研究目标、主要课题和未来设想在中文世界中第一次进行了全景式的勾勒。[1]在90年代,宋新宁在中国人民大学国际政治系组织了为期八年的中美暑期讲习班(1990—1997),斯蒂芬·克拉斯纳、约翰·奥德尔、邓肯·斯奈德尔等国际政治经济学的大牌学者都曾在这个讲习班上授课。当时尚在南开大学任教的王正毅则与美国的迈尔斯·卡勒等学者联合组织了"国际政治经济学与亚太区域化"国际合作项目(1995—2000),在五年的项目期内共举办了三次国际会议和两次国际研讨班。这些国际学术交流活动不仅促进了中国学者与国际学术界的联系,而且为中国国际关系和国际政治经济学的人才培养起到了很大的作用。

作为学科知识体系化的反映,三部代表性的国际政治经济学教科书或者具有教科书功能的基础理论性著作在世纪之交相继出版。作为国内第一部国际政治经济学教科书,宋新宁和陈岳合著的《国际政治经济学概论》于1999年出版[2]。紧随其后,樊勇明于2001年出版了《西方国际政治经济学》一书[3],王正毅与张岩贵于2003年出版了《国际政治经济学:理论范式与现实经验研究》[4]。通过划定学科边界、归纳理论谱系和展开经验分析,这三部教科书极大地推动了中国国际政治经济学研究的规范化、体系化。这些书在初版后不仅多次印刷，而且以不同方式都出了再版或新版本，就反映了它们的生命力和影响力。

从上述历程上看，中国国际政治经济学的知识谱系是“西学东渐”的产物。尽管中国在改革开放以前就具有马克思主义政治经济学的深厚传统，而且这一传统对日后国际政治经济学在中国的发展也产生了潜移默化的影响，但是中国的国际政治经济学从学科体系的构建上看仍对接于西方的国际政治经济学。当然，西方国际政治经济学也包含了西方马克思主义的国际政治经济学。实际上，90 年代国际政治经济学能够被系统介绍到中国，和这几位学科的创立者在西方发达国家的留学或访学经历直接相关。比如，宋新宁在 1991—1992 年到伦敦经济学院访学期间系统学习了国际政治经济学的理论与方法，回国后就在中国人民大学开设了国际政治经济学课程；1995—1996 年，他作为富布赖特学者赴国际政治经济学研究的重镇美国加州大学圣迭哥分校访学，回国后就着手《国际政治经济学概论》的写作。王正毅于 1994—1995 年赴纽约州立大学和法国高等社会科学院，在世界体系理论的代表人物伊曼纽尔·沃勒斯坦的指导下从事博士后研究，系统学习了西方马克思主义的国际政治经济学，并在回国后完成了相关国际政治经济学论著的撰写。樊勇明则自 1992 年起赴日本庆应义塾大学访学并攻读博士学位，并在回到母校复旦大学后主持了国际政治经济学的学科建设。由于西方的国际政治经济学在 20 世纪 70 年代才形成，走出国门的中国学者可以很快地掌握国际政治经济学的知识谱系与发展动态，在起点上就实现了与国际学术界的对接；而三部代表性教科书所确立的学科体系也相对稳定，从而为日后国际政治经济学在中国的发展奠定了很好的知识基础。

由于中国的国际政治经济学肇源于西方，西方国际政治经济学的演进也会影响中国国际政治经济学的发展轨迹。在国际政治经济学的早期发展阶段，为了将国际关系的政治方面和经济方面重新结合起来，吉尔平等开拓者们回归政治经济学的思想传统，即重商主义、自由主义和马克思主义，由此形成了新重商主义国际政治经济学、自由主义国际政治经济学和马克思主义国际政治经济学三大宏观范式。作为当时国际关系理论发展的一种主要趋势，国际关系理论家也致力于构建国际体系层次上的理论范式，这也不可避免地使国际政治经济学的早期开拓者集中探索国际体系层次上的政治经济互动。但是到了20世纪90年代以后，国际政治经济学的研究者对学科的基本范畴与研究路径已经取得了相当程度的共识，思想传统之间的辩论已经不再是驱动学科发展的重要动力。经过多年的学科专业化发展，国际政治经济学的研究者更多地是在不同的问题驱动下采用更为定型的社会科学研究方法来展开更为具体的中层理论构建和经验实证研究。此外，随着国际关系与比较政治两个学科的日益融合，也随着这一时期全球化的迅猛发展和各国经济对外开放程度的显著提高，国际政治经济学的研究者日益将其分析层次回落到国内体系中，积极探索开放条件下国内政治与国际政治经济之间的互动。由此，"开放经济政治学"(Open Economy Politics, OEP)在20世纪90年代以后逐渐成为国际政治经济学的主流，特别是在美国国际政治经济学研究中几乎有"一统天下"之势。本杰明·科恩根据国际政治经济学研究的上述转变将国际政治经济学学者分为第一代学者和第二代学者[5]，而基欧汉则将国际政治经济学的这两种范式分别称为"旧国际政治经济学"和"新国际政治经济学"[6]。那么，这种研究范式的转变是否在中国国际政治经济学的发展中也有所体现呢？

如前所述，世纪之交出版的三部教科书为国际政治经济学在中国的形成确立了基础和框架。这三部教科书尽管各具特色，比如宋新宁和陈岳的《国际政治经济学概论》更强调马克思主义政治经济学方法论对国际政治经济学学科发展的价值，王正毅和张岩贵的《国际政治经济学：理论范式与现实经验研究》则突出了政治经济学的古典理论对国际政治经济学当代理论的影响，而樊勇明的《西方国际政治经济学》则凸显了国际政治经济学理论与主流国际关系理论的衔接，但是它们在以下这一点上都是共同的，即深受吉尔平关于三大思想传统划分的影响。《国际政治经济学概论》无论是对国际政治经济学的理论溯源还是对当代国际政治经济学理论的流派划分都采用了"三分法"，即将国际政治经济学的主要流派分为自由主义、新重商主义和马克思主义。《国际政治经济学：理论范式与现实经验研究》则在系统介绍古典重商主义、古典自由主义和古典马克思主义这三种古典理论之后，将当代国际政治经济学理论分为沿袭古典重商主义传统的霸权稳定理论和国家主义理论、沿袭古典自由主义传统的相互依存理论及沿袭古典马克思主义传统的世界体系理论和依附理论。《西方国际政治经济学》则更直接地将国际政治经济学理论分为"相互依存论和新自由主义""霸权稳定论和新现实主义""依附论和新马克思主义"三大理论。上述结构安排上体现出了吉尔平式的思想传统划分在中国国际政治经济学研究中的深刻痕迹。

在这种学科体系下，中国学者对国际政治经济学具体问题的讨论也深受这种划分的影响，以某种理论流派的视角来分析国际体系层面的政治经济互动。在新千年的起点上，《国际体系研究：历史与现状》运用新马克思主义国际政治经济学理论对国际体系的历史与现状进行了系统的分析。[7]《全球公共问题与国际合作：一种制度的分析》则基于新自由制度主义文献深入讨论了国际制度的形式选择问题。[8]《中国石油安全的国际政治经济学分析》依据新自由主义理论提出处理好业已存在的中国与国际石油市场间的相互依赖关系才是保障未来中国石油安全的上策。[9]《国际关系中的制度选择：一种交易成本的视角》提出了一种国际制度形式选择的交易成本模型。[10]这些著作不管采用何种视角，都主要着眼于国际体系层次的分析。

进入21世纪第一个十年的下半期后，中国学者开始越来越多地关注开放经济政治学在美国取得的进展。在与美国同行交流的基础上，王正毅在2006年提出了"超越'吉尔平式'国际政治经济学"的目标。他详细介绍了美国新一代国际政治经济学学者有关国际政治经济与国内政治互动的新成果，归纳了20世纪90年代以来美国国际政治经济学发展的新特征，阐述了"后吉尔平时代"的研究议程。[11]曲博在2006年的中国国际关系学会博士论坛上，介绍了开放经济政治学兴起的背景和具体的研究纲领。[12]此后，中国国际政治经济学研究更多地迈向了聚焦于国际—国内互动的道路。

这种范式的转换反映在代表性教科书的再版上。比如王正毅的《国际政治经济学通论》在理论演进部分开辟专章来介绍"第二代"国际政治经济学学者如何立足于国家与社会的关系来分析对外经济政策，而且对国际金融、国际贸易、跨国公司、发展与转型等经验议题的政治经济分析都体现了“后吉尔平时代”的特点。[13]宋新宁和我合著的《国际政治经济学概论》(第二版)则将国际政治经济学理论分为“国际体系的政治经济学理论”与“国际—国内互动的政治经济学理论”并分章叙述。[14]与该书第一版相比，该书第二版在国际贸易、国际货币金融与对外直接投资的政治经济分析中，也突出了国内政治对国际贸易、货币金融与投资的影响。此外，朱文莉的《国际政治经济学》(第二版)颇具特色地从比较经济体制的视角讨论了国家间的竞争[15]，邝梅的《国际政治经济学——国际经济关系的政治因素分析》(第二版)则强调了一定国内制度下利益集团和政党在各国对外贸易与金融政策选择中的作用[16]。

随着研究范式的转换，2006年以后出版的许多国际政治经济学著作也反映了中国国际政治经济学学者对国际—国内互动的关注。《权力与经济增长》从多层次博弈的视角分析美国贸易政策的制定。[17]《中美经贸关系》在国家、市场与社会“三维”分析框架下聚焦于中美两国国内利益集团对中美经贸关系的影响。[18]基于国家偏好与社会偏好的关系，《平衡社会利益与国家安全——政府对外贸易战略选择》发展了国家对外贸易战略选择的理论模型。[19]《制度变迁与美国国际经济政策》提出美国国内制度结构的变迁导致了国际体系和国内社会信息传递渠道的变化，从而促成了国际经济政策的调整。[20]《贸易保护主义的国际政治经济学分析》基于博弈论建立了关于贸易保护主义的理论解释模型。[21]根据“后吉尔平时代”的研究议程，《管控投资自由化：美国应对日本直接投资的挑战》探讨了美国为什么以及如何管理流入本国的日本直接投资。[22]《跨国公司与发展中国家》在结构性权力的视角下探讨了跨国公司与母国、东道国之间的关系。[23]《危机下的抉择：国内政治与汇率制度选择》提出了国内政治影响汇率制度选择的分析框架，并以此解释了韩国和马来西亚在亚洲金融危机后的汇率制度选择。[24]《大国权力转移与技术变迁》探讨了大国之间的权力转移对大国技术创新的影响。[25]《国家的选择：国际制度、国内政治与国家自主性》探讨了国际经济制度对国内政治中的国家自主性的影响。[26]这些著作多数采取了从国内到国际的视角，不过也有著作采取了从国际到国内的视角。

中国国际政治经济学理论的特质

中国国际政治经济学研究呈现出了与美国国际政治经济学研究大致相同的发展轨迹,即从聚焦于国际体系的研究转向国际—国内互动的研究。但这并不意味着中国国际政治经济学的发展必然会走向开放经济政治学之路。根据戴维·莱克在《牛津政治经济学手册》中的界定,“开放经济政治学将企业、部门或生产要素作为分析单位,从每个单位在国际经济中的位置来推导它们的经济政策偏好,并将制度看作利益聚合的机制和竞争性社会利益集团议价的条件,最后探讨具有不同社会利益的国家之间在国际层次上必要的议价”。[27]简单地说,开放经济政治学研究的第一步是将世界经济作为自变量,国内行为体的偏好作为因变量,第二步是将国内政治中的偏好或制度作为自变量,对外经济政策作为因变量,第三步是分析这些具有不同政策倾向的国家之间的博弈。2006年以后中国国际政治经济学研究的代表性著作尽管聚焦于国际—国内互动,但并不都是严格按照莱克的界定来探索国际—国内互动的。实际上,开放经济政治学一词在中国的国际政治经济学同行之间也没有流行开来。

有意思的是,当国际—国内互动研究在中国国际政治经济学研究中开始占据主流时,开放经济政治学在2008年金融危机以后开始遭受很大的质疑和批判。由于过多地追求演绎的精确性以及系统的实证数据,开放经济政治学对于当今世界正在发生的新变化不够敏感。基欧汉在肯定开放经济政治学的成就时也坦率指出了这一不足,主张面对各种新问题需要采用更加多元的方法,包括与开放经济政治学的学术旨趣相当不同的英国学派。实际上,由苏珊·斯特兰奇所开辟的国际政治经济学英国学派本身在研究问题与研究方法上就更为多元和开放。[28]斯特兰奇所倡导的“开放的领域”被英国学派的很多人所响应,从而使其能够将世界上发生的各种新变化纳入其研究问题的清单。2008年金融危机后英国学派对国际政治经济变化的及时讨论彰显了这一学派的活力。

即使没有有意识地呼应西方学者对开放经济政治学的反思,中国国际政治经济学理论研究也没有完全落入开放经济政治学的窠臼。中国学者在积极推动国际—国内互动研究的同时，并没有像开放经济政治学那样忽视国际政治的结构与进程，而且也没有像开放经济政治学那样忽视国家面对社会时所具有的自主性。

首先，中国国际政治经济学学者在国际—国内互动的研究中并没有忽视国际政治的结构与进程。尽管开放经济政治学在最后一步纳入国际议价的因素，但在前两步都以隔离国际政治进程的方式来集中探讨对外经济政策的国内政治根源。尽管一些政策选择是纯粹国内政治的产物，但其他的一些政策选择是国内和国际进程互动的结果。在后一种情况下，忽视国际政治将会导致研究者基于国内政治而产生推理过程中的偏见，托马斯·奥特利将其称为“还原主义的赌博”。[29]就此而言，重温“旧国际政治经济学”的理论逻辑也许是有益的，当然需要对其加以一定的改造。因此，无论是国际政治与国际经济的互动，还是国内政治与国际经济的互动，都是国际政治经济学研究必不可少的部分。

就近年来国际—国内互动研究的践行者所从事的研究工作而言，王正毅对中国经济转型的国际因素的研究、张建新对国际能源体系的研究、王勇对中美贸易关系的研究、宋国友对中美金融关系的研究、李巍对中国货币外交的研究、钟飞腾对中国周边关系的研究、保建云对全球金融危机的研究、黄河对国际经济规则的研究、曲博对全球经济治理和黄琪轩对大国权力转移的研究，以及我对国际经济制度的研究，都表明中国国际政治经济学者在从事国际—国内互动研究中虽然“找回”了国内政治，但没有“踢出”国际政治。这种对国际政治结构与进程的格外“珍重”可能会使中国的国际政治经济学在强调国际—国内互动的同时形成不同于开放经济政治学的特点。

李巍在这方面作出了比较多的理论化工作。其《制衡美元：政治领导与货币崛起》在汲取作为“旧国际政治经济学”的霸权稳定理论的学术养料的同时对其进行了重大的补足，突出了国际政治领导对国际货币秩序缔造的建设性作用。[30]在新近的研究中，他主张通过整合现实主义和新自由制度主义的有用内核来同时强调国际制度的公共服务功能和私人权力功能，从而提出了现实制度主义。[31]基于国际制度的双重属性，李巍认为国际制度竞争日益成为国家间竞争特别是大国间竞争的重要表现形式。一方面，国际制度竞争是制度主导国之间的权力竞争；另一方面，国际制度竞争也是主导国提供公共产品的能力竞争。

此外，在我本人关于国际制度与国家自主性的相关研究中，作为国际政治体系一部分的国际制度是自变量，国内政治中的国家自主性是因变量。[32]这一点不同于开放经济政治学将世界经济作为第一步研究中自变量的通例，也不同于其将国内政治作为第二步研究中自变量的通例。

其次，中国国际政治经济学学者在国际—国内互动的研究中并没有忽视国家相对于社会的自主性。尽管开放经济政治学将国内政治制度和政治过程纳入到分析框架中，其分析的起点仍首先是社会行为体的偏好，因此具有社会中心论的倾向。和国际政治经济学兴起之初国家主义理论的重要位置相比，开放经济政治学的这种倾向可以说是某种"倒退"。与西方政治体系中"国家弱、社会强"的国内结构不同，中国政治体系中"国家强、社会弱"，与中国具有类似国内结构的某些东亚发展型国家也是如此。鉴于这种差异的显著性，即使是对国内政治体系的分析，中国国际政治经济学也呈现出了与开放经济政治学不同的特点，即突出了国家或政府相对于社会的自主性。

一般认为，固定汇率制是国家控制经济的手段，而资本自由流动是世界市场扩张的结果，但东亚新兴经济体却采取了固定汇率制和资本自由流动的政策组合。曲博在对这个令人困惑的问题的探讨中发现了将基于西方民主国家经验的对外经济政策模型应用于东亚国家的局限性，从而提出了东亚国家对外经济政策选择的修正模型。[33]在这个模型中，他强调社会行为体的选择与分化并不依赖要素的流动性，因为社会行为体的政策偏好是由国家的发展战略所确定的。曲博对东亚经济体汇率制度选择的政治经济学分析显示，政府可以利用掌握的国内政治权力来主动应对全球经济的挑战。

另外，世界市场自第二次世界大战结束以来已经不再是自发的市场，而是由制度调节的市场。那么，作为世界市场组织化反映的国际经济制度是限制还是增强了国家自主性？我本人提出了国际制度增强国家自主性的理论。[34]这一理论的主要因果机制包括：第一，国际制度可以重新分配国内政治行为体之间的权力资源，使国家行为体的偏好更容易得到实现；第二，国家行为体可以通过国际制度使其当下推动的政策具有不可逆性，从而向非国家行为体作出可信的承诺；第三，国际制度有助于国家行为体推动与自己偏好一致的国内集体行动。这样，国际制度改变了国内政治博弈的既有均衡，在这个新均衡中国家所推动的公共政策将与自己的偏好更一致。因此，国家行为体可以运用国际制度来增强对国内其他行为体的相对自主性。

这些研究表明，早期国际政治经济学研究中国家自主性、国家能力、国内结构等国家主义理论的概念仍然有其生命力和适用性，尽管需要对其改造以增强其微观基础。也许，曲博和我的上述理论可以被称为"社会联盟的国家理论"和"国际制度的国家理论"，如果要为这些理论贴上标签的话。

在某种意义上，中国国际政治经济学研究与开放经济政治学在以上两个方面的差异反映了中国在国际体系和国内体系中的主要"特质"，即在国际体系中中国是崛起中的大国，在国内体系中中国是国家主导性的结构。因此，开放经济政治学在中国的扩散并没有带来中国国际政治经济学研究对其的趋同，而是使中国国际政治经济学在实现范式转换的同时开始初步展现出自己的特点。

中国国际政治经济学对中国国际关系研究的知识贡献

一般而言，国际关系研究至少可以分为国际关系理论、国际安全研究和国际政治经济学三个部分。在美国，国际政治经济学和国际安全研究在国际关系学科中的地位几乎不分伯仲。中国的国际政治经济学经过多年的发展虽然没有达到该学科在美国那样高的地位，但对中国整个国际关系学科的发展也具有重要的意义。中国的国际政治经济学对中国国际关系研究的知识贡献至少表现在以下四个方面。

第一，国际政治经济学将国际经济关系纳入国际关系学科的范围，从而拓展了中国国际关系学科的研究对象。在西方国际政治学理论体系在战后初期形成后，20 世纪 70 年代国际政治经济学在西方的兴起就打破了作为"高政治"的国际安全领域和作为"低政治"的国际经济领域之间的界限，使国际关系学者的视野扩大到国际贸易、国际货币金融、对外直接投资等国际经济领域。就这一方面而言，中国国际政治经济学具有同样的作用。不过值得注意的是，中国国际政治经济学的兴起与国际关系学科建设的全面展开几乎同步，这也就意味着中国的国际关系学者比美国国际关系学者更少有意识地区分“高政治”与“低政治”。很多中国的国际关系学者虽然并不自认为属于国际政治经济学学术共同体，但也习惯于从政治经济互动的视角来分析国际政治问题。此外，随着中国对外经济关系的展开，像自由贸易协定、双边投资协定、人民币国际化、全球经济治理等国际经济问题的讨论不再属于经济学家的专属领地，国际关系学者至少可以参与讨论，甚至在一些场合主导讨论。

第二，国际政治经济学由于比国际安全研究更加关注国际—国内互动，使国际关系研究的分析层次出现了下移，从而加强了国际关系研究的微观基础。自肯尼思·沃尔兹的《国际政治理论》出版以来，从事国际关系理论研究的学者主要致力于国际体系层次上的理论构建。这一点也同时反映在国际安全研究和国际政治经济学中相关理论的构建上，前者集中表现为防御性现实主义、进攻性现实主义等结构主义理论，后者则表现为霸权稳定理论、新自由制度主义和世界体系理论等。但由于国际政治经济学所关注的贸易问题、国际货币金融问题和对外直接投资问题更多地触及了国内体系中国家与社会之间的密集互动，国际政治经济学的分析层次随着开放经济政治学的兴起而显著地下移到单位层次。正如前文提到的，2006 年以后中国国际政治经济学研究的代表性著作大多聚焦于国际—国内互动。这种分析层次的下移也引起学者们对更大范围内中国国际关系学科分析层次过于集中于国际体系层次的反思。在中国国际政治经济学学者更早注意到国际关系学科分析层次下移的学术发展趋势后，一些从事安全研究的中国学者开始关注到新古典现实主义理论的发展，并由此考察国内政治对安全关系的影响。这样，对国际—国内互动的关注不再局限于国际政治经济学，而是扩散到整个国际关系学科。

第三，国际政治经济学研究与国际合作研究相伴而生，因此国际政治经济学的发展有助于国际关系研究避免过于关注冲突而忽视合作的偏向。国际冲突与国际合作是国家间互动的两种最基本形式。第二次世界大战结束以来，国际关系学科将国际冲突置于研究的中心议程。特别在长期主导国际关系研究的现实主义范式下，国际冲突被看作国际关系的常态，而国际合作即使出现，也是偶然的、暂时的、不稳定的。但随着国际政治经济学的兴起，国际合作问题开始引起国际关系学者越来越多的关注。实际上，国际政治经济学在兴起后很长一段时期内关注的核心问题就是在霸权衰退后国际经济合作如何维持的问题。因此，国际政治经济学和国际合作研究几乎在国际关系学科内几乎是同时起步的。两者相互伴生的关系也反映在中国国际关系学科相关领域的发展上。中国国际政治经济学的一些代表性学者也在国际合作研究中的某些领域的开展上发挥了引领作用，比如宋新宁、王正毅、樊勇明对区域合作与区域一体化的研究[35]、苏长和和庞中英对国际制度与全球治理的研究[36]等。樊勇明领军的复旦大学国际政治经济学研究团队将霸权稳定理论的公共物品提供问题从全球体系层次转换到区域体系层次，在区域公共产品的理论以及相关的经验分析上出版了一系列著作。虽然区域一体化研究和全球治理研究并不能都简单划归国际政治经济学，但鉴于区域经济一体化和全球经济治理在这两个研究领域中各自所处的核心地位，中国国际政治经济学的发展与这两个以国际合作为基本对象的研究领域在中国的发展相得益彰，比翼齐飞。

第四，国际政治经济学研究基于经济学方法论而形成的一些概念可以适用于整个国际关系领域，从而增加了分析国际关系问题的概念工具。在美国国际关系学科的发展中，经济学方法论或者说其在政治学中的变体理性选择路径，无论是在国际安全研究中还是在国际政治经济学中都得到了实质性的应用，比如詹姆斯·费伦对战争的理性主义解释就是安全研究中的一个范例。但在中国，国际安全研究更多地为结构主义研究范式所主导，这一点突出反映在对国际格局这个概念的过度使用和对权力转移这个主题的集中关注上。这样，经济学方法论所形成的概念，比如交易成本、信息不对称、集体行动、公共物品、协调型博弈/协作型博弈等，主要是首先在中国的国际政治经济学研究中加以运用，并逐渐扩散到整个国际关系学科中。这些概念工具的使用，为中国学者分析中观和微观层次的国际关系问题提供了逻辑演绎和经验归纳的重要基础。

中国国际政治经济学理论研究中存在的不足与进步的空间

关于中国国际政治经济学研究中存在的不足之处，在陈玉刚、宋国友、李巍、王勇等、徐秀军等学者撰写的学科述评中都有过归纳和探讨[37]，这些不足之处涉及学科界定上的泛化、学术共同体的滞后、研究方法的单一、中国问题意识的缺失、理论创新的不足等等。虽然这些问题在当今中国的国际政治经济学中仍然不同程度上存在着，但多数问题在近年来已经有了很大改进。在学科界定上，中国国际政治经济学的主力学者已经取得了大致的共识。由王正毅和李滨担任首席专家并由十余位学者共同参与的教育部马克思主义工程重点教材《国际政治经济学概论》所确立的学科边界和学科结构就反映了上述共识。在学术共同体的建设上，2010 年中国社会科学院世界经济与政治研究所和北京大学国际政治经济学系联合发起了“国际政治经济学论坛”，并在此后每年举行一次学术研讨会，为国际政治经济学以及相关学科学者的交流提供了一个制度平台。在研究方法上，尽管中国的国际政治经济学学者仍然首先青睐定性分析方法，近年来也开始采用定量分析方法，例如关于中国对外直接投资、对外经济援助的相关问题就发表了若干篇定量研究的论文。在中国问题意识上，随着“一带一路”倡议的提出、人民币国际化的推进、亚洲基础设施投资银行的成立等近年来一系列重大举措的推出，越来越多的国际政治经济学学者展开了对中国经济外交、中国参与全球经济治理等议题的深入研究。作为中国国际政治经济学学科建设的基础，中国国际政治经济学理论研究也取得了前文所述的重要进展，不过仍存在以下不足之处。

第一，中国的国际政治经济学研究仍缺乏回应重大理论问题的创新性成果。尽管国际政治经济学研究在 20 世纪 90 年代以来，特别是进入 21 世纪以后更多地由以理论范式为导向的研究转向以研究问题为导向的研究，但这种两种导向不是决然对立的。在实证主义的方法论下,国际政治经济学中的各种理论大多是为了回应某些重要的现实问题而形成和发展起来的,比如霸权稳定理论和新自由制度主义都是为了回答霸权的兴衰是否会影响国际经济体系的开放和国际经济合作的持续这个经验问题。因此,国际政治经济学理论研究者应该对国际经济关系在宏观层面的重大问题作出回应。近年来,中国国际关系理论在某些问题上的研究上取得了不少进展,特别是秦亚青的“国际政治的关系理论”、阎学通的“道义现实主义”和唐世平的“国际政治的社会进化理论”都在“大理论”意义上取得了创新性的成果。与这些成果相对照,中国国际政治经济学理论的创新性更多的是边际意义上的,缺乏重大的理论创新。

第二,中国国际政治经济学理论研究过多聚焦于国家或者中央政府对外经济政策的制定,而对国家之上的国际组织和国家之下的地方政府、企业、阶级、行业、公众、个人等行为体重视不够。如前所述,中国国际政治经济学在第二个发展阶段上已经聚焦于国际—国内互动分析,但这种分析仍主要着眼于对国家或者说中央政府对外经济政策的分析。尽管中央政府的偏好在制约产品和生产要素跨国流动上的作用最为明显,但地方政府、企业、阶级、行业、公众等的偏好也会发挥重要的作用。比如国有企业在政治权力结构中的特殊地位以及其内部的权力结构会显著影响其对外直接投资的战略与行为。又如在财政分权制度下,具有吸引外商直接投资强烈动机的地方政府与跨国公司如何实现政企合谋也是一个国际政治经济学问题。尽管有学者敏感地提出了“国家资本主义”或者“地方政府国际化”的研究议程,但仍缺乏系统的经验证据。总体来看,中国国际政治经济学学者对于这些中观和微观主体的分析还是相当匮乏的。此外,中国国际政治经济学学者对于国际经济组织和全球经济治理这样宏观层面的现象也比较缺乏对组织结构、决策程序、投票规则、谈判过程等中观和微观问题的分析,从而使不少论述大而无当。

第三,中国国际政治经济学理论研究尽管注意到国内制度在国内偏好汇聚上的作用,但仍缺乏对国内制度多样性的重视。中国国际政治经济学学者在国际—国内互动的研究中对国内政治制度的分析仍主要是描述性的,缺乏更为一般的类型学讨论,即国内制度形式的差异如何影响到跨国经济交换。实际上,比较政治学关于制度多样性的具体探讨对推进国际政治经济学的研究意义重大。即使在备受争议的民主/威权二分法下,民主政体至少可以分为多数民主和共识民主,威权政体至少可以分为个人独裁政权、军人政权和君主制政权等。在历史制度主义关于资本主义多样性的讨论中,资本主义市场经济则可以分为协调市场经济、自由市场经济和依附市场经济等。但由于比较政治学在中国作为一个学科加以建设的时间比国际政治经济学还要晚些,也由于中国国际政治经济学理论研究的经验基础大多限于美国等少数几个国家,世界各国在这些制度形式上的广泛差异在中国国际政治经济学者的研究中并没有得到充分的关注。

第四,中国国际政治经济学理论的"中国特质"仍不够充分和鲜明。尽管美国的开放经济政治学范式对中国国际政治经济学的发展产生了很大影响,但中国国际政治经济学研究仍呈现出自身的特点,即对国际权力结构的突出和对国家自主性的强调。这些特点实际上是中国与世界、中国政治与经济关系"特质"的实践形态在学术研究上的反映。然而,这些对国际政治权力和国家自主性的突出仍没有从根本上脱离西方国际政治经济学的知识谱系。反观中国国际关系理论的重大创新,比如秦亚青的"国际政治的关系理论"就将中国传统的理念"关系"植入国际关系理论,从而展现了元理论上的中国特质。也许,中国传统的经济治理思想和中国传统社会的经济治理模式都难以为国际政治经济学理论的中国化提供足够强大的思想资源和历史积淀,但这并非完全不可能的任务。

经过二十多年的发展,中国国际政治经济学已经取得了长足的进展,但也存在上述的缺失。如果将视野跳出国际政治经济学自身,仅就近年来国际关系研究中另外两大领域的发展而言,中国的国际关系理论研究具有了越来越多的创新性,中国的国际安全研究实现了越来越高的专业化。与之相比,近年来中国国际政治经济学研究中的知识进步显得相对不足。不过,中国的国际政治经济学研究在当前也面临难得的有利的学科条件和现实机遇。如果利用好这些条件和机遇,中国的国际政治经济学研究将会获得深入的发展。

在学科条件上,有关学科在中国的发展会为中国国际政治经济学的发展提供助力。第一，国际经济学。国际政治经济学所研究的对象是国际经济关系，因此国际政治经济学也被称为“国际经济关系的政治学”。如果没有对国际经济问题准确细致的把握，政治学者就无法展开好的国际政治经济学研究。近些年来，中国的一些国际经济学者加入了对国际政治经济学的研究中，反过来激励政治学者更为系统地学习国际经济学的知识。第二，比较政治学。比较政治学在中国发展的滞后曾对中国国际政治经济学的发展具有相当的限制作用，这和比较政治学在美国的发达对美国国际政治经济学的推动作用形成鲜明的反差。但近几年来，比较政治学在中国有了相当快速的发展，特别是作为国际政治经济学相邻学科的比较政治经济学已经发展成型，可以为国际政治经济学研究提供必要的国内分析基础。第三，国际关系理论。国际关系理论中中国学派的生成，也可能会推动作为国际关系次领域的国际政治经济学研究出现具有中国特质的理论创新。比如“国际政治的关系理论”或“道义现实主义”的逻辑是否以及如何运用到国际经济关系的探讨中，完全可以成为中国国际政治经济学学者思考的问题。第四，计量经济学。尽管定量方法与定性方法并无高下之别，中国的国际政治经济学也不一定需要像美国的国际政治经济学那样以定量方法为主，但目前定量方法在中国的国际政治经济学研究中仍然使用较少。随着国际政治经济学专业课程体系的完善，正在培养的新一代博士生群体更多地掌握了定量方法，从而为其日后的学术研究提供了工具上的准备。最后，国际政治经济学自身的发展。近年来，中国学者在国际政治经济学理论上已经取得了一些创新性成果，同时比较系统、及时地掌握了2008年国际金融危机后西方国际政治经济学的最近进展，特别是跟踪了西方学术界对主流的开放经济政治学的反思。这些都为中国国际政治经济学学者作出创新性的知识贡献创造了有利的条件。

中国国际政治经济学的理论创新也面临着难得的现实机遇。国际政治经济学的学科史表明，理论创新往往来自对国际经济中重大现实问题的回答。随着中国成为世界第二大经济体，中国与世界经济的关系已经并将继续发生重大的变化，从而向中国的国际政治经济学学者提出了新的研究问题。首先，中国巨大的经济规模形成了中国在世界市场中的结构性权力，无论是在生产体系、贸易体系还是金融体系中。

如何评估这种影响和如何运用这种权力都需要中国国际政治经济学学者给予理论上的回答。其次，“转制”“改制”和“建制”成为中国与国际经济制度关系的新特点，比如引起普遍关注的国际货币基金组织份额的改革和亚洲基础设施投资银行的成立。如何在动态描述和政策分析的基础上考察中国在全球经济治理中的作用，提供全球经济治理体系改革和建设的中国方案与中国智慧，也需要中国国际政治经济学学者的理论性研究。再次，中国对国际经济体系的参与会推动中国国家治理体系和治理能力的现代化。中国的对外开放不仅会使中国对世界经济产生更大的影响，而且会促进国内的制度变迁与国家建设。所谓的“倒逼机制”就是通过对外开放来推动国内改革。因此，无论就理论价值还是政策涵义而言，经济开放与国家治理体系的重构之间具有什么样的关系都值得国际政治经济学学者加以探究。最后，中国经济改革的实践和经济发展的模式使中国的政治经济相当不同于美国的政治经济，比如国家在中国经济转型和发展中发挥了主导性作用。这种差异会使中国在全球政治经济中发挥不同于美国的新作用，从而要求中国国际政治经济学学者不能照搬在美国居于主流的开放经济政治学范式，而是基于中国改革开放的实践进一步发展出具有中国特质的国际政治经济学理论。

注释

1. 宋新宁：《中国的国际政治经济学研究：挑战、困境、出路》，载袁明主编：《跨世纪的挑战：中国国际关系学科的发展》，重庆：重庆出版社 1993 年版。

2. 宋新宁、陈岳：《国际政治经济学概论》，北京：中国人民大学出版社 1999 年版。

3. 樊勇明：《西方国际政治经济学》，上海：上海人民出版社 2001 年版。

4. 王正毅、张岩贵：《国际政治经济学：理论范式与现实经验研究》，北京：商务印书馆 2003 年版。

5. 参见[美]本杰明·科恩：《国际政治经济学：学科思想史》，杨毅、钟飞腾译，上海：上海人民出版社 2010 年版。

6. 参见 Robert O.Keohane, “The Old IPE and the New”, *Review of International Political Economy*, Vol.16, No.1, 2009。

7. 李滨：《国际体系研究：历史与现状》，南京：南京大学出版社 2000 年版。

8. 苏长和：《全球公共问题与国际合作：一种制度的分析》，上海：上海人民出版社 2000 年版。

9. 查道炯：《中国石油安全的国际政治经济学分析》，北京：当代世界出版社 2005 年版。

10. 田野:《国际关系中的制度选择:一种交易成本的视角》,上海:上海人民出版社2006年版。

11. 王正毅:《超越"吉尔平式"的国际政治经济学——1990年代以来IPE及其在中国的发展》,载《国际政治研究》2006年第2期。

12. 曲博:《开放经济政治学:国际政治经济学研究新进展》,载中国国际关系学会编:《国际关系理论:前沿与热点》,北京:世界知识出版社2007年版,第177—195页。

13. 王正毅:《国际政治经济学通论》,北京:北京大学出版社2010年版。

14. 宋新宁、田野:《国际政治经济学概论》(第二版),北京:中国人民大学出版社2015年版。

15. 朱文莉:《国际政治经济学》(第二版),北京:北京大学出版社2009年版。

16. 邝梅:《国际政治经济学——国际经济关系的政治因素分析》(第二版),北京:中国社会科学出版社2011年版。

17. 张建新:《权力与经济增长——美国贸易政策的国际政治经济学》,上海:上海人民出版社2006年版。

18. 王勇:《中美经贸关系》,北京:中国市场出版社2007年版。

19. 宋国友:《平衡社会利益与国家安全:政府对外贸易战略选择》,北京:时事出版社2007年版。

20. 李巍:《制度变迁与美国国际经济政策》,上海:上海人民出版社2010年版。

21. 保建云:《贸易保护主义的国际政治经济学分析》,北京:经济科学出版社2010年版。

22. 钟飞腾:《管控投资自由化:美国应对日本直接投资的挑战》,北京:社会科学文献出版社2011年版。

23. 黄河:《跨国公司与发展中国家》,上海:上海人民出版社2012年版。

24. 曲博:《危机下的抉择:国内政治与汇率制度选择》,上海:上海人民出版社2012年版。

25. 黄琪轩:《大国权力转移与技术变迁》,上海:上海交通大学出版社2013年版。

26. 田野:《国家的选择:国际制度、国内政治与国家自主性》,上海:上海人民出版社2014年版。

27. David Lake, "International Political Economy: An Emerging Interdiscipline", in Barry Weingast and Donald Wittman, eds., *The Oxford Handbook of Political Economy*, New York: Oxford University Press, 2006, p.763.

28. 参见 Benjamin J. Cohen, "The Transatlantic Divide: Why Are American and British IPE So Different?", *Review of International Political Economy*, Vol. 14, No.2, 2007。

29. 参见 Thomas Oatley, "The Reductionist Gamble: Open Economy Politics in the Global Economy", *International Organization*, Vol.65, No.2, 2011。

30. 李巍:《制衡美元:政治领导与货币崛起》,上海:上海人民出版社2015年版。

31. 李巍:《制度之战:战略竞争时代的中美关系》,北京:社会科学文献出版社2017年版。

32. 田野:《国家的选择:国际制度、国内政治与国家自主性》,上海:上海人民出版社2014年版。

33. 曲博:《危机下的抉择:国内政治与汇率制度选择》,上海:上海人民出版社2012年版。

34. 田野:《国家的选择:国际制度、国内政治与国家自主性》,上海:上海人民出版社2014年版。

35. 宋新宁:《欧洲一体化研究的政治经济学方法》,载《国际观察》2004 年第 5 期;王正毅、[美]迈尔斯·卡勒、[日]高木诚一郎主编:《亚洲区域合作的政治经济分析:制度建设、安全合作与经济增长》,上海:上海人民出版社 2007 年版;樊勇明、薄思胜:《区域公共产品理论与实践:解读区域合作新视点》,上海:上海人民出版社 2011 年版。

36. 苏长和:《全球公共问题与国际合作:一种制度的分析》,上海:上海人民出版社 2000 年版;Pang Zhongying and Hongying Wang, "Debating International Institutions and Global Governance: The Missing Chinese IPE Contribution", *Review of International Political Economy*, Vol.20, No.6, 2013。

37. 陈玉刚:《中国的国际政治经济学研究》,载王逸舟主编:《中国国际关系研究(1995—2005)》,北京:北京大学出版社 2006 年版;宋国友:《基于中国的国际政治经济学研究——问题领域、理论突破和学科弥合》,载《世界经济与政治》2011 年第 1 期;李巍:《IPE 在中国的发展与现状评估》,载《国际政治科学》2012 年第 1 期;Gregory Chin, Margaret M. Pearson & Wang Yong: "Introduction—IPE with China's characteristics", *Review of International Political Economy*, Vol.20, No.6, 2013;徐秀军:《学科史视域下的中国国际政治经济学》,载《国际政治科学》2014 年第 4 期。

目 录

导　论

知识的进步主要在于对先前知识的修改。虽然我们有时(例如在考古学中)可能通过一次偶然的观察而进步,但发现的意义一般都取决于它修改我们以往理论的力量。

——卡尔·波普尔:《猜想与反驳——科学知识的增长》

第一节　问题的提出

国家利益是国家对外行为的根本动力。基于国家利益的基本一致或部分一致,国家经常在一定的政策领域中进行必要的国际合作。国际合作的重要基础在于国家之间的共同利益,但是共同利益并不能够保证国际合作的自动实现。如果国家希望达成相互合作,它们还必须通过建立各种形式的制度安排(institutional arrangement)来克服国际合作中的障碍。在现代国际关系史上,非正式的默契与口头协议、正式的国际条约、非正式的国际论坛、正式的国际组织和超国家组织等就是保障合作实现的几种制度形式。如果放宽"历史的视界",我们就会发现,在严格意义上的"国际关系史"[1]之前的时代中,即所谓的"前现代世界"中,许多保障合作实现的制度安排已经出现。古希腊历史学家修昔底德在《伯罗奔尼撒战争史》中就描绘过这样一些不同形式的制度安排。

在修昔底德笔下所描绘的雅典与其他城邦(city-states)之间的各种制度安排中,我们至少可以辨析出最为主要的三种形式。第一种是城邦间的同盟,即提洛同盟。在雅典和斯巴达两大强权的斗争中,站在雅典一边并受到雅典保护的城邦要向雅典缴纳贡赋。换言之,这些城邦以纳贡为代价换取雅典的军事保护。它们虽然隶属于雅典,但是在某种程度上还保有独立。在战争爆发后,这些城邦站在雅典一边参战,但也有可能随着战况的变化转向斯巴达一边,例如雅典人在西西里惨败后开俄斯人的叛变。[2]第二种是帝国式的兼并,例如弥罗斯人起初保持中立态度,后来雅典组织远征军征服了他们,"雅典人把弥罗斯作为自己的领土,后来派了五百移民移居在那里"[3]。弥罗斯作为雅典领土的一部分最终归附了雅典。第三种则是建立在平等基础上的同盟条约,例如在战争开始以后的第十年雅典和斯巴达所订立的同盟条约,双方承诺在遭受外敌入侵时,"应当根据他们的资源情况,在可能的范围内,用最有效的方法",给予相互援助。雅典还单方面向斯巴达承诺:"如果奴隶们起来暴动,雅典人应按照他们的资源状况,予斯巴达以充分的援助。"[4]

如果我们审视20世纪的大国政治,就会发现这些大国像2 500年前的雅典那样为它们和其他国家的关系作出了各种不同的制度安排,虽然这些现代的制度安排比之古希腊城邦之间的政治安排远为复杂、精巧并且持久。正如罗伯特·吉尔平(Robert Gilpin)在《世界政治中的战争与变革》中所指出的:"修昔底德的历史为今天提供的见解同公元前5世纪的写作是一样的。人们一定觉得,如果修昔底德被置于我们中间,(经过一定地理、经济学和现代技术的短训班之后)他将毫不费力地了解我们时代的权力斗争。"[5]

20世纪上半期,美国开始取代欧洲列强成为大国政治的中心角色。"对美国外交政策来说,20世纪早到了两年。"[6]1898年的美西战争是美国对外关系中的一个分水岭。通过这场力量对比悬殊的战争,美国从没落的老牌殖民帝国西班牙手中夺取了古巴、菲律宾、波多黎各和关岛,古巴成为美国的保护国,关岛则正式成为美国的领土。美国参加第一次世界大战后,威尔逊总统在1918年1月著名的"十四点"演说中倡导在战后建立一个普遍性的集体安全组织——国际联盟,但是由于参议院拒绝批准《国际联盟盟约》,美国最终游离于这个由它亲手缔造的国际组织之外。第二次世界大战后,美国放弃了第一任总统华盛顿所确立的孤立主义政策,全面卷入国际事务。根据美国的战后世界蓝图,国际货币基金组织(IMF)、世界银行和国际贸易组织(ITO)将为世界各国的经济政策协调提供多边主义的制度平台,但是最终只有国际货币基金组织和世界银行真正建立了起来。国际贸易组织由于没有通过美国参议院的批准而宣告流产，作为国际贸易组织替代形式的关税与贸易总协定(GATT)并不具有正式的组织地位。在安全领域的情况则更为复杂。美国起初只是支持西欧集体防务的倡议，但不愿为西欧国家的安全承担义务，几经犹豫才下定决心和西欧国家建立正式的军事联盟，即1949年成立的北大西洋公约组织(NATO)。东亚在美国全球战略中的价值仅次于欧洲，不过美国在东亚并没有建立一个类似北约的多边组织，而是主要通过《美日安全条约》《美菲共同防御条约》《美台共同防御条约》等一系列双边条约来组织美国所主导的军事同盟体系。

20世纪90年代初，随着冷战的结束，作为惟一超级大国的美国又一次走到了十字路口。是重新回到孤立主义政策，还是更加积极地卷入国际事务和塑造世界秩序？经过短暂的国内争论，美国坚定地选择了后者。但即使没有孤立主义思潮的掣肘，美国还是经常作出表面上相互矛盾的对外政策行为。一方面，作为战后国际安排的主要缔造者，美国在冷战结束后许多国际制度的强化、扩展或创建过程中仍然发挥了主要的作用，例如在世界贸易组织(WTO)的成立、《核不扩散条约》的实施、北约的东扩和北美自由贸易区(NAFTA)的缔造等问题上，美国都扮演了核心角色。而另一方面，美国在许多领域中又极其固执地奉行单边主义的政策，甚至不惜以损害多边主义原则的权威性为代价，这种倾向在小布什政府执政以来得到充分的表现，退出《京都议定书》、废除《反弹道导弹条约》和绕开联合国发动伊拉克战争就是几个突出的例子。

战后初期和冷战结束后的一段时期不过是从美国外交史上所截取的几个片段。但即使从整个20世纪的美国外交史来看，无论是建立何种国际制度安排，还是加入何种国际制度安排，美国都采取了大抵相同的区别对待态度。对于正在崛起的大国——中国——来说，由于融入国际社会的进程启动不久，在以何种方式参与国际制度和促进国际合作的问题上，不可避免地采取了至少和美国同样审慎、或者在某种意义上比美国更加审慎的态度。在1980年前后，中国加入了国际货币基金组织和世界银行，但同时没有提出恢复关税与贸易总协定缔约国地位的申请，从而错过了一次“入关”的重要时机。[7] 如果说这种过于审慎乃至保守的态度主要来自长期与世隔绝所造成的茫然无知，那么中国在

20世纪90年代对某些制度安排所采取的审慎态度便拥有相对合理、充分和可信的现实依据。亚太经合组织(APEC)是中国参加的第一个区域性经济组织。与美国对APEC合作方式的构想不同的是,[8]中国倡导并致力于维护的"APEC方式"强调非让渡主权、非制度化、非约束性,其内容主要包括"互惠互利""尊重差异性""协商一致""单边主义""自愿自主""灵活松散""恪守两个时间表"和"开放的地区主义"。[9]作为APEC成员中市场开放程度最低的国家之一,中国认为这种合作方式对中国最为有利。

美国纵横捭阖于世界舞台已经一个多世纪,中国则在晚近才开始融入国际社会。虽然两国在具体的问题领域中对选择何种国际制度安排的看法可能大相径庭乃至针锋相对,但是它们对于国家之间的各种制度安排都采取了同样具有"选择性"的区别对待态度。从表面上看,这种"选择性"的区别对待态度所指涉的对象是某项具体的制度安排,例如国际联盟、国际货币基金组织、北约、APEC等,但是如果深入挖掘这种表象背后的涵义,我们就会发现美国和中国在很大程度上所关注的是这些制度安排的不同形式。例如关贸总协定为世贸组织所取代的事实表明,作为世界主要贸易国之一的美国期待在贸易领域中建立一种制度化水平更高的国际安排。又如中国和美国在APEC合作的分歧集中体现在APEC所应采取的制度形式上,即APEC是一个官方的论坛和磋商机构,还是一个类似于欧共体那样的经济共同体——"新太平洋共同体"。

美国和中国(在某种意义上还有雅典)在不同形式的国际制度安排之间所进行的选择行为实际上反映了国际关系中的制度选择(institutional choice)现象。这样的制度选择现象可以从两个相互联系的向度上进行观察:第一,由于同一制度形式对不同国家的利弊不同,不同国家在相互合作中所偏好的国际制度形式也可能不同;第二,基于合作伙伴、合作领域或合作时点的差异,同一国家可能在不同情况的国际合作中选择不同形式的国际制度安排。

国际关系中的制度选择是一种相当普遍的国际政治现象。不仅像美国和中国这样的大国可以通过各自的制度选择来最终影响国际关系中的制度建设,而且一些中小国家也可以凭借其拥有的特殊资源来影响乃至决定某些国际制度安排的形式。例如沙特阿拉伯等产油国对石油输出国组织采取何种制度形式具有决定性影响，而东南亚国家联盟(ASEAN)所采取的制度形式则建立在东南亚各国普遍持有的共识基础上。在是否加入或者加入何种制度安排的问题上，国家特别是弱小国家由于外力强制而别无选择的现象还时有发生，但是随着20世纪国际关系中发生的各种深刻变化，如殖民体系的崩溃、主权规范的扩散、相互依赖的加强等，为数众多的国家在诸多情势下具备了制度选择的可能。

那么，为什么国家在某个特定的问题领域中愿意选择一种形式的制度安排而不愿选择另一种形式的制度安排？为什么国家有时为了加入某个正式的国际组织而愿意放弃部分行动自由乃至部分主权，有时却为了保持自己的行动自由而拒绝加入另一个国际组织？为什么国家有时愿意签订具有法律约束力的条约，有时却愿意达成不具有约束力的非正式协议？为什么有的国家试图强化制度安排的超国家性质，而有的国家仍力图保持它的政府间特点？等等。简而言之，这里引出的问题是：国家如何在不同形式的国际制度安排之间进行选择？

第二节 既有理论解释及其不足

在纷繁复杂的国际关系理论谱系中，并不缺乏关于国际制度安排的理论解释。按照它们的研究对象，这些理论大致可以分为两大类别。第一大类是以一般的国际机制(international regimes)作为研究对象的国际机制理论，第二大类则是为某种特定的制度类型“度身定做”(tailor-made)的国际关系理论，例如联盟形成理论、规模经济理论、一体化理论等。这两大类理论从不同的角度揭示了制度选择所涉及的一些重要方面，但可能由于研究假定的规定、研究议程的设置、研究方法的限制和研究视野的局限，这些关注不同焦点的理论并没有为我们提出的上述问题提供系统的解释。

一、国际机制理论中的既有解释及其不足

1975年，约翰·鲁杰(John Ruggie)在《对技术的国际反应：概念与

趋势》一文中最早提出了“国际机制”的概念。[10] 1983年，斯蒂芬·克拉斯纳(Stephen Krasner)主编的《国际机制》一书由康奈尔大学出版社出版，国际机制理论由此走上了系统化发展的轨道。[11]以罗伯特·基欧汉(Robert Keohane)为代表的“新自由制度主义”(neoliberal institutionalism)率先挖掘了这个潜藏无数研究机会的崭新领域，从一开始就在国际机制研究中奠定了主流学派的地位。新自由制度主义在多个层面上与新现实主义(neorealism)展开了交锋与论战，包括无政府状态的本质与后果、国际合作、相对收益与绝对收益、国家目标的优先性、意图与能力、国际机制的重要性等。[12]在论战的过程中，新自由制度主义显示出了强盛的生命力，理论形态日臻成熟，学术影响不断扩大，而现实主义在坚持自身基本命题的同时，也对自己的某些具体判断进行了再度审视，开始承认以机制为基础的国际合作是一个需要解释的问题。新自由制度主义与新现实主义具有共同的理性主义(rationalism)分析逻辑，认知主义(cognitivism)则向这一逻辑前提发起了挑战，指出国家理性不是先验的，而是在国家间互动的实践中形成的，进而强调制度化的实践对国际行为主体身份(identity)的影响。[13]

安德烈亚·哈森克莱弗(Andreas Hasenclever)、彼得·迈耶(Peter Mayer)和沃克·里特伯格(Volker Rittberger)认为，国际机制理论可以分为基于权力的路径、基于利益的路径和基于知识的路径(approaches)。[14]这三种研究路径基本上对应于上述三大理论流派：强调权力关系的现实主义；基于利益聚合分析的新自由主义；强调知识动力、沟通与认同的认知主义。[15]表0.1比较了国际机制研究中三大理论流派的基本主张。

表0.1　国际机制研究中的理论流派

	现实主义	新自由主义	认知主义
中心变量	权力	利益	知识
“制度主义”	弱	中等	强
元理论倾向	理性主义的	理性主义的	社会学的
行为模型	关切相对收益	绝对收益最大化	角色扮演者

资料来源：Andreas Hasenclever, Peter Mayer and Volker Rittberger, *Theory of International Regimes*, New York: Cambridge University Press, 1997, p.6.

1. 基于利益的国际机制理论(Interest-based Theories of International Regimes)

罗伯特·基欧汉在1984年出版的《霸权之后:世界政治经济中的合作与纷争》一书中发展出了一套国际机制的功能理论(functional theory of international regimes),以此确立了新自由制度主义的研究纲领。[16]基欧汉从理性的利己主义模型出发,借助集体行动理论、囚徒困境博弈模型、市场失灵理论和制度经济学理论,深刻论证了国际机制基于其功能而产生的重大价值:减少信息的不对称性,提高可获取信息的总体质量水平,降低合法交易的成本,增加非法交易的代价,减少行为的不确定性,使国家更容易达成相互有益的合作协议。

国际机制的功能理论为我们理解国际关系中的制度选择确立了必要的理论基础,但是由于基欧汉本人对国际机制的多样性特点没有给予足够的重视,国际机制的功能理论并没有为制度选择提供一个清晰的分析框架。正如苏长和所批评的:"功能的解释途径可以说明霸权和世界政治经济中日趋加强的相互依赖有助于国际制度的产生,也的确需要更多的国际制度来组织和管理密切联系的世界;但是为什么国际制度在产生过程中会出现形式多样的特点,为什么有些国际制度带有强迫性的特点而有些国际制度却带有自我执行的能力,为什么有些国际制度形式反映国际体系中权力配置的现实而有些国际制度却没有,为什么有些国际制度比较稳固而有些国际制度却非常脆弱,功能主义的解释就显得捉襟见肘了。"[17]

基欧汉的上述不足在很大程度上为新自由制度主义的其他一些学者所弥补,如阿瑟·斯坦(Arthur Stein)、邓肯·斯奈德尔(Duncan Snidal)、肯尼思·奥耶(Kenneth Oye)、利莎·马丁(Lisa Martin)等。这些学者认为,国家在国际关系中所面临的集体行动问题不止囚徒困境一种,因此必须创设不同类型的国际机制以满足不同类型的集体行动问题所提出的功能性要求。例如利莎·马丁区分了四种合作问题类型,即协作型(collaboration)、协调型(coordination)、劝说型(suasion)和保证型(assurance)。马丁指出:"每一种合作类型都提供了国家在合作问题上面临的独特挑战。因此,这些挑战也导致各国对规范和组织作用的不同看法。"[18]通过博弈论工具的运用,马丁解释了多边组织会存在多样性的事实。其他学者也多以战略情势(strategic situations)的不同特点为基础，运用博弈论工具来解释不同的制度形式。基于这个特点，哈森克莱弗等将他们的研究路径称为情势—结构路径(situation-structural approach)。

情势—结构路径为国际制度的多样性特点提供了一种简洁而有力的解释，但是这种路径的分析基点在于战略情势的不同特点，即"某个特定议题中战略互动的本质"，对于各种制度形式的不同特点并没有给予充分的关注。我们认为，只有认真考虑制度形式的不同特点，才能更加有效地解释国际关系中的制度选择问题。

2. 基于权力的国际机制理论(Power-based Theories of International Regimes)

在新自由制度主义与新现实主义的论战中，一些现实主义者开始承认以机制为基础的国际合作是一个需要解释的问题。[19]约瑟夫·格里科(Joseph Grieco)最为系统地阐述了现实主义的国际合作理论。格里科认为，国家的特点是地位上的(positional)而非原子式的(atomistic)，这种特点会限制国家合作的意愿。国家担心它们的伙伴会通过合作得到更多的收益，从而使伙伴的实力超过自己，实力日益增长的伙伴在未来的某个时刻可能成为自己的劲敌。因此，国家对自身地位的关切产生了合作的相对收益问题(relative gains problem)。[20]格里科指出，国家在决定是否合作时不仅考虑绝对收益，而且考虑相对收益，因此，"对于合作问题，现实主义比新自由制度主义提供了更完整的理论解释"[21]。

斯蒂芬·克拉斯纳则对市场失灵理论在国际关系研究中的重要性提出了质疑。他认为，国家权力能力(power capabilities)的分布能够比市场失灵理论更好地解释制度安排的性质。通过对全球通讯中四个问题领域的研究，克拉斯纳发现国际通讯与市场失灵并不相关，而权力则至关重要。对于在通讯领域中发生的制度变迁，他认为是国家权力能力的变化所引起的。[22]

格里科和克拉斯纳从现实主义的理论内核出发，阐述了在很大程度上为新自由制度主义者所忽略的权力和相对收益问题，从而为国际合作与国际机制出现的条件提供了现实主义的解说，但是他们的讨论并没有涉及国际合作的制度形式,因而也不可能为制度形式的选择问题作出具体的解释。

3. 基于知识的国际机制理论(Knowledge-based Theories of International Regimes)

哈森克莱弗等学者将认知主义分为"弱认知主义"(weak cognitivism)与"强认知主义"(strong cognitivism)。"弱认知主义"追问国家所理解的利益的起源,着重强调观念的作用,通过揭示偏好形成的过程来完善理性主义的研究路径。而"强认知主义"则倾向于将国家看成角色扮演者,认为社会学范式比理性选择范式更适于分析国际体系中的制度,并因之对理性主义的研究路径进行了激烈的批判。[23]

"强认知主义"的代表人物主要包括约翰·鲁杰、亚历山大·温特(Alexander Wendt)等。他们认为,国际机制嵌入国际社会的规范结构之中,而这些结构已经脱离了理性主义的分析逻辑。比如,温特曾明确指出,这些结构不仅具有因果作用,而且具有建构作用,即这些社会意义上的结构(sociological structure)不仅影响行为主体的行为,而且塑造行为主体的身份。[24]基于这种不同于因果作用的建构作用,他们强调国家身份和认同依赖于国际制度,并且把特定国际机制的形成和维持与国家身份的确立联系起来。[25]根据他们的观点,既然国际制度建构了国家身份,从而规定了国家对自身利益的认识,国际制度的形成与变迁就不能再用国家利益的考量来解释了。或者更直白地说,"国际制度是国际政治的必要特点,因为国际制度是理性选择的前提,而非理性选择的结果"[26]。这样,"强认知主义"所关注的焦点主要在于国际制度如何塑造国家身份,[27]而不是国家如何选择国际制度,因而没有必要为国际关系中的制度选择问题提供系统的理论解释。

二、关于特定制度类型的若干理论解释及其不足

为某类特定的制度安排"度身定做"的国际关系理论至少包括联盟形成理论、一体化理论和规模经济理论。这些理论所探讨的中心问题分别是:国家之间为什么要组成联盟,国家如何实现一体化,国家为何

（通过邦联或联邦）联合或兼并等，从而分别涉及了联盟、超国家组织和邦联、联邦等制度类型。

1. 联盟形成理论（Theory of Alliance Formation）

由于联盟在国际关系中具有悠久的历史和重要的价值，这种制度类型一直是学术界研究的对象，特别是政治现实主义者的研究对象。联盟形成理论所要解释的问题是国家为什么要组成联盟。这种理论一般都建立在“能力集聚模型”（capability aggregation model）的基础之上。正如布鲁斯·拉西特（Bruce Russett）和哈维·斯塔尔（Harvey Starr）所指出的：“纵观历史，国家参加联盟的主要原因是为了集聚力量。”[28]在解释国家集聚力量的具体原因时，学者们所提供的答案各有不同。例如，布鲁斯·拉西特认为，当国家面临威胁时往往联合起来，它们在“自力更生”战略和联盟战略之间面临选择；[29]巴尼特（M.Barnett）和利维（J.Levy）在解释国家究竟选择结盟还是不结盟时，强调国内因素的重要影响；[30]迈克尔·奥特费德（Michael Altfeld）则运用微观经济学概念，通过检验自主和安全之间的平衡来建立联盟选择的模型。[31]

上述学者从不同角度解释了联盟形成的原因，并且或多或少注意到了正式的联盟和非正式的结盟之间的区别，但是他们并没有明确解释国家为什么选择某一种形式的联盟而不选择另外一种形式的联盟。不同联盟制度化水平的差异正是区分联盟类型的主要标准。正如阿瑟·斯坦所指出的，一些联盟只不过是对相互利益的象征性肯定，而另一些联盟则具有制度化合作的形式，甚至限制了国家的自主性。[32]对于如此重大的差异，联盟形成理论并没有给予足够的关注和提供必要的解释。

2. 新功能主义一体化理论（Neo-functionalism Theory of Integration）[33]

厄恩斯特·哈斯（Ernst Haas）、列昂·林德伯格（Leon Lindberg）、约瑟夫·奈（Joseph Nye）等学者在戴维·米特兰尼（David Mitrany）功能主义理论的基础上，以欧洲一体化的经验为依据，细化、修正或检验了一体化理论的假设，提出了新功能主义一体化理论。“外溢”（spill-over）说是新功能主义理论中最主要的内容。根据这个学说，在某一领域内一旦建立了超国家合作,由于各个领域间的功能性相互依赖,这种超国家合作必然向外延伸,一体化也因此从一个领域扩大到另一个领域。正如哈斯所指出的:“最初在一个领域进行一体化的决策外溢到新的功能领域中,一体化涉及的人数越来越多,官僚机构之间的接触和磋商也越来越多,以便解决那些由一体化初期达成的妥协而带来的新问题。”[34]

新功能主义理论认为,一体化是各个国家内的政治行为主体将其忠诚、期望和政治行动转向一个新的权力中心的过程。例如哈斯就强调,一体化是各民族国家内的政治行为主体、而不是国家向新的权力中心转移其忠诚和期望。[35]新功能主义主要强调利益集团和政党在一体化中的作用,集中关注政治精英对一体化的态度,而没有充分考虑民族国家在一体化中所扮演的角色。由于这种理论倾向,新功能主义一体化理论不能充分地说明民族国家向超国家组织让渡权力时会面临哪些障碍,民族国家又有哪些动机来克服这些障碍。显而易见的是,这两个问题的系统解答对于解释一体化形式的“升级”有着重要的意义,但是新功能主义对此似乎无能为力。

3. 规模经济理论(Economies-of-scale Theory)

通过观察欧洲军事史,理查德·比恩(Richard Bean)认为军事技术的变革改变了政治单位的有效规模。更具体地说,正如专业化的收益产生了公司的规模经济一样,较大规模的政治组织具有独特优势。例如,随着组织规模的增加,单个成员的防务成本将会下降。但是,由于语言、宗教和种族壁垒与地方特殊性增加了管理和控制成本,“规模经济在某一点上将会被收益递减所抵消。”[36]也就是说,政治单位越大,指挥和控制的问题就越多,所以存在一个“最优规模”(optional scale)。超过最优规模的国家可能分裂,而低于最优规模的国家可能联合成其他政治体,例如邦联和联邦。简而言之,理查德·比恩认为,国家可以通过联合或兼并来获得规模经济的潜在收益。

根据这一逻辑,如果我们能够确定国际行为主体兼并或联合的动机在于获得足够的规模以确保生存,我们就可以解释制度变迁。但是,规模经济路径主要强调的是规模而非制度形式。当然,规模考虑能够导致制度变迁,可是规模大小并非制度安排的核心特点。

综而论之,以上三种理论对不同的制度安排形式分开进行研究,而没有充分考虑国家可以获得的各种选择方案,没有充分揭示确定制度形式替代的连续谱系。实际上,国家面临各种可能的选择方案,在作出制度选择时会根据成本—收益分析权衡利弊得失,其中必然具有贯穿始终的逻辑,否则权衡就无从谈起。如果继续在上述理论"岛"中研究,[37]就既不能确定共同的问题,也不能确立统一的自变量和因变量。也就是说,上述理论不能为我们理解国际关系中的制度选择现象提供一种系统的分析路径。而作为与我们比邻而居的学术共同体,经济学家们已经发展出相对成熟的理论工具来解释经济生活中的制度选择现象。为了以某种一贯的逻辑说明国家为何要在不同的制度形式之间进行选择,我们尝试借鉴交易成本经济学的研究路径,期待通过新视角的引入来丰富和发展关于国际制度选择的理论解释。

第三节　本书的结构安排

全书结构除导论和结语外,共有五章。

第一章旨在提供研究范式、梳理既有文献、阐明研究方法和陈述研究假定,从而为本书的理论工作确立具体的努力方向。由于本书将交易成本经济学作为建构制度选择模型的基本工具,我们必须首先明晰交易成本经济学的思想渊源、发展线索和内在理路,惟有如此才能在正确理解的基础上予以恰当运用。从国内外既有的理论文献来看,本书并非第一次将交易成本经济学方法用于国际关系研究,因此我们系统地梳理了交易成本经济学在国际关系研究中的应用成果,指出其贡献,揭示其不足,从而为本书的理论创新提供一个知识基础。为了在研究工作中恰当地应用交易成本经济学路径,我们综合考虑了社会科学方法论的一般特点、交易成本经济学的方法论特点和国际关系研究中的主流理论路径,以此明确本书所采用的方法论、研究程序、研究技术以及研究假定。

第二章的目的在于将交易成本的概念引入国际关系领域,并将这一概念操作化,从而为国际关系中的制度选择模型确立一个比较坚实的概念基础和可以检验的变量体系。作为交易过程中发生的一种成本，交易成本概念的诠释有赖于对“交易”概念的理解。制度经济学家将交易的本质定位为权利的让渡，为我们在国际关系研究中引入交易成本的概念提供了便利。为了更加深刻地揭示国家间交易成本的概念内涵，我们在讨论国家间信息不对称的基础上具体分析了国家机会主义行为的主要类型，以此作为国家间交易成本的主要来源。由于国家间交易成本是一个抽象的概念，难以直接对其进行度量，我们分别为国家间交易成本的两个部分——国家间缔约成本和国家间治理成本——确立了更容易度量或观测到的主要影响变量。

第三章是本书的核心部分，即确立国际关系的制度选择模型。由于制度环境与制度安排都具有制度的属性，我们强调本书所讨论的制度选择只是在制度安排意义上的制度选择行为。在这一限定下，不同的制度形式可以根据制度化水平的高低置于连续谱系的不同位置。我们根据正式化、集中化和授权化程度的高低将国际制度安排的基本形式分为非正式协议、自我实施的正式协议、一般的正式国际组织和超国家组织。根据不同制度形式在成本和能力上的差异，我们对上述四种基本制度形式展开了细致的比较分析。在描述国家间治理成本和国家间缔约成本与制度化水平高低的关系后，这一章给出了基于国家间交易成本权衡的制度选择模型，并根据第二章所确立的基本变量提出了可供检验的六个假说。

第四章和第五章是案例检验部分，其目的在于通过案例研究检验我们的制度选择模型是否成立。第四章所检验的案例是北大西洋公约组织的缔造，检验的时间跨度为 1947 年杜鲁门主义的提出到 1951 年北约欧洲盟军最高司令部的成立。第五章所检验的案例是关贸总协定和世界贸易组织的诞生，涉及战后初期和 20 世纪 80—90 年代国际贸易关系的演变。基于第三章理论模型所演绎的六个假说，我们通过史料分析产生了有关国家制度选择行为的一系列基本预期。在接下来的史实回溯中，我们集中关注与制度形式的构想密切相关的声明、电报、法案、备忘录、谈话记录、会议纪要、条约草案等，尝试从复杂多变的外交折冲中展示其制度选择行为的基本线索，据此来验证我们确立的制度选择模型。

注释

1. 严格意义上的“国际关系史”是以1648年威斯特伐利亚和会为起点的。参见王绳祖主编：《国际关系史》(第一卷)，北京：世界知识出版社1995年版，第56—63页。

2. 参见[古希腊]修昔底德：《伯罗奔尼撒战争史》，谢德风译，北京：商务印书馆1960年版，第567—575页。

3. 同上书，第421页。

4. 同上书，第371页。

5. [美]罗伯特·吉尔平：《世界政治中的战争与变革》，武军、杜建平、松宁译，北京：中国人民大学出版社1994年版，第208页。

6. [美]罗伯特·帕斯特编：《世纪之旅：七大国百年外交风云》，上海：上海人民出版社2001年版，第211页。

7. 参见宋泓：《中国与WTO：一个相互学习、适应和促进的过程》，载于王逸舟主编：《磨合中的建构：中国与国际组织关系的多视角透视》，北京：中国发展出版社2003年版。

8. 美国对APEC合作方式的基本主张：第一，APEC的市场开放应该建立在谈判和条约、法规的基础上；第二，贸易和投资自由化应该是全面的，任何部门都不得例外；第三，APEC的贸易自由化应该实行内外有别的原则，对APEC区内和区外应区别对待；第四，集体行动应该是APEC的主要行动方式。参见沈骥如：《中国与APEC的相互适应及APEC的未来》，载于王逸舟主编：《磨合中的建构：中国与国际组织关系的多视角透视》。

9. 盛斌：《中国对外贸易政策的政治经济分析》，上海：上海三联书店、上海人民出版社2002年版，第337—338页。

10. 参见 John Ruggie, “International Responses to Technology: Concepts and Trends”, *International Organization*, Vol.29, No.3, 1975。

11. 参见 Stephen Krasner, ed., *International Regimes*, Ithaca and London: Cornell University Press, 1983。

12. 参见 David Baldwin, ed., *Neorealism and Neoliberalism: The Contemporary Debate*, New York: Columbia University Press, 1993, pp.4—8。

13. 罗伯特·基欧汉将这个理论流派称为“反思主义的路径”(reflective approaches)，参见 Robert Keohane, “International Institutions: Two Approaches”, in Robert Keohane, *International Institutions and State Power: Essays in International Relations Theory*, Boulder: Westview Press, 1989。

14. Andreas Hasenclever, Peter Mayer and Volker Rittberger, *Theory of International Regimes*, New York: Cambridge University Press, 1997, p.1.

15. 在中文文献中，门洪华较为全面地梳理了国际机制各理论流派的基本主张。他以哈森克莱弗、迈耶和里特伯格的分类为蓝本，结合国际关系理论的范式分析和建构主义的理论发展，将国际机制理论分为三种主要理论流派：新现实主义的国际机制理论，新自由主义的国际机制理论和建构主义的国际机制理论。参见门洪华：《和平的纬度——联合国集体安全机制研究》，上海：上海人民出版社2002年版，第一章。

16. 参见 Robert Keohane, *After Hegemony: Cooperation and Discord in the World Political Economy*, Princeton: Princeton University Press, 1984。

17. 苏长和：《解读〈霸权之后〉——基欧汉与国际关系理论中的新自由制度主义》，载于《美国研究》2001年第1期，第143页。

18. [美]利莎·马丁：《理性国家对多边主义的选择》，载于[美]约翰·鲁杰主编：《多边主义》，苏长和等译，杭州：浙江人民出版社2003年版，第108页。

19. 这方面的代表人物有斯蒂芬·克拉斯纳、约瑟夫·格里科等。当然，许多现实主义者仍然固守传统立场，坚持认为国际机制对国家行为的影响只是边缘性的，甚至是无意义的。在现实主义者中，对新自由制度主义批判最激烈的要属约翰·米尔斯海默。参见 John Mearsheimer，"The False Promise of International Institutions"，*International Security*，Vol.19，No.3，1994—1995。

20. Joseph Grieco，"Anarchy and the Limits of Cooperation：A Realist Critique of the Newest Liberal Institutionalism"，in David A. Baldwin，ed.，*Neorealism and Neoliberalism：The Contemporary Debate*，New York：Columbia University Press，1993，pp.127—128.

21. Ibid.，p.131.

22. 参见 Stephen Krasner，"Global Comunications and National Power：Life on the Pareto Frontier"，David A. Baldwin，ed.，*Neorealism and Neoliberalism：The Contemporary Debate*，pp.234—249。

23. 由于"弱认知主义"主要是对理性主义，特别是新自由制度主义的完善和补充，在很大程度上并不具备"新范式"的意义，本书在这里只简单介绍"强认知主义"对国际机制的基本看法，而不再叙述"弱认知主义"的具体理论观点。

24. 参见[美]亚历山大·温特：《国际政治的社会理论》，秦亚青译，上海：上海人民出版社 2000 年版，译者前言，第 27 页。

25. Andreas Hasenclever，Peter Mayer and Volker Rittberger，*Theory of International Regimes*，p.157.

26. Ibid.，p.139.

27. 例如玛莎·费丽莫以联合国教科文组织、国际红十字会和世界银行为例，从国际组织的角度来说明国际社会规范对国家偏好的塑造作用，参见[美]玛莎·费丽莫：《国际社会中的国家利益》，杭州：浙江人民出版社 2001 年版。

28. [美]布鲁斯·拉西特和哈维·斯塔尔：《世界政治》，王玉珍译，北京：华夏出版社 2001 年版，第 83 页。

29. 参见 Bruce Russett，"Components of an Operational Theory of International Alliance Formation"，*Journal of Conflict Resolution*，Vol.12，No.3，1968。

30. 参见 M. Barnet and J. Levy，"Domestic Sources and Alignments：The Case of Egypt，1962—1973"，*International Organization*，Vol.45，No.3，1991。

31. 参见 Michael Altfeld，"The Decision to Ally：A Theory and Test"，*Western Political Quarterly*，Vol.37，No.4，1984。

32. Arthur Stein，*Why Nations Cooperate：Circumstance and Choice in International Relations*，Ithaca and London：Cornell University Press，1990，p.153.

33. 关于一体化的理论很多，既有宏观、中观和微观理论的区分，又有自由主义与现实主义的对峙，还有联邦主义和邦联主义的争论。其中属于自由主义阵营的新功能主义在学术界中的影响最大。正如陈玉刚所指出的："对许多人来说，哈斯发展出来的新功能主义简直就是一体化理论的同义语，新功能主义在许多人眼中就是欧洲一体化解释的权威版本。"参见陈玉刚：《国家与超国家——欧洲一体化理论比较研究》，上海：上海人民出版社 2001 年版，第 27 页。

34. [美]詹姆斯·多尔蒂和小罗伯特·普法尔茨格拉夫：《争论中的国际关系理论》，阎学通、陈寒溪等译，北京：世界知识出版社 2003 年版，第 553 页。

35. 新功能主义认为，一体化的动因不在于功能性的需求或技术的变化，而在于各种政治力量（利益集团、政党、政府、国际机构）因追求其各自的利益而施加压力所产生的相互作用。在他们看来，政治一体化过程是一种通过利益政治的政治发展过程（political development through interest-politics）。从世界体系的层面讲，谋求共同决策的动因源于政治和经济相互依赖的存在和发展。在民族国家层面，推动国家间一体化的动因在于各利益集团，特别是功能性利益集团间跨国联系的加强。从个人层面上讲，忠诚、期望的转移来源于共同的社会、经济生活所造成的人们态度、心理的变化。参见宋新宁：《欧洲一体化的政治经济学分析》，中国人民大学博士学位论文，2001 年，第 62—63 页。

36. Richard Bean，"War and The Birth of Nation State"，*Journal of Economic History*，Vol.33，No.1，1973，p.204.

37. 理论"岛"是格伦·斯奈德和保罗·戴森用来描述国际关系理论研究状况的形象说法。他们指出："在教学和研究当中，我们就像游艇中的游客，往返于几个分离的理论'岛'之间，这些岛的关键性只是因为它们共存于'国际行为'的大洋之中。一些理论家定居于岛上，另一些则不断往返其间，但很少有人去架桥，也许是因为这些岛屿看上去相隔太远。"参见[美]詹姆斯·多尔蒂和小罗伯特·普法尔茨格拉夫：《争论中的国际关系理论》，第 20 页。

第一章

交易成本经济学与国际关系研究

> 令人高兴的是，我的一些法学界同仁已经开始用经济学的分析方法来从事法律制度方面的研究；同时，政治学界的同仁也不甘落后，他们也把经济学的基本分析方法引入到政治体制方面的研究。
>
> ——罗纳德·科斯：《新制度经济学》

第一节　交易成本经济学：理论概述

交易成本经济学（Transaction Cost Economics，TCE）是新制度经济学（New Institutional Economics，NIE）理论传统的重要组成部分，其开创者为诺贝尔经济学奖得主罗纳德·科斯（Ronald Coase）。他在《企业的性质》（1937 年）和《社会成本问题》（1960 年）中强调了交易成本权衡在制度选择中的重要性，对主流经济学提出了根本性的挑战，从而引发了现代经济学中的新制度主义革命。在奥利弗·威廉姆森（Oliver Williamson）、阿尔曼·阿尔钦（Armen Alchian）和张五常等学者的努力下，交易成本经济学和产权经济学（Property Rights Economics）、法与经济学（Law and Economics）、新经济史学（New Economic History）等一起成为新制度经济学的主要组成部分，交易成本（transaction cost）也因此成为新制度经济学所有分支的核心概念。[1] 例如，新经济史学的开拓者，另一位诺贝尔经济学奖得主道格拉斯·诺思（Douglass North）便成功地运用了交易成本理论来重新解读西方经济史上的制度、制度变迁与制度绩效，甚至以此解释近代西方世界何以兴起这样一个极其宏大的历史问题。威廉姆森就此指出：

> 交易费用的发生、影响和扩展已在新制度经济学中先声夺人。组织经济活动而不计交易费用显然是不合理的,因为一种组织形式较之另一种组织形式的任何优势都会因不计成本的缔约活动而消失殆尽。交易费用已成为经济学研究中心议题的现实性……与日俱增。[2]

交易成本经济学的起源可以追溯到20世纪30年代一些经济学家对主流经济理论的不满与挑战。熟悉经济思想史的人们都知道,自1890年马歇尔的《经济学原理》出版以来,新古典经济学就取代了以亚当·斯密和大卫·李嘉图为代表的古典政治经济学,从而确立了主流经济学的地位。根据新古典经济学的标准假设,人们可以无摩擦、无成本地从事商务交易活动,市场作为"看不见的手"协调和组织整个经济活动。由于人们可以无成本地利用价格机制,在市场中的交易过程被过滤为单纯的价格机制的操作。在这种分析逻辑下,制度和组织变得无足轻重了。也可以说,新古典经济学"已经假定制度是外部既定的,各类主体已经很好地适应了制度"[3]。

美国制度学派的代表人物约翰·康芒斯(John Commons)率先对新古典经济学这种过分简化现实的做法发起了挑战。[4]1934年,康芒斯出版了《制度经济学》一书,强调了交易与组织在经济研究中的重要性。康芒斯在经济学中第一次赋予"交易"概念以独特的含义。他认为,经济分析的基本单位不是产品和服务,而是"本身含有'冲突、依存和秩序'这三项原则"的交易。[5]康芒斯提出,经济组织可以通过"向前看"(looking ahead)和规避潜在冲突来实现相互得益。在经济学说史上,"从贸易中得益的思想并不新鲜,但是从组织中得益的思想则是前所未有的"[6]。这些概念和观点成为交易成本经济学的重要渊源。[7]不过从研究纲领上看,康芒斯的研究工作属于旧制度经济学(Old Institutional Economics, OIE)的思想体系。旧制度经济学家不仅反对新古典经济学单纯强调以价格为中介的匿名市场(anonymous markets),而且着力批判新古典经济学所坚持的方法论个人主义及其对抽象的普遍规律和理论普适性的追求。他们虽然产生了富有洞察力的深刻见解,但是"由于强调方法论的批判而不是提出替代的研究议程"[8],他们对主流经济学的分析方法并没有什么改进。

与这些旧制度主义者不同的是，罗纳德·科斯在1937年发表的《企业的性质》指向"'问题与困惑'(problems and puzzles)而不是方法论"[9]。科斯在该文中提出了两个新古典经济学无法解释的困惑：第一，如果市场是神奇的，那么，我们为什么需要企业？第二，把第一个问题翻转过来，如果内部组织具有市场无法比拟的优势，为什么不在一个大企业中进行所有的生产？科斯认为答案在于不同的交易成本。科斯指出，企业的边界"必须达到这样一点，即在这一点上，在企业内组织一笔额外交易的成本等于在开放的市场上执行这笔交易所涉及的成本，或另外一个企业组织这笔交易的成本"[10]。也就是说，当企业内交易的边际成本与市场中交易的边际成本相等时，企业和市场之间就达到了均衡。

科斯对企业性质的上述解释具有颠覆性的意义，由此开创了新制度经济学的理论传统。如前所述，新古典经济学的世界是个"交易成本为零"的世界。科斯指出，这种零交易成本的世界实际上是不存在的。任何一项交易的达成，都需要契约的议定、对契约执行的监督、讨价还价，以及了解有关的信息等。这些费用不仅存在，而且有时会高得使交易无法进行。科斯认为，经济学家应该研究这个"交易成本为正"的现实世界。在经济理论发展史上，"正是在新古典经济学的框架中加入了正的交易成本使新制度经济学与新古典经济学相区别并改变了研究的方向"[11]。

科斯的学说动摇了人们对经济世界的传统看法，但是其巨大的学术价值长期被埋没。正如科斯自己所言，在20世纪70年代以前，《企业的性质》这篇论文"征引多而运用少"[12]。人们没有将交易成本这一概念应用到经验实证分析中。虽然科斯的论文通过边际交易成本的引入而为经验实证分析提供了可能，[13]但由于科斯的交易成本逻辑具有某种"同义反复"(tautology)的意味，使其实际应用受到了很大的限制。斯坦利·费希尔(Stanley Fischer)就对此提出了严厉的批评："交易成本作为一种理论工具具有一个应该得到的坏名声……因为人们怀疑只要援引相称的专门交易成本就可以使任何事情合理化。"[14]为了摆脱这种困境，学者们必须解答下面的问题：有哪些关键的维度能够使不同的交易相区别？

奥利弗·威廉姆森为这个至关重要的问题提供了初步的答案，明确提出了将不同的交易相区别的三个基本维度，从而将交易成本推理操作化(operationalization of transaction cost reasoning)。在此基础上,威廉姆森系统提出了交易成本经济学的研究纲领,从而成为交易成本经济学的集大成者。他的研究成果集中体现在1975年出版的《市场和等级制:分析和反托拉斯的意义》[15]、1985年出版的《资本主义经济制度》[16]和1996年出版的《治理机制》[17]这三部著作中。

威廉姆森将交易成本经济学的核心特点概括为以下七个方面。第一,交易是基本的分析单位。第二,使交易类型相区分的核心维度包括频率、不确定性和资产专用性。第三,每种治理模式(市场、混合形式、私有部门的科层制、公共部门的科层制)都综合了若干属性,因此展示了成本和能力上的离散性结构差异。第四,每种治理模式都为不同的契约法形式所支持。第五,具有不同属性的交易和具有不同成本和能力的治理结构以一种可相互区别的方式(主要是节约交易成本)相匹配。第六,制度环境(政治和法律制度、法律、习俗和规范)汇集了转换参数,其变化会引起治理成本(特别是比较成本)的变化。第七,无论在什么情况下,交易成本经济学的应用都是比较制度分析,即相关的比较是在两种可行的替代方案之间进行的,虚构的理想方案与操作问题无关,而对无效率方案的检验则是一种矫正方式。[18]威廉姆森用三层模式(three-level schema)来说明交易成本经济学的基本理论进路,如图1.1所示。

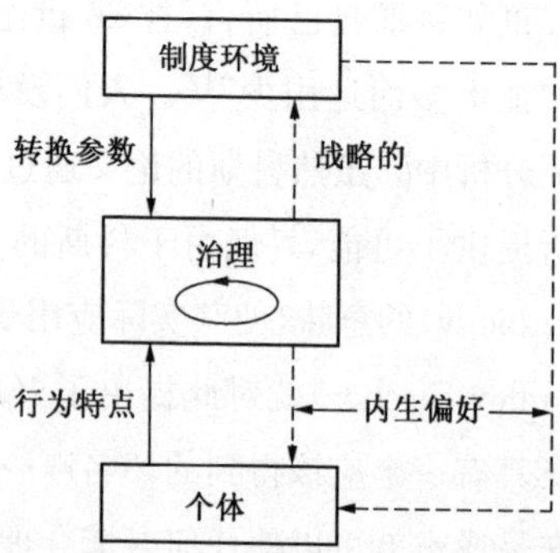

资料来源:Oliver Williamson, "Hierarchies, Markets and Power in the Economy: An Economic Perspective", in Claude Menard, eds., *Transaction Cost Economics: Recent Developments*, Cheltenham: Edward Elgar Publishing Limited, 1997, p.8.

图1.1 交易成本经济学的分析层次

交易成本经济学的首要研究对象是制度安排(institutional arrangement),也可以称为治理结构(governance structure)。[19]制度安排是"管束特定行动模型和关系的一套行为规则"[20]。安排可能是正式的,也可能是非正式的;可能是暂时的,也可能是永久的。制度安排提供一种结构使其成员的合作获得一些在结构外不可能获得的追加收入,或提供一种能影响法律或产权变迁的机制,以改变个人(或团体)可以合法竞争的方式。[21]在制度安排与组织的关系上,新制度经济学家有着不同的理解。诺思明确将制度与组织区分开来,[22]而拉坦认为"这是一种没有差别的区分"[23]。在威廉姆森看来,内部组织(internal organization)和市场机制一样,都是治理结构的基本类型,因此将组织和制度区分开来是没有必要的。

如图1.1所显示的,制度环境(institutional environment)和个体共同支持着(bracket)治理结构。制度环境是"一系列用来建立生产、交换与分配基础的基本的政治、社会和法律基础规则"[24]。例如,支配选举、产权和合约权利的规则构成经济环境的基本规则类型。制度环境可以进一步分为两个部分:非正式的制度环境(规范、价值观、态度和习俗)和正式的制度环境(法律规章、官僚体制)。[25]由于制度环境中的变化(或差异)能够改变不同治理结构的比较成本,制度环境的变化在交易成本经济学中被看作转换参数(shift parameters),威廉姆森认为:"以这种方式将制度环境与治理制度联系起来可以产生大量可证伪的推论。"[26]

与新古典经济学的"完全理性"假设不同,交易成本经济学关于个体行为特点的基本假设是"有限理性"和"机会主义"。有限理性的概念是由赫伯特·西蒙(Herbert Simon)提出的,即理性是指一种行为方式,"打算是理性的,但仅仅有限度地做到这一点"。对于"机会主义",威廉姆森指出:"我认为它是带有犯罪性质的追寻自身利益的行为。它包括说谎、偷懒和欺骗行为等赤裸裸的形式。机会主义通常更多地采取微妙、狡猾的欺骗形式——更为一般地说,机会主义是与信息的不完全、信息披露的曲解有关。尤其是与误导、曲解、使人模糊或制造混乱等故意行为有关。"[27]通过赋予个体行为"有限理性"和"机会主义"这两个新古典经济学的世界中所没有的特点,交易成本经济学以前所未有的逻辑力量论证了制度安排或治理结构的重大价值。

第二节 交易成本经济学在国际关系研究中的应用:文献回溯

一、交易成本经济学在政治学研究中的应用

从20世纪70年代起,交易成本经济学作为新制度经济学中最有活力的一支,不但在经济学领域的相关研究中,如产业组织和公司结构、劳动经济学、公共选择、发展经济学和经济史中,而且在法学、政治学和社会学等相关学科领域中得到日益广泛的应用。正如威廉姆森所指出的:"因为任何具有契约问题性质的领域都能够检验在比较契约条件上的优势,也因为为数众多的问题具有这种结构,交易成本经济学被用来说明广泛的经济和非经济现象。"[28]作为当代"经济学帝国主义"的一支生力军,交易成本经济学不仅已经拥有了诸多的应用领域,而且在新领域中的应用继续涌现。科斯在1998年指出:"令人高兴的是,我的一些法学界同仁已经开始用经济学的分析方法来从事法律制度方面的研究;同时,政治学界的同仁也不甘落后,他们也把经济学的基本分析方法引入到政治体制方面的研究。"[29]

在交易成本经济学的基本分析框架中,政治制度首先是作为制度环境而存在的。但是学者们也越来越多地把政治制度看作特定的制度安排或治理结构,从而对政治制度本身进行交易成本分析。例如诺思就曾指出,他准备"把交易成本分析推广到政治交换中,并探讨在政治和经济的发展中政治和经济制度的相互作用"[30]。1990年,诺思在《理论政治学杂志》上发表了《政治的交易成本理论》一文。[31] 1996年,阿维纳什·迪克西特(Avinash Dixit)在《经济政策的制定:交易成本政治学的视角》一书中正式提出了"交易成本政治学"(Transaction-Cost Politics, TCP)的概念。[32]

相对于"交易成本政治学"概念的晚近提出,交易成本经济学在政治学若干研究领域中的实际应用早在20世纪80年代就已开始。1984年,特里·莫(Terry Moe)在《新组织经济学》中指出,实证的政治理论

并没有为我们对公共官僚机构的理解提出多少知识增量，相反，“经济学家而不是政治学家近来在等级组织的实证理论上取得了显著的进步”[33]。这种组织分析的经济学路径包括三个要素：组织关系的契约视角、对等级控制的强调和通过委托—代理模型的正式分析。莫在考虑到从经济学到政治学的过渡中所产生的方法论和模型化问题后，试图将这种新分析框架应用于公共官僚机构。

巴里·温格斯特(Barry Weingast)和威廉·马歇尔(William Marshall)在1988年发表的《国会中的行业组织》迄今为止仍然是交易成本经济学在政治学研究中成功应用的典范。这篇论文提供了与企业理论和契约理论相类似的立法制度理论。温格斯特和马歇尔认为，与市场制度相似，立法制度反映了两个核心要素：个体的目标或偏好(这里是指议员寻求再次当选)和相关的交易成本。[34]在分析了政治市场中的履约风险后，他们指出具有非市场形式的委员会制度有助于实现立法交换的长期持久性。

在温格斯特等学者的引领下，一批政治学家对政治制度展开了交易成本分析，从而形成了政治学中的理性选择制度主义(rational choice institutionalism)。根据彼得·霍尔(Peter Hall)和罗斯玛丽·泰勒(Rosemary Taylor)的概括，作为政治学中的一种分析路径，理性选择制度主义具有以下几个显著特征：第一，采用一套典型的行为假设，通常假定相关行为体具有一套固定的偏好或口味，其行为不过是实现偏好最大化的工具而已；第二，往往将政治看作一系列集体行动的困境，认为个体理性可能导致集体不理性，经典范例包括“囚徒困境”和“公用地的悲剧”(tragedy of the commons)等；第三，强调战略性互动对政治结果的决定性作用，指出制度在选择议程上影响替代性方案的范围和顺序，或者提供信息和减少不确定性的实施机制，从而实现“由交换而产生的收益”；第四，通过演绎的方式推导出制度所发挥的功能，然后通过揭示制度功能对其所影响的行为体而言所具有的价值来解释制度为何会存在。[35]

思拉恩·埃格特森(Thráinn Eggertsson)曾对此领域的研究成果进行了初步梳理和评估。他指出：“社会与政治制度同样被看作单个主体间相互交易的产物，制度间的生存竞争也会产生均衡制度。新制度经济学家刚刚开始研究社会与政治制度问题并试图得出可检验的命题。这一领域是目前研究的前沿。”[36]经过多年的发展，交易成本政治学现在已经积累了相当可观的文献，其研究成果主要涉及以下问题：(1)理性的选民为什么选择投票？(2)政治委托人是否有效控制官僚机构？(3)议会是如何作出授权决策的？(4)如何有效地克服政治机会主义？(5)议会内部为什么会发展出委员会体制？(6)为什么有些公共服务只能在公共官僚机构内部生产？(7)如何评价政治市场的效率？等等。[37]交易成本政治学不仅弥补了公共选择理论(public choice theory)的缺点和不足，[38]而且丰富和扩展了政治学的研究领域。

二、交易成本经济学在西方国际关系研究中的应用

1990年，即诺思提出“政治的交易成本理论”的那一年，威廉姆森也针对交易成本经济学在政治学研究中的应用情况指出：“政治学家在组织研究中已经展示了持久的兴趣。……但是也出现了相反的趋势，即政治学家清楚地表达了对新组织经济学的关注。”[39]威廉姆森作出这个判断的文献依据除了温格斯特和马歇尔的《国会中的行业组织》与米勒(Miller)和特里·莫合写的一篇论文外，就是罗伯特·基欧汉的《霸权之后：世界政治经济中的合作与纷争》。

正是在新制度经济学的学理支援下，基欧汉在《霸权之后》一书中发展出了一套国际机制的功能理论。正如他在该书的中文版前言中所指出的，这部著作“提供一种以制度经济学为基础的新的理论视角”[40]。基欧汉运用了理性选择理论和制度的功能理论，着重解释国际机制的创设、维持及其演变问题，并在三个向度上论证了国际机制对交易成本的影响。第一，“国际机制降低合法谈判的交易成本并增加非法谈判的交易成本”。第二，国际机制“使各国政府一起谈判拟订协议的成本更加低廉”。[41]第三，“相互套叠的国际机制模式，通过使特定议题的联系或者补偿性支付的安排变得更加容易或者更加困难”[42]，从而对交易成本产生影响。此外，基欧汉提出国际机制还影响官僚政治中的交易成本。

作为新自由制度主义的奠基之作，《霸权之后》对交易成本概念的

使用引起了相当广泛的注意，但是在应用交易成本经济学相关理论成果来研究国际关系的为数不多的文献之中，该书在时间上并不是最早的。1977年，托德·桑德勒(Todd Sandler)和乔恩·考利(Jon Cauley)就在《超国家结构设计：一种经济学的视角》一文中分析了交易成本在建立最优的超国家组织中的作用。他们指出，鉴于跨国公共物品的本质，即国际范围内的收益外溢，在某些情况下有必要建立超国家结构以提高分配效率。[43]这两位学者从经济学角度解释最优的跨国政体的设计，即权衡建立超国家组织所带来的交易成本和交易收益。具体地说，交易成本包括决策成本、相互依赖成本和实施成本，而交易收益来自效率收益、规模经济和沟通可能性的增加，当边际交易成本等于边际交易收益时，联系的最优紧密度就得到了确定。[44]

1987年，贝丝·亚伯勒(Beth Yarbrough)和罗伯特·亚伯勒(Robert Yarbrough)在《国际组织》上发表了《国际贸易自由化中的合作：霸权之后，是什么？》。在比较国际经济关系与国内经济关系的区别后，他们提出了论文所关注的核心问题：为什么贸易自由化在历史上采取了不同的形式？[45]为了回答这个问题，他们建构了一个理论框架，强调交易成本的作用和机会主义所导致的风险决定了贸易自由化的形式，从而把已经观察到的自由化的不同形式和它们发生的经济和政治环境联系了起来。他们提出："资产专用投资的程度和霸权合作的可行性是机会主义的保护主义的决定因素，进而是成功自由化采用何种形式的决定因素。"[46]这两位学者在1992年又合作出版了《国际贸易中的合作与治理：一种战略组织路径》一书，在上述论文的基础上更加系统地阐述了用于解释贸易自由化不同制度形式的战略组织路径(the strategic organizational approach)，并且以此来解释一个半世纪以来国际贸易机制的变迁。[47]

杰弗里·弗里登(Jeffry Frieden)在1994年发表的一篇论文中运用交易成本理论重新解释了国际投资与殖民主义的关系。[48]在他看来，跨国投资实际上包含了母国(home country)和东道国(host country)之间或明或暗的契约关系。为监督和实施这些契约而发展起来的各种安排，如炮舰外交和私下协商，都是为回应投资和环境的不同特点而确立的不同制度形式。殖民主义只不过是解决这些准契约问题的特殊形式,即母国使用武力来兼并东道国并消除司法管辖的国家间性质。[49]通过逻辑演绎和历史检验,弗里登发现,一些投资形式,如对天然生产业和农业的投资,与对东道国事务的高度干涉和投资国之间的相互冲突紧密相关,从而可能导致殖民主义式的兼并;而另一些投资形式,如对外贷款,投资国就较少地对东道国使用武力,在投资国之间也容易实现合作。

戴维·莱克(David Lake)于1996年在《国际组织》上发表了《无政府、等级制和国际关系的类型》一文。这篇论文以关系性缔约理论(theories of relational contracting)为基础,试图检验所有国家可以获得的安全关系选择。莱克提出的理论基于一个核心的类比,就是把国家看作一个生产安全的公司。当国家决定与其他国家联合生产安全时,它必须选择一种关系来治理与其伙伴的互动,这些关系形态可以是无政府的联盟,也可以是等级制的帝国,还可以是介于两者之间的保护国和非正式帝国。在这个比喻中,联盟类似于两个公司间的长期契约,而帝国类似于一个单独的公司内部一体化。莱克认为,在这些方案中所作出的选择是两个主要变量的函数:机会主义的预期成本和治理成本,前者随着关系等级制的加强而降低,而后者随着关系等级制的加强而增加。[50]在1999年出版的《纠缠不清的关系:20世纪美国对外政策》一书中,莱克进一步以关系性缔约理论为基础提出了安全关系的一般理论(a general theory of security relationships),运用上述观点解读了20世纪三个关键时刻——第一次世界大战、第二次世界大战和冷战结束初期的美国对外政策。[51]

1997年,卡嘉·韦伯(Katja Weber)在《国际研究季刊》上发表了《等级制与无政府:国际安全合作的交易成本分析》。这篇论文首先界定具有不同程度约束力的安全合作安排连续谱系,其中联盟和邦联构成了连续谱系的外部边界。作者使用了威胁的层次和交易成本两个变量来解释国家选择的等级制安全结构:国家面临的外部威胁越大,国家进入等级制安全结构的概率越高;国家间的交易成本越高,国家进入等级制安全结构的概率越高(如图1.2所示)。为了使这两个变量可操作化,论文选择不确定性、资产专用性、技术发展和国家异质性这四个指标作为衡量交易成本大小的标准,选择国家的军事能力/军事潜力和地理毗邻性这两个指标作为衡量威胁层次的标准。[52] 2000 年，韦伯又在此基础上出版了《等级制与无政府：交易成本和制度选择》一书，但是主要篇幅用于更多的案例检验，理论本身并没有太多的扩展。[53]

		威胁的层次	
		低	高
交易成本	低	无合作或非正式联盟	约束性联盟
	高	无合作或非正式联盟	邦联

资料来源：Katja Weber, "Hierarchy Amidst Anarchy: A Transaction Costs Approach to International Security Cooperation", *International Studies Quarterly*, Vol.41, No.2, 1997, p.330.

图 1.2　安全领域中国家选择的决定因素

通过历时性的文献回溯，我们发现西方国际关系学者对交易成本经济学的运用日益自觉，日趋成熟。例如桑德勒和考利虽然分析了交易成本在超国家组织设计中的作用，但是他们立论的主要基础在于公共选择理论，并没有遵循交易成本经济学的理路展开分析。罗伯特·基欧汉明显借鉴了新制度经济学的理论成果，例如科斯定理和威廉姆森的寡头卖主垄断模型，但是他把交易成本、不确定性和信息费用等作为同一平面上的概念予以使用，显然与交易成本经济学的习惯用法不同。值得注意的是，基欧汉在书中特意表明，他已经注意到威廉姆森的观点及其对国际关系研究的影响，[54]但是他的理论分析并没有触及威廉姆森对交易成本经济学的核心贡献。尽管如此，基欧汉的工作仍然是开拓性的。在这个跨学科研究的思路下，后来的几位学者愈来愈自觉地运用交易成本经济学的相关成果来阐释国际关系中的若干问题，从而为本书的逻辑建构和理论分析提供了必要的知识基础。

但是同样不容否认的是，交易成本经济学在国际关系研究中的运用还处于起步阶段，某些重要的理论问题在上述文献中还没有得到澄清或没有展开论证。第一，几乎所有的作者都是把交易成本作为现成的概念加以运用，而没有深入讨论交易成本概念转移到国际关系研究中所面临的特殊难题及其解决途径，因而在立论的概念基础上还不牢靠。第二，对于交易成本概念的可操作化问题，多数作者没有触及，虽然韦伯对此作了讨论，但是其对指标体系的讨论显得过于粗糙，而且将技术发展作为基本指标弊大于利。第三，不同的作者具有不同的"问题意识"，因此所发展的理论解释具有不同的效用空间。例如基欧汉承认，他的理论"在解释国际机制为什么得以创设及其为各国所支持的问题上，要更胜于对国际制度为什么在范围、权力和制度设计上存在着多样性等问题的解释"[55]。其他作者分别解释了超国家组织、贸易自由化、殖民主义、安全关系和安全合作安排等问题。其实，上述范畴的核心内涵都可以包容在国际制度选择这个问题之中。既有文献的分裂性质(fragmented nature)要求我们在统一的逻辑基础上对其进行有机的整合。

三、交易成本经济学与中国的国际关系研究

20 世纪 80 年代后期，中国学者开始引入新制度经济学理论(包括交易成本经济学)。第一本涉及新制度经济学的中文译著，是 1985 年出版的《美国新自由主义经济学》。作为新自由主义经济思潮的一部分，该书作者对新制度经济学作了简洁的介绍。1987 年，威廉姆森应邀到中国社会科学院工业经济研究所讲学，系统地阐述了交易成本经济学理论，引起了更大的反响。1990 年，上海三联书店出版了科斯的《企业、市场与法律》。科斯于 1990 年、诺思于 1993 年先后获得诺贝尔经济学奖，对新制度经济学在中国的传播又起了推波助澜的作用。诺思的《西方世界的兴起》《经济史中的结构与变迁》和《制度、制度变迁与经济绩效》在 20 世纪 90 年代初先后被翻译成中文。[56]特别值得一提的，陈郁等选编了一组交易成本经济学的经典论文，以《企业制度与市场组织——交易费用经济学文选》为题于 1996 年由上海三联书店、上海人民出版社出版。经济科学出版社于 1999 年推出了"新制度经济学名著译丛"，其中包括威廉姆森的《反托拉斯经济学》。2001 年和 2002 年，威廉姆森的《治理机制》和《资本主义经济制度》相继由中国社会科学出版社和商务印书馆出版。至此，交易成本经济学经典著作在中文文献中已初具规模。

随着研究的深入，中国学者越来越多地从介绍转向评论与批评，再到运用新制度经济学的理论对中国的经济问题进行分析，在他们的著述中包含了越来越多的独创性。[57]20 世纪 90 年代初，国内的经济学家们对中国从计划经济向市场经济转变的过程展开了深入的研究，所涉及的内容包括改革的形式、条件、限度、成本、路径等，明确提出了"中国的过渡经济学"[58]。1994 年以后，学者们跳出了仅仅着眼于改革过程的狭窄视野，把目光投向企业、市场、国家及其他经济组织；不仅研究改革过程，而且还着重探讨制度的性质和起源等新制度经济学的基本问题；不仅沿用过去的规范分析，而且更重视正式的理论模型和计量模型。从研究内容上看，中国的新制度经济学基本上包括对旧体制的起源和弊病、市场化过程和经济绩效、过渡期的企业、市场与政府等组织的性质和作用等几个方面的研究。[59]从文献回溯的角度看，"新制度经济学是改革开放以来国内经济学家在研究中国经济问题时所运用的最早和最持久的理论依据和工具之一，大约从 1985 年前后开始公开发表的重要理论文献中，绝大多数都和制度有关"[60]。

与新制度经济学研究在中国经济学界中异乎寻常的热闹情形相一致，最早将交易成本概念延伸到国际关系分析中的中国学者是经济学家盛洪。在 1994 年出版的《分工与交易——一个一般理论及其对中国非专业化问题的应用分析》一书中，盛洪运用了新制度经济学的概念分析了跨越国界的交换活动，讨论了历史上降低交易成本的几种国际制度。例如，在其他国家实行闭关锁国政策、国家垄断外贸制度或严格的贸易保护政策时，"殖民地的形式克服了不同国家的不同贸易制度和政策所造成的国际贸易障碍，……降低了国际贸易的单位交易费用"[61]。又如，国际货币制度"给从事国际贸易的人带来了稳定的预期，从而降低了不确定性引起的费用"[62]。值得注意的是，盛洪还同时强调建立和维持这些制度的成本，例如"殖民地的上述优点是以庞大的军费开支为代价的"，布雷顿森林体系则"由于世界经济的剧烈变动以及美国经济地位的下降，维持费用太高而于 1971 年解体"。[63]

作为一名国际关系学者，刘靖华在 1997 年出版的《霸权的兴衰》一书中率先对交易成本问题进行专门的讨论。在"世界政治中的交易成本问题"这个题目下，该书作者在国际经济互动层面上讨论了"交易成本大幅度降低乃至消除”的难题。[64]他认为，交易成本表现为当充满利润动机的活跃的资本，跨国寻求“帕累托最优”的资源配置时所遇到的一切成本形式。他还指出，“不同的文化传统、意识形态都可能成为交易成本的一部分”，而“贸易集团化可以相对地在一定范围内降低交易成本”。[65]但是刘靖华并没有对交易成本的概念进行细致的梳理，其观察视野更多地限于贸易集团化这一特殊的制度安排，而没有将交易成本和更为一般的国际制度联系起来。

2000年，苏长和的专著《全球公共问题与国际合作：一种制度的分析》由上海人民出版社出版。作为国内学者，苏长和最早对世界政治中的交易成本问题进行了严肃的学理探究。在解释“何以需要国际制度”的问题时，他不仅从交易成本的视角论证了国际制度存在的价值，而且从“系统和环境”与行为主体两方面说明了世界政治中交易成本的产生原因。[66]但是他的研究重心并不在于回答“何以需要国际制度”，而是在于探究“为什么存在多种多样的国际制度，这些国际制度在什么状况下如何起作用”[67]。对于后一问题，苏长和所运用的基本理论工具不是交易成本经济学，而是博弈论。正是在几种博弈图式的基础上，他为“国际关系中的制度选择”提供了一种简洁而又有力的解释。[68]

毫无疑问，交易成本经济学已经开始进入中国国际关系学者的研究视野。究其动力，主要还是在于新制度经济学在其他研究领域中的“外溢”和以基欧汉为代表的新自由制度主义在中国影响的扩展。但是正如前文所阐明的，交易成本经济学在国际关系研究中的运用还处于起步阶段，与交易成本理论在经济学中的娴熟运用相比还显得相对生硬和粗糙。如果我们能够更自觉地从交易成本经济学理论中寻找灵感、挖掘资源和借鉴方法，中国学者对国际制度的理解就会取得更大的进步。

第三节　研究方法与研究假定

一、研究方法

一般而言，研究方法可以分为方法论、研究程序、研究技术等不同层次，[69]其中方法论是最高的层次。在科学方法论的发展史上，卡尔·波普尔（Karl Popper）所提出的证伪主义具有革命性的意义。波普尔认为，科学的精神在于批判，科学就是理性不断作出的假说，而这些假说不断遭到批判，即被证伪（falsification），科学与非科学的划界标准不是"可证实性"判据，而是"可证伪性"判据。在波普尔看来，只有可证伪的陈述才是科学的陈述，科学陈述的可证伪度越高，即它的禁止越多，它的经验含量也就越多，即知识含量越多。波普尔宣称："衡量一种理论的科学地位的标准是它的可证伪性或可反驳性或可检验性。"[70]

尽管波普尔的证伪主义主要针对的是自然科学发现的逻辑，但这种"可证伪性"的思想的影响却不只限于自然科学领域。证伪主义对现代社会科学方法论也产生了极其广泛而深刻的影响。加里·金（Gary King）、罗伯特·基欧汉和西德尼·韦尔巴（Sidney Verba）将构建可证伪的理论作为理论建设的基本规则之一。这几位政治学家指出："波普尔的思想对阐明理论具有根本的意义。我们应该设计易于被证伪的理论。"[71]但同时他们也认为，对于评估既有的社会科学理论而言，"可证实性"和"可证伪性"的差别并非像自然科学那样明显。因此，波普尔的思想对于社会科学研究的主要启示不在于一个理论是否被证伪，而在于理论能够解释的范围有多大。进一步说，在社会科学中试图证伪的过程实际上就是探究理论适用边界的过程。

正是基于这样一种理论建构的规则，加里·金等指出："绝大多数有用的社会科学理论都是在特定条件或特殊背景下才具有效力的。我们应该努力说明理论或假说适用的边界。"[72]换言之，我们应该具体说明理论或假说（hypothesis）在何种条件或在何种背景下具有解释效力。在提出理论或假说之前明确地陈述研究假定（assumption）是确定理论或假说适用边界的一种有效途径。

研究假定是从基本的社会事实中抽象出来的一般命题，是理论演绎的逻辑起点。不同的研究假定会产生不同的理论或假说。由于研究假定只是陈述初始条件，所以其本身并不需要接受经验检验。在这个意义上，社会科学中的假定和自然科学的公理具有相似的地位和作用。理论模型正是在研究假定的基础上通过演绎而发展起来的。正如迈克尔·尼科尔森（Michael Nicholson）所言："模型始于假定，并通过基于假定的演绎而得以发展，这两类命题的混合构成了模型。”[73]理论必须经过检验才能得到证实或证伪。在社会科学中，检验理论的方法或技术主要包括两种：统计分析和案例研究（case-study）。图 1.3 说明了社会科学理论研究的一般程序。

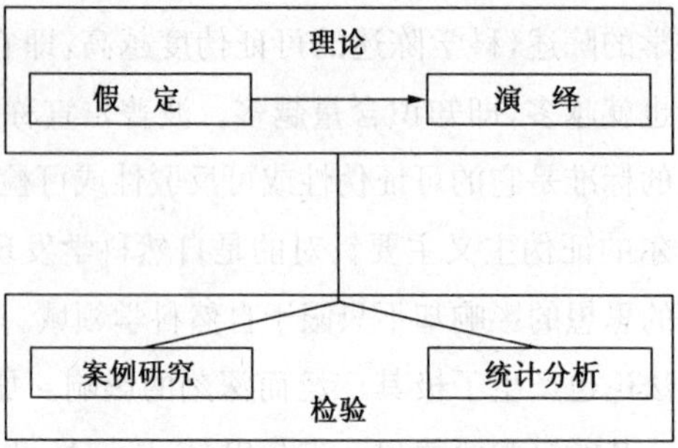

资料来源：Michael Nicholson, *Rationality and the Analysis of International Conflict*, Cambridge: Cambridge University Press, 1992, p.31. 本书有局部修正。

图 1.3 社会科学研究中理论建构的一般程序

在本书中，我们将力图遵循社会科学研究的一般程序，从交易成本经济学的视角出发，为国际关系中的制度选择提供一种系统的理论解释。在选择具体的研究技术时，我们不仅需要考虑国际关系理论和方法的一般特点，还需要特别考虑交易成本经济学在方法上的特点。

威廉姆森认为，与正统经济学相比，交易成本经济学是在一种更具微观分析性质的分析层次上运作的。交易成本经济学关注交易的属性，并且认为组织细节至关重要，因而受到考察的数据资料更多。但是从既有的文献积累来看，基于交易成本经济学的经验研究却都很粗略。威廉姆森指出了这种粗略性的两个根源：“首先，交易成本的理论与模型仍然是非常初步的，常常只能进行粗略的预测。第二，存在着严重的测度问题。”[74]由于这种粗略性，交易成本经济学更加倚重案例研究，而非统计分析。马修斯（R.C.O.Matthews）就此指出：“因为经济制度是复杂的，它们不易于定量观察，即使在可度量的方面，数据也很难按常规来收集到。这就造成了作为应用经济学研究的面包黄油（喻为基本必需品）的统计方法不能够直接应用。”[75]由于缺少形式主义的方法，威廉姆森遭到有新古典倾向的经济学家的批判，但就是在具有新古典倾向的学者中也有不少人对他的困难表示理解，认为困难很大程度上主要“在于选题的性质”[76]。

实际上，“威廉姆森建立的交易成本经济学绝大多数依赖案例的检验，通过个案的累积来获得大样本类似的效果”[77]。交易成本经济学在各个研究领域的广泛运用使其积累了大量的案例。比如，威廉姆森在1999年选编了10篇交易成本经济学在各个应用领域中的经典论文，其分别涉及销售力量一体化、煤炭市场中的契约期限和专用性投资、石油焦炭业长期契约的数量和价格调整、天然气供给、印版预订、有线电视、电讯管制和国会委员会等不同案例。[78]

鉴于交易成本经济学对于案例研究的倚赖特点，也鉴于提高形式化程度所面临的大量困难，我们将选择案例研究作为检验理论的主要工具。按照利普哈特(Lijphart)的说法，案例研究可以具体分为描述型、阐释型、假说建构型、理论增值型、理论减值型和异常型等不同类型。[79]研究者可以进行这些类型的单一案例研究，也可以选择若干案例的比较研究。比较案例研究(comparative case studies)的典型方法是亚历山大·乔治(Alexander George)提出的“结构化集中比较”(structured, focused comparison)。这种方法要求在不同的案例中搜集关于相同变量的资料。乔治就此强调指出：“小数目的控制性比较应该确立一个系统化的资料编辑程序。”[80]在这个意义上，“结构化集中比较”不但包含了对各个案例的精细考察，而且和理论建构确立了直接的亲缘关系。基于这种方法的优势，我们将以“结构化集中比较”作为案例研究的具体路径。本书将检验两个案例，即北大西洋公约组织的缔造和关贸总协定/世界贸易组织的诞生。

从研究结果的普适性(generalisability of findings)上看，两个案例的比较研究与多个案例的比较研究相比稍逊一筹，但是我们可以通过研究技术的改进来缩小这种差距。在本书的案例研究中，我们具体采用以下几种分析技术。第一，我们通过确定与理论相关的一般性问题来引导案例研究，“从而确定案例研究所需要的资料并且使之标准化”[81]。第二，我们在案例研究中遵循模式匹配(pattern matching)的逻辑，使基于理论预测的模式与基于实证研究的模式相匹配，如果两种模式之间是一致或叠合的，我们的假说就会得到有力的支持。第三，我们在第一个案例研究中引入两个制度选择的行为主体，并且分析它们在情势变化时各自的制度选择行为，从而在一个案例研究中叙述了两个“故事”。第四，我们对行为主体的制度选择行为进行跨时点的观察(looking across time)，通过对不同时点下同一主体的不同行为的检验来近似地达到比较案例研究的检验效果，即以同一个案例内变量关系的“纵向比较”(longitudinal comparision)来替代两个案例之间的横向比较。[82]通过这些分析技术的采用，我们期待在不增加案例数量的情况下近似地达到多个案例研究的效果。

二、研究假定

研究假定是理论演绎的逻辑起点。任何理论或假说都是在一定的研究假定的基础上发展起来的。作为理论建构的一个基本环节，社会科学理论应该尽可能明确地陈述其采用的研究假定。根据本书研究议程的内在需要，我们综合考虑主流国际关系理论和交易成本经济学对有关研究假定的依赖，[83]在此提出关于国家行为的三个基本假定。

假定 1：国家是理性的行为主体。

人的理性假定是主流经济学中“经济人”假定的另一种说法。简单地说，所谓人的理性，就是指每个人都能够通过成本—收益或趋利避害原则来对其所面临的一切机会和目标及实现目标的手段进行优化选择。[84]在新古典经济学中，理性一般是指效用函数最大化。新制度经济学家强调影响效用的因素是多种多样的，可以是财富，也可以是其他因素。公共选择理论把理性特征赋予政治活动中的行为主体，例如选民、政治家和官僚，从而将经济学中的理性概念带入政治学研究中。这一理论的代表人物安东尼·唐斯(Anthony Downs)认为，理性是以既定的投入获得最大的产出，或以最小的投入获得既定的产出。[85]

国际关系研究是政治学的一个分支，但是国际关系学者对理性概念的倚重与公共选择学派的兴起没有直接的关联。实际上，在公共选择理论产生之前，国际关系学者就已经试图从理性的角度来解释国际关系现象了。早在20世纪30年代，国际关系研究的先驱者查尔斯·

梅里亚姆(Charles Merriam)、哈罗德·拉斯韦尔(Harold Lasswell)和昆西·赖特(Quincy Wright)就认为,人类的理性能够以解释经济和政治行为的相同方式来说明国际关系。在经典现实主义的奠基之作《国家间政治》一书中,汉斯·摩根索(Hans Morgenthau)以行为主体为观察视点,通过理性重构(rational reconstruction)的方式来理解外交政策。[86]在政治现实主义的第一项原则中,他就开宗明义地指出:

> 要使外交政策的原始事实材料说明问题,我们必须用一种推理的提纲去接近政治现实,这个提纲就是为我们提示外交政策的可能意义的一幅地图。换言之,我们为自己置于一个必须在某种条件下解决某个外交政策问题的政治家的位置上,并问我们自己,在这些条件下处理这个问题的政治家有哪些可供他挑选的合理的选择方案(假定他总是理性地行动),并且在这些条件下行动的这个特定的政治家可能从这些合理的方案中选择哪个。只有把这一理性假说放在实际事实和它们的结果中进行检验,才能赋予国际政治的事实以理论意义。[87]

此外,他还明确提出,良好的政府必须从可使其外交政策获得最大成功机会的现有权力着眼,去选择外交政策的目标和方法,外交政策应该符合"对国家权力的理性思考"[88]。

肯尼思·沃尔兹(Kenneth Waltz)所创立的结构现实主义(structural realism)或新现实主义进一步确立了理性假定在国际关系理论中的地位。对于沃尔兹来说,国家确定其利益和战略的基本依据,是国家在体系中地位的测算情况。因此,"理解国际体系的结构,使我们有可能对国家行为的方式作出解释。理性假定将体系的结构和行为体的行为联系起来。而理性假定使理论家能够预测到,领袖们将对他们的环境带来的刺激和限制作出反应。"[89]换言之,通过运用理性假定,结构现实主义就可以从国际体系的结构推导出行为主体的行为。而结构现实主义的主要论战对象——新自由制度主义同样依赖理性假定。罗伯特·基欧汉在《霸权之后》中明确提出,从理性假定出发具有三个重要的优点:第一,使假定变得简洁,便于清晰地推论和演绎;第二,使我们的注意力集中于体系对行为主体产生的限制性因素上;第三,使论证集中在与现实主义相同的基础上。[90]这样一来,新自由制度主义和结构现实主义均把理性假定作为理论建设的核心假定之一。由于对理性假定的共同依赖，新自由制度主义和结构现实主义也被合在一起称为“理性主义”。

理性主义在国际关系理论中的主流地位，从一个侧面反映了“经济学帝国主义”在其他社会科学领域中的扩张。当然，这种扩张也不可避免地会受到质疑、批判和挑战。在国际关系研究中，理性假定就受到了认知心理学（cognitive psychology）、期望理论（prospect theory）和社会建构主义（social constructivism）等流派的强烈批判。此外，关于国家的理性假定还受到了跨国关系理论、官僚政治理论和多元民主理论的挑战。[91]即使在经济学中，理性假定也受到了一些非主流学派的否定和批判，比如旧制度经济学用“社会—文化人”取代“经济人”假定。但作为新制度经济学的一支，交易成本经济学仍接受了新古典经济学的理性假定，只是对它进行了修正和限制。正如威廉姆森所言：“交易成本经济学赞同并从事在我看来是正统经济学核心承诺的东西，即‘理性精神’与‘系统’视野的结合。综合起来以后，这些东西就导致了研究经济组织的一种冷静算计和比较的方法。”[92]威廉姆森认为，如果能够避免各种算计过度，综合了理性精神与系统视野的算计方法就将被证明是一个有力的工具。

我们采用国家理性假定，意在强调国家在国际关系中的行为是以理性为准则的。换言之，国际关系中的国家以经济学中的“经济人”相同的方式行事，即根据成本—收益分析来确定目标、制定政策和实施战略。具体来说，这个假定包括以下四层涵义：第一，国家是目标导向的（goal-oriented），即国家在国际关系中是具有目标，并且根据其目标制定战略或政策的；第二，国家的目标之间具有一致性，即国家偏好具有先后次序并且可以传递，如果结果 A 优于结果 B，结果 B 优于结果 C，那么结果 A 优于结果 C；第三，国家制定战略或政策以实现其目标，国家根据其目标的先后次序考虑这些战略或政策；第四，国家对成本是敏感的（sensitive to costs），因此会根据外部约束和机会来改变这些战略或政策。[93]

假定 2：国家的理性是有限理性。

根据赫伯特·西蒙的分类，理性包括完全理性、有限理性和直觉理性。[94]完全理性是新古典经济学所采用的一种理性模型。根据这种理性假定，决策者不仅知晓自己当时面临的选择范围，而且洞悉未来的选择范围，还能为未来的可能事件确定一个联合概率分布，在权衡了一切相互冲突的局部价值后，将它们综合到单一的效用函数中，按照对它们的偏好排列所有未来可能事件的优劣顺序。[95]赫伯特·西蒙对这种支配经济学主流理论的完全理性进行了强烈的批判，认为这种理性模型从来未曾也根本不可能运用于实际。由于人类环境的复杂性与不确定性，也由于人类自身计算能力与认知能力的限制，决策者不可能知悉全部备选方案，不可能把所有的价值考虑到单一的综合性效用函数中去，也无力精确计算所有备选方案的实施后果。由此，西蒙提出了有限理性(bounded rationality)的概念，即理性指一种行为方式，它(1)适合实现指定目标，(2)而且在给定条件和约束的限度之内。[96]

交易成本经济学接受了西蒙的有限理性概念，并且将其作为核心的行为假定之一。正如威廉姆森所指出的："有限理性就是关于领悟能力的一个假定；有了这一条，交易成本经济学才能成立。"[97]交易成本经济学倡导有限理性，即"打算是理性的，但仅仅有限度地做到这一点"，而且强调应该同时重视"理性是有限的"和"打算是理性的"这两种含义。承认"理性是有限的"，承认人的认知能力是有限的，人们就不可能签订面面俱到、包罗万象的完全契约(complete contract)；承认"打算是理性的"，就会同意人们需要动脑筋想办法，厉行节约。威廉姆森把后一种含义进一步阐发为"有远见的缔约"。他坚持认为，许多经济代理人有能力学习，有能力预见、感知风险，并在契约关系中考虑到各种风险，从而有能力设计出各种制度安排。这样一来，"有限但又刻意的理性被解释成了不完全但深谋远虑的缔约"[98]。

作为国际关系理论的领军人物，罗伯特·基欧汉也毫不掩饰地表达了对有限理性的欣赏之意："古典的理性只是一种理想的假设。将个人，尤其是政府，视为计算能力受到限制的行为主体，这种观点将更为合理。"[99]基欧汉认为，"有限理性"这一论断对政府行为的解释力甚至可能超过公司行为，因为政府的组成更为庞大，目标也更为多样，成败也更难权衡。迈尔斯·卡勒(Miles Kahler)在《国际关系中的理性》这一篇文献综述中也指出："关于信息和信息处理的夸张的非现实的假定[100]将以有限理性的方式得以放宽。"[101]

我们采用这个假定，意在强调由于国际环境的复杂性和不确定性，也由于自身认知能力的局限，国家虽然打算以理性的方式行事，但是在现实中却达不到理性的要求。也就是说，国家不得不在有关条件和约束的限制下努力实现其效用目标。在国际环境中，国家理性面临的最大限制就是不完全信息(incomplete information)的问题。

假定3：国家具有机会主义倾向。

承认人在意图上是理性的，就是承认人具有追逐自我利益的倾向。追逐自我利益有程度深浅之分。程度最强烈的就是机会主义(opportunism)问题。单纯追求自我利益的经济代理人会不断考虑自己的偏好，但他们也会公正地披露所有相关的信息，会忠实地履行所有契约。对比起来，机会主义代理人则会欺骗性地追求自我利益。威廉姆森认为，机会主义指的是损人利己；包括典型的损人利己，如撒谎、偷窃和欺骗，但往往还包括其他形式。在多数情况下，机会主义是一种机敏的欺骗，既包括主动去骗别人，也包括不得已去骗人，既包括事前骗人，也包括事后骗人。从更一般的意义上说，“机会主义是指不充分揭示有关信息，或者歪曲信息，特别是指那些精心策划的误导、歪曲、颠倒或其他种种混淆视听的行为”[102]。作为对理性假定的修正和补充，机会主义和有限理性一起构成了交易成本经济学所依赖的关键性行为假定。

在人类社会中，不仅个人和公司可能采取机会主义行为，国家(政府)也可能按机会主义的方式行事。尼科洛·马基雅维里(Niccolò Machiavelli)在《君主论》中宣称：“一位君主，尤其是一位新的君主，不能够实践那些被认为是好人应作的所有事情，因为他要保持国家(stato)，常常不得不背信弃义，不讲仁慈，悖乎人道，违反神道。因此，一位君主必须有一种精神准备，随时顺应命运的风向和事物的变幻情况而转变。”[103]诺思和温格斯特在研究经济史时发现，斯图亚特王朝时期的英国政府在遵守借款协定方面的记录非常糟糕：“尽管在未来增加借款的愿望提供了明显的激励，王国政府仍按照其短期利益，违背它已经同意的协定。”[104]即使在现代社会中废除了君主专制，国家(政府)的机会主义行为也相当普遍。在一些宪政并不健全的国家中，政府行为充满了掠夺和征用的色彩。政府官员利用国家机器的强权和征税权肆意偷窃公民的财产，政府的机会主义行为成为经济发展的主要障碍。[105]

我们采用这个假定，意在强调国家在对外关系中追求自身利益的动机是强烈而复杂的，会随机应变、投机取巧，包括有目的、有策略地利用信息，按照国家目标对信息进行筛选和扭曲，欺骗合作伙伴，违背对未来行动的承诺等等。机会主义假定并不意味着所有国家在所有时间都会按机会主义行事，但是总有一些国家在某些时候会采取这种行为方式。由于国家理性是有限理性，我们不可能事先知道哪些国家在哪些情况下采取机会主义行为。也就是说，国家在谋求自身利益时，既有可能采取符合国际规范的正当手段，也有可能采取各种形式的机会主义行为，然而究竟哪些国家在哪些时候采用哪种行为方式是不确定的。

注释

1. 在中文文献中，transaction cost 也经常被译为交易费用，本书将其译为交易成本，但是对于从中文文献中引用的不同译法均不再改动。

2. [美]奥利弗·威廉姆森：《交易费用经济学：契约关系的规制》，载于陈郁编：《企业制度与市场组织——交易费用经济学文选》，上海：上海三联书店、上海人民出版社 1996 年版，第 24 页。

3. 柯武刚、史漫飞：《制度经济学——社会秩序与公共政策》，商务印书馆 2000 年版，第 4 页。

4. 美国制度学派也称旧制度经济学，代表人物除了约翰·康芒斯以外，还有托斯坦·凡勃伦(Thorstein Veblen)、维斯雷·米契尔(Wesley Mitchell)等。

5. [美]康芒斯：《制度经济学》(上册)，于树生译，北京：商务印书馆 1962 年版，第 73 页。

6. Oliver Williamson and Scott Masten, eds., *The Economics of Transaction Costs*, Cheltenham: Edward Elgar Publishing Limited, 1999, Introduction, x.

7. 作为"法学、经济学和组织理论相互融合的跨学科领域"，交易成本经济学的渊源还可以追溯到法学和组织理论的一些思想遗产。在法学方面，卡尔·卢埃林(Karl Llewellyn)在 1931 年发表的《什么是价格契约?》一文中比较了法院调整路径和契约调整路径。在主流法学和主流经济学中，法院调整被看作不言自明的主导调整方式，可是卢埃林却更看重具有私人性质的契约调整。他认为，契约应该视为"一种框架，这种框架几乎不会准确指出实际的工作关系，而是为这种关系的变化提供一种大致的指示，为疑难情况提供临场指导，当这种关系事实上终止时为最终的上诉提供规范"(Karl Llewellyn, "What Price Contract? An Essay in Perspective", *Yale Law Journal* 40, 1931, pp.736—737)。交易成本经济学采用了卢埃林将私人调整和最终上诉两种路径混合起来的思路并将其扩展到经济组织的研究中。在组织理论方面，切斯特·巴纳德(Chester Barnard)在 1938 年出版了《经理人员的职能》一书，其目的在于强调正式组织的重要作用。虽然巴纳德和哈耶克都认为适应性是经济组织的中心问题，但是他们所强调的适应性非常不同。哈耶克强调由市场中自主的经济行为主体实现的对相对价格变化的自发性适应，巴纳德则强调在等级制中合作的经济行为主体之间那种"自觉的、深思熟虑的和目标明确的"意图性适应。交易成本经济学认为，这两种适应性都为具有良好绩效的经济所需要，市场机制和等级组织需要混合。参见 Oliver Williamson and Scott Masten, eds., *The Economics of Transaction Costs*, Introduction, ix; Oliver Williamson, "The Firm as a Nexus of Treaties: an Introduction", in Masahiko Aoki, Bo Gustafsson and Oliver Williamson, eds., *The Firm as a Nexus of Treaties*, London: Sage Publication, 1990, p.9。

8. Ronald Coase, "The New Institutional Economics", *Journal of Institutional and Theoretical Economics*, Vol.140, No.1, 1984, pp.229—230.

9. Oliver Williamson, "Reflections on the New Institutional Economics", *Journal of Institutional and Theoretical Economics*, Vol.141, No.1, 1985, p.188.

10. Ronald Coase, "The Nature of the Firm", *Economica*, Vol.4, No.16, 1937, p.394.

11. [冰]思拉恩·埃格特森:《新制度经济学》,吴经邦、李耀、朱寒松、王志宏译,北京:商务印书馆 1996 年版,第 16 页。

12. [美]罗纳德·科斯:《企业、市场与法律》,盛洪等译校,上海:上海三联书店 1990 年版,第 201 页。

13. 科斯的制度分析和康芒斯等人的制度分析最大的不同在于,通过引入边际分析,使得各种具体制度的起源、性质、演化和功能等的研究可以建立在以个体为基础的实证分析上。甚至在某种程度上可以认为:"科斯论文的意义并不在于创立了新制度经济学,而是通过边际交易成本的引入,创立了可以经验实证的制度分析,这是科斯以前的制度理论所无法做到的。"参见周业安:"关于当前中国新制度经济学研究的再思考",中国人民大学比较国际政治经济活页文选,2001 年第 7 期,第 5 页。

14. Stanley Fischer, "Long-Term Contracting, Sticky Prices, and Monetary Policy: Comment", *Journal of Monetary Economics*, Vol.3, No.3, 1977, p.322.

15. 参见 Oliver Williamson, *Markets and Hierarchies: Analysis and Antitrust Implication*, New York: Free Press, 1975。

16. 参见 Oliver Williamson, *The Economic Institutions of Capitalism*, New York: Free Press, 1985。

17. 参见 Oliver Williamson, *The Mechanisms of Governance*, New York: Oxford University Press, 1996。

18. Oliver Williamson, "Hierarchies, Markets and Power in the Economy: An Economic Perspective", in Claude Menard, ed., *Transaction Cost Economics: Recent Developments*, Cheltenham: Edward Elgar Publishing Limited, 1997, pp.6—7.

19. Oliver Williamson, "The Firm as a Nexus of Treaties: an Introduction", in Masahiko Aoki, Bo Gustafsson and Oliver Williamson, eds., *The Firm as a Nexus of Treaties*, p.9.

20. 林毅夫:《关于制度变迁的经济学理论:诱致型变迁与强制型变迁》,载于[美]R.科斯、[美]A.阿尔钦、[美]D.诺思等著:《财产权利与制度变迁——产权学派与新制度学派译文集》,刘守英等译,上海:上海三联书店、上海人民出版社 1994 年版,第 377 页。

21. [美]L.E.戴维斯和 D.C.诺思:《制度变迁的理论:概念与原因》,载于《财产权利与制度变迁——产权学派与新制度学派译文集》,第 271 页。

22. [美]道格拉斯·C.诺思:《制度、制度变迁与经济绩效》,刘守英译,上海:上海三联书店 1994 年版,第 5 页。

23. [美]V.W.拉坦:《诱致型制度变迁理论》,载于《财产权利与制度变迁——产权学派与新制度学派译文集》,第 329 页。

24. [美]L.E.戴维斯和 D.C.诺思:《制度变迁的理论:概念与原因》,载于《财产权利与制度变迁——产权学派与新制度学派译文集》,第 270 页。

25. 参见 Oliver Williamson，“The New Institutional Economics: Taking Stock, Looking Ahead”, *Journal of Economic Literature*, Vol.38, No.3, 2000。

26. Oliver Williamson, “Hierarchies, Markets and Power in the Economy: An Economic Perspective”, in Claude Menard, ed., *Transaction Cost Economics: Recent Developments*, p.7.

27. [瑞典]拉斯·沃因和汉斯·韦坎德编:《契约经济学》,李风圣主译,北京:经济科学出版社 1999 年版,译者前言,第 28 页。

28. Oliver Williamson and Scott Masten, eds., *The Economics of Transaction Costs*, Introduction, ix.

29. [美]罗纳德·科斯:《新制度经济学》,载于[法]克劳德·梅纳尔编:《制度、契约与组织——从新制度经济学角度的透视》,刘刚、冯健等译,北京:经济科学出版社 2003 年版,第 12 页。

30. [美]诺思:《对政治和经济的历史发展的交易成本分析》,载于[美]埃瑞克·菲吕博顿等编:《新制度经济学》,孙经纬译,上海:上海财经大学出版社 1998 年版,第 301 页。

31. 参见 Douglass North, “A Transaction Cost Theory of Politics”, *Journal of Theoretical Politics*, Vol.2, No.4, 1990。

32. 参见 Avinash Dixit, *The Making of Economic Policy: A Transaction-Cost Politics Perspective*, Cambridge: MIT Press, 1996。

33. Terry Moe, “The New Economics of Organization”, *American Journal of Political Science*, Vol.28, No.4, 1984, p.739.

34. Barry Weingast and William Marshall, “The Industrial Organization of Congress; or Why Legislatures, Like Firms, Are not Organized as Markets”, *Journal of Political Economy*, Vol.96, No.1, 1988, p.132.

35. Peter Hall and Rosemary Taylor, “Political Science and the Three New Institutionalisms”, *Political Studies*, Vol.XLIV, No.5, 1996, pp.944—945.

36. [冰]思拉恩·埃格特森:《新制度经济学》,第 28 页。

37. 中国学者马骏对 20 年来交易费用政治学的研究成果进行了系统的梳理和评估,对以上问题的文献综述均可参见马骏:《交易费用政治学:现状与前景》,载于《经济研究》2003 年第 1 期。

38. 公共选择理论以新古典经济学的基本假设、原理和方法为分析工具,来研究和刻画政治市场上的主体(选民、利益集团、政党、官僚和政治家)的行为和政治市场的运行。这种理论倾向于接受新古典经济学的观点,即假定交易成本为零,忽视制度结构或它们的约束影响。关于公共选择理论的系统评介,可参见[英]丹尼斯·缪勒:《公共选择理论》,杨春学等译,北京:中国社会科学出版社 1999 年版;方福前:《公共选择理论——政治的经济学》,北京:中国人民大学出版社 2000 年版。

39. Oliver Williamson, “The Firm as a Nexus of Treaties: an Introduction”, in Masahiko Aoki, Bo Gustafsson and Oliver Williamson, eds., *The Firm as a Nexus of Treaties*, pp.6—7.

40. [美]罗伯特·基欧汉:《霸权之后:世界政治经济中的合作与纷争》,中文版前言,苏长和、信强、何曜译,上海:上海人民出版社 2001 年版,第 21 页。

41. 同上书,第 110 页。

42. 同上书,第 111 页。

43. Todd Sandler and Jon Cauley, “Design of Supranational Structures: An Economic Perspective”, *International Studies Quarterly*, Vol.21, No.2, 1977, p.273.

44. Ibid., p.251.

45. Beth Yarbrough and Robert Yarbrough, "Cooperation in Liberation of International Trade: After Hegemony, What", *International Organization*, Vol. 41, No. 1, 1987, p.3.

46. Ibid., p.4.

47. 参见 Beth Yarbrough and Robert Yarbrough, *Cooperation and Governance in International Trade: the Strategic Organizational Approach*, Princeton: Princeton University Press, 1992。

48. 作者在正文中使用的是契约监督和实施成本(contractual monitoring and enforcement costs)一词,但是他在注释中明确指出,契约监督和实施成本实质上就是交易成本。参见 Jeffry Frieden, "International Investment and Colonial Control: A New Interpretation", *International Organization*, Vol.48, No.4, 1994, p.568。

49. Jeffry Frieden, "International Investment and Colonial Control: A New Interpretation", p.559.

50. David Lake, "Anarchy, Hierarchy, and the Variety of International Relations", *International Organization*, Vol.50, No.1, 1996, p.2.

51. 参见 David Lake, *Entangling Relations: American Foreign Policy in Its Century*, Princeton: Princeton University Press, 1999。

52. 参见 Katja Weber, "Hierarchy Amidst Anarchy: A Transaction Costs Approach to International Security Cooperation", pp.331—333。

53. 参见 Katja Weber, *Hierarchy Amidst Anarchy: Transaction Costs and Institutional Choice*, Albany: State University of New York, 2000。

54. 参见[美]罗伯特·基欧汉:《霸权之后:世界政治经济中的合作与纷争》,第133页。

55. 同上书,中文版前言,第22页。

56. 参见盛洪:《制度经济学在中国的兴起(代序)》,载于盛洪主编:《现代制度经济学》(下卷),北京:北京大学出版社2003年版。

57. 同上书。

58. 参见盛洪:《中国的过渡经济学》,上海:上海三联书店、上海人民出版社1994年版。

59. 参见杨瑞龙、周业安:《中国新制度经济学》,载于刘大椿主编:《中国人文社会科学发展研究报告2002》,北京:中国人民大学出版社2002年版。

60. 周业安:《关于当前中国新制度经济学研究的再思考》,第1页。

61. 盛洪:《分工与交易——一个一般理论及其对中国非专业化问题的应用分析》,上海:上海三联书店、上海人民出版社1994年版,第170页。

62. 同上书,第174页。

63. 同上书,第175页。

64. 刘靖华:《霸权的兴衰》,北京:中国经济出版社1997年版,第236页。

65. 同上书,第237页。

66. 参见苏长和:《全球公共问题与国际合作:一种制度的分析》,上海:上海人民出版社2000年版,第三章第二节,第104—111页。

67. 同上书,第129页。

68. 该书的第六章直接以"国际关系中的制度选择:国际合作的形式与国际制度安排"为题,第四章"合作博弈和非合作博弈:国际合作的微观解释"和第五章"时间、数目与分配问题:国际合作的进一步探讨"则为之提供了分析的基础。

69. 关于科学研究方法的层次划分,可参见阎学通、孙学峰:《国际关系研究实用方法》,北京:人民出版社2001年版,前言,第3页。

70. [英]卡尔·波普尔:《猜想与反驳——科学知识的增长》,傅季重、纪树立、周昌忠、蒋弋为译,上海:上海译文出版社2001年版,第52页。

71. Gary King, Robert Keohane and Sidney Verba, *Designing Social Inquiry: Scientific Inference in Qualitative Research*, Princeton: Princeton University Press, 1994, p.101.

72. Ibid., p.103.

73. Michael Nicholson, *Rationality and the Analysis of International Conflict*, Cambridge: Cambridge University Press, 1992, p.31.

74. [美]奥利弗·威廉姆森:《治理机制》,王健、方世建等译,北京:中国社会科学出版社2001年版,第83页。

75. [冰]思拉恩·埃格特森:《新制度经济学》,第29页。

76. [英]马尔科姆·卢瑟福:《经济学中的制度:老制度主义和新制度主义》,陈建波、郁仲莉译,北京:中国社会科学出版社1999年版,第26页。

77. 周业安:《关于当前中国新制度经济学研究的再思考》,第11页。

78. 参见 Oliver Williamson and Scott Masten, eds., *The Economics of Transaction Costs*。

79. 张小劲、景跃进:《比较政治学导论》,北京:中国人民大学出版社2001年版,第90页。

80. Gary King, Robert Keohane and Sidney Verba, *Designing Social Inquiry: Scientific Inference in Qualitative Research*, p.45.

81. Ibid.

82. 亚历山大·乔治将这种同一案例内的"纵向比较"称为"叠合方法"(congruence method),并将其看作"结构化集中比较"的一种方法。参见 Jack Levy, "Qualitative Methods in International Relations", in Frank Harvey and Michael Brecher, eds., *Evaluting Methodology in International Studies*, Ann Arbor: The University of Michigan Press, 2002, p.141。

83. 本书所说的主流国际关系理论,是指新现实主义和新自由制度主义。很多美国学者都持这一看法。例如,哈佛大学教授江忆恩(Alastair Iain Johnston)明确指出,主流国际关系理论包括新现实主义和契约制度主义(contractual institutionalism)。契约制度主义是以基欧汉为代表的新自由制度主义的另一种表达。参见 Alastair Iain Johnston, "Treating International Institutions as Social Environments", *International Studies Quarterly*, Vol.45, No.4, 2001, p.488。

84. 张宇燕:《经济发展与制度选择》,北京:中国人民大学出版社1992年版,第66页。

85. [美]A.C.艾萨克:《政治学:范围与方法》,郑永年、胡淳、唐亮译,杭州:浙江人民出版社1987年版,第283页。

86. 汉斯·摩根索曾对理性持怀疑态度,他在《科学人对抗权力政治》(1946年)中宣称:"我们的文明假定,社会世界可以像自然科学模型那样受到理性的控制。然而在这个时代中,无论是国内的经验事实还是国际的经验事实都和这个假定相矛盾。"但摩根索后来在《国家间政治》(1948年)中改变了对理性的怀疑态度,下面的引文就反映了这一点。迈尔斯·卡勒认为,摩根索对理性看法的转变在很大程度上与美国强大的社会科学传统有关。参见 Miles Kahler, "Rationality in International Relations", *International Organizations*, Vol.52, No.4, 1998, p.920。

87. [美]汉斯·摩根索:《国家间政治——寻求权力与和平的斗争》,徐昕、郝望、李保平译，北京：中国人民公安大学出版社 1990 年版，第 5 页。

88. 同上书，第 195—196 页。

89. [美]罗伯特·基欧汉：《世界政治理论：结构现实主义及其超越》，载于[美]罗伯特·基欧汉编：《新现实主义及其批判》，郭树勇译，北京：北京大学出版社 2002 年版，第 154 页。

90. [美]罗伯特·基欧汉：《霸权之后：世界政治经济中的合作与纷争》，第 34 页。

91. 关于这些挑战的内容以及对这个假定的辩护，可参见苏长和：《全球公共问题与国际合作：一种制度的分析》，第 43—45 页。

92. [美]奥利弗·威廉姆森：《治理机制》，前言，第 8 页。

93. 本书关于国家理性假定内涵的上述界定参考了约瑟夫·格里科的观点，参见 Joseph Grieco, "Realist International Theory and the Study of World Politics", in Michael Doyle and G. John Ikenberry, eds., *New Thinking in International Relations Theory*, Boulder: Westview Press, 1997, p.165。

94. 直觉理性是在大众心目中更盛行的一种理性模型。按照这种理性模型，人类的思维和人类作出正确决策的本事，大多被归功于人类具有良好的直感和判断能力。社会科学家对直觉理性的讨论要比对完全理性和有限理性的讨论少得多。参见[美]赫伯特·西蒙：《现代决策理论的基石》，杨砺、徐立译，北京：北京经济学院出版社 1989 年版，第 122 页。

95. 刘世锦：《经济体制效率分析导论——一个理论框架及其对中国国有企业体制改革问题的应用研究》，上海：上海三联书店、上海人民出版社 1994 年版，第 37 页。

96. [美]赫伯特·西蒙：《现代决策理论的基石》，第 3 页。

97. [美]奥利弗·威廉姆森：《资本主义经济制度》，段毅才、王伟译，北京：商务印书馆 2002 年版，第 69 页。

98. [美]奥利弗·威廉姆森：《治理机制》，前言，第 9 页。

99. [美]罗伯特·基欧汉：《霸权之后：世界政治经济中的合作与纷争》，第 134 页。

100. 指完全理性。本书作者注。

101. Miles Kahler, "Rationality in International Rations", pp.940—941.

102. [美]奥利弗·威廉姆森：《资本主义经济制度》，第 72 页。

103. [意]尼科洛·马基雅维里：《君主论》，潘汉典译，北京：商务印书馆 1985 年版，第 85 页。

104. [美]道格拉斯·诺思和巴里·温格斯特：《宪法与承诺：17 世纪英格兰治理公共选择制度的变迁》，载于[美]李·阿尔司通、[冰]思拉恩·埃格特森等编：《制度变革的经验研究》，罗仲伟译，北京：经济科学出版社 2003 年版，第 166 页。

105. 杨小凯、张永生：《新兴古典经济学和超边际分析》，北京：中国人民大学出版社 2000 年版，第 100 页。

第二章
国际关系中的交易成本:概念、来源与影响变量

说到交易成本的计算问题,其困难也不像初看上去那么大;因为只要比较出哪个大、哪个小即可,不一定非要算出具体数值来。

——奥利弗·威廉姆森:《资本主义经济制度》

第一节 国家间交易:概念问题

在国际关系理论文献中,“交易”(transaction)作为一个特有概念的使用频率明显低于“合作”“冲突”“竞争”“和平”“战争”等其他表达国际相互作用或相互行为的概念。[1]在涉及国际交易的有限理论文献中,卡尔·多伊奇(Karl Deutsch)关于“交易分析”(analysis of transactions)的著述最为引人注目。多伊奇认为,随着计算机在美国学术界的应用,世界各个国家的大量统计数据具有了处理的技术可行性。邮递、旅游、留学、移民、书籍、新闻、电讯和航空器等国际移动的数据资料反映了成千上万的个人所作出的决定的总和,显示了不同社会之间相互联系(inter-society contacts)的程度。外交往来、条约、国际组织的成员地位、技术支持、官方援助和文化交流等数据资料则反映了政治领导人所作出的决定,显示了政府间联系(intergovernmental contracts)的程度。此外,有关国家特点的数据资料,如有关国内经济、社会和政治结构的情况,虽然不属于交易的范围,但是显示了不同国家的相似性程度。[2]在此基础上,布鲁斯·拉西特等学者进一步发展了对国际交易的研究。他们运用因素分析(factor analysis)的方法确定了具有相关性的若干变量,然后根据这些变量分析处在不同区域中的几组国家以考察这些区域所具有的一体化特征。[3]

多伊奇所开辟的“交易分析”对当时的一体化研究具有重要的推进作用,但是这种分析路径的缺点也是显而易见的。例如,大多数数据是一个国家与世界上其他所有国家交换的总体数据,而不是两个国家相互交换的具体数据。又如,这种“交易分析”没有提供基本的理论或方法来区分不同类型的交易模式。[4]从严格的意义上说,多伊奇的“交易分析”并没有为国际交易提供一个具有理论价值的研究框架,而且在社会间联系和政府间联系两者之间着重强调社会间联系的作用,因而不可能为我们对国家间交易的概念探讨提供直接的基础。

事实上,自亚当·斯密(Adam Smith)讨论“分工的原由”开始,交易作为一个概念在经济学中就得到了广泛的运用。斯密认为,产生诸多利益的分工并非人类智慧的结果,而是一种人类趋于缓慢进化的结果,“这种倾向就是互通有无,物物交换,互相交易”[5]。斯密指出了交易的一般涵义,“请给我以我所要的东西吧,同时,你也可以获得你所要的东西:这句话是交易的通义”[6]。旧制度经济学的代表人物约翰·康芒斯对“交易”的概念进行了进一步的抽象。康芒斯认为,交易包含“冲突、依存和秩序”三项原则,是经济分析的基本分析单位。交易,“不是实际‘交货’那种意义上‘物品’的交换,它们是个人与个人之间对物质的东西的未来所有权的让与和取得,一切取决于社会集体的业务规则。因此,这些权利的转移,必须按着社会的业务规则先在有关方面之间谈判,然后劳动才能生产,或者消费者才能消费,或者商品才会实际交给其他的人”[7]。作为新制度经济学的开创者,科斯拒绝了旧制度经济学的研究方法,但是接受了康芒斯把交易解释为权利让渡的思想。例如,他指出,从表面上看,“商人得到和使用的是实物(一亩土地或一吨化肥)”,而实际上,他们是在“行使一定(实在)行为的权力”[8]。新制度经济学的另一位代表人物威廉姆森也赞同康芒斯把交易作为基本分析单位的主张。[9]

经济学家从千姿百态的各种交易现象中抽离出了交易最一般的属性,即权利让渡,或者用康芒斯的话讲,“交易是所有权的转移”[10]。这种把交易的实质定位为权利让渡的思想,把交易的概念一般化了。作为一种特殊类型的交易关系,国家间交易也应该具有交易的最一般属性,因此国家间交易的实质在于国家权利的让渡。那么,对国家间交易的这种定位是否与主流国际关系理论的基本内核相一致呢?或者说,我们能否从国际关系理论的基本命题出发推导出国家权利让渡的可能性和必要性呢?对于本书的理论建构而言,探究这样的问题是不可或缺的基础环节。只有当国家间交易既具有交易的一般属性又合乎国家间互动的逻辑时,我们在国际关系研究中引入交易和交易成本的概念才可能是有意义的。

在国际关系理论中,无论是新现实主义还是新自由制度主义,都把无政府状态视为研究的基本假定。新现实主义者把无政府状态看作国际关系的最重要特点。例如,肯尼思·沃尔兹认为:"国际体系的基本结构特征是无政府状态,即不存在合法的集中控制力量。"[11]罗伯特·吉尔平则把国际政治的本质定义为:"在无政府状态下独立行为者之间争取财富和权力的循环斗争。"[12]新自由制度主义者也把这一假定作为分析起点。例如,罗伯特·艾克斯罗德(Robert Axelrod)把他所研究的中心问题确定为"在什么条件下才能从没有集权的利己主义者中产生合作"[13]。罗伯特·基欧汉则指出:"如同新现实主义者,新自由制度主义者也承认国际体系的本质在于没有中央政府,试图以此解释行为规律。"[14]

在这些国际关系学者看来,正是无政府状态使国际社会与国内社会区别开来。无论是在哪一种社会形态中,社会秩序都是权利让渡的一个基本前提。如果无政府状态意味着国际社会没有任何秩序可言,国家权利就无法得到确定、行使和保障,国家之间的权利让渡就不会发生,国家间的交易也就失去了进行的基础。但是在多数国际关系学者的视野下,无政府并不等于无秩序。[15]英国学派通过国际社会(international society)的概念来表明国际政治中的秩序因素。[16]正如其代表人物赫德利·布尔(Hedley Bull)所言:"我们所说的国际社会,是指一组国家不仅构成了一个体系,即每个国家的行为是其他国家在算计时必须考虑的一个因素,而且通过对话和同意建立了引导相互关系的共同规则和制度,并且承认它们在保持这些安排上具有共同利益。"[17]以艾克斯罗德和基欧汉为代表的新自由制度主义者强调以缺乏世界政府为特点的无政府状态的重要性,同时他们认为世界政治的持续性特点在于各种国家间互动模式。[18]甚至新现实主义者也并不否认国际秩序的存在。肯尼思·沃尔兹承认，尽管世界政治并没有被正式组织起来，但它“并非完全缺少机构和井井有条的程序”[19]。罗伯特·吉尔平也认为国家间的关系具有一种高度的秩序，“为了最大限度地减少由短缺商品分配引起的冲突，促进个人之间的有效合作，每一种社会体系能够建立调整行为的规则与法律，国际体系和国内政治体系均是如此”[20]。针对这种超越学派分歧的共识，基欧汉指出：“无政府状态既不意味着模式的缺乏也不意味着永久的战争，这一点也得到了普遍的承认。”[21]

无政府状态和国际秩序两者之间“共存”而非“互斥”的关系，在很大程度上是由国家主权的性质所决定的。一方面，国家主权从原则上排除了在主权国家之上建立共同政府（common government）的可能性，而世界政治中共同政府的缺乏正是无政府状态的一般涵义。另一方面，国家的主权地位也成为一种制度（sovereign statehood is an institution），从而确立了引导国家间关系的规则，构成了国际秩序的基础。这样，由于国家主权成为一种制度，无政府状态和国际秩序产生了某种逻辑上的联系。正如基欧汉所言：“的确，世界政治在以下意义上是无政府的：没有一个共同政府，国家不得不依赖它们自身的战略和资源来保持它们的地位乃至它们的生存，而不是求助于外部的权威。但是，这种无政府状态由于对主权规范的普遍认可而制度化了。”[22]

国家主权之所以成为一种制度，是与国家主权的内涵直接相关的。随着民族国家作为政治组织主要形式的出现，[23]现代意义上的主权概念在中世纪晚期开始形成。1648 年威斯特伐利亚和会以后，主权作为一定领土范围内的最高权力已经为西欧国际社会的成员所普遍认可。[24]根据汉斯·摩根索的说法，主权系指那个时代的一个基本事实，即在一定的领土范围内，出现了一种集中的权力，这一权力在此范围内行使制定法律和执行法律的权威，而且高于该领土内其他可以察觉到的力量。“这一权威拥有不容领土内外任何别的力量挑战的权力。换言之，它已成为至高无上的权威。”[25]既然主权可以定义为在某个特定范围内不受制于其他力量的最高权威，那么合乎逻辑的是，当这个概念适应于一个以上的单位或行为主体时，这些单位或行为主体在它们的互动中必须享有平等的权利和义务。如果它们被看作是不平等的，“它们将共存于一个统治和从属的体系中，组成单位的最高权威将无异于天方夜谭”[26]。英国著名学者安东尼·吉登斯（Anthony Giddens）认为，国家主权与国家原则上的平等两者之间的关系，比通常想象的更加密切。他指出：“一个国家如果不是在一个主权国家体系之中，如果它的主权不被他国承认，它也就成不了主权国家。在主权问题上，存在着相互承认为平等主体的强大压力，不管实际情形中权力差别如何之大。”[27]

这些具有主权的平等主体如果需要以一种方法来处理相互关系的话，那么，“用特定的法律规则来规约这种关系便不可避免了”[28]。也就是说，当国家主权的概念由让·博丹（Jean Bodin）所强调的“对内最高”发展到雨果·格劳秀斯（Hugo Grotius）所看重的“对外独立”时，主权原则及其逻辑推论——平等原则——必然要求确立最基本的国际法原则。最基本的国际法原则正是主权概念得以成立的前提。汉斯·摩根索认为，在国际关系中的确有一些国际法规则可以不依赖国际社会各国的同意而存在。它们或者是所有法律制度存在的逻辑前提，如解释条约的规则、规定附加条款的规则；或者是多元国家体系赖以存在的逻辑前提，如界定各国管辖范围的规则。无论各国同意与否，这一类规则对所有国家都有约束力。它们被称为现代国家体系中的一般或必需的国际法（jus necessarium）。他明确指出：“它们的约束力并不影响各国主权。相反，正是它们使主权在法律意义上能够成立。因为如果各国不能做到互相尊重属地管辖权，如果没有对这种尊重施以法律保障，国际法和建筑在国际法之上的国家体系就显然无法存在。”[29]

正是由于国家主权在国际社会中的这种地位和作用，以无政府状态为根本特征的国际社会至少具有了一种最低限度的秩序（minimum order）。政治系统论的开创者戴维·伊斯顿（David Easton）就曾指出：“国际系统也有其典型规则。组成国际系统的行为者之间的关系不是随意的，其互动也不是完全不受节制的。即使它们比起许多国家系统来，很少完全照着规则和期望值去行动，但规则和期望值也还是通行的。”[30]因此，国际社会与国内社会在拥有秩序这一点上的差别不是本质上的，而是程度上的。即使从直观上看也不难得到这一判断的例证。冷战结束后西欧、北美国际社会的有序状态与阿富汗、刚果（金）、利比里亚、苏丹等“失败国家”（failed states）内部的无序状态就形成了鲜明的对照。

如同国内社会秩序是个人和法人权利得以界定、行使和保障的前提一样，国际社会秩序是国家权利界定、行使和保障的前提。一般说来，国家权利可以分为基本权利和派生权利两大类。所谓基本权利是指国家所固有的权利，这些权利是由国家主权的基本规定性确立的。国家基本权利包括独立权、平等权、自保权和管辖权，而管辖权又可分为领域管辖权、国籍管辖权、保护性管辖和普遍性管辖。除了这些基本权利之外，国家权利还有由基本权利派生或引申出来的权利，这种权利可以按照国家的意志和行为的结果而加以改变和互有不同。[31]

国家主权作为一种制度，为国家权利的界定、行使与保障提供了可能，从而为国家权利的让渡创造了必要的条件。换言之，如果在国际关系中没有这种国家主权的制度，国家的权利就缺乏最基本的稳定性，让渡权利就失去了合理的预期，国家之间也就不会进行权利的让渡。国家主权在国际体系中的上述作用，在一定意义上类似于产权（property rights）在国内市场体系中所起的作用。[32]正如杰克·唐纳利（Jack Donnelly）所说的："主权的相互承认为全球范围的排他性管辖权提供了一种权威性分配的手段。因此从功能上看，主权与经济市场中的产权体系非常相似。"[33]一般而言，产权所界定的是人们对物的使用所引起的行为关系，包括人们在经济活动中如何受益及如何受损，以及他们之间如何进行补偿的规则。用阿尔钦的话说，产权是"一个社会所实施的选择一种经济品的使用的权利"[34]。产权所包含的不是一种而是一组权利（权利束）。在构成产权的权利束中，某些权利比其他权利更为重要，排他性和可让渡性就是其中的两种。[35]作为一种社会工具，产权"其重要性就在于事实上它们能帮助一个人形成他与其他人进行交易时的合理预期"[36]。在产权得不到有效保障的情况下，人们在交易时就不能形成一种稳定的预期。因此，得到有效保障的产权是权利让渡的必要前提。正如科斯在《社会成本问题》中所指出的："没有这种权利的初始界定，就不存在权利转让和重新组合的市场交易。"[37]在国际关系中，国家主权就是"这种权利的初始界定"，使国家在彼此交易时能够形成一种相对稳定的预期，从而为国家权利的让渡创造了一个必要的前提。

新制度经济学的一个重要概念是产权的可分解性,将产权区分为使用、收益、转让诸权只是初步的分解,其中每一种权利都可能得到更为具体和细致的分解。例如,一块土地可以耕种,也可以由人在其中通行以及在其上架设通讯线路,这样它的使用权就可以分解为耕种的权利、通行的权利和架设通讯线路的权利。这些使用权既可以由土地所有者本人行使,也可以部分或全部转让给另一个人或几个人。[38]那么,国家主权是否和产权一样具有可分解性呢?如果国家主权是不可分解的,那么国家要么完全保有由主权产生的基本权利和派生权利,要么完全丧失由主权产生的这些权利。在由主权国家构成的现代国际体系中,一国几乎不可能自愿让渡出自己的全部主权,在国家主权不可分解的情况下,国家权利的让渡也就几乎不会发生了。[39]因此,国家主权是否具有可分解性的问题对国家间交易的概念能否成立就有着至关重要的意义。汉斯-亨里克·霍尔姆(Hans-Henrik Holm)、乔治·索伦森(Geoge Sorensen)和罗伯特·基欧汉等学者提出的操作主权(operational sovereignty)概念,为这个问题的回答提供了一个颇具启发意义的思路。

霍尔姆和索伦森认为,国家主权具有三个不同的维度:消极主权、积极主权和操作主权。[40]操作主权被用来描绘这样一种情境,即国家在国际讨价还价的过程中自愿限制其行动自由。换言之,国家会对自己施加限制,即可能通过国际协议来限制它们自己在某个领域中的行动自由,甚至可能建立超国家治理来限制国家主权中的若干核心部分。这些国家希望能够通过对操作主权的自愿限制,对其他国家的政治运作施加更大的影响,从而获取更大的利益。霍尔姆和索伦森指出,国家主权的这个维度是对消极主权(negative sovereignty)和积极主权(positive sovereignty)的重要补充。[41]基欧汉则从复合相互依赖的角度阐述了操作主权的概念。基欧汉认为,在复合相互依赖的条件下,主权所赋予的合法权威既可以用来损害其他国家的利益,也可以用来讨价还价以影响其他国家的政策从而通过交换获得更大的收益。随着跨国投资、环境恶化、毒品交易、恐怖主义等一系列跨国性问题的出现,主权为国家提供了一种合法的手段来控制这些跨国过程的某一方面。虽然主权还是由国界定义的领土主权,但是它在更多的意义上已成为国家在复合跨国网络中进行讨价还价的资源。[42]

显而易见的是，当主权成为国家讨价还价的资源时，国家主权就具有了可分解性。换言之，操作主权概念包含了国家主权的可分解性。在国际讨价还价的过程中，国家可能会让渡自己的部分权利以换取更大的国家利益。例如，随着欧洲中央银行的成立和欧元的启动，欧盟多数成员国让渡了它们在货币领域的国家权利（货币主权）。又如，美国和欧盟把双方的贸易争端提交给世界贸易组织，并最终接受世界贸易组织的仲裁，从而放弃了在相关领域中的行动自由。

事实上，主权成为国家间讨价还价的资源并非是在"复合相互依赖"条件下才出现的新现象。[43]"复合相互依赖"不过是使这种讨价还价更加频繁，从而使操作主权的维度更加突出罢了。当国家之间存在相互依赖的一般情形时，国家就有可能让渡自己的某些权利。所谓相互依赖，是指国家之间或不同国家的行为体之间，有赖于强制力或者说要付出代价的相互影响与相互作用。[44]相互依赖可以是类似于美苏之间的战略性相互依赖，也可以是联盟成员之间的相互依赖，还可以是世界经济体系中各个行为体之间的相互依赖，等等。从历史上看，相互依赖是一个至少可以追溯到地理大发现和工业革命的政治、经济和社会过程。马克思和恩格斯早在19世纪中叶就对国家间的相互依赖作出了生动的描述："资产阶级，由于开拓了世界市场，使一切国家的生产和消费都成为世界性的了。……过去那种地方的和民族的自给自足和闭关自守状态，被各民族的各方面的互相依赖所代替了。物质的生产是如此，精神的生产也是如此。"[45]

由于相互依赖会导致需要付出"代价"的结果（costly effects），国家为了降低成本或增加收益而可能让渡自己的某些权利。例如，为了战争的需要，英国于1941年将若干小块领土租给美国，以供在纽芬兰、百慕大、牙买加、圣卢西亚、安提瓜、特立尼达和英属圭亚那的海空军基地使用。[46]英国的这种行为实际上是向美国让渡了这些领土的使用权，但是英国的国家主权并没有因此丧失，从而体现了主权的可分解性。在国际关系中的类似行为可以说屡见不鲜。更一般地讲，由于国家主权具有像产权一样的可分解性，国家权利的让渡才成为可能，而当国家间相互依赖确实需要这样的权利让渡时，国家间交易也就会发生。

基于对国家间交易的上述讨论，我们可以得到与后面的研究议程直接相关的几个基本判断。第一，我们把国家间交易定位为国家权利的让渡，在很大程度上依赖于霍尔姆、索伦森和基欧汉等学者对国家主权维度的阐释。操作主权的维度在很大程度上突破了人们对主权概念的传统理解，可以作为一种工具来描述在构成主权的“权利束”中某些国家权利的让渡现象。正是操作主权概念的引入使我们能够完成对国家间交易的定位。有鉴于此，对于国际关系中的主权现象，我们不能仅仅停留在法律文本或政策声明的表述上，而应该根据历史与逻辑相统一的原则具体考察国家主权在国际社会中所发挥的实际作用。正如王逸舟所指出的：“在这个问题上，经验的、历史的查证，惯例的、实定的法则，经常比法理的、原则的规定，或单一国家或者某个国际组织的说法，来得更加有效和合理。”[47]

第二，国家间交易和国家间合作所描绘的现象具有同一性，尽管它们刻画的维度不同。基欧汉曾对合作的含义作了权威性的解释。根据他的阐述，当每个行为体的政策被其他行为体视为实现它们目标的障碍时，如果这些行为体作出了政策调整并使它们之间的政策变得更相容了，那么这种政策协调行为就是合作。[48]也就是说，在政策作出调整之前，各个国家的政策被其他国家看作实现它们目标的障碍，但是通过政策协调过程，这些国家不再实施可能阻碍其他国家目标实现的政策，而将自己的政策调整到适应其他国家现行的或可预料的偏好上，从而使各国政策变得相容了。由此可见，合作实际上要求国家放弃了实施某些政策的权利，从而包含了权利让渡的内容。另一方面，国家权利的让渡不仅需要通过国家之间的政策协调来实现，而且要求国家之间的利益结构具有某种冲突性质。如果国家之间的利益是完全一致的，一方追求其利益的政策能自动地促进其他行为主体目标的实现，国家间的权利让渡就不会带来新的利益，国家也就不存在相互让渡权利的动机了。因此，国家间交易也是以交易前国家目标的冲突或潜在冲突为条件的，而这一点正是合作与和谐相区别的标志。[49]在这个意义上，国家间交易也具有了合作的内涵。进一步说，国家权利的让渡是国家间合作的实质，而国家间合作则是国家权利让渡的形式。[50]

第三，由于国家主权成为一种制度，国内/国际的二分法（domesticinternational dichotomy)在我们的研究议程中不宜过分强调。的确,在国际关系中并没有一个"世界政府"来履行国际立法、国际司法和执行职能,但是无政府状态的国际社会却并非处于完全的失序和混乱状态。进而言之,国际社会的秩序首先是依靠各个国家的主权地位实现的,这种情况非常类似于交易成本经济学所强调的"私下解决"(private ordering)。正如威廉姆森所指出的,就是在国内社会中,绝大部分纠纷,包括许多按现行法律规定本应提交法庭来裁决的纠纷,都采取了"私下解决"的调解方式,而没有采取"法律中心论"所预期的法律解决方式。[51]在这个意义上,无论是在国内社会还是在国际社会,诉诸法律或者诉诸"私下解决"的相对重要程度或功效,可能最终是个经验问题。[52]交易成本经济学是在比国际法律体系远为完备的国内法律体系这样一个背景下发展起来的,但是它并不强调正式法律解决的重要性。因此,即使国际法体系的确如摩根索所言"松散、无力、低效",我们也不能以国际社会中缺乏完善的法律体系和集中的政府权威为由,在国际关系研究中排斥交易成本经济学路径的应用。对此,贝丝·亚伯勒和罗伯特·亚伯勒指出:

> 新组织经济学显示,国内舞台是法律治理的而国际舞台是无政府的两分法可能是误导的。如果当基于法律的、匿名的、以价格为中介的市场交换不能为合作提供充分保障时,产生了公司这种便于合作生产的等级制治理结构,那么国内舞台和国际舞台的差异就是程度上的,而非本质上的。如果是这样,新组织经济学在理解个人和公司在不确定性、有限理性、机会主义和不完全实施条件下为了便于合作而设计的各种制度方面所取得的进步也会有助于分析国际制度。[53]

第四,国家主权作为一种制度,是"制度环境"意义上的制度。在本书第一章已经讨论了交易成本经济学的基本分析层次。在我们的制度选择模型中,主权制度是作为"制度环境"而非"制度安排"而存在的。在这里之所以强调这一点,是因为这种定位与本书的理论建构直接相关。埃格特森曾非常精练地概括了新制度经济学中的分析层次问题:

> 在新制度经济学中有好几个层次的分析,这主要取决于哪些变量被看作内生的。在第一层次,产权结构和组织形式被明确模

型化,但被看作外生性的,而且主要强调它们对经济产生的影响。在第二层次,组织交换的活动被内生化,但是产权的基本结构仍然是外生的。企业内部的交换,通过正式市场的交换,以及非市场情况下的交换,等等,是通过能约束经济各方的契约来实现的。比如,企业被定义为契约的网络。在第三层次,人们试图通过引进交易成本概念而把社会、政治规则以及政治制度结构内生化。[54]

我们的制度选择模型显然建立在埃格特森所说的第三层次上。具体地说,我们将通过引进交易成本来解释国际关系中的制度选择问题,从而把国际关系中的特定制度安排或治理结构内生化。威廉姆森的研究实际上是在埃格特森所说的第二层次上进行的,他所关注的是市场、等级制,以及介于其间的中间形式,界定产权的社会、政治规则和政治制度结构都是外生的。用他自己的话说:"当把注意力集中于治理制度时,我大体上把制度环境视为给定的。"[55]比照这一理论进路,在下一章建立的国际制度选择模型中,我们将把主权制度确定为一种外生的"制度环境"。

第二节 国家间交易成本:主要来源

在新制度经济学中,交易成本的概念是由科斯率先使用的。正是由于科斯在1937年《企业的性质》中强调了交易成本权衡在制度选择中的重要性,才发生了现代经济学中的"新制度主义革命"。但是从经济学说史上来考察,交易成本的概念是由货币经济学在分析货币的价值时最早使用的。在货币经济学的早期发展阶段,学者们通过分析不同交换制度下的交易成本来解释货币的有关问题。例如与自发的易货贸易相比,货币的使用节省了在市场中搜寻信息的大量成本。"交易成本概念的一个历史根源,就存在于非传统的货币理论文献中。"[56]基于这种历史渊源,新制度经济学最初把交易成本看作是使用市场的成本。在科斯那里,交易成本就是"一种使用价格机制的成本"[57]。科斯的交易成本概念,将前人用以解释同样问题的各种因素,如风险因素、信息因素、垄断因素和政府管制等因素都包括了进来,而且还有更宽泛的含义。[58]在评论科斯对交易成本的解释时,达尔曼(Dahlman)指出:

> 与科斯的定义相一致，可以根据交换过程本身所包含的不同阶段对交易成本进行分类。双方要进行交易，就必须寻找交易对象，即另一方。从时间和资源上看，这种寻找活动要花费成本。如果这种寻找活动获得成功，双方进行了接触，那么他们必须彼此通报在双方间出现的交换机会，这种信息传递活动也要耗费资源。如果交易双方各有几个交易伙伴可供选择，在交易条款确定以前还要发生一些决策成本。交易条款常常只能通过有关各方进行谈判才能达成，这种谈判活动也要花费成本。在交易达成以后，还要发生监督对方以确保其义务根据合同条款的规定得到履行的成本以及实施协议的成本。这些成本——寻找成本和信息成本、谈判和决策成本、监督和实施成本——不过是对一个具有可操作性的交易成本概念的近似表述而已。[59]

另一位诺贝尔经济学奖获得者肯尼思·阿罗(Kenneth Arrow)给交易成本下的定义是"经济系统的运行成本"。这种成本不同于生产成本，生产成本属于新古典经济学的分析范畴。威廉姆森赞同阿罗的定义，并且把交易成本比喻为"物理学中的摩擦力"[60]。威廉姆森将交易成本分为事先的交易成本和事后的交易成本。[61]事先交易成本是指草拟合同、就合同的内容进行谈判，以及确保合同得以履行所付出的成本。[62]事后交易成本则包括以下几项：(1)不适应成本，即交易行为逐渐偏离了合作方向，造成交易双方互不适应的那种成本；(2)讨价还价成本，即如果交易双方想纠正事后不合作的现象，需要讨价还价所造成的成本；(3)建立及运转成本，即为了解决合同纠纷而建立治理结构并保持运转，也需要付出成本；(4)保证成本，即为了确保合同中各种承诺得以兑现所付出的那种成本。[63]马修斯则为交易成本提供了这样一个定义：交易费用包括事前准备合同和事后监督及强制合同执行的费用，与生产费用不同，它是履行一个合同的费用。[64]随着交易成本概念的广泛使用，这一概念已扩展到包括度量、界定和保证产权的成本，发现交易对象和交易价格的成本，讨价还价的成本，订立交易合约的成本，执行交易的成本，监督违约行为并对之进行制裁的成本，维护交易秩序的成本等等。张五常甚至认为："在最广泛的意义上，交易成本包括那些不可能存在于一个克鲁梭·鲁滨逊(一个人)经济中的所有成本。"[65]

总的来看，交易成本概念在许多研究领域中都得到了广泛的应用，虽然经济学家们并没有为它规定清晰的、统一的定义，但他们还是在实质性涵义相近的条件下使用交易成本的概念。从他们对这个概念的实际运用情况来看，交易成本大致包括寻找成本和信息成本、谈判和决策成本、监督和实施成本。这些不同方面的成本都是在交易——即权利让渡过程中产生的。

如同经济生活中各行为主体之间的权利让渡总要付出成本一样，国家间的权利让渡也不是免费的。也就是说，国家间的交易也是有成本的。我们把由于国家权利的让渡而产生的成本称为国家间交易成本。鉴于任何交易都包含契约的因素，[66]我们以签订契约为界，将这些交易成本分为国家间缔约成本和国家间治理成本两大部分。国家间缔约成本是在达成权利让渡的契约前，国家为获取潜在交易伙伴和外部环境的信息、规定交易伙伴之间的权利和义务，以及对交易的条件进行讨价还价所付出的成本。国家间治理成本则是在达成让渡权利的契约后，国家为监督交易伙伴的履约情况、重新进行讨价还价，以及对不履约的交易伙伴实施制裁等所付出的成本。从概念的外延上看，缔约成本和治理成本分别对应于威廉姆森所说的事先交易成本和事后交易成本。在国际关系中，不论是缔约成本还是治理成本，都是由于国家间权利让渡而产生的成本形式。那么，国家权利的让渡为什么会付出成本，而不是免费的？或者更加简洁地说，国家间的交易成本究竟从何而来？

作为国际相互行为的一种形式，国家间交易受制于国家行为的基本特点。我们在本书第一章已经提出了关于国家行为的三个假定：国家是理性的行为主体；国家理性是一种有限理性；国家具有机会主义行为倾向。基于第一个假定，国家在决定是否让渡自己的权利时，必然进行成本—收益分析，只有当权利让渡的收益大于成本时，国家间交易才有可能发生。换言之，只有当交易的预期收益大于交易的预期成本时，国家才会产生权利让渡的动机，国家间的权利让渡才会实际发生。但是这个假定并没有告诉我们国家间交易成本是如何产生的。下面我们转向后两个研究假定，看看这两个行为假定是如何制约国家间交易的。

在国家间交易的过程中,作为理性的行为主体,国家要尽可能地降低成本,提高收益,并按照这个要求来制定和实施对外政策。但国家的对外政策是否符合理性的要求,不仅依赖于国家的决策过程,还取决于国家所掌握的相关信息。在谈判阶段,国家需要知悉对方的偏好,在实施阶段,国家需要知悉对方是否遵守协议。[67]只有获得了这些必要信息,国家才可能在实践中达到或接近理性的要求。但是由于国家理性是一种有限理性,国家在进行理性决策时会受到各种条件的约束和限制,不可能获得关于交易伙伴的所有必要信息。也就是说,在国家间交易的过程中,交易的一方不可能知道另一方所有的必要信息,它们所拥有的信息之间的差值构成双方各自的私有信息(private information)。经济学家用"信息不对称"(asymmetric information)来刻画这一信息分配状况。

信息不对称是指这样一种状况:缔约当事人一方知道而另一方不知道某一信息,甚至第三方也无法验证,即使能够验证,也需要耗费大量资源,在经济上是不划算的。威廉姆森指出,在这种情况下,"局外人"(outsider)由于担心"局内人"(insider)会利用信息的优势对其进行欺诈,往往不情愿达成协议。诺贝尔经济学奖获得者乔治·阿克洛夫(George Akerlof)所讨论的"柠檬市场"(market for lemons)或"次品市场"生动地揭示了这一原理:

> 某些汽车比另一些汽车差,但这些缺陷直到车主使用它们一段时间以后才会显露出来。这些有缺陷的汽车被称为次品。……次品的主人知道他们是不幸的。他们希望将次品推给别人。在一辆旧车的任意价格上,那些最差的次品车的主人最急于将他们的车脱手。当车的价格下降时,那些持有最轻度缺陷次品车的人会认为还是将车留着自己用更为合算。这意味着,那些还留在市场上出售的汽车的平均质量降低了。[68]

在"次品市场"的案例中,旧车的卖主比买主具有关于旧车性能的更多信息,在卖主中间必然有一些想把最差的次品车脱手的人,而买主无法区分出好车与次品车,在这种情况下,他们宁可不买也不愿冒风险。这一案例说明信息不对称阻碍了交易的实现。正如"柠檬市场"中的旧车卖主与潜在买主一样,由于知悉潜在交易伙伴比自己拥有更多的信息,并且因此可能操纵双方的关系乃至进行成功的欺骗,国家就有可能放弃改善双方福利的合作。在可能的交易收益足够大时,国家为了获取交易收益,也有可能投入大量成本来获取相关信息以尽量减少双方的信息不对称,只要这些成本低于交易收益。因此,即使信息不对称没有消除国家间交易的动机,国家在权利让渡过程中也不得不因之投入大量成本,从而产生了一部分交易成本。[69]

一般说来,当行为主体面临更多的潜在交易伙伴时,往往需要投入更多的成本以搜寻有关信息。与完全竞争市场体系中不计其数的经济行为主体相比,构成现代国际体系的民族国家在数目上要少得多,但是这种相对较少的数目并没有使信息成本问题在国际关系中显得无足轻重。在一个以自助为基本特征的国际体系中,国家为了实现尽可能多的安全和福利,在交易的过程中具有强烈的动机来隐瞒关于其能力和战略的信息。正如詹姆斯·费伦(James Fearon)所指出的:"一方面,国家时而有动机夸大其能力以便在讨价还价时具有更有利的地位。另一方面,国家也有众所周知的动机去隐匿其能力和战略的信息。"[70]鉴于国家具有隐匿信息或误传信息的强烈动机,信息不对称成为国际关系中各个行为主体讨价还价时普遍面临的问题。

值得指出的是,只有当欺骗行为成为可能时,信息不对称才会使国家在交易过程中付出显著的交易成本。在一个道德完善的社会中,没有人利用私有信息的优势来谋求自己的特殊利益。而在一个道德不完善的社会中,信息不对称的问题不能仅仅依靠沟通来矫正。实际上,由于沟通中可能发生欺骗行为,沟通可以导致不对称或不公平的交易结果。如同有效的沟通不能根据旧车卖主与潜在买主会谈的次数来判断一样,我们也不能根据国际谈判中政府官员相互接触的次数来衡量国际沟通是否有效。因此,只有当信息不对称和国家的机会主义行为相联系时,国家在权利让渡的过程中才会付出显著的交易成本。

这样,我们在引入有限理性假定的基础上,进一步引入国家机会主义行为假定。正如我们在第一章所指出的,不仅个人和公司可能采取机会主义行为,国家也可能按机会主义的方式行事。如果说国家对内的机会主义行为由于受到宪政制度的约束而有所限制的话[71],那么国家对外的机会主义行为所受到的制约则要小得多。尽管主权制度可以看作国际层面的“宪法秩序”，从而使国家的对外机会主义行为受到一定的制约（例如将侵略行为非法化），但是，也正是由于主权制度排除了建立“世界政府”的可能性，国家的对外行为基于其自助性质而更易于采取机会主义方式。[72]换言之，国际无政府状态使国家更易于在国际关系中采取机会主义行为。

国际无政府状态的思想渊源可以追溯到17世纪的英国哲学家霍布斯（Thomas Hobbes）。正如迈克尔·威廉斯（Michael Williams）所言：“在国际关系的讨论中，托马斯·霍布斯的名字和无政府的概念经常被实际上看成同义词。”[73]霍布斯在论述其“自然状态”时，讨论了缔约所面临的机会主义问题：

> 如果契约订立之后双方都不立即履行，而是相互信赖，那么在单纯的自然状态下（也就是在每一个人对每一个人的战争状态下）只要出现任何合理的怀疑，这契约就成为无效。但如果在双方之上有一个共同并具有强制履行契约的充分权利与力量时，这契约便不是无效的。这是因为，语词的约束过于软弱无力，如果没有对某种强制力量的畏惧心理存在时，就不足以束缚人们的野心、贪婪、愤怒和其他激情。在单纯的自然状态下，由于所有的人都相互平等，而且都自行判断其恐惧失约的心理是否有正当理由，这种强制性权力是不可设想的。因此，首先践约的人便无法保证对方往后将履行契约，便是违反了他不能放弃的防护生命与生存手段的权利而自弃于敌人。[74]

根据霍布斯的上述论述，由于在自然状态中没有一个共同的强制性权力，人们的野心、贪婪、愤怒和其他激情就得不到束缚，首先践约的人便无法保证对方往后将履行契约。我们也可以用交易成本经济学的语言来表述这个观点：在自然状态下，由于缔约方的事后机会主义行为得不到有效约束，人们无法事先作出可信的承诺（credible commitment）。尽管国际无政府状态并非真的是“每一个人对每一个人的战争状态”，但在缺乏一个共同政府的情况下，国家的确具有强烈而复杂的动机按照机会主义方式行事，包括按照国家目标对信息进行筛选和扭曲、欺骗交易伙伴、违背对未来行动的承诺等。查尔斯·利普森（Charles

Lipson)就此指出："作为国际关系的必要特点，可靠保证的缺乏实际上成为达成条约、契约与协议的主要障碍。因此，在国际关系中并无对机会主义的有效限制。"[75]

这样，在缺乏有效约束的情况下，国家在对外关系的各个领域中都有可能采取机会主义行为。戴维·莱克认为，国家在安全关系中经常面临其伙伴的三种机会主义行为：抛弃(abandonment)、陷入(entrapment)和剥削(exploitation)。[76]在莱克的基础上，我们借鉴现代经济学中的相关术语，提出国际关系中三种典型的国家机会主义行为：逆向选择、道德风险和"搭便车"。

一、逆向选择

在经济生活中，个人和公司可以通过保险来摆脱很多风险。但是逆向选择(adverse selection)使保险作为一种应付风险的机制受到了限制。经济学家用保险公司与投保者的关系来说明这个问题：

> 保险公司不能完全分清低风险和高风险，从而引出一个严重的两难问题。我们来考虑某个保险公司的情况。这家公司发现，保险单的现行保险费，……不能抵偿这些保险单的赔偿额。如果保险费不能与赔偿额相抵，很自然的对策就是把保险费提高……但是，如果保险公司提高它的保险费，事故倾向较小的人就会认为价格太高，从而会减少保险的人数。然而，随着他们退出市场，"高风险"顾客的比例增加的直接影响即是保险费的上升。这样，价格的上升没有减少保险公司赔偿额和保险费之间的缺口，反而扩大了这个缺口。[77]

简单地说，愿意购买保险的人常常是最具风险的人，而保险公司收取较高保险价格又会阻碍具有较低风险的人购买保险。这种逆向选择的根源在于保险公司掌握的信息是不完全的。尽管保险公司知道有的顾客比其他顾客具有更低的风险，但它不能事先确切知道谁是风险低的人。由于顾客拥有不为保险公司所知晓的私有信息，保险公司对顾客的了解会少于顾客对自己的了解，而顾客没有动机向保险公司透露对自己有损的信息。这样，保险公司和顾客之间的信息不对称与"高风险"顾客的机会主义行为结合起来使保险公司在交易中处于不利的境地。

从性质上说，国家在结成联盟时可能面临的“抛弃”问题就是一个逆向选择问题。格伦·斯奈德(Glenn Snyder)在讨论联盟政治(alliance politics)时指出，相互结盟的国家对被自己盟国抛弃的恐惧是永远存在的。一般来说，抛弃就是欺骗，但是它可以采取各种不同的具体形式：盟国可能和对手联合起来；盟国可能仅仅拒绝联合行动，取消联盟契约；盟国可能没有完全遵守公开承诺；或者当期待盟国提供支持的偶然事件发生时，盟国却没有提供支持。[78]和保险公司与顾客的关系一样，尽管相互结盟的国家普遍担心自己会被盟国“抛弃”，但是在期待盟国给予支持的具体事件发生之前，由于国家间信息不对称，国家难以事先确定其盟国是否欺骗了自己。

斯奈德对“抛弃”的分析主要是以一战爆发前多极体系中的联盟政治为背景的。从更加宽泛的意义上说，“这种(对抛弃的——本书作者注)恐惧自身并非什么新东西。它根植于国际政治最经久的特点——无政府治理原则，国家正是在这个舞台上共存的。”[79]在近现代国际关系史上，国家被其盟友“抛弃”的例子屡见不鲜。在18世纪的七年战争期间就发生了著名的“外交革命”，与法国结盟的普鲁士转而与法国为敌，而原来处于敌对状态的法国与奥地利却成为盟国。[80]在1856年的克里米亚战争中，奥地利在关键时刻派军队威胁俄军的后方并向俄国发出了最后通牒，致使俄国遭受到了前所未有的屈辱。[81]在这两个例子中，普鲁士与奥地利都“抛弃”了各自的盟国，从而在其对外行为上表现出了机会主义倾向。

联盟政治中的“抛弃”只是逆向选择的一个特例，在其他的国际关系领域中也有可能发生逆向选择的情形。例如军备控制理论(arms control theory)指出，军备控制政策可以缓和紧张局势，降低战争风险，减少国防开支等，但是由于军备控制一般是敌对国家相互合作的结果，在实施这一政策时“对手很可能采取欺骗手法，从而使本国处于危险之中”[82]。基欧汉则举过这样一个例子：在分享研究与开发信息的问题上，那些研发能力弱小的国家也许比研发能力强大的国家拥有更强烈的动机去参与一项研发行动，但是它们并不愿意真正承担研究与开发基金。在这种情况下，如果没有强国的参与，整个事业就会失败。[83]

二、道德风险

合作协议可能会鼓励某一缔约方以较少合作性的方式来行事，而其他缔约方难以确定这一结果是其蓄意所为还是随机事态所致。经济学家仍用购买保险的例子来说明这个问题：

> 一个没有对其住房保火险的人，可能会购买烟尘报警器和家庭灭火器，并且特别小心谨慎，以此减少火灾风险。但如果同一个人购买了火险，他可能就不这样小心了。实际上，如果保险赔偿额多于住房的市场价值，他甚至会受到诱惑而烧毁自己的房屋。这虽然是合乎理性的，但大多数人会说，这是不道德的。[84]

这个案例表明，保险降低了人们防范已保过险的事故的积极性。更一般地说，一些行为主体可能在达成协议后不再规避风险，反而寻求风险，以致其他缔约方因此遭受损失。经济学上把这种情形称为道德风险(moral hazard)。[85]在委托—代理文献中，道德风险是指由于信息的不对称和监督的不完全，代理人所付出的努力小于他所得到的报酬。[86]

格伦·斯奈德在讨论联盟政治时所提出的"陷入"就是这样一种道德风险。根据他的定义，陷入是指被拖进一场和盟国并不具有共同利益或仅具有部分共同利益的冲突。盟国之间的利益一般是不完全一致的。即使它们在某种程度上分享共同利益，它们对这些利益的评估也可能存在程度上的差异。在保存联盟的价值比为盟国利益而战斗的成本更高的时候，陷入就可能发生。如果在与对手的争端中，盟国由于相信能够得到支持而采取非妥协的态度，那么陷入就更可能发生。因此，对联盟的依赖程度越大，对盟国所作的承诺越强，陷入风险的几率就越高。此外，陷入的风险也会随着盟国内在的鲁莽或侵略程度而变化。[87]

一战前夕，同盟国中的奥匈帝国在巴尔干所采取的冒险政策，就是这种形式的机会主义行为。奥匈帝国和俄国在巴尔干的利益尖锐对立，但是这一地区却不涉及德国的国家利益。1912 年巴尔干战争爆发后，德国还在警告奥地利，德国的支持是有限度的。但是在 1914 年萨拉热窝事件发生后，德皇威廉二世向奥匈帝国保证将提供援手，随后就到挪威峡湾地带航海去了。奥匈帝国终于得到渴望多时的无限保证，向塞尔维亚发出了必然激怒俄国的最后通牒。威廉二世在航海归来后,以为危机已经解除,但令他想不到的是,“奥地利打定主意要利用他如此轻易就提出的后援”[88]。对于随后德俄之间的兵戎相见,亨利·基辛格(Henry Kissinger)指出:“德、俄彼此之间并无重大冲突,它们是因盟国而对立。”[89]

国际关系中的道德风险不仅可能发生在国际安全领域,也可能发生在国际贸易和金融领域,如管理浮动汇率制度下某些国家不负责任的货币政策。鲁道夫·瑞切特(Rudolf Richter)分析了《卢浮宫协议》后美国在货币政策上的事后机会主义行为。为了减少美国的贸易赤字,西方七国于1987年2月达成了《卢浮宫协议》,各国“同意紧密合作以使汇率稳定在当前水平上”。到了1987年10月,美元不断下跌,突破了目标区的下限,但是美国却不愿采取措施阻止美元下跌,而是以此为由不断谴责联邦德国的货币政策,通过各种方式向联邦德国施压,在迫使联邦德国作出让步之后才“调整了自己的国际经济政策,更加强调对美元的支持”。美国实际上利用《卢浮宫协议》,在汇率问题上采取了机会主义行为。[90]

三、搭便车

“搭便车”或“无票搭车”(free riding)是公共选择理论中常用的一个基本概念,指的是“即使个人没有支付成本,他也能自动享受到团体提供的服务”。人们在社会生活中遇到的“搭便车”问题,是由公共物品(public goods)的性质引起的。公共物品也称集体物品(collective goods),是公共财政研究中最古老和最重要的概念之一,在此定义为“任何物品,如果一个集团 X_1, …, X_i, …, X_n 中的任何个人 X_i 能够消费它,它就不能不被那一集团中的其他人消费”[91]。公共物品同时具有非排他性和非竞争性的特点。[92]所谓非排他性,是指一种物品一旦被生产出来,可以同时供一个以上的个人联合消费,无论个人对这种物品是否支付了价格,要排除他人消费这种公共物品是不可能的或很困难的。非竞争性是指一个人对物品的消费不减少或不影响其他人对这种物品的消费。灯塔、公路、环境保护、消防、空间大气层保护都被视为公共物品。

曼瑟尔·奥尔森(Mancur Olson)所阐释的"集体行动的逻辑"(logic of collective action)揭示了"搭便车"问题的根源。在"集体行动的逻辑"提出之前,多数经济学家和政治学家在研究中都或明或暗地认为,如同单独的个人为他们的个人利益而行事那样,由个人组成的集团也为这些个人在集团中的共同利益而行事。奥尔森在对集体行动进行分析后发现,这种论断从根本上说是错误的。他指出,如果由于某个个人的活动,整个集团的状况有所改善,我们就可以假定个人付出的成本与集团获得的收益是等价的,但是付出成本的个人只能获得其行动收益的一个较小份额,在一个集团范围内,集团收益是公共的,也就是公共物品,集团中的每一个成员都能共同地分享它,而不管他是否为之付出了成本。[93]因为阻止集团的其他任何成员使用公共物品是困难的,所以从这种物品中受益的人具有避免为其承担成本即付费的动机。

根据这种"集体行动的逻辑",当国家间交易所带来的收益具有公共物品的特点时,[94]国家作为理性的行为主体会尽可能地减少自己付出的成本,从而在不同程度上具有"搭便车"的动机。特别是当参与交易的国家数目较多时,为数众多的小国会产生更强的"搭便车"动机。[95]奥尔森认为,在国际关系中有一种"小国剥削大国"(the exploitation of the great by the small)的现象,即在国际合作中大国承受了不成比例的负担。[96]他与理查德·泽克豪泽(Richard Zeckhauser)在合写的一篇论文中提出,在集体物品的供给达到帕累托最优之前,联盟或国际组织的单个成员有动机停止为集体物品作出贡献。他们特别强调:"这尤其

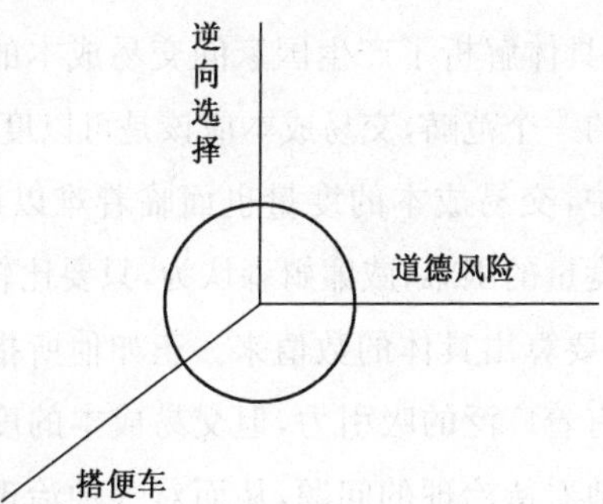

图 2.1　国际关系中国家机会主义行为的主要类型

适用于小国，这些小国从集体物品所带来的收益中得到较小的份额。一旦大国为它们提供了想要的那部分集体物品，这些小国就没有动机或具有很少的动机去提供额外数量的集体物品，从而使大国不成比例地承受了负担。”[97]在承受了主要负担的大国看来，这些试图“搭便车”的小国显然具有机会主义的行为倾向。

我们描述了国际关系中三种典型的机会主义行为：逆向选择、道德风险和“搭便车”。这些机会主义行为经常充斥于国际关系的各个领域，但这并不意味着国家在任何可能的情况下都会采取机会主义行为。正如亚伦·霍夫曼(Aaron Hoffman)所言：“经验记录显示，机会主义假设并非总能描述国家行为。”[98]然而，由于信息不对称，国家不能确定哪些国家在哪些时候会采取机会主义行为，因此国家不能保证其交易伙伴不会采取机会主义行为。也正是在这个意义上，约翰·米尔斯海默(John Mearsheimer)指出：“这并不是说国家非得怀有敌视意图。确实，体系中的所有国家也许都非常仁慈善良，但它们不可能确信这一判断，因为意图不能得到百分之百的保证。”[99]这样，作为具备有限理性的行为主体，国家在权利让渡的过程中，不但要为应付其伙伴实际采取的机会主义行为而耗费资源，而且还要为防范其伙伴可能采取的机会主义行为而付出成本，从而产生了显著的国家间交易成本。

第三节　国家间交易成本：影响变量

我们在上一节中已经将交易成本的概念从经济学中引入到国际关系研究中来，并且具体解析了产生国家间交易成本的若干根源。作为成本—收益分析的一个范畴，交易成本应该是可以度量的，但即使在当前的经济学研究中，交易成本的度量也面临着难以逾越的巨大障碍。考虑到交易成本度量的困难，威廉姆森认为，只要比较出交易成本的大小即可，不一定非要算出具体的数值来。正如他所指出的那样：“虽然交易成本的概念有着广泛的吸引力，但交易成本的度量提出了难以克服的困难。比较地看待治理的问题，从而对一种治理模式的成本的考察，总是联系着各种备选的可行模式来进行的，这样就可以显著地减少这些困难。于是,有差别的交易成本就成为解决难题的利刃。”[100]那么,我们如何比较国家间交易成本的大小呢?

由于我们在现有的研究技术下无法直接度量交易成本的大小,我们首先需要找到能够影响交易成本大小的基本变量,然后再根据这些变量间接比较国家间交易成本的大小。实际上,作为交易成本经济学的集大成者,威廉姆森已经明确提出了使不同的交易相互区别的三个维度,从而将交易成本推理可操作化。由于国家间交易具有交易的一般属性,威廉姆森所提出的三个维度为我们确定国家间交易成本的影响变量提供了一个必要的基础。[101]鉴于研究对象的性质,我们将在定序的层次上测量交易成本的影响变量,进而比较交易成本的大小。[102]

在上一节中,我们已经将国家间交易成本分为缔约成本(事先交易成本)与治理成本(事后交易成本)。[103]下面我们分别讨论国家间缔约成本和国家间治理成本的影响变量。

一、国家间缔约成本的主要影响变量

在签订让渡权利的契约前,有关国家不仅需要掌握关于其他国家的资源和正式谈判立场的信息,而且需要了解它们参与合作的真实意图、偏好排列的顺序和遵守协议的意愿等。一如戈登·克雷格(Gordon Craig)和亚历山大·乔治所指出的:“往往,一方会试图弄清楚对方是否有谈判诚意,是否真的想探寻达成一项彼此都能接受的协议的可能性,谈判者之间能否建立起一种信任关系,它们能否在互信和艾克莱所说的‘迁就规则’基础上进展到从事认真、细致的谈判。”[104]只有获取了这些必要信息,国家才能决定是否需要进行交易以及选择哪些伙伴进行交易。在有关国家根据这些必要信息进行评估后,如果产生了交易的意向,它们就会通过谈判来确定相互之间的权利和义务关系,也就是对权利让渡的具体条件进行讨价还价。“‘讨价还价’的特征在于让步、开价、威胁和利诱。它还可以包括提出妥协、交易和补偿等建议。”[105]由于主权制度所确立的国家权利具有相当的模糊性,国家之间的权利边界并非那么清晰可见,各个国家在确定相互的权利义务关系时往往需要复杂的、艰苦的、反复的讨价还价。[106]这样,为了达成权利让渡的契约,国家不得不为信息搜集、作出决策和讨价还价付出大量的交易成本。由于这些成本是国家为达成让渡权利的契约而发生的,我们把这些事先发生的国家间交易成本称为国家间缔约成本(interstate contracting cost)。一般来说,当(1)国家间交易所发生的问题领域敏感性不同时,或当(2)参与交易的国家之间同质性程度有所差别时,或当(3)交易伙伴间的透明度存在差异时,国家之间的缔约成本也会大小不同。因此,我们将问题领域敏感性、国家同质性和透明度作为国家间缔约成本的三个主要影响变量,[107] 如图 2.2 所示。

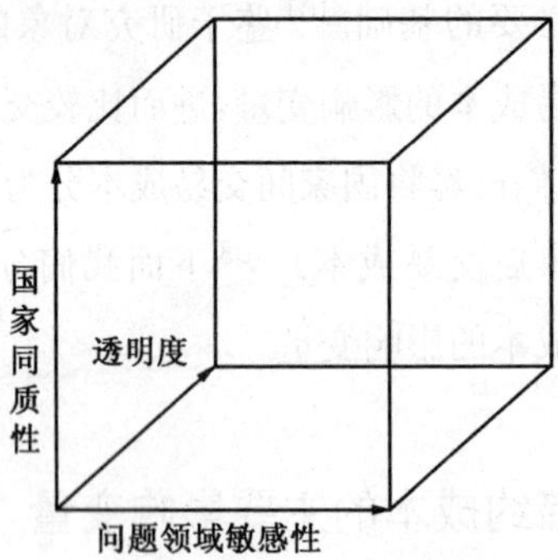

图 2.2　国家间缔约成本的主要影响变量

1. 问题领域敏感性

问题领域(issue-area)不仅是国际关系文献中的常用术语,而且是国际关系研究中的一种模式。[108] 根据基欧汉的定义,问题领域可以定义为一些实际上需要通过共同协商或者通过同样的官僚部门紧密协调的手段加以处理的问题。[109] 由于在不同的问题领域中所涉及的国家权利与国家主权之间的联系程度并不等同,在不同的问题领域中所进行的国家权利让渡具有程度不一的敏感性。诚然,从权利的来源上说,无论是基本的国家权利还是派生的国家权利,都是与国家主权相联系的,但对国家主权的维护而言,不同的问题领域中所涉及的国家权利并非同等重要。例如,被称为"高政治"(high politics)的军事安全领域中所涉及的国家权利一般就比被称为"低政治"(low politics)的经济、环保、交通等领域中所涉及的国家权利更为敏感,因为前者对维护国家主权的意义更为根本。又如,同样属于经济事务,财政领域中的国家权利通常就比关税领域中的国家权利更加敏感，更加接近国家主权的核心部分。

除了上述对不同问题领域之间的一般性比较外，我们还发现不同国家对同一问题领域的敏感程度也可能不同。造成这种差异的主要原因包括：(1)宪政制度，比如一些国家实行议会制，而另一些国家实行总统制，由于国家权力在不同部门间的分配模式不同，这两类国家对同一问题领域的敏感性程度就可能不同；(2)利益集团，有的国家在某个问题领域中形成了强大的利益集团，而其他国家在同一问题领域中并没有这样强大的利益集团，从而导致了上述差异的产生，比如农业利益集团强大的法国在农产品问题上就比英国或德国敏感得多；(3)历史经验，由于某种特殊的群体性历史记忆，一个国家在某个问题领域中可能具备其他国家所没有的高度敏感性，比如长期具有中立主义传统的瑞典对欧洲防务一体化的敏感性程度就高于欧盟的其他成员国。

根据上述讨论，我们可以大致比较问题领域敏感性的程度。在其他变量给定的情况下，如果问题领域中的国家权利越敏感，国家为达成让渡权利的契约而需要投入的资源就越多，国家间缔约成本就越高。当某个问题领域中的国家权利过于敏感而使国家间缔约成本过高时，本来可以相互受益的国家间合作就不会发生了。我们可以根据这个基本判断得到一些具体的推论。例如，考虑到不同的成本约束，在属于"高政治"的问题领域中达成国家间合作就会比在属于"低政治"的问题领域中达成国家间合作更加困难。正如查尔斯·利普森所观察到的那样，安全领域中的合作机制与贸易和货币领域中的合作机制相比，"在数量上如此稀少，在范围上如此有限"[110]。又如，国家之间在关税领域达成合作就比在财政领域达成合作容易得多，自由贸易区和关税同盟只是经济一体化的初级形式，与之形成对照的是，即使在一体化程度更高的经济与货币联盟(Economic and Monetary Union, EMU)中，各国仍然保有自己在财政政策上的自主权。再如，中国和日本对农产品自由贸易的敏感性程度不同，因此其他国家或国家集团(如东盟)，在这一问题领域中和上述两国合作的难易程度也明显不同。

2. 国家同质性

国家同质性(homogeneity of states)表明的是不同国家在政治制

度、经济体制、意识形态、法律体系、文化传统、宗教信仰以及语言等方面的一致性或相似性程度。一般来说,在其他因素给定的条件下,缔约国家在某个方面的一致性或相似性程度越高,国家间缔约成本也就越低,国家间合作也就越容易达成。卡尔·多伊奇关于北大西洋地区政治共同体的研究结论从一个实证的角度支持了这一判断。[111]这位交易理论的代表人物通过多个历史案例的比较研究发现,决策者的价值观相互包容是多元安全共同体(pluralistic security community)得以形成的必要条件,而种族差别或语言差别的加剧则往往导致政治共同体的解体。[112]亚历山大·温特在讨论集体身份形成的原因时,也认为在其他条件相同的情况下,同质性可以通过减少冲突与增加自我和他者相互视为同一群体成员的能力来促进一致观念的形成,从而有利于国际合作的实现。[113]

为了简化指标体系,我们只关注基本政治制度或经济制度的一致性或相似性。我们假设,在其他因素给定的情况下,当不同国家之间在基本政治制度或经济制度上的一致性或相似性程度越高时,国家间缔约成本就越低。例如,当若干国家都以市场经济作为资源配置的基本手段时,就容易达成紧密的国际经济合作安排,乃至实现经济一体化;当若干国家都以计划经济作为资源配置的基本手段时,同样容易达成紧密的国际经济合作安排;但当一些国家实行计划经济体制而另一些国家实行市场经济体制时,它们之间在经济合作中势必面对高昂的缔约成本,从而难以建立紧密的经济合作安排。冷战时期欧共体与经互会的形成与发展以及欧洲在经济上的"分裂"就是典型的例子。

政治制度上的一致性或相似性程度与国家间缔约成本的相关性更加明显。拿破仑战争后由俄普奥三个君主国建立了"神圣同盟",而二战前苏联与英法缔结互助条约的尝试以失败而告终,就从正反两个方面显示了国家同质性对缔约成本的影响。苏珊娜·沃纳(Suzanne Werner)和道格拉斯·莱姆克(Douglas Lemke)在统计分析的基础上所得到的结论与我们的上述假设也相吻合。这两位学者对1816—1986年期间发生的国家间军事冲突进行了经验检验,其结果显示,无论政治制度属于何种类型,制度的相似性对国家结盟的决定都有重要影响。他们指出,不仅民主国家之间具有一种特殊的关系,而且"独裁国家"(autocracies)之间也相互偏爱,因此只聚焦于民主制度和规范的

“民主和平论”在这个问题上的视野过于狭隘。[114]

3. 透明度

在以自助为特征的国际体系中,任何国家都不可能将自己的意图全部公之于众,以此保持行动的自主性。但是从决策过程的封闭程度或开放程度上看,不同国家的情况仍存在着较大的差异。学者们通常用透明度(transparency)的概念来描述这种差别。根据伯纳德·法恩尔(Bernard Finel)和克里斯汀·洛德(Kristin Lord)的定义,透明度是指国内政治体系内外的行为主体能够通过法律、政治和制度结构获得关于政府和社会内部特点的信息。[115]一般来说,随着公开披露信息的机制的不断发展,如新闻自由、公开的政府听证会和非政府组织的壮大,透明度会得到相应的提高。透明度并不必然和民主政治画等号,例如战后日本实行议会民主制,但大多数决策是由自由民主党精英之间的“密室交易”(black-room deals)或者官僚私下确立的共识而作出的。因此,国家同质性程度的高低并不能涵盖不同国家在决策透明度上的差异。

在国家间互动中,透明度不仅与国家发出信号的能力紧密联系,而且与这些信号的可信性(credibility of signals)直接相关。由于国家可能故意发出错误信号,国家相互之间经常不能确信对方发出的信号。[116]如果国家的政治经济体系更加透明,其交易伙伴就可以通过更加便捷的渠道来验证这些信号的准确性。彼得·考威(Peter Cowhey)指出,美国的政治经济体系相对开放,“美国有它自己的秘密,但是立法部门和行政部门之间的对立有利于信息披露,尤其是在经济政策上。这使1945年以后美国的内部市场及其管制对其他国家相对透明和可信”。[117]与美国相比,日本的决策过程较不透明,从而阻碍了日本作出可信的国际承诺。这样,考威通过对美国和日本的比较研究,发现一国政策制定体系的透明度会对其外交承诺的可信性产生影响。

“听众成本”(audience cost)的概念从另一个侧面表明了承诺的可信性对透明度的依赖关系。根据詹姆士·费伦的说法,如果一国政府发出了威胁或作出了承诺,后来却没有将其付诸实施,将不得不为之在国内承受“听众成本”,即国内“听众”对当政者的某种惩罚。[118]但在施加这种成本之前,“听众”必须发现政府的机会主义行为。如果一个政府违反其承诺而一般公众难以发现这种违反行为时,或者无法将这种违反行为与难以预料到的干扰相区别时，这个政府将不会为其机会主义行为承担成本。[119]因此，较高的透明度是向政府施加“听众成本”的必要条件。如果政治体系缺乏透明度，政府将不会为其承诺而承受相应的“听众成本”，承诺将变得不可信。

我们在此可以假设：在其他变量给定的情况下，政治体系的透明度越高，国家作出“可信的承诺”的能力就越强，它们为达成权利让渡的契约而耗费的资源就越少，国家间缔约成本就越低。

二、国家间治理成本的主要影响变量

在达成让渡权利的契约后，由于有限理性和契约的不完全性[120]，国家仍然需要为调整交易伙伴之间的相互关系付出大量成本。这些成本包括监督其他各方履约情况的成本、在情势变更后重新讨价还价的成本、对不履约的交易伙伴实施制裁的成本和交易伙伴不履约给自己带来的损失等。由于这些成本是在治理正在进行的交易关系时产生的，我们将这部分事后发生的国家间交易成本称为国家间治理成本(interstate governance cost)。治理成本有时来自外部环境的变化所导致的不适应，但是在更多的情况下来自交易伙伴可能发生或实际发生的机会主义行为。根据威廉姆森的观点，资产专用性、不确定性和交易频率可以用来刻画机会主义行为造成的成本大小，因此本书把它们作为国家间治理成本的主要影响变量。一般来说，在其他变量给定的条件下，如果(1)资产专用性程度越高，或(2)不确定性越大，或(3)交易频率越高，国家间治理成本就越高。

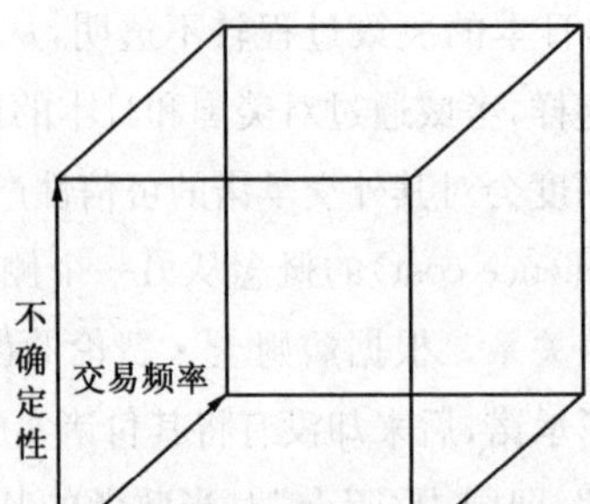

图 2.3　国家间治理成本的主要影响变量

1. 资产专用性

根据威廉姆森的定义，资产专用性（asset specificity）是指在不牺牲生产价值的条件下，资产可用于不同用途和由不同使用者利用的程度。[121]根据资产专用性的高低，资产可以分为专用性资产和通用性资产两类，交易双方通常会在这两类资产中作出选择。如果假定契约能够按签约方的意愿履行，为了节省成本，签约方常常同意投入专用性资产。但是这种投资的风险在于，如果合同不能如约履行或不得不提前终止，就不可能在毫不牺牲生产价值的条件下改变这种专用性资产的用途。通用性资产则不会遇到这个难题，因为履约中如果发生问题，双方就可以利用这种投资的通用性来自行解决，即把这种资产转移到其他用途上或其他使用者手中。[122]由于专用性资产往往成为沉淀成本（sunk cost），当交易伙伴的机会主义行为成为可能时，专用性资产会比通用性资产带来更高的成本或更大的损失。[123]因此，资产专用性程度越高，机会主义行为造成的成本就越大，治理成本也就越高。

参照威廉姆森的分类，我们将国际关系中涉及的资产专用性分为地点专用性、物质资产专用性、人力资产专用性等三个主要类型。

第一，地点专用性（site specificity）。当国家在交易中投入某项资产后，由于所处地理位置的惟一性，如果把这项资产转向其他用途就会遭受很高的退出成本（exit cost）。贝丝·亚伯勒和罗伯特·亚伯勒所讨论的苏欧天然气管线（Soviet-European gas pipeline）就是这样一种专用性资产。欧洲的技术可以用来援助管线建设以换取苏联的天然气出口。一旦管线建成，苏联人和欧洲人就会发现他们自己处在双边垄断之中："苏联人不能通过这条管线将天然气卖给欧洲人以外的买家，而欧洲人不能通过这条管线从苏联以外的供应者那里获得天然气。"[124]一旦由于一方的机会主义行为而使双边的交易关系崩溃，这项资产将急剧贬值。[125]这种地点专用性也可以存在于国际安全领域中，一战中的法国海军部署就是一个例子。根据战前的英法海军协定，法国海军留在地中海，法国北部海岸的防务则交由英国海军承担。在战争爆发后，如果英国不参战，等于是让法国北部的海岸对德国海军门户洞开。[126]

第二，物质资产专用性（physical asset specificity）。如果国家在交易关系中投入的物质资产具有专用性资产的特点，那么在交易关系中断或崩溃的情况下，这项资产就会大幅度贬值。例如在军事设备采购上，一旦购进了大量的美式装备并投入使用，就会有一种强烈的动机来保持这种采购的持续性，尽管在国际军火市场上还可能有其他军备供应者，但是如果在配套设备上转而采用其他国家的军事设备，这些已经投入使用的装备就可能无法充分发挥它们的效能，乃至丧失它们的基本效能。又如对墨西哥的许多行业来说，其产品的技术标准都是以美国的国内标准为尺度的，一旦失去美国的市场，即使能够找到替代市场，这些产品的价值依然会大打折扣。肯尼思·沃尔兹注意到了这种形式的资产专用性。他指出，国家在参与合作时会担心，由于国家间的合作性努力和商品劳务的交换，本国对别的国家产生依附。“一国的专业化程度越高，一国就更依赖其他国家来提供它不开采的原料和不生产的产品。一国的进口和出口额越大，一国就更依附别的国家。如果实行更精细的分工，全世界将获得更大的福利，但是国家却因而被置于更密切的相互依赖中。”[127]

第三，人力资产专用性(human asset specificity)。这种资产专用性产生于边干边学(learning-by-doing fashion)。迈克尔·波拉尼(Michael Polanyi)在关于“人的知识”的讨论中对此作了说明；“人们试图科学地对现有的工业技术进行分析，但结果却无不雷同。确实，即使在现代产业中，难以明确定义的知识仍然是技术的基本组成部分。我本人曾对匈牙利的一台全新的进口灯泡吹制机作过考察，结果却完全相反，同一台机器在德国运转良好，而在匈牙利整整一年却没有生产出一个合格灯泡。”[128]在这个案例中，由于操作德国吹制灯泡机包含了人力资产专用性，匈牙利人学会操作德国吹制灯泡机需要很长的时间。[129]卡嘉·韦伯认为，在国际安全关系中也存在着这种“边干边学”的资产专用性，例如士兵如果为操作复杂的军事装备或者为特定类型的战争(游击战、海战等)受到专门的训练，那么很难用其他士兵来代替他们。[130]按照这种逻辑，如果联盟建立了统一的指挥系统并且在盟国之间实行军事任务的分工，那么每个盟国所重点发展的军事力量就具有了一定程度的人力资产专用性。

2. 不确定性

人们通常把那些无法预料的和难以测度的变化称为不确定性。理查德·福尔勒(Richard Fuerle)将不确定性定义为“在任何一瞬间个人能够创造的那些可被意识到的可能状态之数量”[131]。加林·库普曼斯(Tjalling Koopmans)则把不确定性分为初级和次级两类。初级不确定性(primacy uncertainty)是由随机自然状态及消费者偏好上不可预测的变化引起的,而次级不确定性(secondary uncertainty)源于“缺少沟通,即一个决策者没有办法知道其他决策者同时作出的决策和计划”。[132]威廉姆森认为,除了这两类不确定性以外,还有一种由策略性地隐瞒、掩盖或扭曲信息而引起的不确定性。他把这种由机会主义引起的策略性不确定性称为行为上的不确定性。对于行为上的不确定性,威廉姆森指出:

> 即使事先能把投机行为的一般特点概括出来;甚至明知你正在与某一投机分子而不是其他投机分子打交道,因此可能一眼就看出其庐山真面目,你还是说不清楚这种交易中到底包含那些不确定性。至于那些后加上去的不确定性,就只有对投机者拐弯抹角的回答(及其特有的答案)进行猜测以后再作评价了。而且即使要进行评价,也要考虑具体合同的具体情况。而且,就算掌握了专门知识,也不能保证以后不会感到出乎意外。人类头脑中标新立异的能力要远远超出我们所能想象的范围。[133]

在国际关系中,以上几种不确定性都普遍存在,特别是由于国家对外的机会主义行为所受的制约很弱,行为上的不确定性非常突出。那么如何评估国际关系中不确定性的大小呢?由于导致不确定性的因素很多,我们在现有的研究技术下不可能为其确立一套非常严密的评估指标。但是如果给定具体的情境,我们可以在比较的意义上大致说出不确定性的大小。例如,两次世界大战之间(1919—1939 年)欧洲大国之间的安全关系动荡起伏、变化不定,爱德华·卡尔(Edward Karl)将这段时期的特征概括为“二十年危机”(The Twenty Years' Crisis)。[134]与之相比,冷战期间欧洲大国之间的安全关系相当稳定,敌友划分十分明确。因此,就欧洲大国的安全关系而言,冷战期间的不确定性比两次世界大战之间要小得多。

一般来说,就某个特定的国家间交易而言,国家所面临的不确定性与交易伙伴或潜在交易伙伴的数目有关。根据奥尔森的逻辑,集团的成员数目越多，集团中的个体成员“搭便车”的动机就越强烈，“它所提供的集体物品的数量就会越低于最优数量”[135]。在这个意义上，迈克尔·泰勒(Michael Taylor)指出：

> 不幸的是，为了确信集团中的其他成员正在完成其应尽的义务而没有剥削自己，视条件而定的合作伙伴就必须具有监督的能力，因此，在大集团中比在小集团中更难以实现自愿的合作。显然，随着集团成员数目的增加，相互监督将变得越来越困难，视条件而定的合作“默契”将变得更加脆弱。[136]

查尔斯·金德尔伯格(Charles Kindleberger)将奥尔森的逻辑应用到国际经济领域，试图通过大国数目的多寡来解释国际经济中的不确定性。这位“霸权稳定论”(hegemonic stability theory)的奠基者确信，“公共物品和私人物品分析也适用于国际经济”[137]。金德尔伯格发现，英国在整个19世纪维持了世界经济的稳定，美国至少在1945—1968年间也扮演了这一角色，而在1929—1939年间，英国没有能力，而美国没有意愿担当领导角色，这种群龙无首的局面导致了世界经济的混乱和萧条。他据此宣称：“要使世界经济处于稳定状态，就必须有起稳定作用的国家，而且只能有一个这样的国家。”[138]

当然，国际合作中的不确定性与数目问题之间的关联并不一定是公共物品的性质所引起的。即使在国际合作并不提供公共物品的情况下，不确定性也有可能与数目问题有关。卡嘉·韦伯认为，大国的数目越多，国家在合作时背叛的概率就越高，因为潜在交易伙伴是容易获得的。例如，在两极体系中，国家很难采取机会主义行为，因为仅有一个潜在的盟友可以获得。[139]格伦·斯奈德则具体比较了两极体系和多极体系中的盟国相互之间可能的机会主义行为。根据他的分析，在两极体系中的“联盟安全困境”(alliance security dilemma)比多极体系中的“联盟安全困境”更加缓和，虽然“陷入”的风险依然存在，但是“抛弃”的风险则低得多，盟国之间很少担心伙伴的背叛行为。[140]鉴于这些分析和论述，我们在此假定：交易伙伴或潜在交易伙伴的数目越大，国家在交易时所面临的不确定性就越大。

除了数目以外，国家发出或接收的信号(signals)也可以揭示不确定性的大小。[141]在信息不对称的条件下，信号传递与国家对外政策制定密切相关。正如詹姆斯·莫罗(James Morrow)所指出的："当一个行为体知悉其他行为体所作决定的有关信息时，就可能发生信号传递现象。如果不知情的一方所作的决定影响知情的一方，后者就会通过信号将信息传递给前者。在国际政治中，信号传递是一种揣度未知意图的方式。"[142]我们可以从信号的清晰性、一致性和传递成本来判断不确定性的大小。(1)清晰性。交易伙伴所传递的信号越清晰，不确定性就越小；反之，所传递的信号越模糊，不确定性就越大。例如在军事同盟中，盟国对其援助义务是明确承诺还是含混其词，会使不确定性的大小迥然不同。(2)一致性。交易伙伴所传递的信号越一致，不确定性就越小；反之，所传递的信号越混乱，不确定性就越大。如果对方的政府首脑与议会之间或者各个行政部门之间在同一问题上"各说各话、各唱各调"，或者对方在不同时间或不同地点所传递的信号之间相互矛盾，变幻不定，国家间交易所面临的不确定性就会很大。(3)信号传递成本。交易伙伴传递信号所付出的成本越高，不确定性就越小；反之，交易伙伴为传递信号所付出的成本越低，不确定性就越大。例如，一国决策者为了传递信号而在国内付出了巨大的政治成本，或者在国际上为之遭受了可观的安全或福利损失，这种"成本高昂的信号传递"(costly signaling)使其合作承诺变得更加可信，从而降低了国家间交易所面临的不确定性。

外生震动(exogenous shock)也可能加剧国家间交易中的不确定性。这里所说的外生震动是指外部环境中所发生的急剧变化，例如世界大战、经济危机、局部战争、军事政变等。这些急剧变化并非源于各交易方针对其伙伴而采取的蓄意行为，但可能会产生一种罗伯特·杰维斯(Robert Jervis)所说的"系统效应"(system effects)。在国际社会中，"由于系统的组成要素之间相互连接，在某一点上所发生的变化会具有广泛的影响"[143]。这种来自外部环境的影响是参与交易的各方所始料未及的，可能会使它们的成本收益预期发生显著的变化。当外生震动产生足够的"系统效应"时，交易伙伴不得不根据成本收益预期的变化来调整它们的国际行为，从而加剧了国家间交易的不确定性。我们在此可以假想一种最简单的情况，即国际系统中只有 A、B 和 C 三国。根据杰维斯的观点："任何两个国家之间现存的、潜在的或渴望的关系都会受到这两个国家中的任何一个与第三国关系的影响,并反过来影响之。”[144]如果A国和B国彼此进行交易,那么A国和C国、B国和C国之间关系的变化都可能对A国和B国之间的交易产生影响。这样,A、B两国间的交易由于它们与C国关系可能的变化而具有了更多的不确定性。

3. 交易频率

交易频率在经济分析中的价值最早反映在亚当·斯密关于分工与市场范围之间关系的讨论中。斯密的基本观点明确表达在《国富论》第三章的标题“论分工受市场范围的限制”上。随着市场范围的扩大,分工和专业化的程度不断提高;如果市场范围没有扩大到一定程度,分工和专业化就不会存在。[145]正如斯密所指出的那样:“市场要是过小,那就不能鼓励人们终生专务一业。因为在这种状态下,他们不能用自己消费不了的劳动生产物的剩余部分,随意换得自己需要的别人劳动生产物的剩余部分。”[146]斯密的这个定理具有新古典成本意义:“如果市场小,专用性生产技术上的投资就无法收回;而在一个大市场上,投资成本可以收回。”[147]

威廉姆森认为,交易频率对交易成本的研究也具有重要的意义。在他将交易成本概念操作化的工作中,交易频率是刻画交易关系的第三个维度。他把交易频率分为一次、数次和经常。[148]当交易伙伴采取机会主义行为时,交易频率越高,机会主义所带来的损失就越大,治理成本也就越高。类似的逻辑可以用于国际关系研究中。当国家间交易的频率增加时,如果国家的机会主义行为得不到有效约束,那么机会主义造成的成本就会随之增加,国家间治理成本也就上升。例如在上古时代就有“两国交兵、不斩来使”的惯例,古罗马思想家西塞罗还专门论证过使节不受侵犯的问题。[149]在其后的两千年间,尽管违反外交惯例的现象时有发生,但是由于国家间互动的频率较低,在外交使节的待遇上并没有发展出一套成文的制度安排。直到19世纪以后,随着国家间互动的加速,严格意义上的外交使节制度才得以发展。特别是在战后,随着国际相互依赖的迅猛发展和大量民族独立国家的涌现,国家间外交联系几乎在成倍地增长(见表2.1)。如果不迅速完善外交使节制度,国家机会主义所造成的成本将会急剧增加。这正是制定《维也纳外交关系公约》的主要动力。

表 2.1　国家间的外交联系(1950—1970)

	1950	1960	1970
国家的数目	81	90	134
总的外交联系	2 140	3 566	5 388
平均的外交联系	26	40	40
美国的外交联系	70	80	115
法国的外交联系	70	75	117
英国的外交联系	67	80	115

资料来源：[英]戴维·赫尔德：《全球大变革：全球化时代的政治、经济与文化》，杨雪冬等译，北京：社会科学文献出版社 2001 年版，第 76 页，本书择取部分数据。

注释

1. 所谓相互作用或相互行为，是指两个或两个以上的行为主体之间的相互活动，其中每一方的行为均会对另一方的行为产生影响，或引起另一方的某种反应。参见宋新宁、陈岳：《国际政治学概论》，北京：中国人民大学出版社 2000 年版，第 96 页。

2. 卡尔·多伊奇的“交易分析”是其沟通理论(communications theory)的重要组成部分。多伊奇关于交易的著述散见于各种期刊中，主要的文章收录于 Karl Deutsch: *Tides among Nations*, New York: Free Press, 1979。

3. Peter Willetts, “Transactions, Networks and Systems”, in A.J.R. Groom and Paul Taylor, eds., *Frameworks for International Cooperation*, London: Pinter, 1990, p.258.

4. 关于多伊奇“交易分析”的主要缺点，可参见 Peter Willetts, “Transactions, Networks and Systems”, in A.J.R. Groom and Paul Taylor, eds., *Frameworks for International Cooperation*, p.258。

5. [英]亚当·斯密：《国民财富的性质和原因的研究》(上卷)，郭大力、王亚南译，北京：商务印书馆 1972 年版，第 13 页。

6. 同上书，第 14 页。

7. [美]康芒斯：《制度经济学》(上册)，于树生译，北京：商务印书馆 1962 年版，第 73 页。

8. [美]R.科斯：《社会成本问题》，载于[美]R.科斯、[美]A.阿尔钦、[美]D.诺思等著：《财产权利与制度变迁——产权学派与新制度学派译文集》，刘守英等译，上海三联书店，上海人民出版社 1994 年版，第 51 页。

9. [美]奥利弗·威廉姆森：《治理机制》，前言，第 14 页。

10. [美]康芒斯：《制度经济学》(上册)，第 73 页。

11. [美]肯尼思·沃尔兹：《国际政治理论》，中文版序言，胡少华、王红缨译，北京：中国人民公安大学出版社 1992 年版，第 3 页。

12. [美]罗伯特·吉尔平：《世界政治中的战争与变革》，武军、杜建平、松宁译，北京：

中国人民大学出版社 1994 年版,第 7 页。

13. [美]罗伯特·艾克斯罗德:《合作的进化》,吴坚忠译,上海:上海人民出版社 1996 年版,第 3 页。

14. Robert Keohane, *International Institutions and State Power: Essays in International Relations Theory*, Boulder: Westview Press, 1989, p.7.

15. 参见 Helen Milner, "The Assumption of Anarchy in International Relations Theory", in David A. Baldwin, ed., *Neorealism and Neoliberalism: The Contemporary Debate*, pp.145—147。

16. 英国学派也称国际社会学派,这个学派所使用的"国际社会"概念有其特殊的含义。需要说明的是,本书在其他处使用的"国际社会"一词并不具备这种特殊含义。

17. Hedley Bull and Adam Waston(eds.), *The Expansion of International Society*, Oxford: Clarendon Press, 1984, p.1.

18. 参见 Robert Axelord and Robert Keohane, "Achieving Cooperation under Anarchy: Strategies and Institutions", in Kenneth Oye, ed., *Cooperation under Anarchy*, Princeton: Princeton University Press, 1986。

19. [美]肯尼思·沃尔兹:《国际政治理论》,第 136 页。

20. [美]罗伯特·吉尔平:《世界政治中的战争与变革》,第 28 页,第 35 页。

21. Robert Keohane, *International Institutions and State Power: Essays in International Relations Theory*, p.1.

22. Robert Keohane, "Hobbes's Dilemma and Institutional Change in World Politics: Sovereignty in International Society", in Hans-Henrik Holm and Geoge Sorensen, eds., *Whose World Order? Uneven Globalization and the End of the Cold War*, Boulder: Westview Press, 1995, p.173.

23. 现代国际关系的最显著特征是民族国家作为政治组织主要形式的出现。正如约瑟夫·斯特雷耶(Joseph Strayer)所指出的,作为一项政治革新,民族国家解决了古代与中世纪居支配地位的组织形式,特别是帝国与城邦所面临的困境,并以此战胜了与它相竞争的其他组织形式。参见[美]约瑟夫·斯特雷耶:《欧洲国家形成的历史经验》,载[美]西里尔·布莱克主编:《比较现代化》,杨豫、陈祖洲译,上海:上海译文出版社 1996 年版。Joseph Strayer, *On the Medieval Origins of the Modern State*, Princeton: Princeton University Press, 1970.

24. 本书在此采用国际关系文献的主流观点,即威斯特伐利亚和会正式确立了国家主权原则。值得指出的是,近来一些学者已经开始从史料梳理入手挑战这种主流观点。例如安德烈亚斯·奥西安得(Andreas Osiander)认为,威斯特伐利亚和会并没有确立现代意义上的主权概念,人们对威斯特伐利亚体系的描述不过是根据 19 和 20 世纪主权概念的"定像"(fixation)所编造的神话而已。参见 Andreas Osiander, "Sovereignty, International Relations, and Westphalian Myth", *International Organization*, Vol.55, No.2, 2001。

25. [美]汉斯·摩根索:《国家间政治——寻求权力与和平的斗争》,第 386 页。

26. Lynn Miller, *Global Order: Values and Power in International Politics*, Boulder: Westview Press, 1990, p.24.

27. [英]安东尼·吉登斯:《民族国家与暴力》,胡宗泽、赵力涛译,北京:三联书店 1998 年版,第 331 页。

28. [美]汉斯·摩根索:《国家间政治——寻求权力与和平的斗争》,第 345 页。

29. 同上书,第 387 页。

30. [美]戴维·伊斯顿:《政治生活的系统分析》,王浦劬译,北京:华夏出版社 1999

年版，第 576 页。

31. 王铁崖主编：《国际法》，北京：法律出版社 1981 年版，第 92—94 页。

32. 当然，主权和产权的概念并不相同，本书在此只是在权利保障的意义上指出两者功能的相似性。罗伯特·吉尔平做过一个类似的比喻。他在讨论领土控制时指出："在国际事务中，属地原则与财产权具有同样的作用。像财产的规定一样，对领土的控制也被赋予了一系列权利。领土的控制与划分是国际体系左右其各国对短缺物资资源分配的基本手段。"参见[美]罗伯特·吉尔平：《世界政治中的战争与变革》，第 37 页。

33. Jack Donnelly, *Realism and International Relations*, Cambridge: Cambridge University Press, 2000, p.140.

34. 转引自[美]R.科斯、[美]A.阿尔钦、[美]D.诺思等著：《财产权利与制度变迁——产权学派与新制度学派译文集》，译者的话，第 6 页。

35. [美]H.登姆塞茨：《一个研究所有制的框架》，载于[美]R.科斯、[美]A.阿尔钦、[美]D.诺思等著：《财产权利与制度变迁——产权学派与新制度学派译文集》，第 189 页。

36. 同上书，第 97 页。

37. [美]R.科斯：《社会成本问题》，载于[美]R.科斯、[美]A.阿尔钦、[美]D.诺思等著：《财产权利与制度变迁——产权学派与新制度学派译文集》，第 11 页。

38. 刘世锦：《经济体制效率分析导论——一个理论框架及其对中国国有企业体制改革问题的应用研究》，第 162 页。

39. 在产权不可分解的情况下，虽然资源配置的灵活性和效率会大大降低，但交易还是有可能发生，例如一方购买另一方的全部产权。在上述例子中，如果产权没有可分解性，当非土地所有者打算在该土地上架设一条通讯线路时，要么购买土地的全部产权，要么放弃他的计划。而当他购买了土地的全部产权后，他可能并不热衷于在土地上耕种或通行，这样就必然导致土地使用上的浪费。参见刘世锦：《经济体制效率分析导论——一个理论框架及其对中国国有企业体制改革问题的应用研究》，第 163 页。

40. 消极主权是指国家主权地位的法律或正式方面。这种主权也可以称为正式主权(formal sovereignty)，即在特定的领土范围内拥有高于其他任何权威的最高法律权威。积极主权则意味着国家是它自己真正的主人。积极主权不是国家的一个法律特征，而是一个政治特征，即国家具有社会的、经济的、技术的、心理的和其他必要的条件来宣布、贯彻和实施公共政策。他们强调："消极主权是一个绝对条件，即它是一个常数而非变量。一个单位要么拥有消极主权，要么没有消极主权，两者必居其一。而积极主权和操作主权则是变量，是相对的和变化的。"参见 Hans-Henrik Holm and Geoge Sorensen, "International Relations Theory in a World of Variation", in Hans-Henrik Holm and Geoge Sorensen, eds., *Whose World Order? Uneven Globalization and the End of the Cold War*, p.196。

41. Hans-Henrik Holm and Geoge Sorensen, "International Relations Theory in a World of Variation", in Hans-Henrik Holm and Geoge Sorensen, eds., *Whose World Order? Uneven Globalization and the End of the Cold War*, p.197.

42. Robert Keohane, "Hobbes's Dilemma and Institutional Change in World Politics: Sovereignty in International Society", in Hans-Henrik Holm and Geoge Sorensen, eds., *Whose World Order? Uneven Globalization and the End of the Cold War*, p.177.

43. 复合相互依赖具有三个基本特征：各社会之间的多渠道联系；国家间关系的议程包括许多没有明确或固定等级之分的问题；一国政府不在本地区内或在某些问题上对他国政府动用武力。复合相互依赖接近于战后西方发达国家之间的相互关系。参见[美]罗伯特·基欧汉和[美]约瑟夫·奈：《权力与相互依赖：转变中的世界政治》，门洪华译，北京：北京大学出版社 2002 年版。

44. 同上书，第 9—10 页。

45.《马克思恩格斯选集》，第 1 卷，北京：人民出版社 1972 年版，第 254、255 页。

46. 参见王逸舟：《当代国际政治析论》，上海：上海人民出版社 1995 年版，第 79 页。

47. 同上书，第 81 页。

48. 基欧汉在合作、和谐和纷争的基础上解释了合作的含义，参见[美]罗伯特·基欧汉：《霸权之后：世界政治经济中的合作与纷争》，第 61—66 页。

49. 基欧汉认为，合作不应该被视为没有冲突的状态，而应该被视为对冲突或潜在冲突的反应。没有冲突的征兆，也就没有必要进行合作了。参见[美]罗伯特·基欧汉：《霸权之后：世界政治经济中的合作与纷争》，第 64—65 页。

50. 基于这种理解，我们在下面的行文中将在不加区别的意义上使用"国家间交易"和"国家间合作"这两种表达。

51. [美]奥利弗·威廉姆森：《资本主义经济制度》，第 34 页。

52. Beth Yarbrough and Robert Yarbrough, "International Institutions and the New Economics of Organization", *International Organization*, Vol.44, No.2, 1990, p.257.

53. Ibid., p.251.

54. [冰]思拉恩·埃格特森：《新制度经济学》，第 6—7 页。

55. [美]奥利弗·威廉姆森：《治理机制》，前言，第 3—4 页。

56. [冰]思拉恩·埃格特森：《新制度经济学》，第 203 页。

57. Ronald Coase, "The Nature of the Firm", p.390.

58. 卢现祥：《西方新制度经济学》，北京：中国发展出版社 1996 年版，第 7 页。

59. [美]埃瑞克·菲吕博顿、[德]鲁道夫·瑞切特：《新制度经济学：一个评价》，载于[美]埃瑞克·菲吕博顿、[德]鲁道夫·瑞切特编：《新制度经济学》，孙经纬译，上海：上海财经大学出版社 1998 年版，第 9 页。

60. [美]奥利弗·威廉姆森：《资本主义经济制度》，第 31 页。

61. 这里的"事先"和"事后"是以签订契约(contract)为界的。在国内的新制度经济学文献中，contract 有多种译法，如"契约"、"合同"、"合约"等。本书将其译为"契约"，但对于所引用的译文，原有的译法均不再改动。

62. [美]奥利弗·威廉姆森：《资本主义经济制度》，第 33 页。

63. 同上书，第 35 页。

64. [冰]思拉恩·埃格特森：《新制度经济学》，第 203 页。

65. 张五常：《关于新制度经济学》，载于[瑞典]拉斯·沃因和[瑞典]汉斯·韦坎德编：《契约经济学》，第 65 页。

66. 著名的经济史学家希克斯指出："即使最简单的交易也含有合同的因素；交换的每一方放弃他对所售物品的权利，以换取对所购物品的权利。从一开始就可能发生这样的情况：在交易发生时货物不在现场或者说并不是所有的货物都在现场。这时双方讨价还价便具有三个可识别的要素：签订协议，一方交货，然后另一方交货。一旦对交易作出这种区分，协议本身就仅仅是交货的承诺。"参见 J.Hicks, *A Theory of Economic History*, Oxford: Oxford University Press, 1969, p.34。转引自[日]青木昌彦：《比较制度分析》，周黎安译，上海：上海远东出版社 2001 年版，第 62 页。

67. Xinyuan Dai, "Information Systems in Treaty Regimes", *World Politics*, Vol.54, No.4, 2002, p.409.

68. [美]斯蒂格利茨：《经济学》，姚开建等译，北京：中国人民大学出版社 1997 年版，第 421 页。

69. 这些用于获取对方以及环境信息的成本也可以称为信息成本，我们把信息成本看作交易成本的重要组成部分。

70. James Fearon, "Rationalist Explanations for War", *International Organization*, Vol.49, No.3, 1995, p.398.

71. 即使在宪政的条件下,国家仍有可能在国内按机会主义方式行事。因为宪政并没有完全消除"诺思悖论"发生作用的条件。"诺思悖论"是指统治者租金最大化和社会产出最大化两者之间不完全一致的问题。参见[美]道格拉斯·C.诺思:《经济史中的结构与变迁》,陈郁、罗华平等译,上海:上海三联书店、上海人民出版社 1994 年版,第 24—25 页。

72. 这一比较的前提是宪政制度的确立。当国家的宪政制度并不健全乃至是"一纸空文"时,国家的对内机会主义行为倾向可能会强于对外机会主义行为倾向。由于我们所讨论的对象是国家间交易,如果没有特别说明,下文中的国家机会主义行为指的都是国家的对外机会主义行为。

73. Michael Williams, "Hobbes and International Relations: A Reconsideration", *International Organization*, Vol.50, No.2, 1996, p.213.

74. [英]霍布斯:《利维坦》,黎思复、黎廷弼译,北京:商务印书馆 1985 年版,第 103—104 页。

75. Charles Lipson, "International Cooperation in Economic and Security Affairs", *World Politics*, Vol.37, No.1, 1984, p.4.

76. David Lake, *Entangling Relations: American Foreign Policy in Its Century*, pp.52—53.

77. [美]斯蒂格利茨:《经济学》,第 128—129 页。

78. Glenn Snyder, "The Security Dilemma in Alliance Politics", *World Politics*, Vol.36, No.4, 1984, p.466.

79. Avery Goldstein, "Discounting the Free Ride: Alliance and Security in the Post-war World", in *International Organization*, Vol.49, No.1, 1995, p.47.

80. 参见王绳祖主编:《国际关系史》(第一卷),第 215—219 页。

81. 参见王绳祖主编:《国际关系史》(第二卷),北京:世界知识出版社 1995 年版,第 169—189 页。

82. Charles Glaser, "Realists as Optimists: Cooperation as Selp-help", *International Security*, Vol.19, No.3, 1994/1995, p.80.

83. [美]罗伯特·基欧汉:《霸权之后:世界政治经济中的合作与纷争》,第 117 页。

84. [美]斯蒂格利茨:《经济学》,第 129 页。

85. 有的国内学者将 moral hazard 译为"道德陷阱"或"败德"、"败德风险"等。

86. [美]R.科斯、[美]A.阿尔钦、[美]D.诺思等著:《财产权利与制度变迁——产权学派与新制度学派译文集》,第 405 页。

87. Glenn Snyder, "The Security Dilemma in Alliance Politics", p.467.

88. [美]亨利·基辛格:《大外交》,顾淑馨、林添贵译,海口:海南出版社 1997 年版,第 192 页。

89. 同上书,第 176 页。

90. 参见[德]鲁道夫·瑞切特:《从新制度经济学角度看〈卢浮宫协议〉》,载于[美]埃瑞克·菲吕博顿、[德]鲁道夫·瑞切特编:《新制度经济学》,第 325—343 页。

91. [美]曼瑟尔·奥尔森:《集体行动的逻辑》,陈郁、郭宇峰、李崇新译,上海:上海三联书店、上海人民出版社 1995 年版,第 13 页。

92. 方福前:《公共选择理论——政治的经济学》,第 32 页。

93. 参见[美]曼瑟尔·奥尔森:《集体行动的逻辑》,译者的话,第 4—5 页。

94. 国家间交易的收益一般只为参与交易的国家所享有,但是交易收益仍有可能具有公共物品的性质。因为大多数公共物品都是在某一特定集团中确定其性质的。一种集体物品为一个集团的人所有,另一集体物品为另一集团的人所有;一种集体物品可能有益于整个世界,而另一集体物品只关系到两个特定的个体。进而言之,某些物品对于一个集团中的人来说是集体物品,而同时对另一个集团中的人来说又是私人物品。对此,奥尔森举了一个容易理解的例子,游行对住在高楼里,能够俯瞰游行队伍的人来说是集体物品,但对那些只能买票在路边观众席观看的人来说又是私人物品。参见[美]曼瑟尔·奥尔森:《集体行动的逻辑》,第 47 页。

95. 奥尔森通过数学推导、逻辑演绎与经验观察,发现集团成员数目多少和集团成员规模的差异程度与公共物品的供给概率密切相关。参见[美]曼瑟尔·奥尔森:《集体行动的逻辑》,第 19—30 页。

96. Mancur Olson, "Increasing the Incentive for International Cooperation", *International Organization*, Vol.25, No.4, 1971, p.870.

97. Mancur Olson and Richard Zeckhauser, "An Economic Theory of Alliance", in Francis Beer, ed., *Alliance: Latent War Communities in the Contemporary World*, New York: Holt, Rinehart and Winston, Inc, 1970, p.138—139.

98. Aaron Hoffman, "A Conceptualization of Trust in International Relations", *European Journal of International Relations*, Vol.8, No.3, 2002, p.395.

99. [美]约翰·米尔斯海默:《大国政治的悲剧》,王义桅、唐小松译,上海:上海人民出版社 2003 年版,第 43—44 页。

100. [美]奥利弗·威廉姆森:《治理机制》,前言,第 4—5 页。

101. 值得注意的是,威廉姆森所关注的中心是交易的事后治理问题。因此在其著述中,威廉姆森有时用"治理成本"来代替交易成本。对于事先发生的交易成本,威廉姆森并没有予以充分的讨论。因此,威廉姆森的三个交易维度只能作为治理成本的影响变量。

102. 在统计学中,测量的层次由低到高包括定类、定序、定距和定比。所谓定序,就是能确定值的顺序,即变量的值能把研究对象排列出高低或大小,具有大于(>)与小于(<)的数学特质。参见李沛良:《社会研究的统计应用》,北京:社会科学文献出版社 2001 年版,第 19—20 页。

103. 需要指出的是,缔约成本(事先交易成本)和治理成本(事后交易成本)的区分是相对而言的,我们明确作出这样的区分主要是基于理论建构的需要。威廉姆森将交易成本明确区分为事先交易成本和事后交易成本,但他也认为,签订合同所付出的事先成本和事后成本是相互依存的,"即使在理论上能把它们区分开,实践中它们也一定会形影相随,而不是前后相继地到来"。参见[美]奥利弗·威廉姆森:《资本主义经济制度》,第 36 页。

104. [美]戈登·克雷格、亚历山大·乔治:《武力与治国方略——我们时代的外交问题》,时殷弘、周桂银、石斌译,北京:商务印书馆 2004 年版,第 235 页。

105. 同上书,第 238 页。

106. 哈里森·瓦格纳分析了经济相互依赖条件下的国家讨价还价,参见 Harrison Wagner, "Economic Interdependence, Bargaining Power and Political Influence", *International Organization*, Vol.42, No.3, 1988。

107. 经济学家加里·利贝卡普(Gary Libecap)在讨论界定产权的缔约行为何以失败的问题时,提出了五个因素:预期总收益的规模、竞争的利益集团的数目、缔约各方的异质性、信息问题、现有的和拟议中的财富分配的集中程度。利贝卡普对上述因素的择取从另一个研究领域支持了我们对缔约成本影响变量所作的选择。参见[美]加里·利贝卡普：《产权的缔约分析》，陈宇东、耿勤、秦军、王志伟译，北京：中国社会科学出版社 2001 年版，第 25—30 页。

108. 马修·伊万哲里斯塔（Matthew Evangelista）指出，世界政治研究中的一个争论焦点就是如何解释不同国家对外政策的过程和结果的差异。一派学者主张，国家特点的差异（大国对小国、民主国家对威权国家、发达国家对发展中国家等）导致了对外政策的差异；另一派学者则强调，重要的差异与其说存在于国家之间，不如说存在于问题领域之间。威廉·齐默尔曼（William Zimmerman）则指出："在某个国家中，不同的问题领域中政策过程之间的差异，……和在某个权力舞台上国家之间的对外政策过程之间的差异一样大。"参见 Matthew Evangelista, "Issue-area and Foreign Policy Revisited", *International Organization*, Vol.43, No.1, 1989, p.147; William Zimmerman, "Issue Area and Foreign-policy Process: A Research Note in Search of a General Theory", *American Political Science Review*, Vol.67, No.4, 1973, p.1212。

109. 该书译者将 issue-area 译为"议题领域"，本书将其改为"问题领域"。参见[美]罗伯特·基欧汉：《霸权之后：世界政治经济中的合作与纷争》，第 73 页。

110. Charles Lipson, "International Cooperation in Economic and Security Affairs", p.12.

111. 在一定意义上，卡尔·多伊奇所研究的政治共同体可以看作国际合作的高级制度形式。虽然有些案例已经明确属于国内政治的范畴，但是我们认为国际制度形式和国内政治组织形式并非属于截然不同的两个领域，而是处于连续谱的不同位置。关于这个观点更加详细的阐述，参见本书第三章第一节和结语第二节。

112. 参见 Karl Deutsch et al., *Political Community and the North Atlantic Area*, Princeton: Princeton University Press, 1957；[美]詹姆斯·多尔蒂，小罗伯特·普法尔茨格拉夫：《争论中的国际关系理论》，第 558—561 页。

113. [美]亚历山大·温特：《国际政治的社会理论》，第 27 页。

114. Suzanne Werner and Douglas Lemke, "Opposites Do not Attract: The Impact of Domestic Institutions, Power, Prior Commitments on Alignment Choices", *International Studies Quarterly*, Vol.41, No.3, 1997, pp.543—544.

115. Bernard Finel and Kristin Lord, "The Surprising Logic of Transparency", *International Studies Quarterly*, Vol.43, No.2, 1999, p.2.

116. 詹姆斯·费伦在为战争的爆发所提供的理性主义解释中，详细地讨论了国家误传信息的动机。参见 James Fearon, "Rationalist Explanations for War", pp.395—401。

117. Peter Cowhey, "Domestic Institutions and the Credibility of International Commitments: Japan and the United States", *International Organization*, Vol.47, No.2, 1993, p.307.

118. 参见 James Fearon, "Demestic Political Audiences and the Escalation of International Disputes", *American Political Science Review*, Vol.88, No.3, 1994。

119. Lawrence Broz, "Political System Transparency and Monetary Commitment Regimes", *International Organization*, Vol.56, No.4, 2002, p.866.

120. 由于个体的有限理性，外在环境的复杂性和不确定性，信息不对称或不完全，契约当事方或仲裁者无法证实或观察一切，从而造成契约条款是不完全的。参见[瑞典]拉斯·沃因和汉斯·韦坎德编：《契约经济学》，译者前言，第 14 页。

121. [美]奥利弗·威廉姆森：《经济组织的逻辑》，载陈郁编：《企业制度与市场组织——交易费用经济学文选》，第 70 页。

122. 参见[美]奥利弗·威廉姆森：《资本主义经济制度》，第 80—81 页。

123. 在威廉姆森提出资产专用性的概念后，许多工业组织领域的研究者都把这个交易维度作为长期契约和工业组织的决定性因素，一些政治学家也使用这个概念来分析政治行为。特别是在关于国家津贴和院外活动的研究中，政治学家近来通过引入这个概念而取得了一些重要的成果。参见 James Alt，Fredrik Carlsen，Per Heum，and Kare Johansen，"Asset Specificity and Political Behavior of Firms：Lobbying for Subsidies in Norway"，*International Organization*，Vol. 53，No. 1，1999；Nikolaos Zahariadis，"Asset Specificity and State Subsidies in Industrialized Countries"，*International Studies Quarterly*，Vol.45，No.4，2001。

124. Beth Yarbrough and Robert Yarbrough，"Cooperation in Liberation of International Trade：After Hegemony，What"，p.11.

125. 2003 年俄罗斯国内围绕着石油管线的争议就包含了关于资产专用性的战略考虑。俄罗斯国内主张优先建设"安—纳"线(安加尔斯克至纳霍德卡)的人们认为，"安—纳"线基本上在俄境内，俄可以控制管道闸门的石油流向，从而有利于俄推行石油渠道多元化战略；而"安—大"线(安加尔斯克至中国大庆)的市场则只有中国一家，从而使中国在俄的石油出口上掌握主导权。与"安—纳"线相比，"安—大"线的地点专用性更高，这使得仍对中国怀有疑虑的俄罗斯人反对上马"安—大"线。关于中俄石油管线风波的详情，可参见《俄石油线与中国擦肩而过?》，载于《南方周末》2003 年 9 月 11 日，第 9 版。

126. [美]亨利·基辛格：《大外交》，第 190 页。

127. [美]肯尼思·沃尔兹：《国际政治理论》，第 126 页。

128. [美]奥利弗·威廉姆森：《交易费用经济学：契约关系的规制》，载陈郁编：《企业制度与市场组织——交易费用经济学文选》，第 33—34 页。

129. 在国际关系中与波拉尼所观察的情况相似的一个例子是，在中苏关系破裂后，由于苏联撤走了在中国的技术专家，当时中国由苏联援建的一些项目不得不半途而废，即使设备已经到位，运行起来也会面临许多技术难题。

130. Katja Weber，*Hierarchy Amidst Anarchy*：*Transaction Costs and Institutional Choice*，p.24.

131. 张宇燕：《经济发展与制度选择》，第 94 页。

132. [美]奥利弗·威廉姆森：《治理的经济学分析：框架和意义》，载于[美]埃瑞克·菲吕博顿、[德]鲁道夫·瑞切特编：《新制度经济学》，第 76—77 页。

133. [美]奥利弗·威廉姆森：《资本主义经济制度》，第 86—87 页。

134. 参见 Edward Karl，*The Twenty Years' Crisis 1919—1939*：*An Introduction to the History of International Relations*，New York：Harper Collins，1981。

135. [美]曼瑟尔·奥尔森：《集体行动的逻辑》，第 29 页。

136. Michael Taylor，*Community*，*Anarchy*，*and Liberty*，Cambridge：Cambridge University Press，1982，p.22.

137. Charles Kindleberger，"Dominance and Leadership in the International Economy"，*International Studies Quarterly*，Vol.25，No.2，1981，p.247.

138. [美]查尔斯·金德尔伯格：《1929—1939 年世界经济萧条》，宋承志、洪文达译，上海：上海译文出版社 1986 年版，第 365 页。

139. Katja Weber，"Hierarchy Amidst Anarchy：A Transaction Costs Approach to International Security Cooperation"，p.332.

140. Glenn Snyder，"The Security Dilemma in Alliance Politics"，p.494.

141. Katja Weber，*Hierarchy Amidst Anarchy*：*Transaction Costs and Institutional Choice*，p.21.

142. James Morrow，"The Strategic Setting of Choices：Signaling，Commitment，and Negotiation in International Politics"，in David Lake and Robert Powell，eds.，*Stra-*

tegic Choice and International Relations, Princeton: Princeton University Press, 1999, p.86.

143. Robert Jervis, "Systems and Interaction Effects", in Jack Snyder and Robert Jervis, eds., *Coping with Complexity in the International System*, Boulder: Westview Press, 1993, p.33.

144. Robert Jervis, *System Effects: Complexity in Political and Social Life*, Princeton: Princeton University Press, 1997, p.177.

145. 盛洪:《分工与交易——一个一般理论及其对中国非专业化问题的应用分析》,第 144 页。

146. [英]亚当・斯密:《国民财富的性质和原因的研究》(上卷),第 16 页。

147. [美]奥利弗・威廉姆森:《治理的经济学分析:框架和意义》,载于[美]埃瑞克・菲吕博顿、[德]鲁道夫・瑞切特编:《新制度经济学》,第 78 页。

148. [美]奥利弗・威廉姆森:《交易费用经济学:契约关系的规制》,载于陈郁编:《企业制度与市场组织——交易费用经济学文选》,第 37 页。

149. 宋新宁、陈岳:《国际政治学概论》,第 96 页。

第三章

国际关系中的制度选择:基于交易成本的解释模型

> 人们以一种区别对待的(主要是节约交易成本的)方式,把具有不同属性的交易与具有不同成本和效能的治理结构相匹配。
>
> ——奥利弗·威廉姆森:《治理机制》

第一节　国际制度的基本形式:划分标准

国际机制理论最初兴起之时,英国著名学者、国际政治经济学的开拓者之一苏珊·斯特兰奇(Susan Strange)曾预言,学者们对国际机制的关切可能是昙花一现的时尚(a passing fad)。[1]然而,她的这一预言并未应验。正如人们所目睹的那样,国际机制(international regimes)/国际制度(international institutions)[2]在20世纪80年代以来成为国际关系理论探索和经验研究的焦点之一。[3]这一概念创新能够产生如此持久的理论魅力和实证价值,其缘由不仅在于它与社会科学主流学科(特别是经济学)之间的亲缘关系,而且在于它对理论和现实之间"裂缝"的敏感与自觉。

国际关系学者们对国际机制的研究兴趣最初来自对国际秩序、国际权威和国际组织这样一些主流概念的不满。一些学者认为,竞争性的、"零和"的国家间无政府状态与国内政治的"权威"之间的传统两分法对于解释战后发达工业国家间的合作行为已经失去了部分效力。根据战后居于主流地位的传统现实主义理论,国家行为的主要动因是"由权力界定的利益",国际法对国家行为的限制只是边缘性的。这种主流观点造成了国际政治研究与国际法研究的相互隔绝,因此国际关系学者们很少给予国际法以足够的关注。与国际法在国际关系研究中的境遇略有不同的是，国际组织并没有由于威尔逊理想主义的退隐而在国际关系研究中趋于消弭。但在战后初期，国际组织研究主要聚焦于正式国际组织，特别是联合国组织，而且基本停留在对制度细节的静态描述和比较上，具有形式或法律的制度主义（formal/legal institutionalism）的特征，研究者们很少去探讨国际组织对国家行为的实际影响。20 世纪 60 年代，由于"行为主义革命"的影响，国际组织的某些研究领域，例如联合国体系研究和区域一体化研究，一度产生了丰富的理论成果。[4]例如海沃德·阿尔克（Hayward Alker）等根据相对完整的投票记录，寻求理解在权力和影响力可能不同的各个问题领域中，哪些因素会影响各国在联合国大会中的投票行为。[5]"但是，这一领域仍与正式组织的研究紧密相连，而忽视了在更广泛意义上出现的规制化的或组织化的大量国家行为。"[6]20 世纪 70 年代国际政治经济中所发生的一系列深刻变化使过于强调正式组织这一缺憾变得更加明显。利莎·马丁和贝丝·西蒙斯（Beth Simmons）在一篇文献综述中指出：

> 随着战后国际制度的不断进展，国际政治和正式组织安排之间的鸿沟开始以难以弥合的方式在扩大。对于正在崛起的新一代学者而言，重大的国际冲突——越南战争——是在联合国的正式宣言之外发生的。美国在 1971 年单方面决定停止以美元兑换黄金，随后宣布美元浮动，在布雷顿森林体系下过去二十年可预测的货币关系崩溃了。正在兴起的石油输出国组织明显有能力颠覆关于油价和获得石油的既有安排，这种情况发生在传统的国际组织之外；消费国在随后十年的反应也同样如此。[7]

面对"国际政治和正式组织安排之间"在现实中日益扩大的鸿沟，一些学者尝试以概念创新为起点来摆脱这一困境。1975 年，约翰·鲁杰在《对技术的国际反应：概念与趋势》一文中首先提出了"国际机制"的概念。他认为"已被一部分国家所接受的一系列相互期望、规则和规定、计划、组织能量和财政义务"构成了国际机制。[8]斯蒂芬·克拉斯纳在其主编的《国际机制》一书中则提出了国际机制的经典定义，即国际机制是"隐含的或明确的原则、规范、规则和决策程序，行为主体对某个特定国际关系领域的预期围绕着它们而聚合起来"[9]。作为新自由制度主义的奠基人,罗伯特·基欧汉则赋予"国际制度"以新的涵义,使其不再局限于传统意义上的正式国际组织。根据他的表述,国际制度是"持久的、相互联系的正式和非正式规则,这些规则规定行为角色、限制行动并塑造预期"[10]。国际机制/国际制度概念的提出或再定义为填补"国际政治和正式组织安排之间"的鸿沟提供了可能,其观察视域既非国际结构那样宽阔,也非正式组织研究那样狭窄,国际关系中的大量制度化行为由此才被置于学科视野之内。在国际机制/国际制度概念形成和发展的基础上,国际关系学者们进一步探讨了国际制度的类型划分问题。

唐纳德·普哈拉(Donald Puchala)和雷蒙德·霍普金斯(Raymond Hopkins)把国际机制分为正式机制和非正式机制。正式机制(formal regimes)是指那些"由国际组织通过立法而产生,以理事会、代表大会或其他实体的方式来维持并由国际科层制组织进行监督"的国际机制,非正式机制(informal regimes)则"依据参与者的目标之间所存在的聚焦或共识来创造和维持,通过共同的自我利益或君子协定来实施,并依靠相互的监视来监督"。[11]此外,这两位学者还根据机制的功能或参与者的数目将其分为专门性机制(specific regimes)和弥散性机制(diffuse regimes)。专门性机制只作用于单一的问题领域,而弥散性机制则作用于多个问题领域。他们指出:"相对专门的机制往往嵌于相对宽泛、相对弥散的机制之中,对于相对专门的机制而言,相对弥散性机制的原则和规范是已经给定的。"[12]

罗伯特·基欧汉关于国际制度的类型划分对国际制度研究议程的拓展产生了相当深远的影响,新自由制度主义的绝大多数经验研究正是在基欧汉所定义的制度形式范围内推进的。基欧汉认为,国际制度具有以下三种形式:正式的政府间组织或跨国的非政府组织(formal intergovernmental or cross-national nongovernmental organizations)、国际机制(international regimes)和国际惯例(international convention)。

> 第一,正式的政府间组织或跨国的非政府组织。这些组织是具有目标指向的实体。国家特意建立和设计这些组织,以具备监督行动并对其作出反应的能力。这些科层制组织具有明确的规则,并且为不同的个体和集团指定具体的规则。在联合国体

系内外存在着数百个政府间组织。跨国的非政府组织也为数众多。

第二,国际机制。机制是有着明确规则的制度,这些规则为政府所一致同意,并从属于国际关系的一组特定领域。……范例包括1944年于布雷顿森林创立的国际货币机制,通过联合国在20世纪70年代发起的谈判而建立的海洋法机制以及美苏之间有限的军备控制机制。

第三,国际惯例。在哲学和社会理论中,惯例是非正式制度,具有塑造行为主体预期的含蓄规则和谅解。惯例能使行为主体在没有明确规则的情况下相互理解并协调它们的行为。……外交豁免曾作为惯例存在了数个世纪,直到20世纪60年代才被写入有关的国际公约中。[13]

约翰·鲁杰在20世纪90年代系统提出多边主义(multilateralism)的研究议程时,将国际制度的一般形式分为多边主义、双边主义和帝国主义。鲁杰认为:“多边主义是一种在广义的行动原则基础上协调三个或者更多国家之间的关系形式,也就是说,这些原则是规定合适的行动的,它们并不考虑在任何特定条件下各方特殊的利益或者战略紧急情况。”[14]与之相反的是,双边主义(bilateralism)则完全根据特定的利益或者紧急形势的不同,对不同的关系做区别对待。帝国主义则是第三种一般制度形式,它通过压制从属国家的主权来达到协调国家间关系的目的。

克里斯琴·勒-斯密特(Christian Reus-Smit)认为,为了充分理解国际政治的制度维面,研究者不仅要关注制度效率,而且要关注制度形式。勒-斯密特指出,国际制度可以分为宪法结构、基本制度和特定问题领域的专门性机制三种形式。这些不同的形式在现代国际制度的构成中居于高低不同的层级。宪法结构(constitutional structures)是最高的一层,通过深层宪法性价值的集合来确定合法的国家地位和国家行动。基本制度(fundamental institutions)是国家制定的基本实践规则,以解决无政府状态下与共存相联系的协调和协作问题。[15]多边主义、国际法就是基本的国际制度。特定问题领域的专门性机制(issue-specific regimes)则在国家间关系的特定领域中规定了基本的制度性实践，如关税与贸易总协定、核不扩散条约等。

以上，我们列举了关于国际制度类型划分的几种代表性观点。从中不难发现，在划分国际制度或国际机制的类型时，制度形式上的差异往往成为研究者所关注的主要焦点之一。[16]但是对于如何划分制度形式，学者们并没有取得广泛的共识。苏长和就此指出，关于国际制度范畴的划分大部分都是模糊的和不精确的，“都缺乏一个具有说服力的标准，带有很强的主观性和随意性”[17]。我们认为，制度形式的划分并没有一个放之四海而皆准的统一标准，单纯讨论哪种划分更科学并不具有实质性意义。如何划分制度形式，在很大程度上与研究者的研究目的和研究工具有关。本项研究旨在通过交易成本分析来解释国际关系中的制度选择行为。基于这一考虑，我们将在借鉴基欧汉、普哈拉、勒-斯密特等学者所做分类的基础上，首先区分制度环境和制度安排，然后提出划分制度形式的基本维度，进而根据这些基本维度划分国际制度的基本形式。

本书第一章和第二章都提出过制度环境和制度安排的区分问题。构成制度环境与制度安排的要素同样具有制度的属性，但在交易成本经济学中，只有制度安排才被看作内生变量，制度环境则被看作外生变量。在区分制度环境和制度安排的基础上，交易成本经济学提出了关于经济制度安排的选择模型。实际上，这种区分制度层次和序列的研究策略对于讨论任何制度选择问题都是极其必要的。[18]正如丹尼尔·迪厄梅尔（Daniel Diermeier）等政治学家所指出的：

> 在构建制度理论中避免混乱的关键是区分不同的制度层次和序列。在一个制度理论中第一序列的制度是选择的目标，但是第二序列的制度（如，限制第一序列制度选择的制度）是外生的。当然，这一过程可以更进一步深入。第三序列的制度控制第二序列制度的选择。但是，在每一层次上，当我们研究第 k 层制度选择时，第 $k+1$ 层的制度被认为是限制因素，且是外生的。[19]

针对国际制度选择的特定问题，国际制度同样需要分为“国际制度环境”（international institutional environments）与“国际制度安排”（international institutional arrangements）两大层次。国际制度环境作为“第 $k+1$ 层的制度”，是外生于任何具体的国家目标而独立存在的，它划定了国家所能选择的国际制度安排(即"第 k 层制度")的范围。勒-斯密特所说的"宪法结构"就属于制度环境的范畴。根据他的说法,国家的道义目标(moral purpose of the state)、主权的组织原则(organizing principle of sovereignty)和程序正义的规范(norm of procedural justice)构成了国际社会的宪法结构,它们规定了基本制度并经由基本制度规定了特定问题领域的专门性机制。[20]在现代国际社会中,主权制度构成了最重要的国际制度环境。尽管从历史的"长时段"来看,国际制度环境也会发生缓慢的变迁,但是对于处在某个具体时空中的民族国家而言,国际制度环境是外生给定的。换言之,这类国际制度是不能由民族国家自己作出选择的。[21]

这样,我们所讨论的制度选择只是主权国家在制度安排意义上的不同制度形式之间所进行的选择行为。在制度安排的意义上,不同的制度形式可以根据制度化水平(degree of institutionalization)的高低置于连续谱系的不同位置。那么,如何衡量制度化的水平呢?这个问题实际上就是如何确定制度形式划分的基本维度(dimension)。[22]我们认为,对于国际制度安排来说,制度化水平的高低体现在以下三个基本维度上。[23]

第一,正式化(formalization)。所谓正式化,是指明确地阐述和公开地批准国家间的行为规则。正式化(非正式化)程度是国际制度安排的基本形式特征。普哈拉和霍普金斯对正式机制和非正式机制的划分、基欧汉对国际机制和国际惯例的区别都以此作为基本的着眼点。从现代国际关系的实践上看,双边或多边条约以及据此建立的正式国际组织是最正式的国际制度安排,它们具有充分的国际法地位。"只可意会,不可言传"的默契(tacit agreement)和没有文字记录的口头协议(oral agreement)则是完全非正式的。行政协定(executive agreements)、非约束性条约(nonbinding treaties)、联合声明(joint declarations)、最后公报(final communiqués)、商定记录(agreed minutes)、谅解备忘录(memoranda of understanding)和准立法协议(agreements pursuant to legislation)等国际制度安排处于这两极之间。[24]这些中间类型的制度安排在对国家义务和承诺的表达上比默契或口头协议更加精确、更加公开,但是并没有像正式条约那样获得国家立法机构的正式批准。尽管它们在正式化程度上也存在着或大或小的差别,如行政协定在很多方面都和条约相类似,而联合宣言更接近于口头协议,但由于它们一般都不要求获得国家立法机构的批准即可生效,也不要求在国际上公布或登记(international publication or registration),所以可以从整体上将其视为非正式协议(informal agreement)。默契和口头协议也可以笼统地归入此类。这样,我们至少可以根据正式化程度的高低将国际制度安排分成非正式协议和正式的国际制度两大类别,而且可以据此在一定程度上区分不同形式的非正式协议。但是正式化不能区分不同形式的正式制度,因此我们还需要引入衡量制度化水平的第二个维度——集中化。

第二,集中化(centralization)。肯尼思·艾伯特(Kenneth Abbott)和邓肯·斯奈德尔指出,所谓集中化,是指建立具体而稳定的组织结构和行政设施以管理集体行动。[25]芭芭拉·凯里迈诺斯(Barbara Koremenos)等学者则认为,集中化这个概念覆盖了广泛的集中性活动(centralized activities),包括散布信息、减少讨价还价的成本和促进规则实施等。[26]实际上,关于集中化的上述两种界定并不矛盾,前者是从结构角度而后者是从功能角度阐释了集中化的涵义。无论是从结构还是从功能来看,联合国、国际货币基金组织、北大西洋公约组织和东南亚国家联盟等国际组织都是集中化程度很高的国际制度。一般来说,集中化是以正式化为前提的,即集中化程度很高的国际制度以正式的条约作为其基础。[27]但是正式的国际制度并不必然具有很高的集中化特征。例如世界经济中的多数自由贸易协定(free trade agreements, FTAs)、冷战期间美苏之间的军备控制条约等,就没有具体而稳定的组织机构和行政设施,它们是由各缔约国"自我实施"的。这样,我们根据集中化程度的高低,将正式的国际制度分为自我实施的正式协议(self-enforcing formal agreement)和正式国际组织(formal international organization)。但是集中化的单一维度并不能揭示正式国际组织内部的重大差别,例如欧洲联盟和东南亚国家联盟在制度形式上大相径庭,而世界贸易组织和国际劳工组织(International Labor Organization, ILO)对成员国所做的约束也不可同日而语。因此,我们需要引入衡量制度化水平的第三个维度——授权化。

第三,授权化(delegation)。所谓授权化,是指授予第三方实施、解释和运用规则、解决冲突和制定后续规则（make further rules）的权威。[28]无论在国内政治还是在国际政治中，授权都是一种重要的政治现象。正如丹尼尔·尼尔森（Daniel Nielson）和迈克尔·蒂尔尼（Michael Tierney）所言："投票者授权给政治家，议员授权给政党领袖，民族国家授权给国际组织。"[29]但是与国内政治生活中的授权现象相比，国家在授予国际组织的权威时要谨慎得多。只有一小部分正式国际组织得到其成员国的广泛授权，多数国际组织所得到的授权是相当有限的，甚至是微不足道的，从而形成了正式国际组织在授权化程度上的明显差异。欧洲法院（European Court of Justice，ECJ）、欧洲人权法院（European Court of Human Rights，ECHR）和世界贸易组织能够以第三方的身份作出具有法律约束力的判决；欧盟委员会（EU Commission）则被赋予了起草管制条例的资格，这些管制条例在成员国同意后就具有了正式的法律约束力。与上述拥有充分授权的国际组织相比，许多正式国际组织所作的判决、仲裁或决议对成员国并没有实质上的约束力，它们也不能独立制定和实施规则。肯尼思·艾伯特等学者在争端解决和规则制定与实施两个具体指标上详细列举了授权化的不同层次，使我们能够根据授权化程度的高低广泛考察正式国际组织之间的差异。[30]为了简约起见，我们将授权化程度较高的正式国际组织看作超国家组织（supranational organization），[31]而把授权化程度较低或中等的国际组织视为一般的正式国际组织。

这样，我们根据制度化水平的三个维度，将国际制度安排的基本形式区分为非正式协议、自我实施的正式协议、一般的正式国际组织和超国家组织。实际上，这些国际制度安排的基本形式分别代表了正式化、集中化和授权化程度高低的不同组合，如表 3.1 所示。

表 3.1　国际制度安排的基本形式

正式化	集中化	授权化	制度形式
低	低	低	非正式协议
高	低	低	自我实施的正式协议
高	高	低(中等)	一般的正式国际组织
高	高	高	超国家组织

在上面的讨论中，制度化水平与三个基本维度之间具有正相关关系，即正式化程度越高，制度化水平就越高；集中化程度越高，制度化水平就越高；授权化程度越高，制度化水平就越高。但值得注意的是，当正式化程度不再变化时，制度化水平仍然可能因为集中化和授权化程度的提高而提高；当集中化程度不再变化时，制度化水平也可能因为授权化程度的提高而提高。制度化水平和三个基本维度的关系如图 3.1 所示。

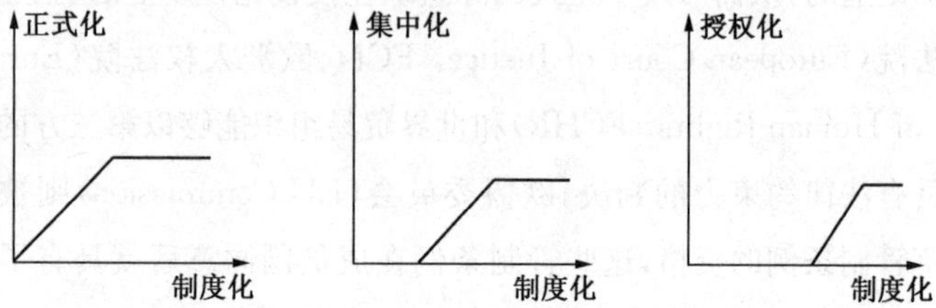

图 3.1　制度化水平的基本维度

从上述讨论中亦不难发现，制度化水平的三个维度具有比较明确的前后递进关系，即授权化一般是以集中化为条件的，集中化则一般是以正式化为条件的。换言之，授权化程度高的国际制度，集中化和正式化程度一般也都高。集中化程度高的国际制度，正式化程度一般也都高。这样，我们根据正式化、集中化和授权化程度，不仅可以区分国际制度安排的基本形式，而且可以直接比较这些不同制度形式之间制度化水平的高低（见图 3.2）。[32]

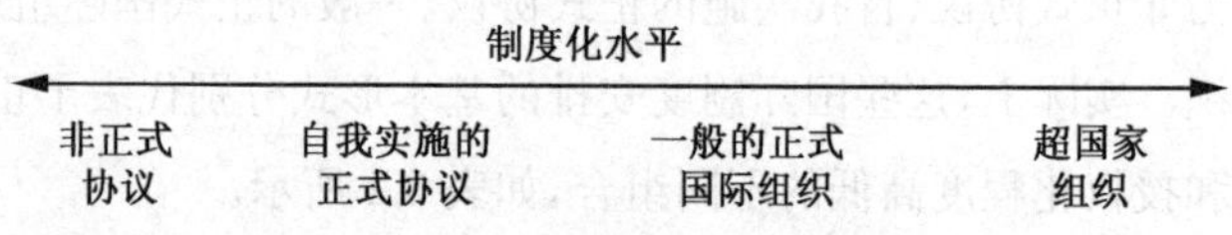

图 3.2　基本制度形式的制度化水平

需要指出的是，制度化水平的上述谱系是连续的而不是间断的。在四种基本的制度形式之间存在着过渡或模糊地带，例如行政协定虽然属于非正式协议，但它已非常接近于正式协议，而国家间论坛（forum）虽然从基本性质上仍属于自我实施的正式协议，但是它已具有了正式国际组织的某种雏形。[33]在四种基本的制度形式内部，我们也可以按照正式化、集中化或授权化水平的高低进一步将某一具体的制度形式置于连续谱系(continuum)的不同位置,例如默契和行政协定分别位于非正式协议一段的左右两端。就连续谱系的整体情况而言,国际制度安排的基本形式按照制度化水平的高低从左到右依次分布,实际上体现了制度形式从无政府状态向等级制组织的移动。如果我们把上述连续谱系分别向左右两个方向延伸,这种移动性质就会看得更加清楚:向左延伸是完全的国际无政府状态,向右延伸则通过邦联这个过渡门槛进入国内政治领域,[34]联邦制和单一制等国内政治组织形式依次排列。

第二节 国际制度的基本形式:比较分析

随着新自由制度主义的兴起,“制度是重要的”(institutions matter)这一命题在国际关系研究中为越来越多的学者所接受。罗伯特·基欧汉正是以对这个基本命题的雄辩论证而蜚声学界。虽然关于这个基本命题的一般论证为制度分析提供了最重要的基石,但这种一般论证并不能替代我们对不同制度形式的比较研究和微观分析。在这个意义上,勒-斯密特指出:“为了充分理解国际政治的制度维面,我们必须提出两个相关的问题:国家为什么要创建不同类型的制度?这些制度又是如何影响国家行为的?”[35]在他看来,新自由主义者有力地论证了国际机制的重要性,但是他们的大多数研究成果并没有给予制度形式问题以足够的关注。

在上一节中,我们根据制度化的不同水平将国际制度安排的基本形式分为非正式协议、自我实施的正式协议、一般的正式国际组织和超国家组织。那么,国家为什么会创建这些不同形式的国际制度安排呢?解答这个问题的过程就是展开比较制度分析(comparative institutional analysis)的过程。在交易成本经济学研究中,比较制度分析是以不同治理结构在成本和能力(cost and competence)上的差异问题为中心展开的。威廉姆森认为,企业(或纵向一体化)和市场实际上是交易关系的两种治理结构,而各种各样的长期缔约、互惠交易、管制、特许经营等治理结构则是介于这两种极端模式之间的混合模式。在他看来,正是由于这些治理结构在成本和能力上存在着明显的差异，人们在经济生活中才有必要根据交易的具体属性选择不同的治理结构。作为国际制度安排的基本形式，非正式协议、自我实施的正式协议、一般的正式国际组织和超国家组织实际上就是国家间关系的不同治理结构。这些基本制度形式在成本和能力方面所表现出的差异构成了国际关系中制度选择的前提或基础。

一、非正式协议

无论是在国际安全事务这样的"高政治"领域，还是在国际经济和环境事务这样的"低政治"领域，非正式的国际协议都比正式的国际条约更为普遍、更为广泛、也更为常见。非正式的国际协议具有多种多样的形式，如类似条约的行政协定、只表达合作意向的联合宣言、外交部门就特定事项达成的谅解备忘录等。但无论其协议文本如何精确和具体，非正式协议与正式的国际条约相比都有两个基本差异：第一，其所作承诺在外交上的地位并不是一目了然的；第二，这些协议并不要求复杂的批准程序。[36]除了上述非正式的书面协议外，非正式协议还可能采取没有文字记录的口头形式，即口头协议。作为未曾言明的规则(unspoken rule)，默契也可以笼统地纳入非正式协议的序列。如此，国际协议为什么经常采取非正式的形式？或者说，国家为什么有时更偏爱非正式的国际协议而不是正式的国际条约？查尔斯·利普森认为，国家选择非正式协议的基本理由包括：(1)期待避免正式的或有形的保证；(2)希望绕开批准程序；(3)当环境变化时能够重新谈判或进行修正；(4)快速达成协议的需要。[37]在现代国际社会中，简单性、秘密性、灵活性和迅捷性往往成为一些外交活动的基本要求，非正式协议在这些方面所具有的优势使其在国家间关系上获得了频繁的采用。

非正式协议与正式的条约之间的差别使非正式协议具有正式条约难以比拟的优势。在各种形式的国际协议中，条约无疑是最为严肃的一种形式。根据《联合国宪章》第一百零二条的规定，凡联合国会员国所缔结的每一项条约和国际协定应在联合国秘书处登记，并由秘书处公布，否则，条约的当事国不得在联合国的任何机构中援引该项条约。[38]与正式的条约相比，非正式协议并没有在国际上公布或登记的要求，也不享有充分的国际法地位。就国家行为而言，如果说正式条约是一种“硬约束”的话，那么非正式协议就是一种“软约束”。换言之，非正式协议比正式条约具有更大的灵活性、机动性。非正式协议的这一特点使国家在情势发生变化时容易对协议内容进行调整、修正或补充，或者在各方发生分歧时只执行对己有利的协议内容。因此，当国家并没有强烈的政治意愿来接受国际协议对其行为的严格约束和限制时，非正式协议就会成为一种优先的选择。例如在冷战中的缓和时期，东西方达成的《欧洲安全与合作会议最后文件》（“赫尔辛基最后文件”）就不具有法律效力，不能作为一个条约在联合国登记。东西方国家按照自己的需要来界定文件的性质。苏联认为关于欧洲安全的条款具有约束力，人员和思想自由交流则不具有约束力，而西方的立场恰好相反。[39]

非正式协议和正式条约的第二个基本差别在于是否需要国内正式的批准程序。在政府间谈判结束后，作为正式协议的条约必须经过国内的批准程序方能生效。诚然，条约的批准程序因国而异、因制而别，但在宪政条件下，特别是在分权体制下，条约的批准往往需要立法机构的同意。根据美国宪法第二条第二款，美国总统经征询参议院、取得其同意有权缔结条约，但需经出席议员三分之二的批准。[40]当行政机构在立法机构中缺乏一个稳定多数的支持或立法机构在外交事务中拥有重要的决策参与权的情况下，条约的批准将耗以时日，甚至最终夭折。例如，1925 年美国政府在《关于禁止毒气或类似毒品及细菌方法作战议定书》上签字，但是直到 1975 年美国才交存批准书。《凡尔赛条约》则在美国参议院遭到了被否决的命运。而非正式协议却可以避免上述麻烦，视其具体形式的不同而分别获得政府首脑或各行政部门首长的同意即可生效。选择非正式协议不仅能使政府迅速地展开其外交活动，且可使政府在一些敏感问题上绕开国内的政治牵制而自行决断。

此外，非正式协议与正式条约的上述两个基本差异使其能够适应某些需要保密的国际事态的特殊要求。一般来说，非正式协议在公开性程度上要明显低于正式条约，其法律地位也不突出，甚至有时是秘密的，从而成为“隐匿的协议”(hidden agreement)。二战后，像《苏德互不侵犯条约》(秘密议定书)这样的秘密条约在国际关系中已经无法想象，[41]在这种情况下，国家在某些极度敏感的问题上所进行的讨价还价往往采取非正式协议，尤其是口头协议乃至默契的形式。这样的协议形式既规避了国内政治纷争的掣肘，又减免了在国际上的连锁反应。正因为如此，美国和苏联在古巴导弹危机期间所进行的讨价还价，20世纪80年代初美国和日本就美国汽车市场份额所展开的拉锯战，最终都以非正式的口头协议或默契的形式而达成妥协。[42]

这样，非正式协议在国家间合作中提供了正式条约所无法提供的收益。但是，天下没有免费的午餐，正如查尔斯·利普森所指出的："所有的这些外交收益都不是免费的，有时甚至需要付出很高的代价。"[43]首先，非正式协议的灵活性意味着它们更容易被所缔约的国家所抛弃，特别是当情势发生变化时，书面协议就可能成为一纸空文，口头协议则可能无法兑现，而默契更可能被视为一厢情愿。1990年1月18日至2月12日中英两国外长就香港政制问题所交换的七份"书面信息"以及后来就其约束力问题引发的辩论就反映了非正式协议的这一弱点。根据中国前副总理兼外长钱其琛的回忆，当时中英两国外长所交换的"书面信息"虽非亲笔签名的函件，却是书面文件，不是"口信"，由于属于内部磋商，对外严格保密。通过交换信件，中英双方在基本法定案前达成了协议和谅解。可是到后来，英方毁弃了这些协议和谅解，中英双方就这七份外交文件的内容和形式到底算不算是双方的协议和谅解展开了一场辩论。[44]

其次，避免正式的批准程序虽然可以减少国内的政治争论，但也使其法律地位得不到国内政治制度的有力保障，同时也削弱了国内政治力量对协议的广泛支持。例如在美苏缓和期间，尼克松政府通过总统的幕后渠道向苏联提出了犹太人移民的问题，苏联给予了政策上的回应，每年犹太移民的数额都有增加。白宫还定期把一份"艰难个案清单"交给苏联领导人，名单上的苏联公民中的大多数亦获准移居国外。基辛格就此指出："这些动作都在外交学者所谓'心照不宣的交涉'下进行。没有人提出正式要求，也没有人做出正式答复。苏联的动作得到注意，但未予承认。苏联公民移民出境的实施的确在稳定改进中，不过华府毫不张扬居功。"[45]但在讨论1972年签署的《美苏贸易协定》时，美国国内亲以色列的院外集团、主张对苏强硬的自由派和保守派却联合起来，打破了两国政府间的上述默契。民主党参议员杰克逊提出了一项法案修正案，不准给予任何限制其公民移民出境的国家以最惠国待遇。犹太人移民问题上的公开叫阵给美苏两国扩大贸易关系的努力制造了障碍，并严重损害了东西方缓和的进程。

再次，"隐匿的协议"无法表明缔约方愿意在多大程度上履行各自的承诺，即使各缔约方在当下确实具有履约的意愿，也难以在政府更迭后约束它们的继任者，并且由于其秘密性质而难以对第三方发出明确无误的信号。[46]一战前欧洲"秘密外交"的盛行使列强一步步滑向自我毁灭的深渊，就集中反映了"隐匿的协议"所具有的重大缺陷。英国虽然分别在1904年和1907年签订了《英法协定》和《英俄协定》，但并没有明确的条约义务加入法国、俄国一边作战，因此德国直到大战爆发前夕还幻想英国会保持中立。萨拉热窝事件发生后，英国外交大臣格雷向德国大使说，英国同俄法两国没有任何同盟关系，不受任何义务束缚，英国的态度是"尽一切可能防止在大国之间发生战争"[47]。在假想英国不参战的情况下，德国认为可以放心地向俄法两国发动战争。当德皇威廉二世最终获知英国的参战意图后打算悬崖勒马时，战争的第一枪已经在巴尔干打响，大国间战争在此刻已经不可挽回了。[48]

总的来看，非正式协议作为一种国家间关系的治理结构，更接近于完全"自助"的国际无政府状态。尽管非正式协议对国家行为也形成了一定的约束[49]，但这种约束是非常有限、非常软弱的。这种性质使非正式协议呈现出了两个方面的特点。一方面，当各缔约方珍视自己的行动自由而不愿让国际协议过多地束缚本国的未来行为时，当各缔约方希望尽快地达成协议以解决迫在眉睫的问题时，或者当它们企图规避国内政治和国际政治中的各种牵绊力量时，非正式协议以其灵活性、迅捷性和秘密性的特点而降低了国家间缔约成本。另一方面，非正式协议的法律地位无论在国内还是国际上都较为模糊、较为脆弱，从而比正式条约更容易遭到缔约方的撕毁或背弃，在协议期限内无法有效地约束合作伙伴的机会主义行为，因此在降低国家间治理成本上难以有大的成效。[50]

二、自我实施的正式协议

自我实施的正式协议就是自我实施的条约。根据1969年5月签订的《维也纳条约法公约》,"称'条约'者,谓国家间所缔结而以国际法为准之国际书面协定,不论其载于一项单独文书或两项以上相互有关之文书内,亦不论其特定名称为何"[51]。在现代国际体系中,条约作为正式的国际协议对国家行为具有重要的制约作用,从而成为国际制度的基本组成部分。正如艾布拉姆·蔡斯(Abram Chayes)和安东尼娅·汉德勒·蔡斯(Antonia Handler Chayes)所言:"在安全、经济和环境领域,条约成为广泛的国际规制中的一个核心结构性元素。"[52]

从国际关系的实践看,许多条约都与正式国际组织有着直接的联系,它们不仅构成了国际组织得以成立的法律基础,而且在不同程度上依赖这些国际组织来监督实施其规定的国家间权利义务关系。但并非所有的条约都与国际组织密切相关。实际上,大多数条约的实施完全或基本依靠缔约国对各自义务的履行,并没有正式国际组织的监督或其他形式的参与。我们把后一类型的条约称为自我实施的正式协议。作为正式性程度更低的国际协议,非正式协议的实施一般都不会依赖正式国际组织,也就是说,非正式协议通常都是自我实施的。这样就提出了一个有待解释的问题:在没有稳定的国家间组织结构和行政设施的情况下,自我实施的国际协议(无论是正式的还是非正式的)是如何约束国家行为的?[53]

我们假设$E(c)$表示一国在各缔约方都遵守协议的情况下的预期收益,p和$E(v)$分别表示在该国违反协议时其他国家都继续遵守的概率和在此情况下该国的预期收益,$(1-p)$和$E(n)$则分别代表在该国违反协议时其他国家终止协议的概率和在此情况下该国的预期收益。遵守协议的预期收益$E(c)$和违反协议的预期收益$E(v)$一般取决于协议的条款。如果一个国家希望通过违反协议来获取$E(v)$,其他国家以终止协议作为回应,最终每个国家将得到$E(n)$。因此,自我实施协议的充分必要条件是

$$E(c) > p \cdot E(v) + (1-p) \cdot E(n)$$

如果违反协议的预期收益超过了服从协议的预期收益,那么国家

就会违反协议(或者协议就根本无法达成),因此以上的不等式是自我实施协议的必要条件。如果服从协议比违反协议更加有利,国家就会服从协议,因此以上的不等式也是自我实施协议的充分条件。这样,违反协议的预期收益必须不能超过遵守这一协议的预期收益,当这一条件能得到满足时,协议就可以自我实施。在国际关系中,如果缔约方在协议中有效地使用抵押(hostage)[54]、互惠(reciprocity)和问题联系(issue-linkage)的办法,以上的不等式就可能得到满足。

抵押是在经济关系中经常采用的一种做法。例如,买主向卖主交纳了一笔保证金,如果买主订了货后又退货,就会失去这笔保证金。威廉姆森认为,这样的抵押既可以在事前起防患于未然的作用,也可以在事后起利害与共的作用。[55]在这个意义上说,抵押是防止机会主义行为的一种重要手段。如果一方向另一方提供了抵押,那么他的承诺就会变得更加可信。作为一种普遍的社会现象,抵押不仅在经济生活中司空见惯,而且在国际关系的发展历程中也源远流长。中国春秋战国时期各个诸侯国之间的"人质"就是这样一种抵押方式。据《史记·秦本纪第五》的记载,晋国发生了内乱,公子夷吾为了获得秦穆公的支持,曾许诺"诚得立,请割晋之河西八城与秦"。但在他立为晋惠公以后,却"背约不与河西城",并与秦国交恶,由此引发了秦晋韩原大战。晋国战败后,为了再次取信于秦国,晋惠公不得不把其太子送到秦国做人质。[56]

在现代国际关系中,人质这类公开、明显的抵押方式已经为国际社会的成员所抛弃,但国际协议仍有可能以更加隐蔽、更加微妙的抵押方式来促进自我实施。贝丝·亚伯勒和罗伯特·亚伯勒认为,诸如安全、环境保护和健康管制之类的技术性贸易标准就可能成为抵押的某种形式,例如美国关于进口汽车的环保和安全标准即是如此。为了向美国出口汽车,一个国家必须安装生产汽车的专用设备以满足美国的环保和安全标准。如果出口国违反了协议,美国将对这个国家关闭其汽车市场,从而使该国所安装的专用设备变得没有任何用处。[57]这些设备由于其专用性质而具有了抵押的功能,减少了出口国违反协议的收益,从而使出口国采取机会主义行为的概率大为降低。

抵押提高了提供抵押一方违反协议的预期成本,从而有利于协议的自我实施。但是抵押也会造成新的问题。例如出口国安装了满足美国环保和安全标准的生产设备,这一措施可以降低来自汽车出口国的机会主义风险,但美国也可能以此要挟汽车出口国,即抵押增加了来自接受抵押一方的机会主义风险。这就是威廉姆森所说的侵占抵押的风险。威廉姆森指出,防范这种风险的办法就是把缔约关系从单边交易扩展到双边交易,从而使互惠的交易成为可能:

> 互惠性使一种单边供给关系(A将出售X给B)转换为一种双边供给关系(此时A同意从B处购买Y,作为出售的条件),并且双方都理解,除非互惠条件得到遵守,否则交易决不会继续进行。虽然互惠销售被普遍认为是反竞争的,但互惠能够起到平衡双方风险的作用,从而减少买方撤出交易的激励——让供应方以大大减少的替代成本重新调配其专用化资产。由于没有抵押品(或者使买方不会违约的其他保证),A把专用性产品销售给B的交易就可能根本实现不了。买方愿意接受相互的专用化资产风险,就更加确定地表明了他对交易的承诺,违约风险则因此而被减少。[58]

实际上,互惠作为一种政治准则在国际关系中受到了政治家们的普遍青睐,而不管他们是否能够真正地做到这一点。也正是由于这个词汇在国际协议文本中的过度使用(在某些情况下甚至是滥用),互惠在国际关系中的含义经常是含混不清的。罗伯特·基欧汉指出了这一弊病,并尝试为互惠给出了一个具有学术分析价值的定义:互惠是大致相等价值的交换,每一方根据他方先前的行动来确定自己采取何种行动,通过这种方式来以眼还眼、以牙还牙。[59]基欧汉认为,互惠经常是(但并不必然是)相互受益的,既可以建立在自我利益上,亦可建立在权利与义务的共有观念上。冷战期间美国和苏联在军备控制领域中的相互合作、中美建交后相互给予对方的最惠国待遇,都可视为互惠的实际例证。

罗伯特·艾克斯罗德则将互惠称为"一报还一报"(tit-for-tat)。通过计算机模拟与关于"囚徒困境"的理论分析,他发现,基于互惠的"一报还一报"策略在促进合作上是非常有效的。[60]在冲突与互补利益相混合的诸多情势下,即非零和博弈中,行为体具有实施互惠策略的动机,基于互惠的策略能比其他各种策略产生更高的报偿。[61]在这一研究结论的支持下，基欧汉认为互惠作为国际关系的一项行动原则非常有益于国际合作："它使合作能够在无政府状态下出现，往往能够威慑背叛，并且为官僚和政治家提供了一种容易理解和解释的标准。"[62]

由于互惠并不依赖于中央权威，它作为一种合作战略看起来非常适合于国际关系的无政府领域。[63]如果国际协议的一方违反了协议，另一方就会采取相应的报复行动，使违约方失去协议本能够给它带来的好处，从而减少了违反协议的收益。由于互惠策略会减少违约行为的预期收益，任何一方在试图违反协议时都必须慎重决策、仔细权衡，因此国际协议在没有诉诸第三方的情况下就可能自我实施。但是互惠的使用并不是无条件的，特别是当缔约关系实质上是一种单边交易时，交易的其中一方没有任何可资报复的手段。只有当缔约关系由单边交易扩展为双边交易时，互惠才具备可行性。例如，只有在每一方都需要向对方市场出口商品的情况下，中国和美国相互给予最惠国待遇才具有互惠的意义。又如美国和苏联两方中的任何一方单方面削减军备都构不成互惠的基础。这样就会产生一种相当普遍的情势：由于在同一问题(issue)中所交换的价值才容易进行比较，如果互惠严格限于相等价值的交换，互惠发生作用的范围就往往被限制于同一问题边界之内。[64]如此，当一个国家在某个问题中并不拥有与其他国家可资交换的相等价值时，它又将如何制约其他国家的行为呢？

在现代国际关系中，问题联系作为双边（或多边）交易的重要手段可以形成对国家行为的制约，从而弥补了限于单一领域中的互惠在上述情势中的不足。问题联系，即通过政策手段将不同的问题联系起来。[65]例如发达国家在向一些发展中国家提供财政和技术援助时，有时会要求这些国家签署和履行环境保护的国际公约，从而将发展援助问题和环境保护问题联系起来。又如上文提到的《杰克逊—瓦尼克修正案》，把美国和苏联的贸易关系与苏联在人权问题上的表现、特别是与苏联犹太人移居国外的自由联系起来。[66]问题联系在国际合作的实践中可谓俯拾皆是、屡见不鲜。迈克尔·麦金尼斯(Michael McGinnis)甚至认为："期望政治行为体既能够巩固可持续的合作又同意将其行动严格限制于单一问题中，是天真幼稚的。"[67]基辛格在其回忆录中曾道出

了这一被尼克松政府奉为圭臬的外交原则:

> 我们坚持,超级大国的关系要真正取得进展的话,就必须在广泛的问题上取得一致。我们认为,世界各地的事态发展都是相互关联的;由于苏联在世界各地活动,情况更加是这样。我们的前提是:如果把问题分隔开来。那就会使苏联领导人认为,他们能够利用一个方面的合作当作安全阀而在别的地方谋求单方面的利益。这是不能接受的。[68]

实际上,“世界各地的事态发展”相互关联的根源并不完全在于这些问题之间具有因果联系,不能分开进行处理。在很多情况下,“外交家人为地在谈判中把两个分立的对象硬联系在一起,利用一个对象作为影响另一个的平衡手段”[69]。正是在这个意义上,厄恩斯特·哈斯将问题联系策略称为“战术性联系”(tactical linkage),即国家引入问题联系策略是为了得到额外的筹码或杠杆,以此来获取限于单个问题的谈判所无法获得的收益。[70]这种“战术性联系”不仅会改变谈判中的收益分配,而且在实施协议时也会改变有关各方的成本—收益预期。当国际协议的缔约方为了保证协议的实施而运用问题联系策略时,违反协议给违约方带来的成本就会增加,因为其违约行为不仅使其在协议自身所调整的问题中遭受损失,而且使其在相联系的其他问题上也会遭受损失。基欧汉就此指出:

> 如果世界政治中只有一个机制,或者各个机制都是互相孤立存在的,那么从理性的角度讲,利己主义的政府将不会遵守机制的各项规则。当各国政府经过估算,认为进入一个机制的机会成本高于其他可行行动的机会成本时,机制将会被它们抛弃。然而,在当代世界政治经济中,各国政府间存在多重的议题和多重的联系,因此它们无不参与到各种机制之中。破坏一个机制的行为不只影响这个机制所调节和管理的议题领域的行为,而且更会影响同属一个网络中的其他机制。对一个理性的政府而言,它破坏一个机制规则的行为的纯收益,一定高于这种行动对其他国际机制产生影响的总成本。在其他同伴们因为它破坏某一机制而对其行为进行报复的范围内,该政府会发现它对短视利益的追求受到了抑制。[71]

抽象地说，问题联系策略可以分为消极联系（negative linkage）和积极联系（positive linkage）两类。所谓消极联系，是一方威胁另一方，“如果你做 X，我就不会做 S，但是如果你不做 X，我就会做 S”[72]。这里的 S 就是在另一方不做 X 时所采取的制裁。实际上，消极联系就是让另一方在做 X 的成本和遭受制裁的成本之间进行权衡。所谓积极联系，就是一方许诺另一方，“如果你做 X，我就会做 R，但是如果你不做 X，我就不会做 R”[73]。换言之，积极联系就是一方给予另一方以补偿性支付（side payment）以鼓励其延续当前的政策。如果我们把 X 的内容确定为协议所规定的内容，那么就可以清楚地看到国家在采取问题联系策略时所面临的两种基本选择：如果对方不遵守协议，就采取制裁措施；对方只有在遵守协议时，才会获得奖励。但无论制裁还是奖励，都将视对方是否遵守协议而定。问题联系策略使对方在违反协议的情况下或者遭受制裁，或者丧失奖励，从而降低了违反协议的预期收益（见表 3.2）。

表 3.2　互惠、积极联系和消极联系的比较

	A 向 B 提供的选择	
	如果 B 做 X	如果 B 不做 X
限于专门问题的互惠（没有联系）	A 做 X^*（$SQ-Cx+Bx$）	A 维持现状**（SQ）
积极联系	A 提供 R（$SQ-Cx+R$）	A 维持现状（SQ）
消极联系	A 维持现状（$SQ-Cx$）	A 施加 S（$SQ-S$）

* ＝相互合作
** ＝相互背叛
SQ = B 维持现状的报偿
Cx = B 做 X 的成本
Bx = B 从 A 做 X 所获得的收益
R = A 奖励 B 的价值
S = A 的制裁给 B 带来的成本
资料来源：Ronald Mitchell and Patricia Keilbach，“Situation Structure and Institutional Design：Reciprocity，Coercion and Exchange”，*International Organization*，Vol.55，No.4，2001，p.900.

以上，我们讨论了抵押、互惠和问题联系是如何改变违反协议的预期收益的。无论是非正式协议还是正式协议，都可以通过上述三种策略来促进其自我实施。但值得注意的是，当缔约方运用三种策略来实际改变违约行为的成本收益结构时，违反协议的情况已经发生了。因此策略成功运用的标志恰恰在于并不实际运用这些策略来惩罚违约行为，而是以此改变各缔约方对违约行为的成本收益预期，从而形成对可能违约行为的有效威慑。在这个意义上，正式的条约往往比非正式协议更有利于各缔约方相互制约可能的机会主义行为，从而以更大的制度力量来支持协议的自我实施。

首先，条约具有正式的国际法地位，在缔约国之间发生争端时援引条约可以证明或强化己方行为的正当性。美籍华裔学者熊玠指出，一种报复行为要有其合理性，必须具备一定的"前提条件"[74]。当一国由于对方违反协议而对其施加报复时，条约可以为其报复行为在法理上提供更充分的依据，而一般的非正式协议在这一方面的作用要弱得多，口头协议或默契对此则几乎无能为力。特别是当报复是否合理或是否适度的问题引发国际社会的争议时，比起非正式协议，缔约国援引条约可以为其报复行为作出更有力的辩护。[75]鉴于条约与国际法的内在契合性，国家可以通过条约的形式来加强对潜在机会主义行为的制约。

其次，条约生效必须经过复杂的国内批准手续，通常需要获得立法机构的同意。这种程序性的限制虽然使国家间缔约成本上升，但条约一旦获得批准，就会得到国内制度和法律体系的强有力支撑。在条约批准后，协议的内容仍有可能引起国内的政治争议，但即使反对协议内容的国内政治力量试图修改或废除条约，协议内容的拥护者也可以凭借条约明确的合法地位作出有力的反击。而非正式协议可能会掩盖国内不同集团、不同部门甚至不同领导人之间在协议内容上的政治分歧，并且在实施过程中往往缺乏国内有力的制度保证。由于非正式协议的这种特点，当协议一方的国内政治力量对比可能发生变化时，协议的另一方就可能趁机违反协议而不必顾忌其后果。显然，在国内政治中所获得的制度支持上，条约强于非正式协议，从而使各缔约方在机会主义行为真正发生时更容易采取有效的报复措施。

再次，国际条约一般都比非正式的国际协议更加公开，从而使知晓协议内容的国内政治主体更加广泛，违约行为的成本收益预期就更可能在多元的决策主体之间共享，协议另一方的问题联系策略就更容易产生威慑效果。我们以相反的情势来说明这个问题。假设A、B两国的职能部门在甲问题上达成口头协议或非正式谅解，基于其保密性质并不为两国政府的其他职能部门所知悉，当A国基于“短视的自我利益”(myopic self-interest)[76]而决定是否违反协议时，在可能受到B国问题联系策略所波及的乙问题上并没有相应的A国政府职能部门来参与这一决策过程，这时B国基于问题联系策略的威慑就很可能归于失败。[77]

实际上，从相互表明己方遵守协议意愿的角度看，条约也比非正式协议更有助于缔约方相互作出“可信的承诺”。也就是说，当各缔约方确悉签订条约比签订非正式协议会更利于其他各方制约其机会主义行为时，如果它们试图充分表明其遵守协议的强烈意愿，它们就会选择签订条约。除了以上三个方面的差别外，条约会比非正式协议产生更大的声誉效应(reputational effect)，从而使各缔约方更容易作出“可信的承诺”。正如查尔斯·利普森所指出的：

> 条约的效应在于提高违约行为的政治成本。不仅提高了他方违约行为的成本，而且提高了己方违约行为的成本。协议越正式、越公开，违约行为的声誉成本就越高。当在国家全权认可的条件下由高级官员公开签订包含具体书面允诺的协议时，违约行为的声誉成本是最高的。国家故意向自己施加这些成本以从其他国家的对应允诺或行动中受益。鉴于国际制度的内在限制，这些正式的誓言使国家能够达成事先承诺——通过契约来交换各自的允诺。简言之，条约的一个关键点在于，条约明确地将各方的声誉定位为它们是否信守誓言。[78]

比较起来，国家是否严格遵守非正式协议一般对国家声誉的影响不大，其缘由不仅在于非正式协议的公开性程度较低，而且在于非正式协议没有得到国家的正式批准。这样，由于国家声誉涉及国家在外交互动中的可信性，“一个有着诈骗名声的国家更难和其他国家沟通，更难达到它的目标”[79]，缔约国即使完全基于自身的利益算计也可能小心翼翼地维护自己遵守条约的声誉。通过产生更大的声誉成本，国际条约进一步降低了机会主义行为发生的概率。

基于上述原因,比起非正式的国际协议,国际条约能够更有效地对付可能的机会主义行为,从而使国家间治理成本有所降低。但是,单靠自我实施的国际条约仍有可能受到机会主义行为的严重困扰。例如,对于究竟是否发生违约行为,经常面临核查(verification)的困难。核查需要各缔约国提供其条约相关行为(treaty-relevant behavior)的信息,但各缔约国往往以国家主权为由拒绝提供具体信息,或者提供虚假信息,从而难以对是否发生违约行为作出判断。问题还不止于此。根据南希·加拉格尔(Nancy Gallagher)的界定,核查不仅包括搜集信息,而且包括根据所搜集到的信息判断缔约国是否遵守条约,因此即使是各缔约国拥有条约相关行为的广泛信息,它们在对如何解读信息、如何解决争端上仍可能没有一致意见。[80]条约语言的模糊性进一步加剧了这一困难。语言难以确定其精确含义,而条约的起草者又难以预知各种可能的适用情况,“经常产生一个模糊地带,在其间难以精确地指称何者被允许、何者被禁止”[81]。当然,核查的困难只是自我实施的条约所面临的诸多困难之一。为了缓解这些困难,参与交易的有关国家就可能选择其他的国际治理结构,如正式国际组织。

三、一般的正式国际组织

所谓正式国际组织,是指若干国家为特定目的以条约为基础建立的一种常设机构。在国际关系史上,正式国际组织最早是以“国际行政联盟”(international administrative union)的面目出现的。19 世纪中叶,各国在交通、通讯等领域已经签订了不少国际协议。随着国际交往的日益扩大,这些领域的双边协议逐渐发展为多边协议。为了更有效地解决多边协议的实施问题,一些国家着手建立“国际行政联盟”这样一类比较稳定的组织形式。例如 1874 年,22 国的代表在瑞士的伯尔尼集会,签订了第一个国际邮政公约,建立了邮政总联盟,即万国邮政联盟的前身。此外,国际电报联盟、国际度量衡组织、国际保护工业产权联盟、国际铁路货运联盟、海牙常设仲裁法院等组织也在这一时期相继建立起来。[82]在“发生学”的意义上,正式国际组织作为国际关系中的新型治理结构,从一开始出现就与国家间协议的实施问题直接相关。

根据利莎·马丁的博弈图式，"国际行政联盟"所涉及的问题领域更多地具有协调型博弈(coordination game)的特点。在这种类型的博弈中，由于"偏离既定的均衡结果会迫使双方都要重新转向一个新的均衡结果"，各个行为体相互欺骗或背叛的动机并不强烈。[83]但这并不意味在协调型的博弈中，国际协议都是完全自我实施的。正如马丁所承认的，协调型博弈可能具有重要的分配性含义。在这种情况下，国家间的讨价还价就可能相当艰苦，以至于达成协议的成本非常高昂。问题还不止于此。"国际行政联盟"所涉及的问题大多为行政技术事项。由于科技革命的迅猛发展、世界市场的日益扩大等原因，这些行政技术事项也往往随之发生急剧的变迁。而国家理性是一种有限理性，各国最初所签订的多边协议不可能覆盖新技术、新市场或新需求等事先无法预知的内容。当这些新问题与协议所确定的既有问题无法分开进行处理时，各国就需要对原有协议的适用性问题进行重新谈判。此时，关于各国行动意图的信息问题以及讨价还价的焦点问题就对重新谈判的成本至关重要，而正式国际组织在以上两个方面都可以起到降低成本的效果。

当然，在协作型博弈(collaboration game)中，正式国际组织对促进国家间合作的作用更加重要。正如利莎·马丁、阿瑟·斯坦等多位学者论证的那样，在"囚徒困境"那样的协作型博弈中，国家具有背叛或欺骗的强烈动机。[84]为了更有效地对付机会主义行为的威胁，在这种情势下所建立的国际制度，往往"具有自上而下的强制约束和执行特征"[85]。换言之，协作型博弈要求建立具有更多等级制特征的正式国际组织。这样，无论是在协调型博弈还是在协作型博弈的情况下，都有可能以正式国际组织的方式来降低国家间关系中的治理成本。

与自我实施的国际协议相比，正式国际组织具有较为稳定的组织结构和行政设施。一般来说，代表大会、执行机关和国际秘书处彼此分立的体制构成了现代国际组织的三重结构。这种相对稳定的组织结构和行政设施使国际组织能够开展广泛的集中活动，如搜集信息(information collection)、共同分担(pooling)、联合生产(joint production)、争端解决(dispute resolution)和规则制定与实施(rule making and implementation)等。通过这些集中活动,正式国际组织能够更有效地对付国家实际的或潜在的机会主义行为,更大幅度地降低国际合作中的治理成本。正如艾布拉姆·蔡斯和安东尼亚·汉德勒·蔡斯所指出的:"如果根据条约建立了正式的组织,那么正式的组织将成为政治动员的焦点,从而促进各缔约国在更高水平上遵守条约。"[86]

1. 搜集信息

就现代国际组织的实践而言,搜集信息是最基本的集中活动。无论是全球性国际组织还是区域性国际组织,也无论是普遍性国际组织还是专门性国际组织,一般都有来自不同国籍的技术专家从事相关信息的搜集、甄别与分析工作。例如,国际货币基金组织定期搜集、评估和公布各国贸易支付差额的统计数字,国际原子能机构(International Atomic Energy Agency, IAEA)则适时公布核不扩散领域中有关条约执行情况的检查结果等等。在国际组织通过不同渠道搜集的大量信息中,揭示成员国如何履行其国际承诺的信息占据了相当大的比例。由于这类信息可以用来判断成员国是否遵守了已签订的国际协议,博纳尔德·米切尔(Bonald Mitchell)将其称为遵守导向的信息(compliance-oriented information)。[87]

我们在讨论正式的国际协议时已经指出,各缔约国在实施协议时往往以维护国家主权为由拒绝提供具体信息,或者依赖国家主权的屏障提供虚假信息或隐瞒部分真实信息。作为利益相关者,各缔约国都有采取上述机会主义行为的嫌疑,虽然在范围和程度上可能相差悬殊。在国际事务日趋复杂的情况下,当有关各方在是否遵守协议的问题上各执一词而又难辨是非时,国际声誉对国家行为的约束效应将大打折扣。正式国际组织在国际争端中具有相对超脱的地位,在国际关系中力图扮演一种相对中立的角色。基于这种角色定位,正式国际组织所提供的信息更可能避免单个国家所固有的偏见,从而具有更大的可信性。比起由单个国家分散搜集信息,由正式国际组织来集中搜集信息不仅具有规模经济的优势,而且使各缔约国更加清晰地了解其他各方的条约相关行为,使国际社会更加准确地建立一国对外行为的"信用档案",从而使可能的违约行为受到声誉效应的更大束缚。芭芭拉·凯里

迈诺斯等学者认为,集中搜集信息还有利于各缔约国对彼此的行为进行有价值的解读:

> 集中搜集信息不仅使国家知悉其他国家采取了哪些行为,而且能够为这些行为提供有价值的解读。国家将会有更多的机会辨明其他国家的非合作行为是否是故意的,如果是故意的就进行相应的制裁,如果是偶然的环境因素所致,就给予必要的谅解。而当国家采取报复行为时,其目标国和第三方可以更清楚地知道这种行为属于报复而不是单边的非合作行为或是过失性行为。[88]

国际组织在信息搜集上的上述作用非常类似于经济史上的"商人法"(law merchant)。根据保罗·米尔格鲁姆(Paul Milgrom)、道格拉斯·诺思和巴里·温格斯特的考察,"商人法"作为指导商业交易的整套准则出现在中世纪早期的欧洲。负责集中搜集信息的民间仲裁者(private judge)在"商人法"的实施中发挥了核心作用。在存储商人过去行为信息的基础上,这些民间仲裁者根据商人遵守契约的记录来评定商业等级,以此创造一种声誉约束以利于当下的商品交换。通过这种集中化的信息搜集机制,"商人法"在当时的历史条件下曾经极大促进了跨越不同政区的货物贸易和信用的发展,从而推动了中世纪欧洲贸易的复兴。[89]"商人法"的案例充分说明,在各缔约方难以确定其他各方过去的行为时,集中搜集信息对维持契约关系具有重要的积极价值。美籍日裔学者青木昌彦在此类案例的基础上曾概括指出,如果难以通过信息网络识别侵犯产权的行为,"在缺乏别的市场治理制度的条件下,无交易便会成为一种均衡的策略。一种办法是在原有的交易博弈中增加新的专门从事收集和传播侵犯产权信息的参与人(组织)"[90]。

2. 共同分担

正如"集体行动的逻辑"所揭示的那样,国际合作经常面临搭便车问题的困扰。当每个国家都试图采取搭便车行为时,国际公共物品的供给就无法实现。即使考虑到曼瑟尔·奥尔森所说的"成员规模的差异程度",搭便车问题仍然会制约国际公共物品的供给。虽然规模最大的国家一般从公共物品中所获得的收益也最多,在供给公共物品时没有搭便车的强烈动机,但是其他国家搭便车的可能性会严重削弱它从事公共物品生产的意愿，从而使公共物品的实际供给水平远低于最优水平。作为"共同分担活动、资产或风险的设施"[91]，正式国际组织有利于公共物品供给成本的共同分担，从而提高国际公共物品的实际供给水平。

肯尼思·艾伯特和邓肯·斯奈德尔以世界银行为例说明共同分担的价值。共同分担提供了可靠的资本来源，使世界银行能够向借款者作出可信的金融承诺。更重要的是，这种共同努力促进了公共物品供给的成本分担，减少了单个国家供给公共物品时所面临的风险。他们认为，像美国这样的经济大国能够单方面动员足够的资本来实现它们的国际金融目标，但由于国内和国际的政治因素以及保持竞争优势的需要，这些国家往往不愿采取这种单方面行动。实际上，美国在国际事务中积极加强国际金融机构，部分原因在于其广泛的成员国和评价结构鼓励了更多的成本分担。

除了诸如世界银行一类的国际金融机构外，非金融国际组织也可能具有共同分担的优势。世界卫生组织(World Health Organization, WHO)就是其中的一例：

> 世界卫生组织的公共卫生活动是以国家对贡献和成本的共同分担为基础的。防治传染病的全球统一运动比非集中化的努力要有效得多，因为全球范围的公共卫生活动避免了覆盖上的缝隙。此外，世界卫生组织稳定的组织结构和成员国的声誉风险效应鼓励参与。搭便车问题依然存在，但是组织能够运用其自身的资源来减轻其影响。世界卫生组织通过共同分担资金和技术资源、集中专家来提供有效的技术援助。它在全球范围内传播了新技术，并且根据需要引导合理的技术开发。通过促进观念的发展和传播，专门组织的技术性活动显著地塑造了国家的利益和身份。同时，这些活动有助于不发达国家获得制定国家政策和开展国际活动的必要能力。[92]

3. 联合生产

阿尔曼·阿尔钦和哈罗德·德姆塞茨(Harold Demsetz)在一篇经典论文中提出了团队生产(team production)的概念。[93]团队生产是指这样一种生产：(1)使用几种类型的资源；(2)其产品不是每一参与合作的资源的分产出之和；(3)生产所使用的所有资源不属于同一个人。[94]

在团队生产的条件下,如果仅仅观察总产出,就很难确定单个人对他们联合投入的产出所作出的贡献,对每个成员生产努力程度的监察和报酬的计量就会发生困难。由于成员之间对行为的监察是有费用的,团队中的某些成员就会偷懒,或选择更多的休闲。为了减少偷懒,合作成员之间宁愿达成一个协议,即由某人专门作为监督者来检查成员的投入绩效。阿尔钦和登姆塞茨以此来解释公司的治理结构:

> 如果每一个股东都参与了公司的每一决策,这不仅会导致较大的官僚化成本,而且由于与不可预期的坏的决策相联的损失的大部分是由许多其他公司股东承担的,因此,许多人在获得了很好的信息的问题的决策上就会偷懒。公司活动的更为有效的控制是为了更多的目的而将决策权力转给一个小的集团来实现。它的主要功能是与团队的其他投入进行谈判,并对它们实行管理(再谈判)。公司股东保有修正管理团体的成员资格和对影响公司结构与解散进行决策的权力。[95]

在许多正式国际组织中,执行机关和秘书处类似于公司中的经理人员,即上面引文中所说的"管理团体"的成员,而各个成员国则类似于公司的股东,它们保留剩余索取权。在多国的"团队生产"过程中,"这些组织除了明确参与者的责任外,也共同分担资源和风险,实现规模经济,避免重复和非生产性竞争,确保成果的分享,并将技术外部性内部化"。[96]艾伯特和斯奈德尔据此判断,北约可能是多国联合生产的最成功范例。在北约各成员国之间的军事合作中,共同的战争计划、军事任务的专业化、联合训练、共同装备和驻防地交换都是"团队生产"的体现。北约一体化的指挥机构以科层制原则运作,在联合行动中组织、监督和规范各成员国的军事力量,从而减少了成员国之间监察彼此行为或计量各自贡献的困难。

4. 争端解决

在一个充斥着不确定性的现实世界中,绝大多数契约都是不完全的。根据艾伦·施瓦茨(Alan Schwartz)的概括,经济学家们已经揭示了契约不完全性的五种起因:第一,契约有时因为语句的模棱两可或不清晰而可能造成契约的模棱两可或不清晰;第二,由于契约方的疏忽未就有关的事宜订立契约,而使契约是不完全的;第三,契约方订立条款以解决特定的事宜的成本超出了其收益,从而造成契约的不完全性;第四,契约可能由于不对称信息而是不完全的;第五,只要至少交易的一方是异质的,且存在足够数量的偏好合作类型,则契约就是不完全的。[97]显而易见,引起契约不完全性的上述因素在国际关系中都可能存在。由于语言限制、疏忽、高昂的缔约成本、信息不对称和多元的偏好类型,几乎所有国际协议都属于不完全契约(incomplete contract)。

既然几乎所有的国家间协议都是不完全契约,那么在协议条款的解释与适用问题上,各缔约国就有可能围绕着其权利义务关系而产生诸多争端。特别当情势发生变更时,在是否守约和如何履约的问题上,各缔约国可能产生激烈的争端,甚至诉诸武力或以武力相威胁。契约的这种不完全性不仅为国家的机会主义行为大开方便之门,而且使国际社会难以单纯根据协议文本来辨识哪种行为构成机会主义。这样,即使各缔约国充分披露其履行协议的信息,是否发生机会主义行为仍不是一目了然的,从而使自我履约中的声誉效应大打折扣。在国际协议自身无法为争端解决提供一种有效的途径时,各缔约国就可能寻求第三方来协助解决它们之间的争端,以避免争端进一步升级所导致的协议终止或关系破裂。这时各缔约国通常面临三种可供选择的方案:(1)寻求第三国的介入;(2)建立临时性的争端解决机制;(3)通过正式国际组织的争端解决机制。比较起来,第三种方案在国际争端解决中得到了更多的青睐,因为它与第一种方案相比具有更大的中立性和公正性,与第二种方案相比具有更大的稳定性和廉价性。由于正式国际组织在争端解决中的广泛参与,“世界政治中大量的争端解决在很大程度上被制度化了”[98]。

肯尼思·艾伯特、罗伯特·基欧汉和安德鲁·莫拉维切克(Andrew Moravcsik)等学者认为,争端解决机制覆盖了相当广泛的范围,包括:(1)没有任何授权的传统政治决策;(2)讨价还价的制度化形式,例如调停和斡旋;(3)无约束力的仲裁;(4)有约束力的仲裁;(5)司法判决等。[99]除了第一种机制属于纯粹的政治性讨价还价外,主要的争端解决机制几乎都与正式国际组织相关。调停与斡旋并不一定由正式国际组织出面,[100]但在很多情况下都离不开正式国际组织的参与,比如为落实有关国家之间的停火协议而由联合国在冲突区域部署维持和平部队。作为一种最普遍的争端解决机制,国际仲裁通常是由正式国际组织或由其创立的常设仲裁庭作出的,例如根据1899年《海牙公约》创建的常设仲裁法院,根据1982年《海洋法公约》建立的国际海洋法仲裁庭,联合国创立的伊朗—美国争议仲裁庭等。[101]世界贸易组织的争端解决程序也类似于国际仲裁。司法判决则完全依赖正式的国际组织。尽管国际法院(International Court of Justice, ICJ)在解决国际争端上的作用并不显著,不少国家还是接受了它的强制性司法权,[102]被判为违法的国家对其判决的蔑视也并非没有成本。随着欧洲一体化的深入发展,欧洲法院和欧洲人权法院在司法管辖权的扩展和司法独立性的保障上已经取得了非常重大的成功。

5. 规则制定和实施

除了提供相对稳定的争端解决机制外,正式国际组织在规则制定上所发挥的重要作用也可以减弱不完全契约给国际合作带来的负面效应。成员国有时授权国际组织制定规则或阐述规范,特别是当事先起草细则不可行时或要求专门技术时。一般来说,国际组织所制定的规则包括如下几类:(1)有约束力的管制条例(binding regulations),(2)有约束力的内部政策(binding internal policies),(3)协调标准(coordination standards),(4)惯例(conventions),(5)建议(recommendations)等。[103]这些约束力程度不一的规则往往能够凝聚各个国际行为体在某个特定领域中的期望,使各缔约国在一种"共同知识"的背景下履行其国际承诺,从而使不完全契约的缺陷在国际关系中得到了某种程度的抑制或矫正。例如有约束力的管制条例能够像国内法那样严格约束成员国的政府行为,而没有约束力的建议也能为国际协调提供引人注目的焦点或讨价还价的蓝本,即形成"事实上的协调均衡(de facto coordination equilibrium)"。[104]

正式国际组织在集中实施规则上所得到的授权比它们在制定规则上所得到的授权要小得多。大多数国际组织在实施安排上是非集中化的。它们对违反规则的行为确定了可能的惩罚措施,但是将制裁留给成员国去具体实施。[105]尽管如此,个别的国际组织因其所管理的问题领域所具有的特殊性还是能获得集中实施规则的机会，例如世界银行和国际货币基金组织的贷款活动、世界卫生组织和联合国环境署（UN Environment Program，UNEP）的技术援助等。联合国安理会在20世纪90年代决定建立卢旺达和前南斯拉夫特别法庭来审理“种族屠杀、反人类罪”和其他的国际犯罪，也可以看作一种集中实施规则的制度安排。

以上，我们讨论了正式国际组织如何以其相对稳定的组织结构和行政设施来改变国家行为的成本收益。搜集信息、共同分担、联合生产、争端解决和规则制定与实施等集中活动为国际社会对付现实的或潜在的国家机会主义行为创造了更加有利的条件。但具体来说，每个正式国际组织所能从事的集中活动各有不同。[106]芭芭拉·凯里迈诺斯等学者就指出，国际制度可以通过不同的方式来实现集中化，如一个国际机构可能具有集中的信息搜集能力，但没有集中的判决和实施能力。[107]这种不同主要来自主权国家授权多少的差异。如果说搜集信息和共同分担等集中活动与成员国授权多少关涉不大的话，争端解决和规则制定与实施能否有效制约国家行为则与成员国授权多少直接相关，因为后者更深地触及了国家在立法、行政和司法活动中的主权问题。按照授权化程度的高低，我们在第一节中已将正式国际组织分为一般的正式国际组织和超国家组织。由于国际组织是以国家间的正式协议为基础建立起来的，其权力和权威来自成员国的授予，因此正式国际组织只有在得到广泛授权的情况下才可能在争端解决和规则制定与实施上对成员国行为发挥实质性的制约作用。当国家采取机会主义行为的预期收益足够大时，一般的正式国际组织因其权限范围狭窄而无法采取强有力的行动去增加机会主义行为的成本。为了更有效地对付国家潜在的机会主义行为，像欧洲联盟这样得到充分授权的超国家组织应运而生。

四、超国家组织

20世纪被一些学者称为“国际组织的世纪”。在涌现了一批“国际行政联盟”后，人类历史上的第一个普遍性国际组织——国际联盟——在一战后诞生。在联合国成立以后，正式国际组织的数量更是呈现爆炸性的增长趋势。据统计，仅专门性政府间组织的数量从 1945 年到 1985 年就增长了三倍之多，1985 年达到了 378 个。[108]但在为数如此众多的正式国际组织中，只有寥寥几个具有超国家的特点。根据布鲁斯·拉西特和哈维·斯塔尔的说法，超国家组织有权越过成员国采取行动，这些组织所作出的决定，即使其成员国不同意，对它们仍具有约束力。[109]欧洲联盟的不少机构具有公认的超国家特点，而关税与贸易总协定在 1995 年演进为世界贸易组织后，也具有了一些超国家属性。尽管超国家组织在国际组织总量中所占的比例还微不足道，但它们给国际关系带来的深刻变化却是一般的正式国际组织所难以比拟的。劳埃德·格鲁伯(Lloyd Gruber)就此指出：

> 近些年来，国际制度的地位日益提高，其雄心也随之增长，以致超国家权威现在承担了多项决策任务。在过去，这些任务是由单个国家直接承担和排他地行使的。这种转变既是突然的也是急剧的。在战后的大多数时期内(实际上是在有文字记录的大多数历史时期内)，超国家实体在国家政策制定中几乎没有被赋予过独立的角色。但是从 20 世纪 70 年代末起，超国家制度所享有的自由裁量权开始以前所未有的态势在增加。[110]

根据格鲁伯的界定，超国家制度具有以下两个基本特点：第一，在超国家机制赖以建立的国际协议中，实质性条款是可以修整的(open-ended)而不是完全设定 (fixed)的；第二，各缔约国事先同意根据明确的集体决策程序来决定如何解读和适用条款，而不是由自己决定如何在特定情势下解读和适用条款。[111]我们认为，作为一种特殊类型的治理结构，超国家组织的本质属性主要体现在格鲁伯所说的第二个特点上。在超国家制度中，各缔约国放弃了由自己决定如何解读和适用协议的权利，在协议所限定的范围内接受了其国家主权之上的另一种权威。这正是超国际组织何以“超”国家的象征。而格鲁伯所说的第一个特点则是第二个特点得以成立的条件。如果协议中的实质性条款已经完全设定，就没有必要确立决策程序来“填充”(filling in)协议以应对具体的情况。但可以修整的实质性条款并非超国家制度的排他性特点。查尔斯·利普森就曾指出，国家可以在协议中明确规定合法收回其承诺的具体条件，或者以完全非正式的条件来适应其频繁的调整。[112]例如，包含退出条款(escape clauses)的关税与贸易总协定，[113]石油输出国组织(Organization of Petroleum Exporting Countries, OPEC)的配额协议都是可以修整的，但是它们并不是超国家制度。因此，超国家组织与其他治理结构相区别的核心特征在于其成员国放弃了由自己决定如何解读和适用协议的权利，而授权给更高的权威来调整规则或澄清规则的"真实"涵义。我们在此关注的问题就是：为什么国家对更高权威的服从可能符合它自身的利益呢?

我们在上文中已经指出，几乎所有的国际协议都是不完全契约。在一个政治、经济和技术变革日益加速的世界中，任何国家都不可能在签订协议时就事先洞悉契约期限内所有可能的偶然性。即使能够预见长期契约关系中可能发生的一些问题，缔约国也不一定拥有足够的信息来确定如何作出适当的反应。在缔约国决定作出适当反应前，"它们必须首先考虑特定的违规行为是有意的还是无意的，即违规究竟是不正当行为的结果，还是由于漫不经心地误读了它们之间的协议所致"[114]。仅仅是在前一种情况下，制裁背叛者才是合理的。虽然集中搜集信息在一定程度上能够更加清晰地揭示国家在履行条约上的相关行为，但是在模糊的条约语言、复杂的背景环境和急剧的社会变革面前，单纯依靠集中搜集信息的办法往往不能够形成对国家行为动机的明确判断。这样，在缺少有约束力的争端解决机制和规范阐释机构时，各缔约国就有可能通过随心所欲地解读模糊的协议条款来规避其机会主义行为可能受到的外部限制。

如果各缔约国不愿让上述情况危及国际协议的实施，它们就可能事先承诺：当它们在特定协议条款的解释和适用问题上产生争执时，将遵守一套特定的集体决策程序并服从据此程序作出的裁决。在各缔约国作出这一承诺的情况下，为了提高集体决策的效率和降低集体决策的成本，各缔约国必须事先建立一种相对稳定的组织结构和行政设施，并授权这类实体在协议所规定的边界内开展集中活动，如解释协议条款的涵义、在情况变化时判定协议条款的适用性、协助成员国确立修改条款的焦点以及在缔约国发生争端时根据协议条款作出裁决等。换言之，在放弃了由自己决定如何解释和适用协议条款后，各缔约国必然会建立一个结构化的制度，从而使超国家制度具有了组织的形态。这样，国家基于维护自身利益的目的,根据协议所规定的范围将自己解释和适用协议条款的权利交给国家之上的更高权威,从而使超国家组织的建立成为可能。正如劳埃德·格鲁伯所指出的:

> 在传统的新自由主义理论中,新经济学[115]的开创者所正视的制度在塑造基于声誉和互惠的非集中实施机制中发挥了关键作用。但是,这些制度并非只能在成员国之间被动地传递信息,而可能成为发育完全的治理结构。它们的指令从发现事实延伸到完成评估(确定模糊的条款或规则是否被违反,如果确系违反,这一违反是过失还是故意的)和提出建议(决定哪一方必须作出修正)。基于合作的利益,国家领导人可能会把他们的自由裁量权交给预先设计的超国家仲裁或决策机构,在契约所规定的边界内许可这类机构开展行动,将它们作为国家的代理人,以对付国家间关系的持续期内可能出现的未知事态。[116]

我们可以借用约哈姆·巴泽尔(Yoram Barzel)在其产权交易成本模型中提出的"公共领域"(public domain)概念来进一步说明超国家治理结构何以必要。巴泽尔认为,人们可以界定产权来保护自己的利益,但是由于商品属性很复杂,测定每种属性都需要付出成本,彻底界定产权的成本过于高昂,因此产权不可能得到充分界定,从而产生了公共领域:

> 人们不想去界定产权的那些财产就在公共领域。这类财产包括世界上大部分海域,以及商场空调机所送的冷风,等等。公共领域中的财产既可扩大,也能缩小。随着商品各种属性的价值不断变化,随着产权界定之测算成本与保护成本不断增减,人们会相应地改变原来的决定,放弃某些财产,使其化作公共领域的财产;或对现有的公共领域的财产进行重新界定,使之归于自己名下。[117]

巴泽尔指出,人们获得、保持及放弃权利,是一个选择问题。"当人们相信这种行为的收益将超过成本的时候,他们就会运用权利,相反,当认为拥有产权的收益并不足以弥补成本时,他们就不会去运用权利,从而使这种产权置于公共领域内。因此,在公共领域中所发现的,便是人们所不愿要求的。"[118]但问题不止于此。随着情况的变化,曾经被认为不值得拥有的东西又会变得值得拥有;相反,最初被拥有的也可能被置入公共领域。这样,"在一项合同并未明晰界定某些权利,而这些权利的价值又有上升时,就可能出现冲突"[119]。

在国家间权利的让渡过程中,各缔约国如同经济行为主体一样无法彻底界定各自的"产权"。由于彻底界定国家"权利束"的成本过于高昂,各缔约国在国际协议只能界定部分国家权利,而将另一部分国家权利留在了"公共领域"。但是在协议实施的过程中,这些没有界定的国家权利可能增殖,使缔约国要求将其"归于自己的名下",由此引起国家间的权利纠纷。各缔约国为了通过和平手段有效解决其在"公共领域"中的权利纠纷,就会授权正式国际组织来作出裁决。如果国家间互动相当密集,"公共领域"中的权利价值就会经常发生变化,国家间的权利纠纷也就会频繁发生。一般的正式国际组织由于其得到的授权有限,其裁决往往没有正式的法律约束力,从而不能保证当事国对其权威的服从,在频繁发生的国家间权利纠纷面前就显得捉襟见肘了。如果各缔约国能够预见到这样一种前景,它们在签订协议时就会事先建立得到充分授权的超国家组织,以此来解决未来在"公共领域"中的权利纠纷。

作为一种崭新的制度实验,超国家组织在国际关系史上从无到有,与欧洲一体化的启动、发展和深化密切相关。根据舒曼计划所提出的倡议,欧洲煤钢共同体(European Coal and Steel Community)于1952年正式建立。根据《建立欧洲煤钢共同体条约》的规定,其执行机关(即高级机构)的成员应当为共同体的普遍利益,完全独立地履行其职责,既不寻求也不接受来自任何政府或其他机构的指令。这一独立性使共同体带有了既不同于主权国家,又不同于一般政府间国际组织的超国家机构的性质。[120]1958年《罗马条约》生效后,欧洲经济共同体和欧洲原子能共同体建立起来,它们的组织结构基本类似于欧洲煤钢共同体。1967年,三个机构合并,欧洲共同体宣告成立。20世纪80年代以后,欧洲共同体/欧洲联盟的超国家属性进一步增强。《单一欧洲法令》(1986年)引入了"合作程序"和"特定多数"的表决方式,加强了欧洲议会和欧盟委员会的权力,《马斯特里赫特条约》(1992年)则引入了"共同决策程序",进一步扩大了欧洲议会的权力,并增大了欧盟委员会的管辖权。

在欧洲共同体/欧洲联盟各组成机构中,委员会、议会和法院具有明显的超国家属性。其中,“共同体法院的工作在这方面表现得最清楚”[121]。欧盟成员国授权欧洲法院审理成员国与欧盟管理机构之间的争端;审理委员会针对成员国提出的诉讼;审查对欧盟法律和委员会决定的异议;审查无效的欧盟规则等。[122]为了“保证共同体法得到遵守”,欧洲法院在司法判例中明确宣布:共同体法能够为个人直接创设权利和义务,不需要各成员国进一步的立法即可在国内法中产生效力;在具有直接效力的条件下,共同体法优先于各成员国法。[123]欧洲法院所确立的这两项原则显著加强了欧洲共同体的超国家特点。[124]对此,约翰·平德(John Pinder)指出:

> 为了“保证共同体法律得到遵守”,法院确立了共同体法律的最高和直接应用的原则。因为成员国法律可能与共同体法律相抵触,成员国政府可能会阻挠共同体法律应用于其公民,共同体法律可能在不同的国家里得到不同的解释,而且不久就可能说共同体法律对成员国和它们的公民不再具有约束力。它们又可能倒退回去依靠武力,而不是依靠法律来解决它们之间的矛盾了。[125]

20世纪90年代,随着区域一体化和经济全球化的迅猛发展,超国家制度建设不仅在欧洲联盟中取得了长足的进展,在全球贸易领域中也取得了重大的突破。《阿姆斯特丹条约》扩大和加强了委员会与欧洲议会的权力,使欧洲联盟的“体制结构被进一步联邦化”了。[126]1998年,欧洲中央银行正式宣告成立,参加欧元区的成员国放弃了它们的货币主权,欧盟向超国家方向大大地向前迈进了一步。[127]作为乌拉圭回合谈判的主要成果,世界贸易组织于1995年取代了关税与贸易总协定。在贸易争端解决机制上,乌拉圭回合协议在强化专家组程序的同时创建了类似国内“最高法院”的上诉机构,从而在国际贸易领域中出现了一个具有某些超国家属性的国际治理结构。这些具有超国家属性的组织机构根据有关的国际协议获得了国家之上的独立权威,从而在其功能领域内极大改变了国家间互动的结构空间。

第三节　国际关系中的制度选择:基本模型

1648年,神圣罗马帝国皇帝、法国、西班牙、瑞典、德意志天主教诸侯、德意志新教诸侯签订了结束三十年战争的《威斯特伐利亚和约》。和约承认德意志各诸侯国享有独立的主权,承认荷兰、瑞士为独立国,在国际关系实践上第一次确认了国家主权、国家领土与国家独立的基本准则。基于自主和领土原则的"威斯特伐利亚模式"(Westphalian model)为现代国际关系提供了"一种简单的、醒目的和优美的意象"[128]。这一模式突出展现了现代国际体系最根本、最经久的特点——国际无政府状态,正如肯尼思·沃尔兹所阐述的:

> 国内政治体系的组成部分之间是上下级关系。某些部分有权指挥,其他部分要服从。国内体系是集中的和等级的。国际政治体系的组成部分之间是同等的关系。在形式上,每一个国家与其他所有国家都是平等的。谁也无权指挥谁;谁也不用服从谁。国际政治体系是分散的和无政府主义的。两种结构的排列原则是迥然不同,甚至是相反的。国内政治结构有相应的政府机构和政府机关。相比之下,国际政治则被称为"没有政府的政治"。[129]

沃尔兹所刻画的国际无政府状态排除了其他行为主体在领土范围内对主权权威的分享。由于"谁也无权指挥谁,谁也不用服从谁",国家在政策制定和实施中完全根据自己的意志和利益行事,从而构成了纯粹的"威斯特伐利亚模式"。我们在现代国际关系的实践中的确可以随处找到这种模式的影子,但我们同样也可以信手拈出与之相悖的诸多例子,如美苏之间对军备控制协议执行情况的核查,联合国安理会对伊拉克的经济制裁,国际货币基金组织对东亚国家的有条件贷款,欧盟因奥地利自由党入阁而对该国采取的外交制裁等等,不一而足。沃尔兹显然也看到了这一点:"生活在一个无政府状态下的世界中的国家,并非觉得没有与其他国家合作、达成限制军备的协议和共同合作去建立组织的可能性。……国际结构中的等级因素限制和约束着主权的行使。"[130]因此,国际无政府状态只是一种"理想类型"(ideal type),在国际关系的某些领域中依然可能出现“排列原则”与之不同的国家间治理结构。正如斯蒂芬·克拉斯纳所指出的:“威斯特伐利亚模式构成了一种常识,但如果我们据此断言,国家间不能探索和实施可供选择的其他安排,那就失之偏颇了。”[131]

在国际制度的四种基本形式中,非正式的国际协议最接近于沃尔兹所描述的国际无政府状态。在这一国际治理结构中,国家即使作出了承诺,也可以灵活地对协议内容进行调整,甚至在必要时可放弃协议而不必过多顾忌其成本,从而在获取合作收益的同时最大限度地保持国家的行动自由。而超国家组织作为与之相对的另一极,在“排列原则”上更接近于“集中的和等级的”国内政治体系。各成员国根据协议的规定将如何解读和适用协议条款的权利交给了超国家组织,从而在协议所规定的范围内接受了国家之上的更高权威。在协议所规定的范围内,超国家组织对成员国具有发号施令的权力,而成员国则有服从的义务,从而在国际关系的特定领域中确立了等级制(hierarchy)原则。[132]自我实施的正式协议和一般的正式国际组织则介于这两极之间,兼有无政府和等级制的特点,可以看作无政府状态和等级制组织之间的混合形式或过渡形式。对于上述国际治理结构而言,制度化水平越高,等级制属性就越强,国家在行动自主性上所受的约束就越多;反之,制度化水平越低,无政府属性就越强,国家在行动自主性上所受的约束就越少。简言之,制度化水平不同,国家在行动自主性上所受的约束就不同。那么,在一个以主权制度为基础的国际制度环境中,缔约国如何在制度化水平不同的国际治理结构之间进行选择?这正是我们所关注的核心问题所在。

我们在上一节中已经论证,非正式协议、自我实施的正式协议、一般的正式国际组织和超国家组织在制约缔约国事后机会主义行为的能力上强弱不同。如果根据其能力高低将这四种国际治理结构排序,那么超国家组织在先,一般的正式国际组织其次,自我实施的正式协议再次,非正式协议最后。从国际治理结构的制度化水平连续谱系来看,制度化水平越高,对付国家事后机会主义行为的能力就越强,国家间治理成本就越低;制度化水平越低,对付国家事后机会主义的能力就越弱,国家间治理成本就越高。因此,缔约国机会主义行为发生的概率随着制度化水平的提高而下降,国家间治理成本随着制度化水平的提高而递减。[133]

鉴于制度化水平与治理成本的单调递减关系,我们可以预期:为了最大限度地降低国家间治理成本,缔约国更愿意选择超国家组织作为国际关系的治理结构。但这一预期与基本的经验事实并不符合。在现实世界中,大量的国际协议具有自我实施的特点,其履行并不依赖任何正式国际组织,遑论超国家组织了。这一明显的经验事实提示我们,缔约国在选择国际治理结构时不仅希冀尽可能降低国家间治理成本,还需考量抵消这一益处的制约因素。这种制约因素实际上就是国际治理结构的设置成本。鉴于国际治理结构的设置成本主要来自国家间缔约成本,我们在此假定国际治理结构的设置成本就是国家间缔约成本。[134]

正如前文所指出的,作为国际治理结构的基本类型,非正式协议、自我实施的正式协议、一般的正式国际组织和超国家组织在不同程度上约束了国家的行动自主性。对缔约国来说,这种约束具有“双刃剑”效应。一方面,这些国际治理结构在不同程度上约束了交易伙伴的机会主义行为,从而减少了机会主义行为给自己造成的伤害,另一方面,它们也同样约束了缔约国自己的行动自主性,使其不得不为此承担国家主权上的损失。肯尼思·艾伯特和邓肯·斯奈德尔将这种损失称为主权成本(sovereignty costs):

> 国家要为其接受有约束力的法律义务而付出成本,特别是当这种法律义务导致了国家对超国家实体的授权时。这些成本包括在特定问题上的结果差异,在某一问题领域中决策权的损失和对国家主权更根本的侵蚀。虽然我们承认主权的概念备受争议,我们还是使用“主权成本”来覆盖以上三种类型的成本,从而强调主权国家在接受国际协议时所面临的巨大风险。不利结果的潜在可能性、权威的损失和主权所遭受的侵蚀使国家不情愿接受硬的法律化,特别是当其包含对超国家实体的充分授权时。[135]

在缔约国签订让渡权利的契约时,主权成本是它们所要考虑的基本因素。由于“珍惜其基于主权的自主性”[136],任何主权国家都不会轻易处置自己的国家权利。各缔约国在达成契约前都会谨慎评估主权成本并根据评估结果作出最终决策。为了达成对自己有利的契约，缔约国不得不在信息搜集、作出决策和讨价还价等活动上付出大量成本，从而产生了国家间缔约成本。一般来说，缔约国预期的主权成本越高，它们在信息搜集、作出决策和讨价还价等活动上所需花费的资源就越多。比如，随着预期主权成本的提高，缔约国不但需要更清楚地了解其他国家的资源和正式谈判立场，而且需要更充分地知悉“它们对于形势的内部评估、它们的意图、它们的偏好强度和它们遵守协议的意愿”[137]，从而增加了信息成本。又如，随着预期主权成本的提高，缔约国审议和批准协议程序会更加复杂，政党、利益集团或专业团体会有更多的机会参与决策，国内的政治分歧和政策争论也会加剧，从而增加了决策成本。再如，随着预期主权成本的提高，缔约国会要求更多的保障措施来防范对方可能的机会主义行为，或者要求对方为其特定领域中的权威损失提供补偿性支付，或者设定制度化程度更高的问题联系机制以便相互进行转移支付等，从而增加了讨价还价成本。由此，我们可以确定国际治理结构与国家间缔约成本的关系：制度化水平越高，主权成本就越高，国家间缔约成本也就越高；制度化水平越低，主权成本就越低，国家间缔约成本也就越低。简言之，国家间缔约成本随着制度化水平的提高而递增。

这样，缔约国在选择国家间治理结构时，将在国家间治理成本与国家间缔约成本之间进行权衡。国家间治理成本与国家间缔约成本的总和构成国家间交易成本。作为理性的国际行为主体，缔约国在交易收益给定的情况下，[138]将选择使国家间交易成本最小化的国际治理结构。换言之，如果国际治理结构 X 使国家间交易成本最小化，X 就是这项国家间交易的最优国际治理结构。图 3.3 表达了这一思想。[139]在坐标系中，横轴表示国际治理结构的制度化水平，纵轴表示交易成本；GC 曲线代表国家间治理成本，CC 曲线代表国家间缔约成本；TC 曲线代表国家间总交易成本，它是 GC 与 CC 的叠加。显然，在 GC 和 CC 的交点 E 处，国家间交易成本最小，其在纵轴上所对应的制度化水平就是缔约国所应选择的最优国际治理结构。

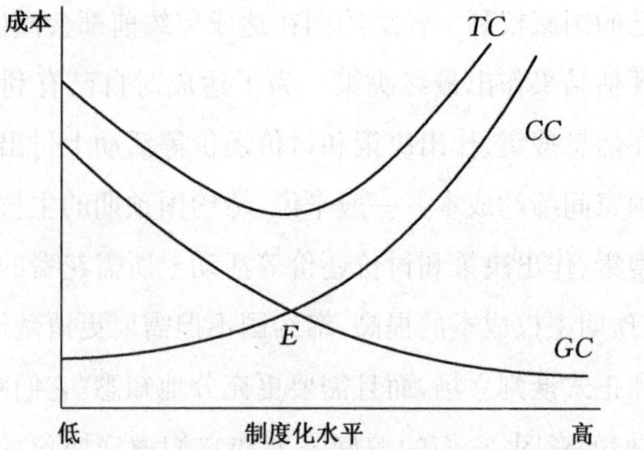

图 3.3　国家间交易成本与最优国际治理结构

威廉姆森指出:"'组织的多样性'是一个可检验的假说,造成这种多样性的主要原因是为了节省交易成本。"[140]在此,我们从国家间交易成本的视角说明国际治理结构多样性的原因。由于不同国家间交易的具体属性不同,国家间治理成本曲线与国家间缔约成本曲线的形状就会不同,两条曲线交点的位置也就可能不同。因此,不同的国家间交易可能需要不同的最优国际治理结构。如图 3.4 所示,GC 和 CC 的交点 E_1 所对应的最优国际治理结构制度化水平较低,GC' 和 CC' 的交点 E_4 所对应的最优国际治理结构制度化水平较高。这样,缔约国针对不同属性的国家间交易而选择制度化水平不同的最优国际治理结构,从而造成了国际治理结构的多样性。

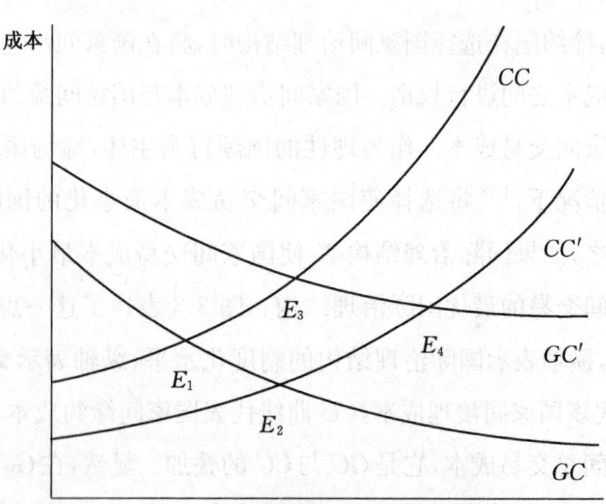

图 3.4　最优国际治理结构的选择

我们在本书第二章第三节中分别列举了国家间缔约成本和国家间治理成本的主要影响变量:问题领域敏感性、国家同质性和透明度;资产专用性、不确定性和交易频率。这些影响变量可以用来刻画国家间交易的具体属性,从而使不同属性的国家间交易相互区别。由此,我们提出如下假说:

假说 1:在其他变量给定的情况下,问题领域敏感性程度越低,缔约国就越有可能选择制度化水平较高的国际治理结构。

在其他变量给定的情况下,问题领域敏感性程度越低,国家间缔约成本就越低。因此随着问题领域敏感性程度的降低,国家间缔约成本曲线就会向下移动,它与国家间治理成本曲线的交点就会向右移动,曲线交点所对应的制度化水平就会提高。如图 3.4 所示,当问题领域敏感性程度降低时,国家间缔约成本曲线的位置从 CC 移到 CC',国家间缔约成本曲线与国家间治理成本曲线 GC 的交点就从 E_1 移到 E_2,E_2 在横轴上所对应的制度化水平高于 E_1 在横轴上所对应的制度化水平。

假说 2:在其他变量给定的情况下,国家同质性程度越高,缔约国就越有可能选择制度化水平较高的国际治理结构。

在其他变量给定的情况下,国家同质性程度越高,国家间缔约成本就越低。因此随着国家同质性程度的提高,国家间缔约成本曲线就会向下移动,它与国家间治理成本曲线的交点就会向右移动,曲线交点所对应的制度化水平就会提高。如图 3.4 所示,当国家同质性程度提高时,国家间缔约成本曲线的位置从 CC 移到 CC',国家间缔约成本曲线与国家间治理成本曲线 GC 的交点就从 E_1 移到 E_2,E_2 在横轴上所对应的制度化水平高于 E_1 在横轴上所对应的制度化水平。

假说 3:在其他变量给定的情况下,透明度越高,缔约国就越有可能选择制度化水平较高的国际治理结构。

在其他变量给定的情况下,透明度越高,国家间缔约成本就越低。因此随着透明度的提高,国家间缔约成本曲线就会向下移动,它与国家间治理成本曲线的交点就会向右移动,曲线交点所对应的制度化水平就会提高。如图 3.4 所示,当透明度提高时,国家间缔约成本曲线的位置从 CC 移到 CC',国家间缔约成本曲线与国家间治理成本曲线 GC 的

交点就从 E_1 移到 E_2，E_2 在横轴上所对应的制度化水平高于 E_1 在横轴上所对应的制度化水平。

假说 4：在其他变量给定的情况下，资产专用性程度越高，缔约国就越有可能选择制度化水平较高的国际治理结构。

在其他变量给定的情况下，资产专用性程度越高，国家间治理成本就越高。因此随着资产专用性程度的提高，国家间治理成本曲线就会向上移动，它与国家间缔约成本曲线的交点就会向右移动，曲线交点所对应的制度化水平就会提高。如图 3.4 所示，当资产专用性程度提高时，国家间治理成本曲线的位置从 GC 移到 GC'，国家间治理成本曲线与国家间缔约成本曲线 CC 的交点就从 E_1 移到 E_3，E_3 在横轴上所对应的制度化水平高于 E_1 在横轴上所对应的制度化水平。

假说 5：在其他变量给定的情况下，不确定性越大，缔约国就越有可能选择制度化水平较高的国际治理结构。

在其他变量给定的情况下，不确定性越大，国家间治理成本就越高。因此随着不确定性的增加，国家间治理成本曲线就会向上移动，它与国家间缔约成本曲线的交点就会向右移动，曲线交点所对应的制度化水平就会提高。如图 3.4 所示，当不确定性增加时，国家间治理成本曲线的位置从 GC 移到 GC'，国家间治理成本曲线与国家间缔约成本曲线 CC 的交点就从 E_1 移到 E_3，E_3 在横轴上所对应的制度化水平高于 E_1 在横轴上所对应的制度化水平。

假说 6：在其他变量给定的情况下，交易频率越高，缔约国就越有可能选择制度化水平较高的国际治理结构。

在其他变量给定的情况下，交易频率越高，国家间治理成本就越高。因此随着交易频率的提高，国家间治理成本曲线就会向上移动，它与国家间缔约成本曲线的交点就会向右移动，曲线交点所对应的制度化水平就会提高。如图 3.4 所示，当交易频率提高时，国家间治理成本曲线的位置从 GC 移到 GC'，国家间治理成本曲线与国家间缔约成本曲线 CC 的交点就从 E_1 移到 E_3，E_3 在横轴上所对应的制度化水平高于 E_1 在横轴上所对应的制度化水平。

注释

1. Susan Strange, "Cave! hic dragones: A Critic of Regime Analysis", in Stephen Krasner, ed., *International Regimes*, p.338.

2. 许多学者经常在大抵相同的含义上使用这两个概念,尽管"国际制度"与"国际机制"二者在词义上还是有区别的。关于其概念辨析,可参见苏长和:《全球公共问题与国际合作:一种制度的分析》,第 78—82 页。从概念的使用频率上看,当国际机制理论最初兴起时,国际机制的概念在国际关系研究中得到相当广泛的应用,而在当时被看成国际组织同义词的国际制度则受到了国际关系学者的冷落。但是 20 世纪 80 年代后期以来,由于以罗伯特·基欧汉为代表的新自由制度主义者在研究议程中更加偏爱使用国际制度一词,尽管国际机制的概念继续得到许多学者的运用,国际制度已经成为一个更加流行的概念。为了和国际制度研究的主流相呼应,也为了与新制度经济学的制度概念相衔接,我们在本书的研究议程中使用国际制度的概念,但是我们对于既有国际关系文献的概念运用均不再进行改动,对于英文文献中的 international regimes 依然译为"国际机制"。

3. 关于国际制度理论及其经验研究的总体回溯,可以参见先后发表于《国际组织》上的两篇研究综述:Stephan Haggard and Beth Simmons, "Theories of International Regimes", *International Organization*, Vol.41, No.3, 1987; Lisa Martin and Beth Simmons, "Theories and Empirical Studies of International Institutions", *International Organization*, Vol.52, No.4, 1998。

4. 奥兰·扬(Oran Young)在整理国际制度理论文献时,将早期国际组织研究领域中的代表性成果收录在他主编的论文集中。参见Oran Young, ed., *The International Political Economy and International Institutions*, Cheltenham: E.Elgar Pub.Co., 1996. Part I。

5. Hayward Alker and Bruce Russett, *World Politics in General Assembly*, New Haven: Yale University Press, 1965. Quoted in Lisa Martin and Beth Simmons, "Theories and Empirical Studies of International Institutions", p.734.

6. Stephan Haggard and Beth Simmons, "Theories of International Regimes", p.491.

7. Lisa Martin and Beth Simmons, "Theories and Empirical Studies of International Institutions", p.736.

8. John Ruggie, "International Responses to Technology: Concepts and Trends", p.570.

9. Stephen Krasner, "Structural Causes and Regime Consequences: Regimes as Intervening Variables", in Stephen Krasner, ed., *International Regimes*, p.2.

10. Robert Keohane, *International Institutions and State Power: Essays in International Relations Theory*, Boulder: Westview Press, 1989, p.3.

11. Donald Puchala and Raymond Hopkins, "International Regimes: Lessons from Inductive Analysis", in Stephen Krasner, ed., *International Regimes*, p.65.

12. Ibid., p.64.

13. Robert Keohane, *International Institutions and State Power: Essays in International Relations Theory*, pp.3—4.

14. [美]约翰·鲁杰:《对作为制度的多边主义的剖析》,载于约翰·鲁杰主编:《多边主义》,苏长和等译,杭州:浙江人民出版社 2003 年版,第 12 页。

15. Christian Reus-Smit, "The Constitutional Structure of International Society and

the Nature of Fundamental Institutions", *International Organization*, Vol.51, No.4, 1997, p.557.

16. 在国际制度或国际机制的类型划分中,研究者所关注的另一焦点是国际制度或国际机制发挥作用的问题领域。据此可以将国际机制分为国际安全机制、国际经济机制和国际环境机制等。参见王杰主编:《国际机制论》,北京:新华出版社 2002 年版,第 39—44 页。

17. 苏长和:《全球公共问题与国际合作:一种制度的分析》,第208 页。

18. 这种区分制度层次和序列的研究策略也被称为"俄罗斯木偶论"(Russican doll approach)。丹尼尔·迪厄梅尔以提议权为例来解释这种研究策略的运用。立法机构可能规定,只有主席才可以提议一个议案(称为主席制)。如果我们想研究这一制度安排下的法案选择,那么主席的提议权在决定一个法案时被视为固定的、不可改变的一个制度。然而,当我们追问为什么立法机构给主席这一程序上的权威时,主席制仅仅是立法机构众多选择中的一个。在此,"主席制"既可以被视为一种限制(在第一序列制度选择中),也可以被视为一种选择的可能性(在第二序列制度选择中)。

19. [美]丹尼尔·迪厄梅尔等:《作为方法论的制度主义》,载于薛晓源、陈家刚主编:《全球化与新制度主义》,北京:社会科学文献出版社 2004 年版,第 127 页。

20. Christian Reus-Smit, "The Constitutional Structure of International Society and the Nature of Fundamental Institutions", p.567.

21. 不过从历史的"长时段"来看,属于制度环境范畴的国际制度也是可以被"选择"的。例如亨德里克·施普拉普(Hendrik Sprupt) 指出,在 14 世纪初封建主义、集权的帝国和神权政体走向衰落后,产生了三种新的制度安排:城市同盟(city-leagues)、城邦(city-states)和主权领土国家(sovereign territorial states)。通过对德意志的汉撒同盟、意大利的佛罗伦萨等城邦以及英国等具有不同组织形式的政治实体的比较研究,他论证了主权领土国家所具有的比较优势。正是由于这种比较优势,主权制度最终为国际社会所"选择"。值得一提的是,施普拉普认为,主权制度的一个比较优势就在于能够比城市同盟等其他组织形式更有效地降低交易成本。参见 Hendrik Sprupt, "Institutional Selection in International Relations: State Anarchy as Order", *International Organization*, Vol.48, No.4, 1994。

22. 本书从基本维度出发来划分制度形式的思路受到了肯尼思·艾伯特等学者关于国际法律化(international legalization)的探讨的启发。他们以义务化(obligation)、精确化(precision)和授权化(delegation)三个维度为标准,将国际法律化分为八种形式。参见 Kenneth Abbott, Robert Keohane, Andrew Moravcsik, Anne-Marie Slaughter and Duncan Snidal, "The Concept of Legalization", *International Organization*, Vol.54, No.3, 2000, p.401。

23. 罗伯特·基欧汉曾在 1989 年提出过制度化的三个维度:普遍性(commonality)、专门性(specificity)和自主性(antonomy)。根据基欧汉赋予这三个维度的具体涵义,实际上只有后两个维度才能用来划分制度形式。我们认为,在划分制度形式时即使使用后两个维度,也会面临很大的不确定性,所以基于划分制度形式的目的,我们需要重新考虑衡量制度化水平的基本维度。基欧汉的有关讨论,可参见 Robert Keohane, *International Institutions and State Power: Essays in International Relations Theory*, pp.5—6。

24. Charles Lipson, "Why Are Some International Agreements Informal?", *International Organization*, Vol.45, No.4, 1991, p.502.

25. Kenneth Abbott and Duncan Snidal, "Why States Act through Formal International Organizations", *Journal of Conflict Resolution*, Vol.42, No.1, 1998, p.9.

26. Barbara Koremenos, Charles Lipson and Duncan Snidal, "The Rational Design of International Institutions", *International Organization*, Vol.55, No.4, 2001, p.771.

27. 根据国际法学家梁西教授的说法,国际组织是以国家间的正式协议为基础而建立的,国际组织的主要机构、职权、活动程序以及成员国的权利与义务,都应以基本文件为依据。参见梁西:《国际组织法》,武昌:武汉大学出版社1993年版,第5页。

28. Kenneth Abbott, Robert Keohane, Andrew Moravcsik, Anne-Marie Slaughter and Duncan Snidal, "The Concept of Legalization", p.401.

29. Daniel Nielson and Michael Tierney, "Delegation to International Organizations: Agency Theory and World Bank Environmental Reform", *International Organization*, Vol.57, No.2, 2003, p.247.

30. 关于授权化的不同层次,参见 Kenneth Abbott, Robert Keohane, Andrew Moravcsik, Anne-Marie Slaughter and Duncan Snidal, "The Concept of Legalization", p.416。

31. 关于超国家组织的本质特征,我们将在本章第二节中具体分析,在此不再赘述。

32. 这种制度化水平高低所确立的连续谱系只是在概率分布的意义上成立,并非近现代国际社会中的所有制度安排都能对号入座。本书通过连续谱系来考察制度形式的方法在很大程度上得益于景跃进对国际关系系统的讨论。参见景跃进:《从假设到理论的演进——从一个特殊的角度谈〈霸权的兴衰〉》,载于《中国书评》1998年秋季卷,总第13期。

33. 国际法学家饶戈平教授提出,在严格的形式要件下,一些或多或少缺乏正式国际组织某些要件但又实质上体现了国家间合作的组织形态处于法律性质上的灰色地带。这种在国家间互动实践中发展起来的组织形态至少包括:(1)国家间论坛性组织,也可称为G(Group)型组织或集团性组织,即由多个国家发起成立并作为主要参与者,通过定期论坛或会议等方式谋求国家间共同利益的一类制度化水平较低的国家间多边合作形态。例如八国集团、亚太经合组织、七十七国集团、二十国集团等。(2)国际组织间的联合机构(项目),有的学者将其称为"即时的国际组织"(instant international organizations),是由两个以上的国际组织设立的、承担一定持续职能的常设机构。例如联合国艾滋病规划署就是由世界卫生组织、世界银行、联合国开发计划署等9个组织共同支持的联合项目。(3)条约性组织(treaty organization),或称条约性机构(treaty body),这种组织虽然也是根据某一条约产生的,但该条约的目的并非是为了成立一个组织,而是为了对国际社会中的某一问题达成一致的协议,条约性组织仅仅是为了更好地执行、监督这一条约才设立的,是随附产生的。多边环境协定(如《蒙特利尔议定书》、《京都议定书》等)下的制度化模式就属于此类。参见饶戈平、胡茜:《全球化时代国家间多边合作的组织型态》,载饶戈平主编:《全球化进程中的国际组织》,北京:北京大学出版社2005年版,第36—90页。

34. 邦联的性质比较特殊,既不是一般意义上的国内政治结构,也不是一般意义上的国家间制度,而是处于两者边界上的一种关系形式。关于邦联性质的讨论,可参见陈玉刚:《国家与超国家——欧洲一体化理论比较研究》,第90—92页。

35. Christian Reus-Smit, "The Constitutional Structure of International Society and the Nature of Fundamental Institutions", p.557.

36. Charles Lipson, "Why Are Some International Agreements Informal?", p.533.

37. Ibid., p.501.

38.《维也纳条约法公约》第八十条又重申:"条约应于生效后送请联合国秘书处登记或存案及记录,并公布之。"参见王铁崖主编:《国际法》,第361页。

39. 刘金质:《冷战史》(中册),北京:世界知识出版社2003年版,第734页。

40. [美]詹姆斯·伯恩斯、杰克·佩尔塔森、托马斯·克罗宁:《美国式民主》,谭君久等译，北京：中国社会科学出版社 1993 年版，第 1164 页。

41.《苏德互不侵犯条约》包括对外公开的部分和秘密附属议定书，划分苏联和德国在波罗的海三国、波兰和罗马尼亚势力范围的实质性条款载于秘密附属议定书。参见王绳祖主编：《国际关系史》(第五卷)，北京：世界知识出版社 1995 年版，第 408—411 页。

42. 参见 Raymond Garthoff, *Reflections on the Cuban Missile Crisis*, Wachington D.C.: Brookings Institution, 1989, pp.86—95; Catherine Langlois and Jean-Pierre Langlois, "Tacit Bargaining in International Relations: A Game Model and A Case Study", *Journal of Conflict Resolution*, Vol.40, No.4, 1996。

43. Charles Lipson, "Why Are Some International Agreements Informal?", p.501.

44. 参见钱其琛：《外交十记》，北京：世界知识出版社 2003 年版，第 328—332 页。

45. [美]亨利·基辛格：《大外交》，第 696 页。

46. 关于对"隐匿的协议"利弊更为全面的分析，可参见 Charles Lipson, "Why Are Some International Agreements Informal?", pp.523—527。

47. 王绳祖主编：《国际关系史》(第三卷)，北京：世界知识出版社 1995 年版，第 402 页。

48. 基辛格认为，英国若能明确宣示其立场，让德国了解英国会参与全面大战，威廉二世很可能会规避正面作战。参见[美]亨利·基辛格：《大外交》，第 190 页。

49. 关于非正式协议何以能够在相当有限的范围内约束国家行为，我们将在"自我实施的正式协议"一节中通过比较分析的方式进行细致的讨论。

50. 乔治·唐斯(George Downs)和戴维·洛克 (David Rocke)在其关于默契的分析中得出了与上述结论相一致的判断。他们认为，默契使国家不需要为协议的达成举行峰会，接受或反对具有完整形式的条约，以及履行复杂的批准程序，从而使国家间协议容易达成；但是与正式条约相比，默契的制度化水平较低，由于各方更容易违反协议而非常脆弱。参见 George Downs and David Rocke, "Tacit Bargaining and Arms Control", *World Politics*, Vol.39, No.3, 1987, p.325。

51. 王铁崖、田如萱编：《国际法资料选编》，北京：法律出版社 1986 年版，第 744 页。

52. Abram Chayes and Antonia Handler Chayes, "On Compliance", *International Organization*, Vol.47, No.2, 1993, p.175.

53. 贝丝·亚伯勒和罗伯特·亚伯勒在国际贸易理论中最早系统解释了国际协议自我实施的机理。我们对上述问题的讨论正是以他们的分析为起点，结合交易成本经济学和国际关系理论文献而展开的。下面的不等式就是在其研究成果的基础上改写而成的。关于国际贸易中自我实施协议机理分析，可参见 Robert Yarbrough and Beth Yarbrough, "Reciprocity, Bilateralism and Economic 'Hostages': Self-enforcing Agreements in International Trade", *International Studies Quarterly*, Vol.30, No.1, 1986, pp.13—14。

54. 在中文文献中，hostage 有各种不同的译法，仅在国内已经翻译的新制度经济学文献中，hostage 就被不同的译者翻译为"人质""质物""抵押品""抵押"等。我们认为 hostage 既可以是人，也可以是物，既可以是有形的，也可以是无形的，因此译为"抵押"是比较恰切的。

55. [美]奥利弗·威廉姆森：《资本主义经济制度》，第 235 页。

56.《史记·秦本纪第五》载："夷吾献其河西地，使太子圉质于秦。"

57. Robert Yarbrough and Beth Yarbrough, "Reciprocity, Bilateralism and Economic 'Hostages': Self-enforcing Agreements in International Trade", pp.10—11.

58. [美]奥利弗·威廉姆森：《治理机制》，第 153 页。

59. Robert Keohane, "Reciprocity in International Relations", *International*

Organization, Vol.40, No.1, 1986, p.8.

60. 关于“一报还一报”是如何促进合作的,参见[美]罗伯特·艾克斯罗德:《合作的进化——对策中的制胜之道》,吴坚忠译,上海:上海人民出版社1996年版。

61. Robert Axelord and Robert Keohane, “Achieving Cooperation under Anarchy: Strategy and Institutions”, in Kenneth Oye, ed., *Cooperation under Anarchy*, p.244.

62. Robert Keohane, “Reciprocity in International Relations”, p.27.

63. Joshua Goldstein and Jon Pevehouse, “Reciprocity, Bullying, and International Cooperation: Time-series Analysis of the Bosnia Conflict”, *American Political Science Review*, Vol.91, No.3, 1997, p.515.

64. 在经济生活中一般不会存在此类问题,由于价格机制的作用,商品和服务的价值通常是可以度量和比较的。

65. 迈克尔·麦金尼斯认为,问题联系既可能来自无法避免的现实,也可能来自故意的政策决定。我们只讨论后一种情况,即基于政策的问题联系。参见Michael McGinnis, “Issue Linkage and the Evolution of International Cooperation”, *Journal of Conflict Resolution*, Vol.30, No.1, 1986。

66. [美]沃伦·科恩主编:《剑桥美国对外关系史》(下册),王琛等译,北京:新华出版社2004年版,第419页。

67. Michael McGinnis, “Issue Linkage and the Evolution of International Cooperation”, p.149.

68. [美]亨利·基辛格:《白宫岁月——基辛格回忆录》(第一册),陈瑶华等译,北京:世界知识出版社1980年版,第171页。

69. 同上书,第172页。

70. Ernst Hass, “Why Collaborate: Issue-linkage and International Regimes”, *World Politics*, Vol.32, No.3, 1980, p.372.

71. [美]罗伯特·基欧汉:《霸权之后:世界政治经济中的合作与纷争》,第126—127页。

72. Ronald Mitchell and Patricia Keilbach, “Situation Structure and Institutional Design: Reciprocity, Coercion and Exchange”, *International Organization*, Vol. 55, No.4, 2001, p.898.

73. Ronald Mitchell and Patricia Keilbach, “Situation Structure and Institutional Design: Reciprocity, Coercion and Exchange”, p.899.

74. [美]熊玠:《无政府状态与世界秩序》,余逊达、张铁军译,杭州:浙江人民出版社2001年版,第73页。

75. 国际法院在裁判时应使用的法律中,将条约列为第一项。根据《国际法院规约》第38条第1款:“不论普通或特别国际协约,确立诉讼当事国明白承认之规条者”。王铁崖指出,无论是国际实践,还是学者著作,都把这项规定中的协约认为就是“条约”。参见王铁崖:《国际法引论》,北京:北京大学出版社1998年版,第56—57页。

76. “短视的自我利益”是基欧汉所提出的一个概念。其涵义是指,当某一特定问题与其他问题孤立开来进行考虑时,政府对可选择行动方案所进行的成本收益计算;在不考虑特定问题领域中的行动将对其他问题领域产生非直接影响的情况下,如果一个行动方案较之其他选择具有最高的预期价值,那么该行动就会给政府带来短视的自我利益。参见[美]罗伯特·基欧汉:《霸权之后:世界政治经济中的合作与纷争》,第121页。

77. 当然在这种情况下,如果是否违反协议的最终决定由国家最高领导人作出,我们还可以寄希望于国家最高决策者对国家整体利益的通盘考虑。但是对外决策的组织过程模式告诉我们,主要的领导人确实在决策中居最高地位,但他们收到的信息是组织提供的,他们所选择的各种政策方案是由组织进行分析研究的,他们作出的决策也是由组织来执行的。政府行为与其说是审慎的抉择,还不如说是各种组织机构的产品。鉴于这种决策模式,非正式协议可能使本来利益相关的一些政府职能部门成为“无声地带”,从而可能使最高领导人无法发挥其矫正功能。关于组织过程模式,可参见[美]罗杰·希尔斯曼、劳拉·高克伦、帕特里夏·韦茨曼:《防务与外交决策中的政治——概念模式与官僚政治》,曹大鹏译,北京:商务印书馆 2000 年版,第 88 页。

78. Charles Lipson, “Why Are Some International Agreements Informal?”, pp.508—509.

79. Anne Sartori, “The Might of the Pen: A Reputational Theory of Communication in International Disputes”, *International Organization*, Vol.56, No.1, 2002, p.122.

80. Nancy Gallagher, *The Politics of Verification*, Baltimore and London: The Johns Hopkins University Press, 1999, p.10.

81. Abram Chayes and Antonia Handler Chayes, “On Compliance”, p.189.

82. 关于国际组织的早期发展史,可参见梁西:《国际组织法》,武昌:武汉大学出版社 1993 年版,第 18 页。

83. [美]利莎·马丁:《理性国家对多边主义的选择》,载于[美]约翰·鲁杰主编:《多边主义》,第 117 页。

84. 背叛策略是协作型博弈的占优策略(dominant strategy)。关于其论证,可参见[美]利莎·马丁:《理性国家对多边主义的选择》,载于[美]约翰·鲁杰主编:《多边主义》,第 109—110 页;Arthur Stein, *Why Nations Cooperate: Circumstance and Choice in International Relations*, pp.32—33。

85. 苏长和:《全球公共问题与国际合作:一种制度的分析》,第224 页。

86. Abram Chayes and Antonia Handler Chayes, “On Compliance”, p.202.

87. 博纳尔德·米切尔认为,国际机制所提供的信息可以分为两类:服从导向的信息和效率导向的信息(effectiveness-oriented information)。前者用来评价成员国是否履行了对机制的承诺,而后者用来评价成员国是否通过集体行动实现了机制目标。参见 Ronald Mitchell, “Sources of Transparency: Information System in International Regimes”, *International Studies Quarterly*, Vol.42, No.1, 1998, p.109。

88. Barbara Koremenos, Charles Lipson and Duncan Snidal, “The Rational Design of International Institutions”, p.788.

89. 参见 Paul Milgrom, Douglass North and Barry Weingast, “The Role of Institutions in the Revival of Trade: The Law Merchant, Private Judges and the Champagne Fairs”, *Economics and Politics*, Vol.2, No.1, 1990, pp.1—23。

90. [日]青木昌彦:《比较制度分析》,第 84 页。

91. Kenneth Abbott and Duncan Snidal, “Why States Act through Formal International Organizations”, p.13.

92. Ibid., p.14.

93. 根据威廉姆森的说法,阿尔钦和登姆塞茨对团队组织的研究属于交易成本经济学的测度分支。参见[美]奥利弗·威廉姆森:《治理机制》,第 59 页。

94. [美]A.阿尔钦和 H.德姆塞茨:《生产、信息费用与经济组织》,载于[美]R.科斯、[美]A.阿尔钦、[美]D.诺思等著:《财产权利与制度变迁——产权学派与新制度学派译文集》,第 63 页。

95. 同上书,第 77 页。

96. Kenneth Abbott and Duncan Snidal, “Why States Act through Formal International Organizations”, pp.14—15.

97. [美]艾伦·施瓦茨：《法律契约理论与不完全契约》，载于[瑞典]拉斯·沃因和汉斯·韦坎德编：《契约经济学》，第 102—103 页。

98. Robert Keohane, Andrew Moravcsik and Anne-Marie Slaughter, "Legalized Dispute Resolution: Interstate and Transnational", *International Organization*, Vol. 54, No.3, 2000, p.459.

99. Kenneth Abbott, Robert Keohane, Andrew Moravcsik, Anne-Marie Slaughter and Duncan Snidal, "The Concept of Legalization", p.416.

100. 威廉·狄克逊(William Dixon)指出，冲突管理并不是正式国际组织的排他性领地，民族国家、跨国或次国家组织(transnational or subnational organizations)、特别委员会(ad hoc commissions)甚至个人都可能成为第三方调解者。参见 William Dixon, "Third-party Techniques for Preventing Conflict Escalation and Peaceful Settlement", *International Organization*, Vol.50, No.4, 1996, p.653。

101. 关于常设仲裁法院和常设国际仲裁庭的简况，可参见熊玠：《无政府状态与世界秩序》，第 95—96 页。

102. 根据熊玠的统计，截至 1994 年，总共 58 个国家发表声明宣布接受国际法院所享有的强制性管辖权。参见[美]熊玠：《无政府状态与世界秩序》，第 101 页。

103. Kenneth Abbott, Robert Keohane, Andrew Moravcsik, Anne-Marie Slaughter and Duncan Snidal, "The Concept of Legalization", p.416.

104. Kenneth Abbott and Duncan Snidal, "Why States Act through Formal International Organizations", p.15.

105. Barbara Koremenos Charles Lipson and Duncan Snidal, "The Rational Design of International Institutions", p.772.

106. 当然，国际组织所展开的集中活动不只以上五种。其他的集中活动如筹备会议、设定议程、根据特定组织目标发展技术数据等，可参见 Gayl Ness and Steven Brechin, "Bridging the Gap: International Organizations as Organizations", *International Organization*, Vol.42, No.2, 1988, p.252。

107. Barbara Koremenos, Charles Lipson and Duncan Snidal, "The Rational Design of International Institutions", p.787.

108. [美]布鲁斯·拉西特和哈维·斯塔尔：《世界政治》，第 60 页。

109. 同上书，第 62 页。

110. Lloyd Gruber, *Ruling the World: Power Politics and the Rise of Supranational Institutions*, Princeton: Princeton University Press, 2000, p.62.

111. Ibid., p.61.

112. Charles Lipson, "Why Are Some International Agreements Informal?", pp.518—519.

113. 关于退出条款在协议实施中的作用，可参见 B. Peter Rosendorff and Helen Milner, "The Optimal Design of International Trade Institutions: Uncertainty and Escape", *International Organization*, Vol.55, No.4, 2001。

114. Lloyd Gruber, *Ruling the World: Power Politics and the Rise of Supranational Institutions*, p.73.

115. 指新制度经济学，本书作者注。

116. Ibid., pp.73—74.

117. [美]约哈姆·巴泽尔：《产权的经济分析》，费方域、段毅才译，上海：上海三联书店、上海人民出版社 1997 年版，第 159 页。

118. 同上书，第 89 页。

119. 同上书，第 94 页。

120. 宋新宁：《欧洲一体化的政治经济学分析》，第 95 页。

121. [英]约翰・平德：《联盟的大厦——欧洲共同体》，潘琪译，沈阳：辽宁教育出版社 1998 年版，第 24 页。

122. Karen Alter, "The European Union's Legal System and Domestic Policy: Spillover or Backlash", *International Organization*, Vol.54, No.3, 2000, p.491.

123. 参见[英]弗兰西斯・斯奈德：《欧洲联盟法概论》，宋英编译，北京：北京大学出版社 1996 年版，第 70—74 页。

124. 当然，欧洲法院在超国家制度建设中的作用并不只限于这一方面。关于欧洲共同体司法体系与超国家治理的进一步探讨，可参见 Alec Sweet and Thomas Brunell, "Constructing a Supranational Constitution: Dispute Resolution and Governance in the European Community", *American Political Science Review*, Vol.92, No.1, 1998。

125. [英]约翰・平德：《联盟的大厦——欧洲共同体》，第 39 页。

126. [德]维尔纳・魏登费尔德和沃尔夫冈・韦塞尔斯主编：《欧洲联盟与欧洲一体化手册》，赖志金等译，北京：中国轻工业出版社 2001 年版，第 66 页。

127. 宋新宁：《欧洲一体化的政治经济学分析》，第 214 页。

128. Stephen Krasner, "Compromising Westphalia", *International Security*, Vol. 20, No.3, 1995/1996, p.115.

129. [美]肯尼思・沃尔兹：《国际政治理论》，第 104 页。

130. 同上书，第 138 页。

131. Stephen Krasner, "Compromising Westphalia", p.147.

132. 根据马克斯・韦伯所提出的"科层制"的概念，等级制原则是科层制组织最主要的特征之一。可能正是由于这个原因，国内一些学者把 hierarchy 直接译为"科层制"。这样做未尝不可，但是在标准的社会学著作与教科书中，科层制对应的英文单词应是 bureaucracy，所以本书还是将 hierarchy 译为等级制。关于科层制组织的等级制原则，可参见[美]彼得・布劳和马歇尔・梅耶：《现代社会中的科层制》，马戎、时宪明、邱泽奇译，上海：学林出版社 2001 年版，第 17 页。

133. 戴维・莱克在分析国际安全关系时持有类似的观点，认为随着安全关系等级制属性的增强，合作伙伴采取机会主义行为的概率会降低。参见 David Lake, "Anarchy, Hierarchy, and the Variety of International Relations", p.14。

134. 除了缔约成本外，国际治理结构的设置成本还包括运行成本，例如缔约国对正式国际组织交纳的会费就是可见的运行成本。但是我们认为，与缔约成本相比，运行成本所占的份额并不大。例如，美国是否按时交纳足额的联合国会费问题有时被炒得沸沸扬扬，但这一问题显然不是美国与联合国关系中的实质性问题。为了简洁起见，我们对国际治理结构的运行成本予以忽略。

135. Kenneth Abbott and Duncan Snidal, "Hard and Soft Law in International Governance", *International Organization*, Vol.54, No.3, 2000, pp.436—437.

136. Ibid., p.435.

137. Robert Keohane, *International Institutions and State Power: Essays in International Relations Theory*, p.118.

138. 在最优制度安排的选择问题上有两种表示方法，一种是假设交易收益给定，交易成本最小的制度安排为最优制度安排；另一种是假设交易成本给定，交易收益最大的制度安排为最优制度安排。基于交易成本经济学的核心概念在于交易成本而非交易收益，亦基于本书的研究目的在于揭示国家间交易成本权衡与国际制度安排的关系，我们假设对某项具体发生的交易而言，交易收益是给定的。在此需要略作补充的是，国际贸易理论中的绝对利益说、比较利益说、自然禀赋说等已为国际经济领域中的交易收益提供了多种理论论证。另外,戴维·莱克讨论了国际安全领域中的"联合生产经济"(joint production economies),如规模经济、分工和正的外部性。从我们对国家间交易的定义来看,莱克的"联合生产经济"就是国际安全领域中的交易收益。关于"联合生产经济"的具体分析,参见 David Lake, *Entangling Relations: American Foreign Policy in its Century*, pp.44—51。

139. 图 3.3 的思想受到了杨瑞龙和周业安的启发。他们在讨论企业所有权分配合约的选择时对其基本思想作了几何描述。另外,戴维·莱克在讨论安全关系选择时也使用了图示来描述机会主义的预期成本与治理成本随着关系等级制的加强而发生的变化(莱克所说的治理成本与本书理论模型中的治理成本在概念的内涵与外延上都不相同)。参见杨瑞龙、周业安:《交易费用与企业所有权分配合约的选择》,载于《经济研究》1998 年第 9 期,第 29 页;David Lake, "Anarchy, Hierarchy, and the Variety of International Relations", p.16。

140. [美]奥利弗·威廉姆森:《资本主义经济制度》,第 539 页。

第四章
案例检验:北大西洋公约组织的缔造

北约组织可谓史无前例,背离美国的外交政策——美国和加拿大的军队,加入西欧国家的军力,一起置于国际性的北约指挥部统率之下。

——亨利·基辛格:《大外交》

第一节 大西洋联盟的诞生:一个有待解释的问题

1796年,美利坚合众国第一任总统乔治·华盛顿决定利用从公共生活告退的机会向美国人民发表一篇临别忠告。这篇告别词系由华盛顿提出大纲,汉密尔顿执笔写成,发表于当年9月19日的报纸上。关于外交事务,告别词指出:

我们对待外国的重大的行为准则是在扩展我们的商业关系的时候,尽量避免同他们发生政治上的牵连。我们迄今已经承担的义务,应当忠实履行。让我们到此为止。

欧洲本身有一系列的重大利益,这些利益对于我们却完全没有或者只有很少的关系。因此,欧洲必然陷入经常发生的纠纷中,那些纠纷在实质上是同我们毫不相干的。因此,在他们的变化沉浮的政治中,假如我们人为地和欧洲的国家联系在一起使我们自己牵连到欧洲的日常变化着的政治中,即欧洲国家的友好或敌对的日常的联合或冲突中,那一定是不明智的。

……

为什么放弃这样一个特殊地位所给我们的利益呢?为什么离

开我们自己的立场而站在别人的立场上呢？为什么把我们的命运同欧洲的任何一个部分交织在一起，把我们的和平与繁荣同欧洲的野心、竞争、兴趣、兴致或轻浮的阴谋纠缠在一起呢？[1]

华盛顿的告别词吹响了美国孤立主义的号角。华盛顿的外交事务经验，特别是在法美联盟方面的经验，以及开国元勋们的一般经验，使美国人民深信：美国独立的利益在于摆脱外国的纠纷，特别是"欧洲的野心、竞争、兴趣、兴致或轻浮的阴谋"。华盛顿的告别词深深扎根于美国人民的历史经历、现实感受和未来憧憬。几乎从第一个北美殖民地建立以来，这片"新世界"中的定居者们就以一种"疑忌和鄙视"兼而有之的眼光审视着"旧世界"中的是是非非。作为这一大众心理的集中体现及其超越，华盛顿告别词还包含了更为实际的政治意图，那就是集中全国的力量来建设他们年轻的国家。[2] 1801 年杰斐逊的就职演说和 1823 年提出的门罗主义都遵循了华盛顿离职前的上述忠告，确认了美国对任何永久性联盟的警惕、戒备与规避。1898 年美西战争后，美国开始主动介入世界事务，但仍然竭力避免和任何欧洲国家建立"纠缠不清的联盟"（entangling alliance）。即使美国在 20 世纪上半叶两度派兵跨越大西洋赴欧洲作战，美国也不曾对其欧洲伙伴承担正式的义务。[3]

1945 年欧洲战事结束后，美国军队开始迅速撤离欧洲。1945 年 5 月，同德国的战争接近尾声时，美国在欧洲有 350 万陆军。到 1946 年 3 月，也就是仅仅十个月以后，美国只留驻 40 万陆军，而且主要是新兵。空军和海军按这种方式同样在进行削减。这种人为削减军事力量的做法，似乎意味着美国将重新回到摆脱欧洲的孤立主义传统，"再次投身于国内事务中去"[4]。然而这个"内向的、易激动急躁、而又缺乏国际政治经验的国家"，在一年后却迅速地介入到东地中海的复杂事务中，随后又出人意料地为欧洲的经济复兴提供了大规模经济援助。1949 年 4 月 4 日，美国和比利时、丹麦、法国、英国、冰岛、意大利、卢森堡、荷兰、挪威、葡萄牙、加拿大在华盛顿共同签订了《北大西洋公约》（North Atlantic Treaty, NAT），美国有史以来第一次在和平时期对一个联盟承担了义务。《北大西洋公约》的签订，标志着美国抛弃了一个半世纪以来避免和欧洲发生政治和军事上牵连的传统，在美国外交史上具有划时代的意义。历史学家阿明·拉帕波特(Armin Rappaport)将这一巨变称为"1949年美国革命"(American Revolution of 1949)。[5]

"1949年美国革命"的尘埃直到1952年才终告落定。《北大西洋公约》使美国对西欧国家承担了正式的军事义务，但是在签订条约后的第一年内，美国和盟国之间并没有建立统一的军事指挥系统，美国也没有增派地面部队到欧洲，杜鲁门政府甚至还大幅度削减了国防预算。虽然设立了一些委员会，但由于缺乏集中的常设机构，特别是军事指挥机构，北约还基本停留在一纸条约上，因而更像传统意义上的相互保证协定。在这种状况下，即使美国准备承担条约规定的义务，也"难以确定联盟是否具有防卫西欧的能力"[6]。1950年6月，朝鲜战争爆发，这一近乎停滞的局面才迅速改变。1951年4月，欧洲盟军最高司令部(Supreme Headquarters Allied Powers Europe, SHAPE)在巴黎开始工作；1951年5月—12月，美国陆续增派4个师到欧洲；1952年初，北约组织的另外两个司令部——大西洋盟军司令部和海峡司令部——相继成立；1952年2月，北约理事会总部和国际秘书部在巴黎设立。至此，北约具备了完整的军事和政治结构，"大西洋联盟"(Atlantic Alliance)从一纸条约变为有形的组织实体。

那么，美国最高决策者为什么抛弃华盛顿告别词中提出的忠告，人为地把自己的"和平与繁荣"和西欧国家牵连在一起？或者说，美国最高决策者为什么背离了一个半世纪的外交传统，而和西欧国家建立起"正式的联盟"(formal alliance)？毋庸置疑，北约的诞生与美苏之间的冷战密切相关。作为美国对苏联进行冷战的重要工具，北约的建立"标志着冷战已最终在军事、政治和经济各方面全面展开"[7]。基于这一缘由，历史学家与政治学家们对北约缔造的分析往往是和他们对冷战起源的讨论联系在一起的。

从20世纪40年代起，美国外交史学界关于冷战起源的研究经久不衰，有关著述可谓汗牛充栋。按照思想流派划分，先后出现过正统派(或传统派)、修正派和后修正派等三个学派。[8]正统派(orthodox)或传统派(traditionalists)声称，斯大林和苏联导致了冷战的产生。他们认为，二战结束后，美国外交具有防御性质，而苏联外交则是进攻性和扩张性的，苏联的威胁使美国逐渐警觉起来。其主要证据包括：苏联竭力维持其在东欧的势力范围；在东欧留驻大量军队；不遵守与美英达成的协定，特别是不允许波兰进行自由选举；战后迟迟不从伊朗撤军；1947年支持捷克共产党的政变夺权；1948—1949年封锁柏林等。在正统派看来，正是由于这一系列事件的发生，美国逐渐认清苏联扩张主义的威胁，从而导致冷战的发生。[9]在这样的认知框架下，北约的成立不过是美国对苏联威胁的一种防御性反应。

修正派(revisionism)则认为，冷战源于美国而非苏联的扩张主义。其主要证据是：苏联在二战中受到严重削弱，其战后实力比美国要弱小得多；苏联在战后初期并没有核武器；苏联战后的主要任务是国内重建；战后斯大林的对外行为颇有节制等。修正派又可以分为温和与强硬两个分支派别。温和派强调个人的作用，认为杜鲁门及其幕僚的反共立场使美国对苏联的政策强硬起来。强硬修正派则认为，问题不在于个人，而在于美国资本主义的性质。例如，加布里尔·科柯(Gabriel Kolko)、乔伊斯·科柯(Joyce Kolko)和威廉·威廉姆斯(William Williams)就认为，美国的经济性质决定了美国对外政策的扩张主义性质，即通过对外扩张来确保资本主义在世界上享有安宁的环境。在他们看来，马歇尔计划就是美国经济扩张的一种方式。[10]按照这一学派的逻辑，北约只是美国资本扩张在政治军事领域中顺理成章的延伸而已。

以约翰·刘易斯·加迪斯(John Lewis Gaddis)为代表的后修正派(post-revisionism)声称，无论是正统派还是修正派的观点都是错误的，不能把发生冷战的责任归结于某个人或某一方。在后修正派看来，美国和苏联注定都要扩张，其原因不在于修正派所强调的经济决定论，而在于国家在无政府体系中所面临的安全困境。战后的两极均势结构决定了冷战是不可避免的，或者几乎是不可避免的，因为无论美国和苏联都不愿看到对方主宰欧洲。[11]根据后修正派的观点，北约是两极均势结构的产物，是美国对抗苏联威胁的一种工具。

在解释冷战起源的问题上，国际政治学界中的现实主义者与外交史学界中的后修正派具有相同的逻辑。无论是经典现实主义还是沃尔兹的结构现实主义，都强调国家间的权力制衡。[12]如果说经典现实主义对均势生成机制的揭示还不够深刻、不够简洁和不够明晰的话，那么肯尼思·沃尔兹的结构现实主义则深刻、简洁和明晰地揭示了国家间制衡行为的根源：

> 自助系统是这样一个系统：在这个系统中，那些不自助的行为主体或者在自助方面不如其他行为主体有效的行为主体，就不能繁荣，就会面临危险，就会遭受损失。对这种极不如意的后果的恐惧，驱使各国以导致均势的形成的方式行事。请注意，这种理论并不需要有关的全部主体都具有理性、或假定它们的意愿持续不变。这个理论只是指出，如果一些国家做得相对地好，其他国家就会竭力仿效它们，或者为它们让路。[13]

根据结构现实主义的上述逻辑，为了维护国家的生存，美国和苏联都必须以导致均势形成的制衡方式来行事。沃尔兹指出，希腊的共产党游击队引发了杜鲁门主义，苏联加紧控制东欧国家则导致了“马歇尔计划”和《北大西洋公约》，而这些又反过来导致了“共产党情报局”和《华沙条约》，如此这般情况一直贯穿于50、60和70年代。“我们的反应针对着苏联的行动，而他们的反应也针对着我们的行动。这样，一种逐渐稳定的两极平衡便产生了。”[14]在沃尔兹看来，制衡包括“内部”手段和“外部”手段，即依靠自己和依靠盟国。在多极结构中，结盟通常是制衡政策的主要手段。在两极结构中，大国依然可能通过结盟来实施制衡。一如沃尔兹所承认的那样，即使在两极世界中，盟主也可能试图从其盟友那里获取最大限度的支持。[15]这样，我们可以根据结构现实主义的均势生成逻辑来解释北约的起源：美国为获取盟国对制衡苏联的支持而缔造了北约；换言之，北约是美国制衡苏联的一种工具。

但是在应用结构现实主义理论来解释北约的起源时，我们不得不接受其内在逻辑的限制。基于他对单元能力分配的一贯强调，沃尔兹坚持认为，美国和苏联在军事上主要依靠自己而不是盟国的力量，它们通过“内部”而非“外部”的手段相互制衡。因此，来自盟友的支持虽然可能是有用的，但“并不是不可缺少的”[16]。如此，这一分析就产生了以下的问题：既然盟友的支持是可有可无的，美国为什么还要背离自己150年来根深蒂固的外交传统，在和平时期和欧洲国家建立起限制本国行动自由的正式军事联盟？更明确地说，美国为什么还要通过北约这一正式国际组织的形式而非更为松散的联合形式来获取盟友的支持?显然,制衡苏联这一因素自身并不能够解释美欧安全关系的形式问题。沃尔兹的结构现实主义分析通过两极结构的视角揭示了苏联的威胁在北约缔造中的作用,但是它却无法解释美国为何选择北约这样一种制度形式来达到其战略目标。正如戴维·莱克所批评的,结构现实主义理论只为二战后美国对外安全关系提供了一个"不完全的解释"(incomplete explanation)[17]。

在解释北约起源的问题上,冷战史研究的几个思想学派同样把关注的焦点过多地放在战后初期的美苏关系上,从而与结构现实主义的上述分析具有类似的缺陷。无论强调两极均势结构的后修正派,还是强调苏联政权性质的正统派,在论及北约起源时都把研究的视域集中在苏联对美国的军事或安全威胁上。在强调经济决定论的强硬修正派看来,苏联及其在东欧建立的势力范围将美国资本排除在外,从而对美国的经济扩张提出了直接的挑战。强调个人作用的温和修正派则将冷战的责任归于杜鲁门及其幕僚的反苏意识形态,即他们对苏联"威胁"的错误认识导致了冷战。这些思想学派从不同的角度解释了冷战的起源,但是由于集中关注于战后初期的美苏关系,它们并没有认真对待影响美欧安全关系的其他重要因素。诚然,在北约的缔造过程中,苏联的威胁或挑战——无论是主观臆想的还是客观存在的,无论是军事性质的还是经济性质的——构成了基本的动力,但并非是惟一的动力,来自西欧或美国的其他因素也发挥了不可忽视的作用。由于单一方面的解释,正统派、修正派和后修正派都没有充分地揭示北约的起源,特别是无法解释美国和西欧国家为何选择北约这样一种制度安排的问题。下面我们运用本书第三章所确立的理论模型来说明北约的制度形式问题,核心目的在于检验我们的理论模型在战后初期美欧安全关系的制度选择问题上是否成立。[18]

第二节　理论预期:交易成本与美欧安全关系中的制度选择

直到20世纪前半期,欧洲一直处于现代国际体系的中心。国际关系史上纵横捭阖、翻云覆雨的一幕幕场景，大都是在欧洲列强所搭筑的舞台中上演的。然而，1939—1945年的第二次世界大战使全球战略态势发生了天翻地覆的变化。欧洲已经无可争辩地失去了它的传统中心地位，取而代之的是东西两个侧翼大国——美国和苏联。[19]阿列克西·德·托克维尔(Alexis de Tocqueville)所预言的"美俄两大民族各主世界一半"的时代终于来临。[20]历史学家保罗·肯尼迪(Paul Kennedy)在《大国的兴衰》中以简洁的笔调概括了战后全球力量对比的深刻变化：

> 昔日的大国，法国和意大利已黯然失色。德国统治欧洲的企图，正如日本对远东和太平洋的野心一样也已破产。英国尽管有丘吉尔，也在衰落下去。19世纪和20世纪初人们经常预测的两极世界终于到来，用德波特的话说，国际秩序现在"已从一个体系转变到另一个体系"。看来只有美国和苏联算得上"超级大国"，而两者之中美国拥有更大的优势。[21]

美国霸权地位的确立和欧洲的衰落不可避免地给大西洋两岸安全关系带来深刻的变化。由于在力量对比的天平上发生了明显偏向美国一侧的倾斜，战后美欧安全关系的塑造将更多地反映美国的意志和愿望。但欧洲，作为昔日世界体系的中心，作为美利坚民族的"精神家园"，作为当时世界上屈指可数的工业中心之一，在战后欧美安全关系的塑造上也绝非无所作为。在战后欧美安全关系的制度安排问题上，西欧国家也同样会扮演制度选择的主体角色，最终所确立的制度安排将是美欧双方妥协的结果，尽管这一结果可能更多地符合美国的偏好。因此，为了达到检验理论的目的，我们在案例研究中既要分析美国在相关约束条件下的制度选择行为，也要分析西欧国家在相关约束条件下的制度选择行为。

根据第三章所提出的理论模型，在战后美欧安全关系这一特定的国家间交易中，美国和西欧国家都愿意选择使各自的交易成本最小化的国际治理结构。鉴于国家间交易成本不能被直接度量，我们在第二章中确定了国家间缔约成本和国家间治理成本的影响变量，期望通过这些容易观测到的影响变量来大致比较交易成本的大小。但这些影响变量是我们根据国家间交易的一般特点而确定的，对于具体的国家间交易来说，不同影响变量对交易成本大小的区分效度上是有差别的。

例如,交易频率这一影响变量对国际安全合作中交易成本大小的区分效度明显低于它对国际经济合作中交易成本大小的区分效度。而就本案例而言,战后初期美国与西欧国家在安全政策制定上的透明度也没有明显的差异。因此,交易频率和透明度两个影响变量对美欧安全合作中交易成本大小的区分效度不大。我们将根据对其他四个影响变量的定序测量来比较交易成本的大小,进而推测美国和西欧国家在战后初期相互安全关系中如何作出各自的制度选择。[22]

一、资产专用性

资产专用性分为物质资产专用性、人力资产专用性和地点专用性。在安全领域中,物质资产专用性集中表现为对军备援助国或出口国的依赖。由于在战争中为纳粹德国所占领,大多数西欧国家的正规军必须予以重建,战后经济复兴的繁重任务又不允许这些国家投入大量资金来研制和生产武器,其军事装备不得不严重倚赖美国的供给。英国在二战中虽然没有遭遇法国那样的沦陷厄运,但为了弥补战场上巨大的武器消耗,向美国租借了大量的军事装备。战争使英国民穷财尽,正如丘吉尔所言,英国是"作为世界上最大的债务者走出这场战争的"[23]。战后英国拥有相对完善的军事工业系统和战时尚未用完的大量库存,但在财政捉襟见肘的情况下,英国也没有充裕的资金来开发或生产各种新式武器以保障其国家安全,所以仍然需要美国在军备上的支持。这样,无论是仍具有大国颜面的英国,还是在战争中败亡的法国和其他西欧国家,乃至前法西斯国家意大利和德国西占区,都在军备供应上依赖美国。截至 1954 年 4 月,美国通过空运或海运发给西欧国家的军备总价值已累计达 150 亿美元,所供给的军备类型包括 100 多万件小型武器、两万多门大炮、上千辆坦克、上千架飞机,以及上万辆机动车等。[24]

西欧国家对美国依赖程度最深的还不是上述常规武器军备,而是当时美国独一无二的核武器。英国科学家在二战期间曾参加美国原子弹的研制工作,但核心技术只有美国科学家知晓。1946 年美国《麦克马洪法案》通过后,美国拒绝和英国分享原子弹的有关情报,英国不得不完全依靠自己的力量来研制核武器。由于耗资巨大,英国自己的核武器研制计划只能缓慢进行。法国在战前核研究曾处于领先地位,但在沦陷时期落在英国的后面。由于全力关注战后重建,1954 年法国才宣布建立一支独立国家核部队的计划。[25]在英法独立的核力量建成以前,[26]美国的核力量是西欧国家惟一可以利用的力量。战后初期美国所提供的核保护伞使得西欧国家在安全上更加依赖美国。

在安全领域中,人力资产专用性集中表现为盟国间军事任务的分工。鉴于各国资源对其军兵种发展的不同限制,盟国之间可以通过军事任务的分工和专业化来提高军事资源配置的效率。例如在 1949 年 12 月通过的《防御北大西洋区域的战略概念》中确认,战略轰炸的责任主要由美国承担,地面部队的核心部分在初期应由欧洲国家提供,组织和控制海洋交通线方面的主要责任应由美国和英国承担。[27]这种适度的军事专业化反映在各国军兵种的不同构成上。由于缺少 50 年代初期的数据,戴维·莱克搜集了 1955—1961 年美国、英国和法国的数据作为替代。根据他的统计,陆军、空军和海军/海军陆战队的构成百分比如下:美国为 35.6∶33.0∶31.3;英国为 51.5∶31.2∶17.2;法国为 76.9∶11.5∶11.5。见图 4.1。

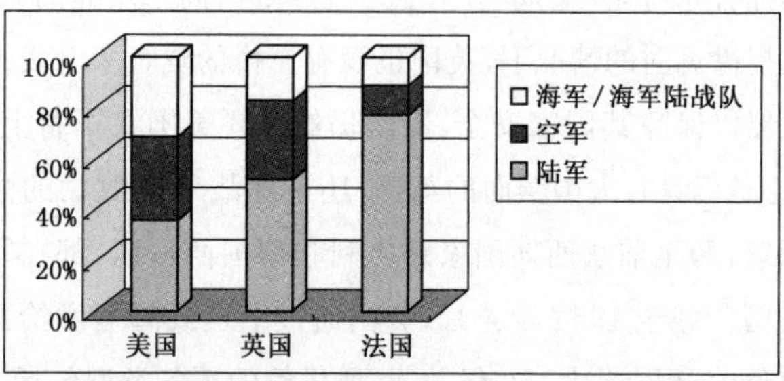

资料来源:David Lake, *Entangling Relations: American Foreign Policy in its Century*, Princeton: Princeton University Press, 1999, p.165.

图 4.1　美英法三国军事服役人员各军种所占比例(1955—1961)

从图 4.1 中我们可以看出,英国和法国即使在实现其经济复兴后,也没有建立真正的"均衡防务"。特别是法国,集中发展陆军力量,并没有足够的海军和空军来护卫和控制海空补给线。由于直接面对苏联的军事压力，在军事任务适度专业化的情况下，英法等西欧国家的安全严重依赖美国战略空军和（在很大程度上）美国海军的支持。正如马尔科姆·霍格（Malcolm Hoag）所指出的："对我们的盟国来说，这种分工以最敏锐的方式提出了依赖美国的风险问题。"[28]而美国处于两洋之间，邻国或友好或软弱无力，得天独厚的地理位置使美国从不担心敌国从陆地上进攻其本土。在没有盟国作战部队支持的情况下，美国自身的军事力量足以捍卫其本土安全。

这样，从物质资产专用性和人力资产专用性两个方面来看，欧洲国家在欧美安全关系中处于相对脆弱的地位。一旦美国采取机会主义行为，例如美国回到孤立主义或在美苏"勾结"的情况下美国抛弃其伙伴，西欧国家的安全就可能陷入瘫痪状态。根据我们的假说 4，资产专用性程度越高，缔约国越有可能选择制度化水平较高的国际治理结构。由此可以产生如下预期：

预期 1：*在战后初期的欧美安全关系中，西欧国家比美国更可能选择制度化水平较高的国际治理结构。*

美国在资产专用性上仅有的一点脆弱性来自地点专用性。为了对付来自苏联的威胁，美国需要西欧国家提供军事基地（参见图 4.2）。例如，战后初期美国最先进的重型轰炸机 B-29 可以投掷歼灭性的原子武器，但 B-29 轰炸机的有效战斗半径仅为 1 500 英里。[29]当用于一场同苏联发生的冲突时，这样的航程使 B-29 轰炸机必须依赖美军在海外的军事基地。由于西欧处于美苏冷战的前沿地带，它们提供的军事基地对美国"核威慑"的可信性至关重要。从前沿基地的地理位置上看，处于北翼的挪威具有特别重要的战略意义。一旦战事发生，美国依靠在斯堪的纳维亚国家的军事基地，可以有效封锁苏联潜艇通过斯卡格拉克海峡的出口。

对于美国的国家安全来说，更高的地点专用性来自所谓的"垫脚石"（stepping stones）国家，即丹麦（格陵兰岛）、冰岛和葡萄牙（亚速尔群岛）等。丹麦的格陵兰岛和冰岛是通往北美大陆的重要侧翼，可以作为预发警报系统和反潜巡逻基地。葡萄牙的亚速尔群岛是北美大陆防御的前哨，不论作为预发警报系统和反潜巡逻基地，还是作为运输机的基地，都具有极大的军事价值。[30]这样，从地点专用性上看，"垫脚石"国家以及挪威对美国安全的重要意义超过其他西欧国家，特别是法国和低地国家(荷兰、比利时和卢森堡)。同样根据假说 4，我们可以产生如下预期：

预期 2：当挪威和“垫脚石”国家加入北大西洋防务体系时，美国将更可能选择制度化水平较高的国际治理结构。

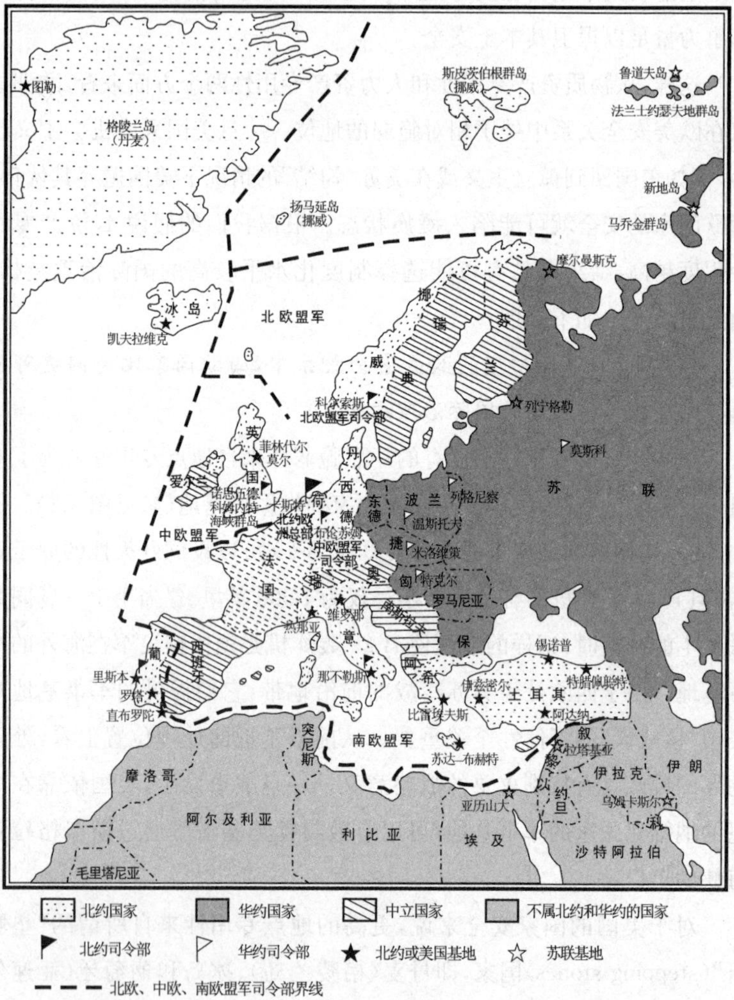

资料来源：[西德]约翰内斯·施泰因霍夫：《北大西洋公约组织向何处去?》，张连根等译，北京：商务印书馆 1977 年版，第 9 页。

图 4.2　北约或美国军事基地分布

二、不确定性

战后初期，由于只有美国和苏联两个超级大国，西欧各国在盟友选择上所受到的限制比它们在历史上任何时期所受到的限制都要严格得多。对于多数西欧国家，特别是英国、法国这样的西欧大国来说，在安全战略上要么站在美国一边，要么站在苏联一边，在中间采取骑墙态度即使不是不可能的，也是充满危险的。只有在极其特殊的情况下，如具有悠久中立传统的瑞士和瑞典、处于四大国占领下的奥地利，以及毗邻苏联的芬兰等，中立化或芬兰化才有可能成为国家安全战略的现实选择。英国外交大臣欧内斯特·贝文（Ernest Bevin）在1945年底就清楚地认识到了这一形势：

> 我们正在经历从世界合作向势力范围的迅速转变，也许将势力范围描述为三个大门罗主义可能更为恰切。在我们的支持下，美国长期以来在西半球奉行门罗主义。现在毫无疑问，尽管并未明言，美国试图在金融上和经济上将这一原则扩展到远东，包括中国和日本。在我看来，苏联人决心将其势力范围从波罗的海的什切青延伸到远东的阿瑟港。因此，英国处于将整个西方世界分裂的两大强权之间。苏联巨大的军事力量和通过各国的共产党而得以扩展的政治力量将会影响，甚至在很大程度上统治西方帝国的大陆部分。在我看来，至关重要的是，既然我们知道联合国组织不能使我们的人民免于未来的战争，我们就不能以此欺骗我们的人民。在这个世界上有两个强权，当前政策的结果必然使它们准备相互对抗。我们大不列颠已经历了两次大战的冲击，将面临站在哪一边的抉择。[31]

当然，贝文心中的答案非常清楚，即站在美国一边。其他西欧国家也大抵如此。除了美国这一强大盟友，西欧国家别无选择。因此，基于国家安全的最低需要，西欧国家不可能“抛弃”美国。换言之，在战后初期的美欧安全关系中，美国没有必要担心西欧国家的“抛弃”。

反过来看，美国作为一个全球性强国，凭借其强大的军事实力和经济实力，可以在多个合作伙伴或潜在合作伙伴之间作出选择。正如秦亚青所揭示的，二战后美国对其他国家的支持是有选择的，具有明确的目的性，美国在国际武装冲突中的支持行为是战略选择的结果。[32]显然，在结盟选择上，美国比西欧国家具有更大的灵活性。

鉴于美国历史上的孤立主义传统，西欧国家对暗示美国可能从欧洲撤离的任何建议都会感到焦虑不安。[33]如果美国能够向西欧国家进行"成本高昂的信号传递"，西欧国家的担心将会减轻，它们所面临的不确定性将会降低。美国对西欧国家的核保证自身并不能令欧洲人放心，"因为它提出了一个问题：美国是否会为西欧安全作出更充分的承诺"[34]。在当时的军事技术条件下，"美国在欧洲驻扎的地面部队是美国对欧洲安全承诺的有力象征"[35]。一旦苏联发动对西欧的进攻，大量的美国陆军士兵不可能在短期内从欧洲大陆迅速撤离，美国不得不承担对西欧的防卫义务。对于欧洲人的这种担忧，基辛格敏锐地指出：

> 面临着发生现代化战争的风险，欧洲人认为，我们经常重申美国的坚定性，如果不是天真的话，至少也是不够的。曾经被盟国抛弃——或者自己曾经抛弃盟国——的欧洲国家太多了，以致成为北大西洋公约组织会议上老生常谈的冠冕堂皇的保证已不能使人完全放心了。直截了当地说，就是要把我们的军队作为人质。[36]

1946年，随着美国军队的大批复员，美国在欧洲驻军的人数从350万直线下降到40万。直到1951年美国增派四个师到欧洲之前，美国在欧洲的地面部队只有驻德国的两个师，而苏联同一时期驻德国的兵力达到22个师(见图4.3)。由于兵力相差悬殊，美国国防部甚至制定了撤出美国驻德占领军的应急计划。[37]在美国没有派出足够的地面部队到欧洲做"人质"的情况下，西欧国家在美欧安全关系中面临着极大的不确定性。

美国国会在对欧政策上发出的不和谐音符进一步加深了欧洲国家对"抛弃"的忧虑。以参议院外交委员会主席阿瑟·范登堡(Arthur Vandenberg)为代表的共和党国际派在战后美国外交政策转型期间倾向支持民主党政府的对欧政策，从而为"两党一致"的外交路线奠定了基础。但以罗伯特·塔夫脱(Robert Taft)为首的一批共和党参议员在很多问题上仍然反对杜鲁门政府的欧洲政策。这些共和党参议员作为

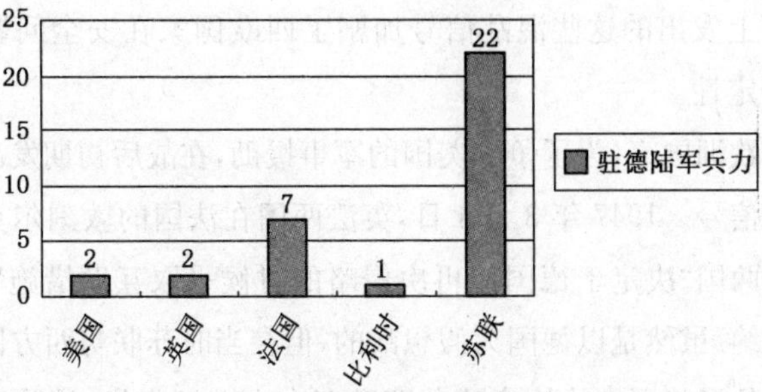

资料来源:Ronald Powaski, *The Entangling Alliance: The United States, and European Security, 1950—1993*, Westport: Greenwood Press, 1994, p.1.

图 4.3　1950 年美英法比苏驻德陆军兵力(以师为单位)

共和党中孤立主义一翼的代表人物,反对美国过多地卷入欧洲事务。然而颇为奇怪的是,这些孤立主义者却试图将杜鲁门主义扩展到亚洲,强烈要求杜鲁门政府积极介入中国内战。当民主党人几乎将所有的注意力都放在欧洲时,相当数量的共和党人却持有"亚洲第一"的信念。[38] 1949 年中国革命取得胜利后,共和党右翼和"中国院外集团"(China lobby)在"是谁丢掉了中国"的声讨中激烈批评杜鲁门政府的对外政策。这些右翼共和党人的政治地位和"道德"力量在朝鲜战争爆发后进一步得到加强,而"那些一贯重视欧洲的民主党人在一整套问题上都处于特别易受攻击的地位"[39]。

显然,美国所发出的这些混乱信号使欧洲国家难以放心美国政府口头上的或仅仅停留在书面上的安全保证。正如杜勒斯所说的:"外国政府感觉到,它们不愿冒险信赖美国的政策,除非这些政策在全国和国会中得到两党的实际支持。"[40] 虽然美国国内掣肘杜鲁门政府的孤立主义势力在"两党一致"的外交路线下受到了很大压制,但是随着"两党一致"走向解体,随着远东局势日益"恶化",孤立主义的传统政治诉求和中国院外集团的现实政治影响相互结合,在美国右翼政客中产生了一种奇特的信念,那就是不惜一切代价保住亚洲的非共产党政权,甚至不惜发动对中华人民共和国的军事攻击。朝鲜战争中麦克阿瑟将军与杜鲁门政府之争使"亚洲第一"与"欧洲第一"的观念冲突以极富戏剧性的方式表现出来。显然,麦克阿瑟在东亚的冒险路线如果占据上风,将极大地削弱美国保障欧洲安全的能力。[41] 美国在对外政策上发出的这些混乱信号加剧了西欧国家在安全问题上所面临的不确定性。

反观欧洲国家，为了争取美国的军事援助，在战后初期发出了一系列明确的信号。1947年3月4日，英法两国在法国的敦刻尔克签订条约，规定：两国“决定于德国倘再次侵略的时候采取互助措施”[42]。《敦刻尔克条约》虽然是以德国为假想敌的，但在当时苏联与西方国家关系日益恶化的形势下，“恰恰意味着西欧正在向美国靠拢，消除联苏反德的可能性”[43]。1947年12月四大国伦敦外长会议破裂后，英国外交大臣贝文向美国国务卿马歇尔倡议，美国、英国、法国、意大利和加拿大可建立某种形式的“西方精神联盟”(spiritual federation of the West)。但是美国却希望欧洲自己先行组织起来，以后美国再给予支持。如同美国国务院欧洲司司长约翰·希克逊(John Hicherson)所言：“最重要的是，只有在欧洲人清晰地表达自己愿望的情况下，美国人才会作出贡献。……西欧的自由国家应尽力证明自己站稳脚跟的决心和能力，这样才会增加获取美国援助的可能性。”[44]美国的希望很快得到了响应。1948年3月17日，英国、法国、比利时、荷兰和卢森堡在布鲁塞尔签订条约，成立了由五国组成的西方联盟(Western Union)。条约规定：“倘任何一缔约国在欧洲成为武装攻击的目标，其他缔约国应依照《联合国宪章》第51条的规定向受攻击的缔约国提供它们能力所及的一切军事的或者其他的援助。”[45]《布鲁塞尔条约》向美国发出了明确的信号，即西欧国家具备了组织其防务的坚定决心。正如约翰·贝利斯(John Baylis)所评论的：

> 在《布鲁塞尔条约》签订后，并不能绝对肯定美国将会作出坚定的承诺来保证西欧的安全。实际上，美国在其后几个月一直敷衍塞责。但是从美国的角度看，这一条约满足了大西洋体系的一个必要前提：它清楚地表明，即使美国还没有作出援助的保证，西欧国家也准备将它们自己组织起来并力图站稳脚跟。因此，没有《布鲁塞尔条约》，就难以想象北约会成为现实。[46]

这样，从交易伙伴发出或接收的信号看，西欧国家在战后初期比美国面临更大的不确定性。根据假说5，不确定性越大，缔约国越有可能选择制度化水平较高的国际治理结构。由此我们可以产生如下预期：

预期 3：*在战后初期的欧美安全关系中，西欧国家比美国更有可能选择制度化水平较高的国际治理结构。*（同预期 1）

当然，美国仍然对欧洲安全问题充满忧虑。即使西欧国家在安全事务中按照美国的愿望联合起来，它们的军事力量也不足以对付苏联发动的任何大规模地面进攻。在《布鲁塞尔条约》签订以后，范登堡就认为："这个西方联盟提供的希望极为渺茫，联盟可以用来对付俄国人的武器少得可怜。"另一位参议员汤姆·康纳利（Tom Connally）则评论道："布鲁塞尔条约各国经济上筋疲力尽，军事上软弱不堪。"[47] 虽然西欧各国没有采取机会主义行为的明显动机，美国仍然有足够的理由担心它们在苏联强大的军事力量面前是否会坚持下去。即使从更长的时间尺度（time horizon）上看，由于经济复兴的繁重任务和"福利国家"的资金需求，西欧国家不可能分配足够的资源来重整军备。也就是说，在"大炮"和"黄油"之间非要作出取舍时，西欧国家只能选择"黄油"。[48] 因此，在可预见的一段时期内，西欧国家的军事实力难以迅速提高，苏联与西欧国家军力对比的严重失衡仍将是欧洲安全格局的基本特点。在这种情况下，美国对于西欧国家能否抵挡"外来压力"的担心会随着苏联对抗行动的逐步升级而日益加剧。

同样，西欧国家对美国机会主义行为的担心也会随着苏联对抗行动的升级而逐渐加剧。在西欧国家看来，随着苏联"扩张意图"的日益暴露，苏联对其国家安全的威胁从间接的政治威胁逐渐变成直接的军事威胁。在缺乏美国坚定承诺的情况下，西欧国家担心，如果欧洲真正发生战争，美国可能置身事外。贝文就曾坦言，西欧最大的担心是，一旦发生事变，会不会重演 1940 年的历史。贝文认为，倘若欧洲真的发生战争，美国又不参加，英国"维持不了两年"[49]。战后初期勉强保持大国体面的英国对于安全形势的估计尚且如此悲观，其他西欧国家在安全问题上的信心更是可想而知。这样，随着苏联对抗行动的逐步升级，苏联的"扩张意图"就愈发明显，欧洲发生战争的危险就越来越大，西欧国家在美欧安全关系上所面临的不确定性也就越来越大。正如彼得·卡尔沃科雷西（Peter Calvocoressi）所指出的："随着对俄国的恐惧和不信任的增加，西欧各国就更加关心美国对西欧的态度；对美国可能重新陷入孤立主义的恐惧随着对俄国侵略的恐惧程度而增加。”[50]

实际上，对于美欧安全关系而言，苏联的对抗行动属于“外生震动”。由于存在非常强大的“系统效应”，苏联对抗行动的明显升级会同时加剧美国和西欧国家在相互安全关系中的不确定性。同样根据假说5，我们可以得到如下预期：

预期4：当苏联的对抗行动明显升级时，美国在美欧安全关系中将更可能选择制度化水平较高的国际治理结构。

预期5：当苏联的对抗行动明显升级时，西欧国家在美欧安全关系中将更可能选择制度化水平较高的国际治理结构。

三、问题领域敏感性

显而易见，“大西洋联盟”所涉及的问题领域是军事安全领域。在由主权国家构成的现代国际体系中，无论各国的政治制度、经济发展水平、意识形态和文化传统如何，军事安全领域都是最为敏感的问题领域之一。作为主权国家，战后初期的美国和西欧各国自然也不例外。[51]军事安全领域中的国际合作，不用说在具有孤立主义传统的美国，就是在走向联合的西欧各国中，也具有非同一般的敏感性。战后初期，联邦主义或邦联主义的欧洲统一运动如火如荼，“通过功能主义走向欧洲联邦化”的进程也开始启动，[52]但是当欧洲一体化真正触及军事安全领域中的国家主权时，主权国家体制的顽固性即刻凸显出来。援用“相同的方法与精神”的“普利文计划”与“舒曼计划”的不同结局，充分表明了军事安全领域对国家主权的极端敏感性。[53]这种敏感性显然会限制美国和西欧国家在其军事安全关系中进行制度选择的可能范围。简·霍尼格(Jan Honig)就据此指出，超国家组织不可能成为美国和西欧国家的现实选择：

> 如果设计一个防务框架，使盟国在政策、军事准则、战略和军力结构上形成协调一致的整体，最明显的解决方案是授予组织以超国家的权力。但这并没有发生。原因非常简单，美国并不愿受到这样一种组织的限制，在没有美国参加的情况下，欧洲国家也不

愿成为这个超国家组织的一部分。[54]

相对而言,美国比西欧各国对国际安全合作更为敏感。在“1949年美国革命”前,法美联盟是美国惟一卷入过的正式军事联盟,但它却给美国带来了难忘的尴尬与麻烦。1778年,法国和美国在巴黎签订条约,规定:“缔约双方的任何一方,事先未获得另一方的正式同意,决不与大不列颠缔约休战或和平。”[55]这一针对英国的“有条件的防御联盟”使美国在独立战争中获得了至关重要的外援。但美国不仅因此卷入了错综复杂的欧洲外交问题之中,而且为此在内政上付出了意想不到的代价。特别是法国政府为了达到联美制英的目的,直接介入了1796年的美国总统选举,号召美国选民抛弃华盛顿而支持“法国的朋友杰斐逊”[56]。华盛顿据此认为,法美联盟是一种“危险的引力”,它会逐渐渗透到内政中去,从而损害美国的完全独立。正是鉴于法美联盟带来的困窘,华盛顿在离职前夕向美国人民发出了忠告:在扩展同外国商业关系的同时,尽量避免同它们发生政治上的牵连。这一“纠缠不清的联盟”给美国人留下的历史记忆和他们对“旧世界”固有的“疑忌和鄙视”情感交织在一起,催生了美国对外政策中根深蒂固的孤立主义传统。在孤立主义思想的支配下,美国在法美联盟终结后的一个半世纪中,对任何可能导致“纠缠不清的联盟”的国际军事合作都格外敏感。

第二次世界大战给美国人以深刻的教训,那就是他们在20世纪30年代为孤立主义而付出的代价过于高昂。许多美国政治家认为,如果美国在战前接受了集体安全原则,二战就不会爆发,美军士兵就不会鏖战沙场、为国捐躯。虽然罗斯福和杜鲁门政府深信这一判断,他们也明确意识到,根除根深蒂固的孤立主义思想绝非易事。在他们看来,美国在对世界事务承担领导责任的同时必须免于势力范围、联盟和均势斗争等那些属于“旧世界”的罪恶。换言之,“如果美国要突破华盛顿或门罗的传统,美国不得不与过去的精神相协调,因此与欧洲保持一致不能等同于与不道德的欧洲国际关系体系保持一致”[57]。联合国正是实现上述意图的最佳制度设计:通过安理会的“四警察”来实现集体安全,并避免势力范围、联盟和均势这些“不道德”的外交方式。正如劳伦斯·卡普兰(Lawrence Kaplan)所分析的:

正是基于这个原因,联合国在40年代成为美国对外政策的一个重要组成部分。这为美国按自己的主张来补救1919年的错误提供了一个机会。在美国的支持下,联合国不仅能够阻止另一场世界大战的爆发,而且能够通过美国的传统方式来保证安全,或至少通过那些在美国看来是处理国际事务的真正路径——斡旋、调停和国际法的运用——来达到这一目的。实际上,联合国比国联在法律文本上并没有更多的力量。但这一点并不重要。真正重要的是,美国在远离过去的毁灭性的权力政治的同时拥抱了世界。[58]

二战结束后,美国民众普遍对联合国的作用抱有极大的期望。根据一项调查结果,1947年高达82%的美国人认为,美国不应当在联合国之外重整军备和作出防务安排。1948年这一比例有所下降,但仍然有72%的美国人坚持这一观点。[59]在当时的话语情境中,"忽视联合国"和"纠缠不清的联盟"一样带有贬义性意味。这样,美国和其他国家脱离联合国框架下的军事合作很容易勾起美国人对欧洲均势体系的历史记忆,不能不具有高度的敏感性。

美国对国际安全合作更为敏感的原因还在于强调"分权与制衡"的宪法程序和政治制度。与多数西欧国家实行的议会制不同,美国实行立法、行政和司法三权分立的政治制度。按照美国宪法规定,军事权是总统与国会共享的一种权力。国会享有宣战权、招募与维持军队权,总统则享有统帅、指挥及调动军队的权力。总统作为武装力量的总司令,有权在世界任何地域部署军队,有权命令军队作战,有权为"保护国家"而采取一切必要行动。但是按照宪法程序,美国对外国宣战必须由国会作出。在宣战权属于国会的情况下,美国政府难以事先就对盟国承担军事行动的义务。在审议或批准美国与外国所缔结的条约时,国会议员对"自动卷入"的条款极其敏感,认为这样的条款会侵蚀国会的权力而扩大总统的权力,可能会践踏权力分立的宪法原则。保守的共和党人、参议员罗伯特·塔夫脱甚至担心"总统正在抛弃法律和自由原则,利用军队作为国际行动中的决定性因素"[60]。

相形之下,西欧国家就没有美国这样的历史体验、现实憧憬与宪法难题。由于在纵横捭阖的国际舞台上浸润已久,西欧国家对于军事联盟已经司空见惯。威廉·奥尔森(William Olson)等学者甚至认为:"四百年来欧洲历史的格局就是结盟以抵御惟一的霸权国家——首先是西班牙,以后是路易十四和拿破仑先后统治的法国,然后是德意志帝国和希特勒的德国,现在则是苏联。"[61] 1944年丘吉尔与斯大林背着罗斯福在东欧划分势力范围的"百分比协议"表明,像英国这样的传统欧洲大国不会把和平与安全的希望寄托在联合国集体安全机制上。就宪法程序和政治制度而言,战后初期多数西欧国家均为议会制,[62]内阁由议会产生并对议会负责,议会与内阁之间并没有分权的问题。因此,从上述三个视角看,西欧国家对于军事安全合作的敏感性都低于美国。根据我们的假说1,问题领域敏感性程度越低,缔约国就越有可能选择制度化水平较高的国际治理结构。由此,我们可以产生如下预期:

预期6:在战后初期的欧美安全关系中,西欧国家比美国更可能选择制度化水平较高的国际治理结构。(同预期1、3)

四、国家同质性

二战末期和战后初期,共产党及其领导的社会政治运动在欧洲的影响空前扩大。随着苏联红军的节节推进,东欧各国相继建立了由共产党一党执政的国家政权或者由共产党领导的多党联合政府。在重建议会民主制度的一些西欧国家,共产党凭借他们在抵抗运动中所积累的政治威望和关于社会经济的改革纲领,在议会选举中取得大量议席。[63]特别是在意大利和法国,共产党人不仅参与政府,而且位居要津,掌握了一些关键部门的国家权力。

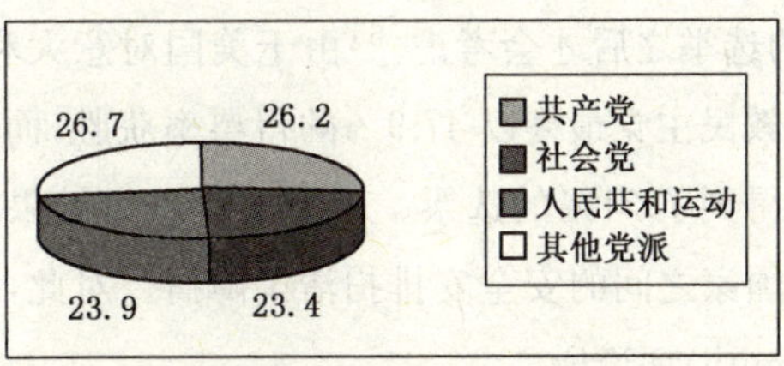

资料来源:[法]阿尔弗雷德·格罗塞:《战后欧美关系》,刘其中等译,上海:上海译文出版社1986年版,第82页。

图4.4　1946年11月法兰西第四共和国首届制宪议会选举主要政党得票率(百分比)

美国对一些西欧国家共产党力量的急剧上升深感不安。在美国政治家看来,这些共产党人是苏联安插在西欧国家的"第五纵队",是对西欧国家自由民主制度的重大威胁。根据这种意象,美国把一些西欧国家共产党的参政看成是这些国家自由民主制度还没有稳定下来的表征。1947 年 2 月,美国副国务卿艾奇逊在白宫秘密会议上对法国描述了这样一幅令人望而生畏的图景:"在法国,有四五名共产党部长,其中一名是国防部长;共产党控制着最大的工会并在政府各部、工厂、部队中安插大量人员;法国选民将近 1/3 投共产党的票;法国经济形势非常糟糕。在这种情况下,俄国人随时都可以下手。"[64] 在西欧国家继续实施"容共"政策的情况下,美国显然不可能对这些国家的安全作出坚定的承诺。

实际上,美国为了改变这些国家的政治现状,通过间接或直接的方式向这些国家施加了压力。1947 年 4 月下旬,美国驻法国大使会见法国总理拉马迪埃,向他暗示,如果共产党人不再参加政府,法美关系将会顺利得多。一个月后,法国共产党就被逐出政府。丹麦、比利时等国也在前后两个月内发生了将共产党排挤出政府的事件。这些事件的发生,使这些国家的政治倾向完全倒向美国一边,从而为美欧更紧密的安全合作创造了有利条件。

对于美国来说,意大利的情形比其他国家更为棘手。虽然意大利共产党于 1947 年 5 月被排挤出政府,但在意大利的多党格局中仍占有相对优势。种种迹象表明,意大利共产党将在 1948 年 4 月的选举取胜。这种前景不能不影响到正在筹划的美欧安全体系对意大利的态度。在西方联盟成立后,比利时外交大臣声明,意大利的成员国地位只有在 1948 年的选举之后才会考虑。[65] 由于美国对意大利选举的介入,亲西方的天主教民主党最终以 47.9%的得票率获胜,而共产党所领导的人民阵线只得到了 31%的选票。1948 年的选举结果为意大利与美国和其他西欧国家之间的安全安排扫清了障碍。对此,蒂莫西·史密斯(Timothy Smith)评论说:

> 选举的国际影响也是非常明显的。对于意大利融入西方的前景来说,天主教民主党人的胜利在政治上是最重要的一步。西欧国家已经签订了《布鲁塞尔条约》,正在讨论意大利在这一

安排中的地位。1948 年剩下时间的讨论将最终导致北大西洋公约。在这些谈判中，意大利与美国战略利益的关系是极为重要的。[66]

这样，在美国看来，随着西欧各国的共产党被逐出政府或在选举中失利，西欧国家的自由民主制度将稳定下来。反过来看，西欧国家在共产党参政的情况下，在外交上也难以完全倒向美国一边。进而言之，如果某个西欧国家由共产党执政，该国就不会在安全领域与美国建立紧密的合作。[67]美国对此当然心知肚明。在参议院为批准北大西洋公约而举行的一次听证会上，参议员富布赖特询问：如果共产党通过选举而掌握政权，盟国应该如何作出反应？国务卿艾奇逊答复说，一个共产党政府既不愿也不能履行它对公约承担的义务。实际上，“公约中的开除条款被有意省略了，因为在美国看来，任何为极权主义分子所接管的政权会自愿退出”[68]。

因此，对美国来说，“大西洋联盟”的一个政治前提就是西欧国家必须符合美国的“政治正确”。同样，共产党在政府中的强大影响也会限制西欧国家在对外政策上和美国的合作。根据我们的假说 2，国家同质性程度越高，缔约国就越有可能选择制度化水平较高的国际治理结构。由此可以产生如下预期：

预期 7：在西欧国家的共产党离开政治权力中心后，美国在美欧安全关系中将更有可能选择制度化水平较高的国际治理结构。

预期 8：在西欧国家的共产党离开政治权力中心后，西欧国家在美欧安全关系中将更有可能选择制度化水平较高的国际治理结构。

第三节　史实检验：战后初期美欧安全关系与北约组织的缔造

以下，我们通过具体史实来验证第二节提出的理论预期。史实检验的时间跨度为 1947 年杜鲁门主义的提出到 1951 年北约欧洲盟军最高司令部的设立。鉴于美欧安全关系的塑造更多地反映了美国的偏好，我们以这一时间跨度内美国对欧安全政策中的若干“分水岭”作为不同时段划分的标志，即杜鲁门主义的提出、《范登堡决议》的通过、《北大西洋公约》的签署和欧洲盟军最高司令部的设立。在每个时段中，我们将着重分析美国和西欧国家在各自的安全政策中关于制度形式的构想、倡议、阐述或宣告。

一、从杜鲁门主义到《范登堡决议》

杜鲁门主义是战后美国对外政策演变的重要分水岭。无论在对苏政策还是在对欧政策上，杜鲁门主义都意味着美国政府向过去政策的告别。就对苏政策而言，1946 年乔治·凯南(George Kennan)的“长电报”(Long Telegram)和丘吉尔在富尔顿的“铁幕”演说已经显现出战后美国对苏政策开始转变的某些迹象，但是作为官方明确的政策宣示，杜鲁门主义才是遏制政策取代战时合作政策的标志性事件。就对欧政策而言，正是在当时惟一尚存的欧洲大国——英国——无力承担它在东地中海的传统义务的情况下，杜鲁门才会要求国会授权向希腊和土耳其提供 4 亿美元的援助，美国由此一改置身于欧洲之外的外交传统，开始积极介入欧洲安全事务。

杜鲁门主义的直接起因来自英国在东地中海的突然“卸责”。1947 年 2 月 21 日，美国国务院官员收到了英国使馆的两份照会。第一份关于希腊的照会声称，希腊已处于经济崩溃的边缘，如果没有外援，将会发生大规模饥荒和随之而来的政治动乱；此外，希腊军队也急需装备。据英国估计，1947 年希腊所需外援约 24 亿至 28 亿美元，但是英国自 3 月 31 日之后将无力提供足够援助，因此希望美国自 4 月 1 日后将此负担接过来。第二份关于土耳其的照会在内容上也大同小异，不过土耳其的形势没有希腊那样迫在眉睫。[69]这两份照会充分表明，走向没落的“大英帝国”在战后已无力承担在欧洲大陆维持均势的传统责任，甚至无力保证它在中近东的重大战略利益。《曼彻斯特卫报》对此评论说：“英国关于希腊的照会是英国第一次承认英国统治下的和平……现已成为历史记载。”[70]

在收到了英国的照会后，杜鲁门、新任国务卿马歇尔与参众两院的两党领袖立即进行了磋商。1947 年 3 月 12 日，杜鲁门在国会两院特别会议上发表了演说。在详述希腊和土耳其的局势和说明给予援助的必要性后，杜鲁门宣称：

我认为美国的政策必须支持那些人民，他们正在抵抗武装起来的少数人或是外来压力企图强加于他们的奴役。

我认为我们必须援助自由人民以自己的方式来规划自己的命运。

我认为我们的帮助首先应该是经济和财政援助，这是达到经济稳定和有秩序的政治进程所必需的。[71]

杜鲁门在演说中以极具意识形态色彩的语言宣告，美国"有权"进行干涉的范围将从西半球扩展到"正在抵抗武装起来的少数人或是外来压力"的世界任何角落。这一宣告很快被称为"杜鲁门主义"。作为"世界范围的门罗主义"，它标志着美国外交进入了一个新的历史时期，正如杜鲁门在其回忆录中所说的："这是美国外交政策的转折点，它现在宣布，不论什么地方、不论直接或间接的侵略威胁了和平，都与美国的安全有关。"[72]由于演说起因于传统上属于欧洲事务的希、土形势，杜鲁门主义对欧洲安全事务有着非同寻常的意义：为了达到这种重新界定的"安全"目标，美国愿付出必要的财力、物力和人力来主动参与它曾竭力避免卷入的欧洲事务。在这个意义上，"杜鲁门的演说构成了美国最高行政当局的正式和毫不含糊的通告，即美国置身于欧洲之外的传统政策已告结束"[73]。

但是杜鲁门主义并没有在偏离"华盛顿或门罗的传统"上走得太远。总统在国会的演说只表明了美国对欧洲安全事务的原则立场，美国并不因此对外国承担任何正式的义务。一如劳伦斯·卡普兰所指出的："杜鲁门主义是美国自己的行动，其失败或成功都取决于美国履行其诺言的意愿。"[74]从性质上看，杜鲁门主义并非美国和任何国家（包括希、土、英）达成的正式协议，而是美国单方面发表的政治声明，美国并没有因此而卷入任何"纠缠不清的联盟"。

此外，杜鲁门所要求的国会拨款具有紧急性质。援助起因来自英国的突然"卸责"，援助时间截止于1948年6月30日，援助对象只限于希、土两国。虽然这一援助包含了明确的战略意图，但是美国的对欧整体战略尚在襁褓之中。在国会两院就杜鲁门总统所要求的拨款进行辩论的同时，[75]国务卿马歇尔、副国务卿艾奇逊、国务院政策设计司司长乔治·凯南等正在酝酿一项比杜鲁门主义更持久、更积极和更广泛的欧洲政策。这就是著名的“马歇尔计划”。1947年6月5日，马歇尔在哈佛大学毕业典礼上发表了演说。马歇尔在概述了欧洲的经济状况后指出，美国应该尽其可能地帮助欧洲恢复正常的经济状态。对于援助方式，他特别强调：“我认为倡议必须来自欧洲。美国的作用应该是友好地协助起草一个欧洲计划，随后尽我们实际上所能做到的去支持此项计划。这个计划应是一项联合的计划，即令非全体欧洲国家，至少也是若干国家一致同意的。”[76]

马歇尔计划在三个方面标志着美国已从杜鲁门主义前进了一步：第一，它所涉及的是全欧洲而不是几个具体的国家；第二，不管计划制定者隐藏的动机和希望是什么，它首先是一项经济计划；第三，它大胆设想此项计划要施行四年以上。[77]作为一项深谋远虑的对欧战略，马歇尔计划不仅挽救了当时濒临崩溃的西欧经济，密切了美国和西欧之间的经济联系，而且对战后美欧安全关系的塑造产生了深刻的影响。由于苏联和东欧国家拒绝参加马歇尔计划，苏联东欧和西欧两个阵营之间的分界线变得清晰可见了。作为马歇尔计划的直接受益者，西欧国家在内政上更加排斥共产党，在外交上更彻底地站在美国一边。随着欧洲的日益分裂，西欧国家对苏联的恐惧逐渐加剧，这些国家的经济复兴与防务安排的关系开始凸现，这就使美国不得不认真考虑它在欧洲安全事务中的角色。在计划制定和实施的过程中，欧洲和美国决策者逐渐意识到：“如果没有军事安全感的话，建立在马歇尔计划基础上的经济复兴是不可能的；而如果没有和美国的紧密联系，军事安全和经济复兴两者都无法实现。”[78]

事实上，正是在1947年6月为回应马歇尔计划的巴黎会议上，英国外交大臣贝文和法国外交部长皮杜尔讨论了西欧防务协定的可能性。在随后的6个月中，皮杜尔日益确信，在日益紧迫的安全问题上不仅需要一个欧洲国家间的联盟，也需要美国的卷入。1947年12月四大国伦敦外长会议破裂后，皮杜尔希望贝文向美国人提出这一问题，贝文表示同意。[79]同年12月17日，贝文和马歇尔举行了双边会谈。根据英国外交部的会谈记录，贝文对马歇尔表示：

> 他个人的观点是，我们必须设计某种西方民主体系，包括美

国、英国、法国、意大利等，当然，还有自治领。这个体系不是一个正式的联盟，而是由权力、金钱和果敢的行动所支持的一种谅解。……特别对于这个目标来说，他更偏爱英国式的不成文的和非正式的谅解。苏联已经走得太远了，如果西方能够通过这样一种方式而得到有力的巩固，我们就会向苏联清楚地表明，它不能再继续往前走了。[80]

对于贝文提出的上述观点，马歇尔说他并不反对，但也没有明确表示同意。美国国务院的会谈记录显示，马歇尔没有明确同意任何特定的行动，只是希望在得到英国更加具体的建议后再作出最后的承诺。[81] 马歇尔返回华盛顿之后，他征询了副国务卿洛维特（Robert Lovett）的意见。洛维特认为，美国、英国和其他西欧国家之间建立军事联盟的任何想法都是不成熟的。

显然，贝文并不满意美国的反应。他认为，他的政策建议将不得不超出和马歇尔所说的“不成文和非正式的谅解”（unwritten and informal understandings）。1948 年 1 月 13 日，经内阁讨论同意后，贝文向英国驻美国、法国和加拿大大使发出指示，让他们通知驻在国政府，他将在下院宣布一项倡议，其要点如下：

苏联政府已经形成了一个坚固的政治和经济阵营，在不久的将来，并没有希望重建和保持为苏联阵营所划定的分界线两边国家间的正常关系。只有将西方文明的伦理和精神力量组织起来并加以巩固才可能阻止苏联势力的扩张。只有创立某种形式为美国和自治领所支持的西欧国家间的联盟——无论是正式的还是非正式的——才能做到这一点。在欧洲，这一联盟除了英国之外，还应包括法国、比利时、荷兰、卢森堡、意大利、希腊、斯堪的纳维亚国家，可能还有葡萄牙。只要条件允许，英国政府也希望包括西班牙和德国。没有它们，西方体系将是不完整的。[82]

缔造“大西洋联盟”的外交活动由此正式拉开帷幕。贝文呼吁在西欧国家间“创立某种形式的联盟”（creating some form of union），但是考虑到美国的谨慎态度，贝文只是提到这一联盟“为美国和自治领（指加拿大）所支持”。在发出上述倡议后，贝文向皮杜尔更加明确地提出，英国和法国应该正式与荷兰、比利时和卢森堡缔结条约，以此作为西方联盟的起点。

美国国务院非常清楚贝文提出上述倡议的目的。问题在于如何回应。在国务院内部，西欧问题专家约翰·希克逊和西奥多·阿基里斯(Theodore Achiles)和苏联问题专家乔治·凯南和查尔斯·波伦(Charles Bohlen)之间发生了重大的意见分歧。希克逊和阿基里斯主张，美国应该参加西欧国家之间缔结的防务协定，只要这项协定明确和联合国联系起来。但凯南和波伦对此表示反对。为了充分说明自己的观点，凯南向马歇尔递交了一份备忘录。他在备忘录中指出，在不允许德国再次成为霸主的情况下，只有这样一个联盟才能为恢复欧洲的均势带来希望，美国对贝文关于西方联盟的倡议应该表示欢迎。但是，凯南坚持认为："军事联盟并不应当作为一个起点。军事联盟应当从政治、经济和精神联盟发展而来，而不是相反。"在他看来，美国的单方面保证(unilateral guarantee)足以帮助各个西欧国家确立对经济复兴和国内政治稳定的信心，因此美国没有必要向西欧国家提供超出单方面保证之外的承诺。[83]简言之，凯南认为美国应当鼓励欧洲人推进这项事业，但美国应与之保持距离。

在美国国务院内部意见分歧的情况下，马歇尔在1月20日对贝文的回复中并没有作出任何具体的承诺，只是表示："我希望，当您认为我能提供帮助的时候，您可以在任何时间无拘无束地和我商谈。"[84]与马歇尔的冷淡态度不同，皮杜尔立刻表示同意贝文的倡议。这样，英国和法国一起向荷兰、比利时和卢森堡提出了条约草案。经过近一个月的谈判，五国于3月17日签订了《布鲁塞尔条约》。

就在《布鲁塞尔条约》签订前后，随着欧洲形势的急剧变化，美国对欧洲安全体系的态度迅速发生了改变。1948年冬天的几个事件推动美国向联合的方向前进。第一个和最富于戏剧性的事件是捷克斯洛伐克的"二月事件"[85]。捷克斯洛伐克(以下简称"捷克")在东欧国家中相当特殊。在苏军解放了捷克后，捷克仍然是议会民主制的共和国，建立了联合政府。丘吉尔在富尔顿演说中提到"铁幕"后的"极权主义国家"时也承认捷克是例外。[86]由于这一特殊性，"二月事件"的发生使西欧国家和美国都大为震惊。[87]当"二月事件"的消息传到美国后，《纽约时报》著名记者詹姆士·赖斯顿(James Reston)评论说，捷克共产党的专权将会给马歇尔计划的实施带来安全上的问题；作为一个警示，捷克的命运表明欧洲人自己并没有能力遏制与外部威胁相结合的内部颠覆；如果没有美国超出经济援助之外的承诺，欧洲的其他部分，特别是意大利将遭受同样的命运。[88]美国驻德占领军司令卢修斯·克莱（Lucius Clay）则发电报给美国国防部长福莱斯特尔（Forrestal），宣称："几个月来，基于合乎逻辑的分析，我坚持认为，在至少十年内，战争不可能爆发。但在最近的几周，我感到苏联的态度发生了微妙的变化，虽然我不能够确定它，但我感觉到可能会发生急剧的变化。"[89]

第二个事件是苏芬条约的签订。芬兰的地位比捷克更为特殊。作为苏联的邻国，芬兰在外交上尽量照顾苏联的安全需要，但是芬兰共产党在国内的力量并不强大。在发生"二月事件"的那一周，斯大林邀请芬兰总统巴锡基维到莫斯科参加苏芬友好互助条约的谈判。3 月 9 日，巴锡基维正式接受了斯大林的邀请。4 月 6 日苏联和芬兰签订了友好互助条约。条约规定，芬兰必须"于必要时在苏联的援助下"抗击德国或其盟国对芬兰或经由芬兰向苏联的进攻。苏联答应在"芬兰各政党一致同意"的情况下向芬兰提供援助。条约还包括双方"相互承担义务，不签订任何针对另一缔约国的同盟条约，不参加任何针对另一缔约国的联盟"[90]。

在芬兰同意与苏联进行缔约谈判后，又发生了第三个事件。3 月 11 日挪威外交大臣兰格（Halvard Lange）紧急约见英国和美国大使，通报说挪威已经从三个不同的来源得到信息：斯大林很可能要求挪威与苏联签订一个与苏芬条约相类似的友好条约。兰格特别向英国大使表示，如果苏联向挪威提出领土要求或寻求建立军事基地的权利，挪威将会拒绝作出任何让步，这可能招致苏联对挪威的武装进攻。他因此希望知道，如果挪威遭到进攻，挪威能期望得到英国的何种帮助。可能由于兰格认为这时美国还没有准备提供军事援助，这位外交大臣并没有向美国大使直接提出他的关切。

英国驻挪威大使立即向伦敦报告了挪威的形势。贝文并不认为苏联将即刻进攻挪威。但他更大的关切是，如果没有向挪威提供某种保证，将会使挪威政府很难抵制苏联的要求。他同时认为，苏联对挪威的渗透将会影响美国的战略利益，任何对挪威的保险或保证将不得不包括美国。根据贝文的指示，英国大使于3月11日当天向马歇尔递交了备忘录。贝文向马歇尔指出："挪威的背叛将使苏联人出现在大西洋岸边，使整个斯堪的纳维亚体系崩溃，从而使阻止苏联向西欧挺进的机会更为渺茫。这在短期内将会产生两个严重的威胁：俄国势力范围扩张直达大西洋带来的战略威胁和摧毁建设西方联盟所有努力的政治威胁。"[91]

唐·库克(Don Cook)认为，来自挪威的消息是产生北约的"决定性一步"。1948年冬季一个多月内发生的一系列事件，特别是苏联对挪威可能的"压力"，使"军事联盟的问题突然间成为可能"[92]。随着这一系列安全挑战的迅速浮现，"那些主张与欧洲朋友达成一个相互安全协议的美国人取得了胜利"[93]。3月12日，即收到贝文备忘录的第二天，马歇尔请英国大使向贝文转达："根据3月11日您的备忘录，我们准备就建立大西洋安全体系的问题立即进行磋商。我期望，英国代表下周初能迅速抵达。"[94]

1948年3月22日，美国、英国和加拿大代表在五角大楼开始举行会谈。五角大楼会谈的任务并不是谈判，而是就谈判的内容和程序提出建议。美国代表表示，美国总统在3月17日的讲话已公开表明美国关心西欧安全，目前不需要做更多的事情，但为了便于会谈，可以假定美国保证进一步给予支持。他提出了三种合作方式：一是扩大布鲁塞尔条约组织，二是缔结大西洋公约(加上诸如地中海条约等地区性安排)，三是在地区性安排的基础上，建立一个世界范围的自卫公约组织。在会谈中第三种方式很快就被否定了。英国代表看出美国不愿参加《布鲁塞尔条约》，即主张缔结大西洋公约。[95]

经过十一天的秘密会谈，三方在最后达成的备忘录中主要提出了五点建议：(1)美国总统邀请其他13个国家(英国、法国、加拿大、比利时、荷兰、卢森堡、挪威、瑞典、丹麦、冰岛、爱尔兰、葡萄牙、意大利)共同协商北大西洋集体防务协定(collective defense agreement)事宜；(2)在上述协议缔结之前，美国总统应发表单方面声明，宣布针对《布鲁塞尔条约》签字国任何一国的武装攻击将被美国视为对自己的武装攻击，美国将采取相应的行动；(3)美国应宣布，将对愿参加《布鲁塞尔条约》的其他欧洲国家提供同样的援助；(4)美国和英国应共同发表声明，不能容忍任何针对希腊、土耳其、伊朗的政治独立和领土完整的攻击；(5)在条件允许时，应邀请德国和西班牙参加《布鲁塞尔条约》和北大西洋防务协议。[96]

这份备忘录被称为《五角大楼文件》。会谈结束后，美国副国务卿洛维特向杜鲁门作了汇报。杜鲁门认为，他所面临的主要问题不是外交上的，而是政治上的。在共和党成为国会多数党的情况下，杜鲁门一直小心翼翼地维护着外交政策上的两党一致，在杜鲁门主义的提出和“欧洲复兴方案”的批准上都是如此。杜鲁门对《五角大楼文件》的第一反应也是在缔结“北大西洋防务协定”上保持“两党一致”。杜鲁门在其回忆录中说：“我永远记住1920年威尔逊失败的教训。我的意思是说，要争取国会的合作。我们的欧洲朋友们显然也记得国际联盟这件事的；他们不但极其迫切地期盼总统就政策发表宣言，而且也要求国会表示支持。”[97]于是，杜鲁门决定由洛维特具体承担和参议院外交委员会主席范登堡协商的任务。

二、从《范登堡决议》到《北大西洋公约》

1948年4月11日，洛维特与范登堡就北大西洋防务协定事宜进行了第一次会谈。范登堡表示，他充分意识到向欧洲提供某种军事保证或援助的必要性。但他强调说，如果采取某种保证条约的形式，就必须得到参议院三分之二多数的同意，而达到这一票数相当困难。洛维特提出可以由总统发表单方面声明，宣布针对《布鲁塞尔条约》签字国任何一国的武装攻击将被美国视为对自己的武装攻击。范登堡则建议以参议院通过的决议案来代替总统发表的声明。洛维特向杜鲁门汇报了范登堡的想法，杜鲁门表示乐观其成。随后，洛维特在国务院内部建立了包括约翰·希克逊和西奥多·阿基里斯在内的起草小组，准备有关这一决议案的具体“建议”。范登堡对这些“建议”略作修改，主要是在第三段中增加了“通过宪法程序”几个词的限制，就形成了参议院决议案的草案。6月11日，范登堡提出的议案在参议院以64票赞成对4票反对获得通过。决议案的核心内容如下：

遵循联合国宪章之宗旨、原则和规定，逐渐发展单独或集体自卫的区域性和其他集体安排。

在持续与有效的自助和互援的基础上,以及在涉及美国国家安全的情况下,美国可以通过宪法程序,与这些区域性和其他集体安排建立联系。

在发生任何危及美国国家安全的武装攻击的情况下,美国可以表明其根据联合国宪章第五十一条之规定行使单独或集体自卫权利的决心以维护和平。[98]

《范登堡决议》通过国会立法的方式,为美国在和平时期与欧洲国家结盟开辟了道路。正如劳伦斯·卡普兰所指出的:"《范登堡决议》为最终接受美国和西欧之间的军事联盟清除了大部分障碍。"[99]虽然决议中并没有"条约"(treaty)或"联盟"(alliance)的字样,但其文本是富于弹性的,足以覆盖到美国国务院在安全合作领域中可能最终决定采取的任何行动。而且,基于"持续的和有效的自助和互援"的"集体安排"(collective arrangements)这一措辞很可能就意味着缔结条约。

《范登堡决议》为美国建立与西欧国家间的防务安排颁发了"通行证",但在这条"道路"上究竟采用何种"交通工具",还是要由行政部门来决定。正是在《范登堡决议》酝酿和审议的这段时间内,国务院内部的意见分歧开始缩小,乔治·凯南反对军事联盟的立场有所松动。5月19日,加拿大驻美大使休姆·朗(Hume Wrong)约凯南面谈。休姆·朗告诉凯南,美国驻德陆军和美国的单方面声明对欧洲的安全来说是不够的,如果西欧国家在得到美国实际支持的同时又有联盟条约的保证,它们面临的风险就会小得多。为了充分说明条约相对单方面声明的优势,加拿大外交部官员为凯南准备了一份两千字的备忘录。其中的一个理由如下:

如果美国打算为西欧提供有效的军事支持,美军的参谋长们必须知道当战争或者紧急事件发生时,美军能够在哪里行动。他们必须知道,美军承担快速和有效的攻势时能够从哪个基地出发。他们必须确定美军事先能够利用的领土,如果必要的话,美军必须立即建立基地,所有这些在条约之下更容易办到。[100]

这份备忘录还指出,从政治上讲,加拿大、丹麦、冰岛和挪威将其防务设施交给一个"北大西洋联盟"比交给美国更容易些。加拿大的游说收到了一定成效。休姆·朗向加拿大政府报告说,凯南的态度看起来已经有所转变。

在《五角大楼文件》出台以后,英国以及其他西欧国家急切地等待美国的下一步行动。作为一份普通的备忘录,《五角大楼文件》对美国并无约束力,英国感到有必要再"推"美国几下。4月17日,贝文和皮杜尔联名向马歇尔呼吁启动美国与《布鲁塞尔条约》五国的安全磋商,表示他们"正在采取所有可能的步骤来准备条约所需要的防务措施",包括"将在近期举行的军事磋商"[101]。4月23日,贝文向美国国务院发来一封绝密电报。在电报中贝文指出,由美国政府召开一个会议来讨论北大西洋地区的防御部署,是目前对和平最有效的保证;为了取得成效,大西洋安全协定必须对西欧各国提供真正的保证。贝文特别提醒美国说,英国政府在1940年就知道美国总统对他们抱有强烈的同情,但是他们又不得不在无法确定美国国会给予什么帮助的情况下作战。他接着表示,除非有一个包括美国在内的、明确制定的集体抵抗侵略的协定,否则英国人或其他"自由国家"就很难挺身而出,抵抗新的侵略。[102]5月20日,贝文又向马歇尔发来电报,宣称美国有必要拿出一定的事实来证明自己愿意承担的义务,美国应该倡议这样一次会谈。在当天举行的国家安全委员会会议上,考虑到《范登堡决议》还有待批准,以及来自军方的保留意见,杜鲁门并未就此作出决定。实际上,直到一个月后"柏林封锁"发生后,美国才下定了决心。

6月19日,苏联对美、英、法进入柏林的通道实施交通管制,封锁了西方通往柏林西占区的全部陆上通道。6月24日,苏联封锁了通往柏林的一切陆上和水上交通,柏林封锁全面展开。不论苏联封锁柏林水陆交通的真正动机是什么,美国领导人认为,苏联的行为是进攻性的,其目的不仅在于把西方赶出柏林,而且在于破坏美国在欧洲的信誉:既然美国维护不了西柏林的安全,那么英国、法国,以及美国在欧洲的其他盟友还能信赖美国吗?[103]因此,杜鲁门政府决定作出强硬反应,立即派出大量的飞机向西柏林持续空运物资。但对于西欧的安全而言,这一危机处理措施显然是不够的。杜鲁门回忆说:"柏林被封锁了,空运会不会成功,也还不敢肯定。欧亚两洲自由的人们迫切地需要抵抗侵略,他们再也不能等待将来再拿出武器,否则就要贻误时机了。"[104]这时美国国务院欧洲司司长约翰·希克逊建议在一周内启动会谈。由于柏林封锁的发生，“在将近三个月的耽搁之后，看起来华盛顿突然着急了”[105]。

1948年7月6日，美国与《布鲁塞尔条约》五国及加拿大在华盛顿举行了第一次会谈。美国代表团团长是副国务卿洛维特，其他国家的政府则由其驻美大使代表。[106]根据美国国务院的倡议，会谈的主要议题包括：(1)影响安全的欧洲形势，包括苏联的意图；(2)《布鲁塞尔条约》五国已经采取的和将要采取的安全措施；(3)和其他西欧国家的安全关系；(4)根据《范登堡决议》，美国和欧洲安全安排挂钩的性质。显然，美国和欧洲安全安排挂钩的性质在上述议题中居于核心位置。在会谈的最后一天，即7月9日，荷兰大使范·克里芬斯(van Kleffens)表示希望会谈的最终成果将是某种北大西洋协定(North Atlantic Pact)。他认为，美国不会加入《布鲁塞尔条约》，因此需要缔结一个新的条约。英国大使奥利弗·弗兰克斯(Oliver Franks)也呼吁缔结一个新的协定来对付整个北大西洋区域的问题，而不是《布鲁塞尔条约》成员国的简单扩大。加拿大代表则强调，加拿大不会参与任何通过单方面的保证来维护区域安全的集体安排。加拿大实际上重申了缔结条约的主张。对于上述立场，洛维特表示，单方面的安全保证的确是不够的。但是，对于美国和加拿大与西欧安全以什么样的方式挂起钩来，他并没有给出清晰的描述。洛维特只是说，已经作出了努力来寻找组织的形式和联合的方法，以便使美国作为一个成员进入到某种形式的集体安全事业中，集体安全的形式既可能是分立集团之间的联合，也可能是《布鲁塞尔条约》的扩大，还可能是全新的北大西洋安排。[107]洛维特的回答表明，美国的立场已开始向缔结条约的方向靠拢，但是美国政府仍不愿就具体的制度形式作出最终的和明确的承诺。

第一次会谈所作出的惟一决定是立即建立一个由外交技术人员组成的工作小组，由这个小组来提出有关大西洋安全协议的具体建议。大使们将继续随时保持接触以便对工作小组进行指导，当报告准备提交各国政府审议时，大使们将作出决断。这样，在接下来的华盛顿会谈中，实际包含了工作小组磋商和大使磋商两个层次。

工作小组于7月14日正式启动。参与工作小组的美国国务院官员提出了“双柱概念”(two-pillar concept)，即欧洲将挪威、丹麦、爱尔兰、葡萄牙和意大利纳入《布鲁塞尔条约》，由此形成第一支柱，然后再由美国和加拿大向欧洲提供北大西洋保证(North Atlantic guarantee)从而形成第二支柱。这一概念不仅得到了乔治·凯南的支持，而且获得了约翰·希克逊的同意。但是，法国和加拿大表示反对。法国担心《布鲁塞尔条约》扩大后会减少它所分得的军援额度，而加拿大不愿意成为“双柱模式”中美国对欧安全保证的点缀物。

由于无法达成一致意见，工作小组转而寻求大使们的指导。9月2日，大使们讨论工作小组的上述分歧。有趣的是，美国自己率先否定了“双柱概念”。美国这时已发现“双柱概念”不能满足美国的一个基本要求：如果“垫脚石”国家(冰岛、丹麦、葡萄牙)和挪威不愿加入《布鲁塞尔条约》，就无法将这些国家纳入北大西洋安全体系中来。在美国看来，这些国家对北大西洋的安全至关重要，一如洛维特所明示的：“对于美国和加拿大的安全来说，格陵兰岛和冰岛甚至比一些西欧国家更加重要。”[108]于是，洛维特在会上向“双柱概念”提议开火。洛维特声明：“对于挪威和这类国家来说，即使没有批准《布鲁塞尔条约》，也可以成为北大西洋协定的完全成员。”[109]对于美国的这一新立场，加拿大和英国大使表示同意，法国大使也不反对。这样，“双柱概念”提议遭到否决。

1948年9月9日，大使们一致通过了一份长达十一页的备忘录，准备将其递交给七国政府。这份被称为《华盛顿文件》的备忘录共分三部分：“影响安全的欧洲形势”；“北大西洋安全安排的区域范围及其与其他国家安全的关系”；“可能出现的北大西洋安全安排的性质”。此外还附有一份拟议中的北大西洋公约条款提纲，一并提交各国政府讨论。[110]对于北大西洋安全安排的性质，备忘录强调：“条约包含准确无误的条款以束缚各方在遭受攻击时达成共同防务”；“除了条约以外没有其他替代方案能够满足北大西洋安全的基本要求。”[111]这样，在经过一段时期的犹豫以后，美国终于同意缔结一项“北大西洋公约”(North Atlantic Treaty)。当然，“北大西洋公约”的文本还有待于各国进一步协商。但是，塑造美欧安全关系的主要“模具”已初步选好，北大西洋安全安排的制度形式已基本确定。

《华盛顿文件》随即提交各国政府审查。10月13日,加拿大政府通知美国,它准备遵循《华盛顿文件》的方针就北大西洋公约进行谈判。10月25日,《布鲁塞尔条约》五国作出了相同的决定。它们决定由五国驻伦敦大使根据《华盛顿文件》的精神共同起草一个北大西洋公约的草案,一旦会谈重新启动就作为西欧五国的建议提出。11月底,《布鲁塞尔条约》五国完成了"欧洲版"公约草案的起草工作。正是在这个草案的基础上,七国启动了第二阶段的华盛顿会谈。

12月10日,美国、加拿大和《布鲁塞尔条约》五国在华盛顿再次集会,就条约文本进行讨论。除了美国代表团团长中途换人外[112],其他各国代表仍由其驻美大使担任,卢森堡驻美公使也参加了第二阶段的会谈。这一阶段各方磋商的主要焦点包括:(1)承诺条款(commitment clause)如何措辞;(2)条约覆盖的地理范围如何界定;(3)是否邀请意大利加入;(4)条约期限如何确定。讨论的核心是承诺条款如何措辞的问题。虽然后三个问题在谈判中同样也是"消耗时间和充斥感情的",但它们在外交家面前并不是核心的问题。谈判各方都很清楚,"如果欧洲人能够在防务上将美国的力量和他们拴在一起,那么其他问题都会相形见绌"。[113]

实际上,关于"承诺条款"的讨论始于1948年3月的五角大楼会谈。五角大楼文件申明,任何对北大西洋安排的安全承诺都应当以《里约热内卢条约》为基准。[114] 9月9日的华盛顿文件再次重申,如果北大西洋公约尽可能地参照《里约热内卢条约》的文本,将会便于美国参议院批准这一公约。在第二阶段的华盛顿会谈中,美国人的立场并没有发生太大的变化。但是,美国人此时充分意识到,《里约热内卢条约》的措辞不能够满足欧洲国家对大西洋安全安排的期待,而欧洲国家所钟爱的《布鲁塞尔条约》在"承诺条款"上的措辞又使条约难以获得美国参议院的批准。于是乔治·凯南提出了一个折中方案。他告诉西欧五国代表,美国国务院现在同意北大西洋公约在这一条款上的措辞将比《里约热内卢条约》更加明确。但他又指出,在条约中明确"在遭受攻击时,所有国家应提供军事援助"是错误的。例如冰岛就没有军队,但可以提供有价值的基地。因此他提出“承诺条款”的核心部分应当写为：“采取一切必要之行动来恢复并维持北大西洋区域之安全”。西欧国家则指出，这一部分的措辞应该强调“军事行动或其他行动”。他们主张删去“一切必要之行动”的表述，认为这将为危机发生时各国国内无休止的争论敞开大门。凯南仍然坚持在条约起草时应当给予各国政府以足够的灵活性来回应具体的形势，但他同意加上“立即”一词来减轻西欧国家的顾虑。这样，经过相互妥协，美欧在工作小组层次就条约第五条的草案达成一致：

> 各缔约国同意对于欧洲或北美之一个或数个缔约国之武装攻击，应视为对缔约国全体之攻击。因此，缔约国同意如此种武装攻击发生，每一缔约国按照联合国宪章第五十一条所承认之单独或集体自卫权利之行使，应单独并会同其他缔约国立即采取一切必要之军事行动或其他行动，协助被攻击之一国或数国以恢复并维持北大西洋区域之安全。[115]

在条约第五条达成一致后，条约草案就基本确定了下来。1949 年 1 月 20 日，杜鲁门在其就职演说中公开宣布，北大西洋公约和坚守联合国、马歇尔计划、第四点计划一起构成了美国对外政策的基础。艾奇逊接替马歇尔出任国务卿后，立即就条约的文本和参议院外交委员会进行协商。由于民主党在 1948 年底的国会选举中取得了多数议席，民主党人汤姆·康纳利接替范登堡出任参议院外交委员会主席。康纳利认为，条约草案的第五条很可能导致“自动卷入”问题。这位参议员宣称：“我们不能像加拉哈兹爵士那样，每次一听到枪响就投入战争，站在战争的一方，既不知道我们在干什么，也不知道争端之所在。这就是我的态度。”[116]参议院要求在“行动”一词前删除“军事的或其他的”的限制语。此外，参议院还主张删除“一切之必要”并加入“宪法程序”的措辞，以此明确国会的宣战权。这样，第五条的核心部分就改为：“依照本国的宪法程序采取行动，协助被攻击之一国或数国以恢复并维持北大西洋区域之安全。”[117]

艾奇逊将参议院的修改意见转告给其他六国大使。艾奇逊特别解释说，“采取行动”一词包括各种类型的行动，当然包括军事行动在内，因此"军事的或其他的"一词的限制实为赘语。但是大使们表示,他们的政府不可能接受美国参议院的修改。英国大使奥利弗·弗兰克斯承认,"行动"的措辞当然可以包括军事行动,但这种逻辑上的解释并非问题的要害。北大西洋公约在实质上是美国向欧洲提供军事支持。如果措辞提及可能的军事行动,将有助于西欧的政治、道义和经济复兴。反之,如果措辞过于温和,将使苏联人认为美国将撤回使用军事力量的承诺。

在这种相持不下的情况下,艾奇逊请杜鲁门作出决定。杜鲁门认为在条约中包括一项关于军事行动的承诺是绝对必要的。但杜鲁门建议以"包括武力之使用"的措辞来取代"军事行动"的措辞。杜鲁门随后约见了康纳利参议员。这样,在杜鲁门的直接干预下,条约第五条的措辞问题终于得以解决。[118]对于这一"承诺条款"的最后文本,艾奇逊在其回忆录中指出:

> 这些诺言就是把对我们的任何一个盟国的进攻看作是对我们自己的进攻。我们自己或和其他国家一起去帮助受害的国家,并在必要时使用武力,以恢复和维持和平与安全。就在这个条约所涉及的地区,二十五年中已经发生过两次大战;事情十分清楚,必须采取什么措施来恢复和平与安全。这并不等于说如果我们的一个盟国受到进攻,我们就会自动参战。我们应当并且决心作为一个国家,按照我们的诺言——而不是抛弃我们的诺言——采取行动;同时,作为一个国家,"将由宪法规定的部门来作出决定。"[119]

这样,在各国代表和美国参议院内部的多次辩论后,1949 年 3 月 18 日《北大西洋公约》全文公开发表。此前,挪威、丹麦、冰岛、葡萄牙和意大利都已先后决定加入北约。美国、加拿大和《布鲁塞尔条约》五国经过讨论,同意这 5 个国家加入。4 月 4 日,12 国外长在华盛顿国务院大厅举行了《北大西洋公约》的签字仪式。公约签字后,即交由各缔约国依照本国宪法程序批准,然后集中交存美国政府。加拿大于 5 月 3 日,英国于 6 月 7 日,美国于 7 月 25 日交存了批准书,至 8 月 24 日,法国、意大利、丹麦、葡萄牙等最后都交存了批准书,《北大西洋公约》正式生效。[120]

三、从条约到组织

在《北大西洋公约》正式生效后，北约组织机构的建设即提上日程。《北大西洋公约》第九条规定："缔约国应各派代表组织一理事会，以考虑有关实施本公约之事宜。理事会之组织，须能使其随时迅速集会。理事会应设立必要之附属机构，尤其应立即设立一防务委员会，该委员会应对本公约第三条与第五条之实施提供建议。"[121]根据这一条款，北约的主要机构应是北大西洋理事会和防务委员会。虽然第九条赋予了理事会设立必要附属机构的权力，但就一个具有防务能力的军事组织来说，这一条款仍然显得极其模糊。比如唐·库克就强调指出，公约中没有提到文官组织、秘书处、统一的军事指挥和军事司令部。[122]显然，没有这些基本的常设机构，北约就很难称为名副其实的正式国际组织，第九条规定设立的组织形式不过为条约签字国提供了一个相对稳定的论坛而已。在常设机构特别是在军事司令部建立以前，北约作为一种安全安排更多地具有"自我实施的正式协议"特点。事实上，直到1952年2月，北约才从"自我实施的正式协议"嬗变为具备完整军事和政治结构的正式国际组织。在这一比北约的酝酿还要漫长的嬗变过程中，既有渐进的变化，又有突发的变革。

1949年9月17日，北大西洋理事会在华盛顿举行第一次会议。会议决定，理事会由各缔约国外长组成，每年至少召开一次会议，也可根据多数成员国的请求随时召开会议。会议设立由12个国家的国防部长组成的防务委员会，每年同样召开一次会议。理事会还建议设立其他机构：12个国家组成的军事委员会(11位参谋长和没有军事组织的冰岛的一名文官)；由该委员会的美、英、法代表组成的三人常设小组作为军事委员会的分支委员会；5个区域性计划小组制订和协调本区域内的各种防务计划。理事会还任命一个工作委员会来研究协调军工生产和供应，以及这个公约所可能产生的经济和财政问题。[123]

1949年10月5日，防务委员会在华盛顿召开第一次会议，赞同理事会提出的设立军事委员会、常设小组和5个区域性计划小组的建议。

在1949年11月18日举行的理事会第二次会议上，盟国又决定建立一个防务、财政和经济委员会；军工生产和供应局的设立也得到了批准。这样，北约已相继建立了理事会、防务委员会和防务、财政和经济委员会，分别由各成员国的外交部长、国防部长和财政部长组成。但是就北约组织的整体来说，并没有一个集中的常设机构来处理日常事务，委员会的工作就像艾奇逊所说的那样是“抓一阵丢一阵”，而且各个委员会之间的工作也缺乏协调。更重要的是，作为一个军事组织，北约还没有建立一个统一的军事指挥系统，更不用说明确接受北约指令的一体化部队了。这种松散的组织状况使北约的集体防务力量大打折扣。正如艾奇逊所指出的：

> 北大西洋联盟是个组织——或更准确地说是十二个组织——却没有一个头。大会要求建立“一体化防御”，从而设立了一系列的委员会。它们虽然开了会，但是未能作出连续的和具有权威性的指导。美国的军需品已在横渡大西洋，但是，理事会遇到的像是美国在1776年没有任命华盛顿将军以前大陆会议所经历的挫折。理事会清楚地认识到需要一般的和适当配置的部队，但是看到在没有组织、没有指挥部和没有战略的情况下，这二者中的任何一种都是很少可能获得的。[124]

这种松散的组织状况在很大程度上是由美国的态度决定的。美国虽然签署了《北大西洋公约》并准备履行它对条约的义务，但美国仍不愿接受北约组织对美国行动自由的过多限制。显然，“更深程度的一体化将会减少美国的自主性”[125]，美国当时还不情愿为此作出牺牲。美国的这种倾向明显表现在它参与区域性计划小组的身份上。在5个区域性计划小组中，美国只是北大西洋区域性计划小组和加美区域性计划小组的正式成员，而在其他3个计划小组中则作为“磋商成员”(consulting member)在“合适的范围内参与”(participation as appropriate)其事(参见表4.1)。对于以西方联盟为载体的西欧区域性计划小组，美国尤其持警惕态度。美国三军参谋长反对西欧国家将美国军事力量整合到西方联盟供给委员会的愿望。三军参谋长在联盟问题上的主要关切是：“美国在战略选择上应免于来自欧洲的干预。”[126]

表 4.1 北约区域性计划小组构成情况

	北大西洋	加拿大/美国	南欧及西地中海	西欧	北欧
美 国	○	○	☆	☆	☆
加拿大	○	○		☆	
挪 威	○				○
丹 麦	○				○
英 国	○		○	○	○
法 国	○		○	○	
比利时	○			○	
荷 兰	○			○	
卢森堡				○	
葡萄牙	○				
冰 岛	○				
意大利			○		

○ 正式成员 ☆ 磋商成员

资料来源:Lawrence Kaplan, *The United States and NATO*: *The Formative Years*, Lexington: The University Press of Kentucky, 1984, p.140;[英]彼得·卡尔沃科雷西:《国际事务概览》(1949—1950),王希容等译,上海:上海译文出版社 1991 年版,第 183 页。

由于美国不愿再接受进一步的制度约束,在北约缔结后的第一年内,北约在集体防务建设上并没有取得太大的进展。1950 年,北约成员国在欧洲大陆大约仍只有 14 个师和 1 000 架不到的飞机,并且各自为政,而苏联在东欧则大约有 25 个师和 6 000 架飞机,都隶属于一个统一的指挥系统。面对这种局面,蒙哥马利在 1950 年 6 月 15 日的报告中不得不承认:"在现在这种情况下和在可以预见到的将来,如果俄国人发动进攻,西欧将充斥骇人听闻和难以描述的混乱景象。"[127] 丘吉尔于 1950 年 8 月 11 日在欧洲委员会上甚至说,自《布鲁塞尔条约》签订以来,除在英国建立了美国战略轰炸基地外,没有做什么事来防御苏联对欧洲的侵略。[128]

在这种情况下,虽然美国已经通过缔结正式条约的形式来保证西欧的安全,欧洲人仍然感到不安。1949 年 9 月,苏联第一颗原子弹爆炸的消息公布,更加剧了西欧各国的不安情绪。在北约缔结一周年之际,法国《世界报》发表了塞尔旺·施赖伯的一篇文章。他指出,迄今为止,北大西洋公约的目标是以美国的生产能力为后盾,加强欧洲的防务,给欧洲人带来安全感。按照这一目标,应建立一支欧洲的军队,能在战争爆发时一段必要的时间内把苏联人挡住,以便让美国军队到达欧洲。施赖伯认为,这一目标是不可能达到的,因为不会有这样的时间来抵挡苏联人。他还指出,北大西洋公约也没能消除人们对美国援助的怀疑,因为一纸条约既不会减少也不会增加人们的怀疑,即使美国人自己认为有义务履行这个条约,欧洲人仍然心怀疑虑。[129] 鉴于北约组织仍然很脆弱,这位法国记者特别提出了美国孤立主义的问题,认为孤立主义作为美国行为的一个因素不容低估。虽然施赖伯并不主张西欧国家转而采取中立主义或"绥靖"苏联的政策,但他对北约目前的状况的确深为不满,在这篇产生广泛影响的文章中表达了今后"北约设计者们不得不考虑的一种情绪"[130]。

1950 年 6 月 25 日,朝鲜战争爆发。美国舆论认为,"北朝鲜的进攻是苏联对美国抵抗共产党军队的公开武装进攻的决心的试探"。在杜鲁门看来,北朝鲜的进攻"好比是日本进攻满洲,墨索里尼征服埃塞俄比亚,及希特勒在 30 年代的侵略"[131]。这些令人难忘的历史记忆使美国决策者断定,对苏联扩张"作出一点让步都是危险的"[132],如果美国不能抵抗,其他的局部侵略就会很快跟上,并可能导致一场全面战争。杜勒斯就警告说:"在朝鲜遭到未经挑衅的军事进攻时坐视不管,就会引发一连串极可能导致世界大战的灾难性连锁反应。"即使凯南也承认:"如果这些事态发展以一种有利于苏联而不利于我们自己的目的和威望的方式进行,那就将很少有任何不会因此受到恶性影响的东西方冲突场所。"[133] 基于这些接近于共识的"知觉"(perception),杜鲁门政府突然改变了它在东亚的战略。6 月 27 日,杜鲁门授权麦克阿瑟使用美国海空军;6 月 30 日,杜鲁门采纳了麦克阿瑟在朝鲜使用美国陆军的建议。正如约翰·刘易斯·加迪斯所评析的:"对于一个仍然痛惜'失去'中国,仍在反省慕尼黑'教训'的国家,朝鲜很快变成了决心的象征,无论它的军事/战略重要性如何。”[134]

朝鲜战争在西欧国家中引起了更大的恐慌。很多欧洲人相信,朝鲜战争的爆发是苏联在尝试一种新的扩张手腕。[135]他们认为,由于德国和朝鲜一样都处于分裂状态,如果共产主义在亚洲取得了胜利,苏联领导人就会在欧洲再次使用这种手腕。[136]当时的联邦德国总理阿登纳在当时就坚信:“斯大林对西德所拟定的做法同在朝鲜一样。”[137]在欧洲人看来,北约在欧洲大陆的地面力量显然不足于抵抗这样一次“进攻”,用阿登纳的话说:“在欧洲,至今还没有组织起值得一提的防御力量。”[138]令欧洲人感到更为担心的是,美国可能因朝鲜战争而将其注意力从欧洲转向远东,从而会忽视西欧的安全需求,“减少乃至停止美国对欧洲的军事援助”[139]。西欧国家领导人深知,在美国国内有一种强大的政治力量,“这些人不觉得一头栽进亚洲战争里有什么不对,但是为欧洲防务拔一根毛却不肯;他们认为英国首相不可相信,而蒋介石却不会错”。[140]这样,虽然美国维护韩国安全的决心使欧洲人在美国承诺可信性的问题上产生了一定程度上的轻松感,“但是由于欧洲人担心美国将其注意力从欧洲转移到传统上优先的亚洲,从而抵消了这种轻松感”[141]。

杜鲁门政府显然意识到了朝鲜战争爆发后西欧国家对美国战略意图所产生的疑虑。在这个充斥着不确定性的敏感时期,信奉“欧洲第一”原则的杜鲁门政府决定采取切实的措施来减少西欧国家的担忧。1950 年 7 月,美国三军参谋长向国家安全委员会建议,成立一支由常设司令统率的北约组织“机动部队”;8 月,国务院制定出“一揽子”计划,准备增派 4—6 个师到欧洲,成立由美国人任司令的最高司令部,并立即着手建立德国军队;9 月 9 日,杜鲁门公开宣布,美国将增派地面部队到欧洲;9 月 16 日,美国在北大西洋理事会第五次会议上提出了上述三项措施。[142]对于美国作出的这些决定,杜鲁门在其回忆录中解释说:

> 我认识到,我们必须考虑我们欧洲盟国面对着远东的形势发展而流露出来的焦虑。他们有很多人担心我们会把大部分注意力转移到朝鲜去,而把欧洲防务降到次要地位。为了证明我们对欧洲防务的真正关心,我们决定增派美国军队到欧洲去。这些美国

部队是包括德国人在内的均衡欧洲防御力量的一部分。最后一定要成立一个最高司令部来指挥这些力量。[143]

杜鲁门决定委派艾森豪威尔出任最高司令。1950年12月18日，北大西洋理事会第六次会议正式任命艾森豪威尔担任此职。此事的正式公布在美国国内引发了一场关于西欧政策的激烈辩论，史称“大辩论”(Great Debate)。第一个向杜鲁门政府开火的是前总统胡佛。胡佛在12月20日的演说中指责政府增派美国军队到欧洲是一个错误。在他看来，增派的美军不足以阻止苏联的侵略，如果苏联的侵略没有发生的话，增派行动只是浪费美国的大量钱财，如果苏联的侵略的确发生的话，这些增派的部队将成为任由苏军宰割的羔羊。因此，美国最好的替代方案是，继续依赖美国的海空军来维护西欧安全，地面部队应当是欧洲人的责任。胡佛强调，美国应当集中力量保卫西半球和东亚主要的离岸岛屿——菲律宾、日本和中国的台湾。[144]

胡佛的演说挑起了美国对欧政策的“大辩论”。“大辩论”的主战场在国会。坚决反对杜鲁门和艾奇逊领导地位的一批共和党保守派议员，“将孤立主义者对欧洲的疑虑和对远东的传统关切联系了起来”[145]，在国会中激烈抨击杜鲁门的欧洲政策。1951年1月5日，塔夫脱在参议院发表了长篇演说。塔夫脱宣称，建立北约组织是一个错误，将迫使苏联乘西欧防务还未建立起来的时候同西方进行战争。他认为，美国与苏联在欧洲大陆用地面部队作战，将必然是美国的失败。因此，他赞同胡佛所主张的通过海空力量防卫太平洋和大西洋来寻求安全的办法。2月14日，118名共和党众议员提出一个政策宣言，主张美国的防线应该在太平洋和大西洋，美国应该拒绝援助西欧，除非西欧承担它应负担的所有份额。[146]在参议院举行的听证会上，艾奇逊、国防部长马歇尔，以及三军参谋长均为增派军队到欧洲的决定作了辩护，强调建立北约组织欧洲地面部队的重要性。艾森豪威尔也在参议院作了关于其访问欧洲的报告，指出美国增援部队的真正职责在于“激励士气”。参议员康纳利和拉塞尔则提出了一项支持增派部队到欧洲的议案。4月4日，经过修正的《康纳利—拉塞尔决议案》在参议院以69票对21票获得通过。这一投票结果显示，在共和党国际派的支持下，民主党战胜了孤立主义者试图阻止美国在更深程度上卷入欧洲防务的努力。

“大辩论”的终结标志着“参议院最终承认和接受了美国对外政策中发生的根本性偏离”[147]。就在《康纳利—拉塞尔决议案》通过前两天,北约欧洲盟军最高司令部在巴黎正式开始工作。以艾森豪威尔将军为最高司令的这一司令部负责统率美国在欧洲的所有部队和欧洲盟国交给北约指挥的所有军事力量。以北约一体化军事力量的建立为标志,“北大西洋联盟最终成为一个有形的实体”[148]。

注释

1. [美]S.F.比米斯:《美国外交史》(第一分册),叶笃义译,北京:商务印书馆 1985 年版,第 119 页。

2. Ronald Powaski, *The Entangling Alliance: The United States, and European Security, 1950—1993*, Westport: Greenwood Press, 1994, p.vi.

3. 在第一次世界大战中,美国和以英法为首的协约国之间的关系是“联合”(associate)。在第二次世界大战中,美国是以非正式的协作者(informal collaborator)身份参战的;即使联合作战的美英之间也没有正式的义务。参见 Lawrence Kaplan, *The Long Entanglement: NATO's First Fifty Years*, Westport: Praeger, 1999, p.1。

4. [美]J.斯帕尼尔:《第二次世界大战后美国的外交政策》,段若石译,北京:商务印书馆 1992 年版,第 33 页。

5. Armin Rappaport, "The American Revolution of 1949", in *NATO Letter* 12, 1964, Quoted in Lawrence Kaplan, *The Long Entanglement: NATO's First Fifty Years*, p.1.

6. Ronald Powaski, *The Entangling Alliance: The United States, and European Security, 1950—1993*, p.1.

7. 时殷弘:《美苏从合作到冷战》,北京:华夏出版社 1988 年版,第 182 页。

8. 张小明:《冷战及其遗产》,上海:上海人民出版社 1998 年版,第 1 页。

9. [美]约瑟夫·奈:《理解国际冲突:理论与历史》,张小明译,上海:上海人民出版社 2002 年版,第 168—169 页。

10. 同上书,第 169—170 页。

11. 同上书,第 170—172 页。

12. Robert McCalla, "NATO's Persistence after the Cold War", *International Organization*, Vol.50, No.3, 1996, p.450.

13. [美]肯尼思·沃尔兹:《国际政治理论》,第 142 页。

14. 同上书,第 207 页。

15. 同上书,第 204 页。

16. 同上书。

17. David Lake, *Entangling Relations: American Foreign Policy in Its Century*, p.151.

18. 就经济学方法在北约研究中的应用而言,曼瑟尔·奥尔森、理查德·泽克豪泽、约翰·奥尼尔、艾伦·汤尔森、托德·桑德勒、基思·哈特利等学者已经获得了一些扎实并富于创造性的研究成果。特别值得一提的是，托德·桑德勒和基思·哈特利在探究北约的制度设计问题时明确使用了新制度经济学的方法，并具体讨论了与北约制度设计相关的交易成本和交易收益，但他们的研究并没有涉及交易成本经济学的核心内容，也没有涉及战后初期美国和西欧国家在安全制度形式上的选择问题。参见 Mancur Olson and Richard Zeckhauser, "An Economic Theory of Alliance", in Francis Beer, ed., *Alliance: Latent War Communities in the Contemporary World*, New York: Holt, Rinehart and Winston, Inc, 1970; John R. Oneal, "The Theory of Collective Action and Burden Sharing in NATO", *International Organization*, Vol.44, No.3, 1990; Alan Tonelson, "The Economics of NATO", in Ted Galen Carpenter, ed., *NATO at 40: Confronting a Changing World*, Washington, D.C.: Cato Institute, 1990; Todd Sander and Keith Hartley, *The Political Economy of NATO: Past, Present, and into the 21st Century*, Cambridge: Cambridge University Press, 1999。

19. 时殷弘：《新趋势·新格局·新规范》，北京：法律出版社 2000 年版，第 87 页。

20. 托克维尔在 1835 年指出："当今世界上有两大民族，从不同的起点出发，但好像在走向同一目标。这就是俄国人和英裔美国人。这两个民族在神不知鬼不觉之中壮大起来。当人们的视线只顾他处的时候，它们突然跻身于各国之前列，而全世界也几乎同时承认了它们的存在和强大。……他们的起点不同，道路各异。然而，其中的每一民族都好像受到天意的密令指派，终有一天要各主世界一半的命运。"参见[法]托克维尔：《论美国的民主》(上卷)，董果良译，北京：商务印书馆 1988 年版，第 480—481 页。

21. [美]保罗·肯尼迪：《大国的兴衰》，蒋葆英等译，北京：中国经济出版社 1989 年版，第 445—446 页。

22. 鉴于国际治理结构的基本功能在于降低国家间治理成本，我们在此首先考察区别国家间治理成本大小的资产专用性和不确定性，然后再来考察区别国家间缔约成本大小的问题领域敏感性和国家同质性。

23. 陈乐民主编：《战后英国外交史》，北京：世界知识出版社 1994 年版，第 22 页。

24. Hastings Ismay, *NATO: The First Five Years, 1949—1954*, Utrecht: Bosch, 1954, p.136.

25. [美]W.F.汉里德、G.P.奥顿：《西德、法国和英国的外交政策》，徐宗士、孙克武等译，北京：商务印书馆 1989 年版，第 135 页。

26. 英国、法国分别于 1952 年 10 月和 1960 年 2 月成功试验了自己的第一颗原子弹。

27. 刘同舜等：《战后世界历史长编》(1949)，上海：上海人民出版社 1980 年版，第 147 页。

28. Malcolm Hoag, "What Interdependence for NATO", *World Politics*, Vol. 12, No.3, 1960, p.372.

29. [美]拉塞尔·韦格利：《美国军事战略与政策史》，彭光谦、张孝林、赵汉生译，北京：解放军出版社 1986 年版，第 445 页。

30. 参见刘同舜等：《战后世界历史长编》(1949)，第 103 页。

31. Don Cook, *Forging the Alliance: NATO, 1945—1950*, New York: Arbor House/William Morrow, 1989, pp.22—23.

32. 秦亚青：《霸权体系与国际冲突——美国在国际武装冲突中的支持行为(1945—1988)》，上海：上海人民出版社 1999 年版，第 3 页。

33. C. M. Woodhouse, "Attitudes of NATO Countries Toward the United States", *World Politics*, Vol.10, No.2, 1958, p.208.

34. Celeste Wallander, "Institutional Assets and Adaptability: NATO After the

Cold War", *International Organization*, Vol.54, No.4, 2000, p.715.

35. John Duffield, "International Regimes and Alliance Behavior: Explaining NATO Conventional Force Levels", *International Organization*, Vol.46, No.4, 1992, p.843.

36. [美]亨利·基辛格:《白宫岁月——基辛格回忆录》(第一册),第111页。

37. Ronald Powaski, *The Entangling Alliance: The United States, and European Security, 1950—1993*, p.1.

38. Lynn Hinds and Theodore Windt, *The Cold War as Rhetoric: The Beginnings, 1945—1950*, New York: Praeger, 1991, p.224.

39. [美]戴维·霍罗威茨:《美国冷战时期的外交政策:从雅尔塔到越南》,上海市"五七"干校六连翻译组译,上海:上海人民出版社1974年版,第83页。

40. [美]约翰·福斯特·杜勒斯:《战争或和平》,北京编译社译,北京:世界知识出版社1959年版,第113页。

41. 麦克阿瑟对欧洲的看法证明这种担心并非空穴来风。他在二战时就说过:"欧洲是一个垂死的体系。它已耗尽力量并衰弱不堪,势必沦为苏俄的经济和工业霸权所控制的地区。……太平洋两岸拥有数十亿居民的那些国家将决定未来一万年的历史进程。"参见[美]戴维·霍罗威茨:《美国冷战时期的外交政策:从雅尔塔到越南》,第83页。

42.《国际条约集》(1945—1947),北京:世界知识出版社1959年版,第437页。

43. 资中筠主编:《战后美国外交史——从杜鲁门到里根》(上册),北京:世界知识出版社1994年版,第103页。

44. John Baylis, "Britain, The Brussels Pact and the Continent Commitment", *International Affairs*, Vol.60, No.4, 1984, p.622.

45.《国际条约集》(1948—1949),北京:世界知识出版社1959年版,第50页。

46. John Baylis, "Britain, The Brussels Pact and the Continent Commitment", p.627.

47. 刘同舜等:《战后世界历史长编》(1949),第38—39、41页。

48.《纽约时报》著名记者索尔兹伯格1951年1月30日的日记十分典型地说明了西欧国家的这一处境。日记记载了他同法国总统赫里欧的谈话。索尔兹伯格问赫里欧:法国为什么没有向西方联盟提供更多的兵力?赫里欧勃然大怒。这位总统在陈述了法国在战争中所遭受的惨重损失后指出,为了战后重建,法国不得不拿出4 000亿法郎。在占领德国的四年当中,法国每天都拿出5亿法郎维持占领区的德国人的生活。在这种情况下,美国不要在西方的共同防务上对法国期望过高。参见陈乐民:《战后西欧国际关系》,北京:中国社会科学出版社1987年版,第68页。

49. 刘同舜等:《战后世界历史长编》(1949),第57、58页。

50. [英]彼得·卡尔沃科雷西:《国际事务概览》(1947—1948),徐先麟等译,上海:上海译文出版社1990年版,第138页。

51. 战后初期,联邦德国的特殊情况并不能否定军事安全领域对国家主权的极端敏感性。由于众所周知的历史原因,战后初期德国西部处在美英法三国的军事占领下。1949年德意志联邦共和国成立以后,在防务方面的权力仍由美英法三国的占领当局行使。1954年《巴黎协定》使联邦德国重新武装,但其在军事安全领域中的主权行使仍然受到了严格的限制。"联邦共和国虽然恢复了主权,但是它的主权仍然是不完整的"。参见Emil Kirchner and James Sperling, eds., *The Federal Republic of Germany and NATO: 40 Years after*, New York: St. Martin's Press, 1992, p.4.

52. "通过功能主义走向欧洲联邦化"的过程,是指通过功能主义的方式,实现欧洲共同体的创始者们建立欧洲联邦梦想的过程。这一过程起步于1951年的欧洲煤钢共同体。参见宋新宁:《欧洲一体化的政治经济学分析》,第81页。

53. “普利文计划”旨在建立欧洲防务共同体,而“舒曼计划”旨在建立欧洲煤钢共同体。

54. Jan Honig, *NATO: An Institution under Threat?*, New York: Institute for East-West Security Studies, 1991, p.20.

55.《国际条约集》(1648—1871),北京:世界知识出版社1984年版,第222页。

56. 法国政府并不知道华盛顿已经决定不参加1796年的总统选举。关于这段历史的详细情况,可参见[美]S.F.比米斯:《美国外交史》(第一分册),第117—118页。

57. Lawrence Kaplan, *The United States and NATO: The Formative Years*, Lexington: The University Press of Kentucky, 1984, p.30.

58. Ibid., p.30.

59. Ibid., p.31.

60. Lynn Hinds and Theodore Windt, *The Cold War as Rhetoric: The Beginnings, 1945—1950*, p.222.

61. [美]威廉·奥尔森、戴维·麦克莱伦和弗雷德·桑德曼编:《国际关系的理论与实践》,王沿、孔宪倬等译,北京:中国社会科学出版社1987年版,第299页。

62. 在我们所考察的时段内,除了处于佛朗哥专制统治下的西班牙以外,西欧国家的政治体制均为议会制。法国当时仍为第四共和国时期,直到1958年第五共和国建立后,法国才改为半总统制(或总统—议会制)。

63. 法国共产党在1945年10月的选举中得票率达26.2%,在1946年11月的选举中得票率达28.2%;意大利共产党在1946年6月的选举中得票率达19%;比利时共产党在1946年2月的选举中得票率为12%;丹麦共产党在1945年10月的选举中得票率为11%。参见[法]阿尔弗雷德·格罗塞:《战后欧美关系》,刘其中等译,上海:上海译文出版社1986年版,第82页。

64. 张锡昌、周剑卿:《战后法国外交史》(1944—1992),北京:世界知识出版社1993年版,第33页。

65. E.Timothy Smith, *The United States, Italy and NATO, 1947—1952*, New York: St. Martin's Press, 1991, p.55.

66. Ibid., p.36.

67. 西欧国家并没有发生共产党一党执政或以共产党为执政核心的情况,不过我们可以参考一下南斯拉夫的例子。在1948年苏南冲突后,南斯拉夫和苏联的国家间关系非常紧张,但是作为共产党领导的社会主义国家,南斯拉夫并没有和西方国家建立紧密的安全合作。

68. E. Timothy Smith, *The United States, Italy and NATO, 1947—1952*, p.91.

69. 资中筠主编:《战后美国外交史——从杜鲁门到里根》(上册),第56—57页。

70. [英]彼得·卡尔沃科雷西:《国际事务概览》(1947—1948),第18页。

71. 资中筠主编:《战后美国外交史——从杜鲁门到里根》(上册),第60页。

72. [美]哈里·杜鲁门:《杜鲁门回忆录》(第二卷),李石译,北京:生活·读书·新知三联书店1974年版,第121页。

73. [英]彼得·卡尔沃科雷西:《国际事务概览》(1947—1948),第19页。

74. Lawrence Kaplan, *NATO and the United States: The Enduring Alliance*, Boston: Twayne Publishers, 1988, p.16.

75. 国会两院经过两个月的辩论,于5月15日完成了批准手续,通过了“援助希腊、土耳其反对共产主义”的法案。5月22日经杜鲁门签署,正式成为立法。

76. [美]福雷斯特·波格:《马歇尔传》(1945—1959),施旅译,北京:世界知识出版社1991年版,第221页。

77.［英］彼得・卡尔沃科雷西:《国际事务概览》(1947—1948),第27页。

78. Lawrence Kaplan, *The United States and NATO: The Formative Years*, p.49.

79. Ibid., p.50.

80. Don Cook, *Forging the Alliance: NATO, 1945—1950*, p.110.

81. Lawrence Kaplan, *The United States and NATO: The Formative Years*, p.51.

82. Don Cook, *Forging the Alliance: NATO, 1945—1950*, p.114.

83. 凯南后来在回忆录中提到,他的这一观点是基于当时他对苏联行为的判断:"苏联人并没有打算使用常规军事力量来反对我们。"参见 Don Cook, *Forging the Alliance: NATO, 1945—1950*, p.115。

84. Don Cook, *Forging the Alliance: NATO, 1945—1950*, p.116.

85. Lawrence Kaplan, *NATO and the United States: The Enduring Alliance*, p.20.

86. 何春超主编:《国际关系史》(1945—1980),北京:法律出版社1986年版,第78页。

87. 关于捷克斯洛伐克"二月事件"的详情,可参见刘金质:《冷战史》(上册),第153—157页。

88. Lawrence Kaplan, *The United States and NATO: The Formative Years*, p.61.

89. Don Cook, *Forging the Alliance: NATO, 1945—1950*, p.121.

90.［英］彼得・卡尔沃科雷西:《国际事务概览》(1947—1948),第213页。

91. Don Cook, *Forging the Alliance: NATO, 1945—1950*, p.125.

92. Lawrence Kaplan, *The United States and NATO: The Formative Years*, p.62.

93.［美］沃伦・科恩主编:《剑桥美国对外关系史》(下册),第419页。

94. Don Cook, *Forging the Alliance: NATO, 1945—1950*, p.126.

95. 王绳祖主编:《国际关系史》(第七卷),北京:世界知识出版社1995年版,第149—150页。

96. Don Cook, *Forging the Alliance: NATO, 1945—1950*, p.131.

97.［美］哈里・杜鲁门:《杜鲁门回忆录》(第二卷),第289页。

98. Don Cook, *Forging the Alliance: NATO, 1945—1950*, p.163.

99. Lawrence Kaplan, *The United States and NATO: The Formative Years*, p.77.

100. Don Cook, *Forging the Alliance: NATO, 1945—1950*, p.167.

101. Ibid., p.144.

102.［美］哈里・杜鲁门:《杜鲁门回忆录》(第二卷),第291页。

103. 张小明:《冷战及其遗产》,第45页。

104.［美］哈里・杜鲁门:《杜鲁门回忆录》(第二卷),第293页。

105. Don Cook, *Forging the Alliance: NATO, 1945—1950*, p.155.

106. 卢森堡没有单独派代表参加华盛顿会谈,而是由比利时大使代表卢森堡参加会谈。参加华盛顿会谈的国家实际上只有6个。

107. Don Cook, *Forging the Alliance: NATO, 1945—1950*, p.175.

108. David Lake, *Entangling Relations: American Foreign Policy in Its Century*, p.156.

109. Don Cook, *Forging the Alliance: NATO, 1945—1950*, p.193.

110. 关于《华盛顿文件》各部分的具体内容,可参见刘同舜等:《战后世界历史长编》(1949),第75—82页。

111. Don Cook, *Forging the Alliance: NATO, 1945—1950*, p.194.

112. 1948年11月,杜鲁门在总统选举中出人意料地击败了共和党候选人杜威,从而获得了第二个总统任期。由于健康原因,马歇尔要求辞去国务卿的职务。洛维特也随之离开了国务院。1949年1月20日第二届杜鲁门政府组成后，新任国务卿艾奇逊接替洛维特担任美国代表团团长。

113. Lawrence Kaplan, *The United States and NATO: The Formative Years*, p.84.

114.《里约热内卢条约》的正式名称是《美洲国家间互助条约》，于1947年9月2日签订。条约第三条规定："任何一国对美洲一国的武装攻击应视为对全体美洲国家的武装攻击，因而，每一上述缔约国承诺行使其联合国宪章第五十一条所承认的独立或集体自卫的固有权利以援助应付攻击。"参见《国际条约集》(1945—1947)，第437页。

115. Don Cook, *Forging the Alliance: NATO, 1945—1950*, p.207.

116. [美]迪安·艾奇逊:《艾奇逊回忆录》(上册)，上海《国际资料》编辑组、伍协力合译，上海：上海译文出版社1978年版，第150—151页。

117. Don Cook, *Forging the Alliance: NATO, 1945—1950*, p.208.

118.《北大西洋公约》第五条为："各缔约国同意对于欧洲或北美之一个或数个缔约国之武装攻击，应视为对缔约国全体之攻击。因此，缔约国同意如此种武装攻击发生，每一缔约国按照联合国宪章第五十一条所承认之单独或集体自卫权利之行使，应单独并会同其他缔约国采取视为必要之行动，包括武力之使用，协助被攻击之一国或数国以恢复并维持北大西洋区域之安全。"参见《国际条约集》(1948—1949)，第193页。

119. [美]迪安·艾奇逊:《艾奇逊回忆录》(上册)，第152—153页。

120. 陈佩尧:《北约——战略与态势》，北京：中国社会科学出版社1989年版，第46页。

121.《国际条约集》(1948—1949)，第194页。

122. Don Cook, *Forging the Alliance: NATO, 1945—1950*, pp.220—221.

123. [英]彼得·卡尔沃科雷西:《国际事务概览》(1949—1950)，王希容等译，上海：上海译文出版社1991年版，第182—183页。

124. [美]迪安·艾奇逊:《艾奇逊回忆录》(上册)，第256—257页。

125. Todd Sander and Keith Hartley, *The Political Economy of NATO: Past, Present, and into the 21st Century*, p.240.

126. Lawrence Kaplan, *The United States and NATO: The Formative Years*, p.140.

127. 刘同舜等:《战后世界历史长编》(1949)，第155页。

128. 同上书，第156页。

129. [英]彼得·卡尔沃科雷西:《国际事务概览》(1949—1950)，第195页。

130. Lawrence Kaplan, *The United States and NATO: The Formative Years*, p.153.

131. 邹谠:《美国在中国的失败，1941—1950》，上海：上海人民出版社1997年版，第482页。

132. [美]罗伯特·杰维斯:《国际政治中的知觉与错误知觉》，秦亚青译，北京：世界知识出版社2003年版，第277页。

133. [美]约翰·刘易斯·加迪斯:《遏制战略：战后美国国家安全政策评析》，时殷弘、李庆四、樊吉社译，北京：世界知识出版社2005年版，第114页。

134. 同上书，第114页。

135. Ronald Powaski, *The Entangling Alliance: The United States, and European Security, 1950—1993*, p.4.

136. Lawrence Kaplan, *NATO and the United States: The Enduring Alliance*, p.44.

137. [西德]康拉德·阿登纳:《阿登纳回忆录》(一)，上海：上海人民出版社1976年版,第 398 页。

138. 同上书,第 468 页。

139. Ronald Powaski, *The Entangling Alliance: The United States, and European Security, 1950—1993*, p.4.

140. [美]哈里·杜鲁门:《杜鲁门回忆录》(第二卷),第 489 页。

141. Lawrence Kaplan, *The United States and NATO: The Formative Years*, p.150.

142. 刘同舜等:《战后世界历史长编》(1949),第 157—158 页。

143. [美]哈里·杜鲁门:《杜鲁门回忆录》(第二卷),第 301 页。

144. Ronald Powaski, *The Entangling Alliance: The United States, and European Security, 1950—1993*, p.13.

145. Lawrence Kaplan, *The United States and NATO: The Formative Years*, p.164.

146. 参见刘同舜等:《战后世界历史长编》(1949),第 162—164 页。

147. Ronald Powaski, *The Entangling Alliance: The United States, and European Security, 1950—1993*, p.17.

148. Don Cook, *Forging the Alliance: NATO, 1945—1950*, p.250.

第五章

案例检验:关贸总协定与世界贸易组织

> 我认为,以规则为导向的路径具有相当的优势,特别是在有关国际经济事务的问题上。这种路径强调争端各方应将其注意力放在规则上,放在公正的审判可能会以规则的适用而告终的预测上。这将使各方更密切关注条约体系的规则,并因此导致了更大的确定性和可预测性。
>
> ——约翰·H.杰克逊:《世界贸易组织:宪章与法理》

第一节　关贸总协定的诞生与世界贸易组织的缔造:一个有待解释的问题

20世纪30年代的"大萧条"(Great Depression)无论是对国际经济关系而言,还是对国际政治关系而言,都是一个具有重大影响的历史性事件。大萧条的潜在原因是什么?它源自何方?何以如此普遍、深刻而持久?对于这些问题的答案,经济学家和历史学家们并没有普遍一致的看法。[1]但几乎所有学者都不否认,在美国国会1930年通过了臭名昭著的《斯穆特—赫利关税法》(Smoot-Hawley Tariff Act)后,以邻为壑的民族主义、日益升高的关税壁垒和无休止的贸易战使这场主要源于美国的经济衰退演变为长期的世界性经济萧条。[2]各国普遍采取的贸易保护主义政策非但没有使本国迅速渡过危机,反而使萧条的时间更加持久,程度更加深刻,范围更加广泛。正是在这样一种分崩离析的世界经济环境中,德国和日本的法西斯势力相继攫取了国家政权,迅速走上了扩军备战和侵略扩张的道路,世界大战迫在眉睫。在二战全面爆发前,时人就已经意识到了这种贸易保护主义政策与世界战争的关系："使未来的战争真正变得不可避免的，并非是意大利的法西斯主义者、德国的国家社会主义者和日本的帝国主义者对暴力的共同信仰，而是美国的民主政体所采取的斯穆特—赫利关税、战债政策以及在伦敦经济会议上的表现。"[3]

这一惨痛的历史教训极大地影响了战后世界蓝图的设计者们。他们深切地感受到了正常的贸易关系对于维护国际和平的重大价值。正如美国国务院经济事务办公室主任哈里·霍金斯在1944年的一次讲演中所说的："贸易冲突酝酿着不合作、猜忌、争吵。经济上互为敌手的国家不会在政治上维持长期的友好政治关系。"[4] 1944年7月，"联合国家及联盟国家国际货币金融会议"在美国新罕布什尔州的布雷顿森林召开，通过了《国际货币基金协定》和《国际复兴开发银行协定》，但会议并没有就国际贸易的问题达成任何协议。在此前后，美国、英国和加拿大的官员也探讨了把国际组织的原则扩大到贸易政策领域的可能性，但建立国际贸易制度的实质性努力还是等到战争结束以后才真正开始。

1945年12月，美国政府邀请一些国家开始谈判以缔结一项关税减让的多边协定。1946年2月，联合国经社理事会的第一次会议通过决议，呼吁召开一次会议来起草国际贸易组织（International Trade Organization，ITO）的宪章。1946年10月，起草《国际贸易组织宪章》的第一次预备会议在伦敦召开。包括此次会议在内，预备会议一共举行了四次，其中最主要的一次是1947年4月至11月的日内瓦会议。这次会议实际上分成三个部分。第一个部分是继续准备起草《国际贸易组织宪章》；第二个部分集中于互惠减让关税的多边协定谈判；第三个部分则是拟定有关关税义务的"一般条款"。后两个部分结合在一起，就构成了关税与贸易总协定（General Agreement on Tariffs and Trade，GATT）。[5]

关贸总协定仅仅是一项法律地位模糊的多边"条约"，[6]而不是有关组织的协定。它与先前的一系列双边条约相类似，只是准备在国际贸易组织建立后在国际贸易组织的框架下运行。关贸总协定的一般条款多半是来自《国际贸易组织宪章草案》中涉及贸易规则的章节，一旦《国际贸易组织宪章》完成后，平行的关贸总协定条款将作修改，以便与《国际贸易组织宪章》一致。但参加日内瓦会议的8个缔约方考虑到《国际贸易组织宪章》在1948年才能完成，其批准时间更难以预计，为了尽早获得上千项关税减让的好处，并避免对销售商的预期产生不利影响，[7]它们决定通过《临时适用议定书》(Protocol of Provisional Application, PPA)，从1948年1月1日起临时适用关贸总协定。等到各国立法机构批准《国际贸易组织宪章》后，即终止PPA的效力，关贸总协定再付诸"正式的"适用。

具有讽刺意味的是，首先提议起草《国际贸易组织宪章》的美国却拒绝批准该宪章。1949年，美国总统杜鲁门将哈瓦那会议上完成的《国际贸易组织宪章》提交国会批准。由于批准无望，杜鲁门总统在1950年底宣布不再寻求国会批准该宪章。显然，没有美国的参加，国际贸易组织就无法建立起来。由于国际贸易组织的流产，战后初期在国际贸易关系中没有建立起类似国际货币关系中的国际货币基金组织和世界银行那样的政府间国际组织。正如见证这段历史的威廉·迪博尔德(William Diebold)所指出的：

> 通常认为国际贸易组织能够比关贸总协定提供一个更强有力的核心、更大的和更权威的秘书处、更有效的争端解决和规则实施机制以免于一国或少数国家的"阻挠"。比起关贸总协定，宪章给予国际贸易组织更多的力量和权力。但是，成员国政府，主要是美国阻止了关贸总协定按照设想变成一个像国际货币基金和世界银行那样的真正国际组织。所以我们只能假想，在一个作为政府间机构的国际贸易组织建立的情况下，政府的行为应当会非常不同。[8]

这样，本来临时适用的关贸总协定，就填补了国际贸易组织流产后所留下的空白。在没有一个国际贸易组织的情况下，各国只能使用关贸总协定来处理相互间日益增多的贸易问题。面对战后国际经济体制链条中的这一"缺环"，1955年关贸总协定全体缔约方参加的复审会议起草了一个新的组织草案。根据这个草案，将建立一个贸易合作组织(Organization for Trade Cooperation, OTC)，以便为关贸总协定作用的发挥提供一个组织制度框架。这个简明的贸易合作组织草案没有《国际贸易组织宪章》那么复杂精细，但仍然没有获得美国国会的批准，在国际贸易领域中缔造一个正式国际组织的努力再次以失败告终。于是，关贸总协定在没有一个正式组织框架的情况下，作为国际贸易领域的基本制度安排存在了将近半个世纪。[9]

尽管战后四十多年来,关贸总协定在促使各国实行贸易自由化和在与贸易政策有关的事务上进行合作方面非常成功,在其努力下一共进行了八轮贸易自由化谈判(见表 5.1),谈判取得的成果也有目共睹,但由于其"先天不足"(birth defects),关贸总协定的规则和纪律也经常遭到缔约方的扭曲,甚至是公然的违反。"在选择是冒严重冲突的风险还是试图实施关贸总协定纪律的字面意义时,缔约方往往'睁一只眼闭一只眼'。在很大程度上这反映了该机构的性质,它基本上是一个俱乐部。俱乐部有规则,但它的成员可以决定豁免他们,或者装作没有看见违规行为。"[10]特别在贸易争端解决上没有设立任何有效的执行程序。"虽然这样的执行程序逐渐地得到发展,但在一些成员方的抵制下,这些程序的效力是很弱的。"[11]关贸总协定的"先天不足"使各方很难从贸易自由化的谈判成果中充分受益,特别是当西方大国出现新的经济衰退,贸易保护主义重新抬头时,关贸总协定脆弱的组织基础和法律地位使其难以有效约束各方的贸易机会主义行为。

表 5.1 关贸总协定各轮谈判的时间、参与方与所涉及的贸易额

谈判轮次	参与国家数量	涉及贸易额(美元)
日内瓦回合(1947 年)	23	100 亿
安纳西回合(1949 年)	33	无数据
托奎回合(1950 年)	34	无数据
日内瓦回合(1956 年)	22	25 亿
狄龙回合(1960—1961 年)	45	49 亿
肯尼迪回合(1962—1967 年)	48	400 亿
东京回合(1973—1979 年)	99	1 550 亿
乌拉圭回合(1986—1994 年)	117	5 000 亿

资料来源:[英]布瑞恩·麦克唐纳:《世界贸易体制:从乌拉圭回合谈起》,叶兴国等译,上海:上海人民出版社 2002 年版。

作为对 20 世纪 70 年代末 80 年代初新一波贸易保护主义浪潮的回应,1986 年关贸总协定部长级会议在乌拉圭的埃斯特角城召开,决定发起新一轮多边贸易谈判,即"乌拉圭回合"(The Uruguay Round)。在谈判过程中,加拿大贸易部长于 1990 年 4 月提出建立"世界贸易组织”以取代现存的关贸总协定体系。经过各方的讨价还价，1993 年 12 月达成的解决方案中包括了《世界贸易组织宪章草案》。1994 年 4 月，关贸总协定各缔约方在摩洛哥的马拉喀什城签署了该项草案。在各国完成立法程序后，世界贸易组织（World Trade Organization，WTO）于 1995 年 1 月 1 日正式成立。这样，在关贸总协定以“临时适用”的方式替代国际贸易组织将近五十年后，正式的国际组织在贸易政策领域中以世界贸易组织（WTO）的名义终于建立起来。

作为一个具有明确法律地位和组织结构的正式国际组织，世界贸易组织（WTO）在很大程度上矫正了关贸总协定的许多“先天不足”。正如被誉为“关贸总协定之父”的国际法学家约翰・H.杰克逊（John H. Jackson）所指出的那样：“政府官员和外交家再也不能轻易地或错误地将这一制度及其规则和决定描述为‘非约束性的’（non-binding）。某些国家（比如美国）的政治利益集团再也不能宣称，这些条约不具有约束性或权威性，仅因为它从未为国会所批准。”[12]具体来说，关贸总协定中造成法纪废弛的“祖父权利”（grandfather rights）条款已成为过眼烟云；关贸总协定关于决策权威的条款所具有的潜在问题也在很大程度上得到了纠正；新的争端解决程序在最大程度上统一了先前关贸总协定中的多个争端解决程序和多个单项协议；采用新的条约来取代关贸总协定和各种单项法规的法律过程，避免了修正关贸总协定条款所面临的法律和实践问题；“一揽子”（single package）概念要求世界贸易组织全体成员国接受几乎所有修正过的先前规则和文本所确立的约束性法律义务；传统上合法的国际组织所具有的其他法律特点也确立了起来。[13]

在国际贸易制度形式的上述改进中，世界贸易组织的争端解决机制无疑是最重要的一项成果。世界贸易组织第一任总干事鲁杰罗（Renato Ruggiero）在 1996 年 12 月新加坡举行的第一次部长级会议上就明确提出，争端解决机制是世界贸易组织体系的心脏。[14]杰克逊也指出：“任何法律体系都必须适应其规则的内在模糊性，并适应人类社会实践需要的经常变化。因此，关键点在于规则适用的程序。而这经常以争端解决程序为中心，以此来尽可能地促进规则体系的稳定性和可预测性。”[15]和 1947 年关贸总协定中短短的争端解决规定相比，乌拉圭回合协议所确立的争端解决程序（dispute settlement procedure，DSP）

相当精致、完备。根据杰克逊的概括,新的争端解决机制取得了如下成就。第一,为关贸总协定/世界贸易组织体制中包括服务贸易和知识产权贸易在内的所有部分确立了一个统一的争端解决程序,从而结束了不同主体适用不同争端解决程序的状况。第二,重新确认了申诉方政府有权启动专家组(panels)程序,因而防止了争端解决程序在这个阶段受到"阻挠"(block)。第三,建立了一个上诉程序,以代替理事会采纳专家组报告的某些批准程序,并避免专家组报告被阻挠的情况。专家组程序不再是完全临时的,常设上诉机构(Standing Appellate Body, SAB)会进一步促成世界贸易组织法的统一性和一致性,并防止出现"阻挠"。第四,当败诉一方拒绝根据争端解决和建议充分履行其义务时,可适用争端解决谅解中有关争端解决实施和赔偿阶段的具体建议。第五,将"违约性申诉"和"非违约性申诉"加以区分,两者的实施程序显著不同。[16]

不难看出,世界贸易组织的争端解决程序具有明显的司法特性。包括专家组程序、上诉程序和执行程序在内的司法性解决程序构成了世界贸易组织争端解决机制的中心。[17]特别重要的是,专家组的管辖权具有"自动"性,即申诉方政府不需要事先的协议,也不需要对方的回应,就可以自动地进入专家组程序。上诉程序也是如此,只要争端其中一方提出上诉,上诉机构就有对专家组报告进行审查的权利,而不论另一方是否同意。这种司法性解决程序在世界贸易组织争端解决机制中的确立,极大地增强了世界贸易组织规则的权威性,使世界贸易组织的规则能够更有效地约束其成员国对外贸易政策的制定和实施。虽然争端解决程序本身并没有对违反规则的国家直接实施制裁的能力,但其第三方裁决的司法特性会给违约国造成一定的损失或成本,正如乔凡尼·马吉(Giovanni Maggi)在《美国经济评论》上的一篇文章中所揭示的:

> 世界贸易组织共同体可以通过如下几种方式来回应违反协议的行为。第一,世界贸易组织成员国可以收回在贸易上对违约国的让步,例如根据几位学者的解读,关贸总协定第XXIII条为其开除反复违反协议的国家提供了可能性。第二,世界贸易组织成员国能够以更加微妙的方式收回对违约国的"善意",从而向违约国施

加成本,例如在后续的谈判中或在相同的或相关的合作领域中,减少对违约国的"善意";不愿意和违约国达成新的协议;如果贸易自由化采取渐进的方式,对违约国放慢自由化的进程,等等。此外,第三方可以减少在制度程序上与违约国的合作,例如,国家A没有遵守争端解决程序专家组的建议,第三国也可以在未来和国家A的争端中和A一样自行其是。[18]

在某种意义上,世界贸易组织争端解决机制中的司法程序,特别是专家组和上诉机构管辖权的"自动"性,使国际社会能够更有效地约束违反国际贸易规范的国家行为,使本来以无政府状态为特征的国际贸易领域中出现了具有类似国内法院管辖权的争端解决机构,使世界贸易组织这个政府间国际组织在贯彻国际贸易规范时具有了某些超国家属性。

从国际贸易组织的流产到世界贸易组织的诞生,人们禁不住要问:为何在事隔半个世纪之后,具有司法性解决程序特征的争端解决机制才得以在国际贸易制度中确立起来?谢尔(G.R.Shell)在相关理论文献的基础上,就世界贸易组织争端解决机制的创立总结出了三种不同的解释模式,如表5.2所示。

表5.2 国际贸易律法主义的解释模式

	主体类型	理论基础	争端解决体系的目标	目标实施的法源
机制管理模式	国家	现实主义和机制理论	在自由贸易所带来的利益和国家自主性之间取得平衡	国际法
有效市场模式	国家和商业实体	国际关系中的自由主义和自由贸易理论	减少法律交易成本和实现全球市场完全一体化	国际法和市民法
贸易风险共担者模式	国家和所有贸易风险共担者	国际关系中的自由主义和市民共治理论	最大限度地实现贸易所影响的所有集团的参与并最大限度地在这些集团间达成共识	国际法和市民法

资料来源:G. R. Shell, "Trade Legalism and International Relations Theory: An Analysis of the World Trade Organization", in Robert Howse ed., *The World Trading System: Critical Perspective on the World Economy*, Vol.Ⅱ, London and New York: Routledge, 1998, p.374.

第一种解释模式被谢尔称为“机制管理模式”(regime management model)。这一模式的基础在于将贸易条约看作主权国家间为了稳定其贸易合作而达成的契约。根据“机制管理模式”,国际争端解决机制给予国家一定的手段来监管违反贸易条约义务的行为,为国际贸易制度提供了至关重要的支持。正如国内的法院为缔约方提供保障以使私人交易得以保持一样,由于受到国际法庭司法判决的管辖,国家不得不在违反贸易条约义务的收益与它们的行动被公开发现所带来的风险之间进行仔细的权衡。此外,国际贸易争端解决体系可减少体系内的交易成本,为国家提供了有价值的信息,并使机制的整体操作具有更多的可预测性。

“机制管理模式”在两个重要方面反映了国际机制理论的基本特点。首先,在机制管理模式中,国家是主要的行为体。国家使用争端解决体系的目的在于保持其对贸易政策的控制,并对贸易关系中的讨价还价进行监督。在机制管理模式中,国家操纵了司法过程并通过这一过程来作出判决。争端解决体系充分利用了集中化的国际法庭,而这个法庭只允许国家作为惟一的主体,这个法庭的“法官”亦由国家在国际律师和官僚所组成的精英集团中选拔。与国内的法官相比,出身于国际律师和官僚的这些“法官”对贸易问题的外交方面比较敏感,能够理解从国家间贸易中演化出来的用法、习惯和诠释,从而使国家在国内政治控制和自由贸易之间保持平衡。其次,“机制管理模式”植根于现实主义关于国家行为动力的信条,将跨国合作规范置于国家为保护其权力而行动的框架中。在贸易争端中,由国际裁决者理解和实施的国际法为跨国合作与国家权力之间提供了一种平衡。换言之,贸易管制在国际法律规范下为国家提供了它们所需要的灵活性。如果条约义务像国内法一样变成自动实施的,这种灵活性就会消失。[19]

第二种解释模式是基于国际关系理论中自由主义与经济学中自由贸易理论的“有效市场模式”(efficient market model)。在这一模式中,贸易法律主义被看作全球性的商业利益集团和它们在政府的盟友为了克服国内对自由贸易的抵制,减少国家在商品和服务跨国流动过程中所施加的法律交易成本,并由此为所有国家的公民提高消费者福利而采取的一种手段。这一模式深深倚赖于自由贸易理论,特别是大卫·

李嘉图的比较优势理论。根据比较优势理论，如果国家只生产相对有效率的产品，那么无论是个体福利还是整体福利都得到改善。这样，在新古典自由贸易信条下，对进口壁垒的削减将会在国家和国际两个层次上提高福利。但是，这种自由贸易信条只是一种理想状态。在政治经济的现实中，削减贸易壁垒的道路会被组织良好的国内利益集团所"封锁"。在全球经济中成为"失利者"(losers)的生产者利益集团会动员劳工和其他可以影响的力量来游说立法机构通过保护其"特殊利益"的法律，设置包括进口限制在内的各种贸易壁垒，从而令全社会为之付出巨大的成本。用经济学的术语，这些集团从大多数人口中获得了"租金"(rent)。而为"租金"付费的大多数人口却保持沉默，因为其承担的成本是隐蔽和分散的。由选举产生的官僚也更多地关切贸易政策对生产者的影响而不是消费者的利益，因为生产者利益集团往往会为选举而动员起来。

"有效市场模式"将贸易律法主义看作克服上述政治失败以改善整体福利的手段，将国际贸易法及法庭看作偏好自由贸易的政府和商业集团规避国内保护主义集团和增加全球财富的工具。"有效市场模式"宣称，通过自由贸易规范对国内法庭直接产生的法律影响，以及通过将国际法庭的判决转化为国内法庭的判决，自由贸易规范在国际上的发展最终将成为单个国家的法律规则。与"机制管理模式"相比较，"有效市场模式"赋予商业集团一种地位，使它们能够将自己所偏好的贸易规范在国际和国内法庭上伸张。从而使它们获得了一种法律杠杆来影响它们自己的政府和他国政府的经济政策选择。[20]

第三种模式被称为"贸易风险共担者模式"(trade stakeholder model)。这个模式在世界贸易治理的背景下运行，要求世界贸易组织将其争端解决体系开放以面对其贸易决策结果所产生的风险涉及的所有集团。从理论上讲，这一模式偏爱与国际贸易相关的一系列的劳工、环境、安全和消费规范。这些规范并非纯粹国际层面上的法律规范，大多置于国内的法律体系当中。当这些法律规范具有广阔的影响时，各种类型的社会和环境规范将会与国际贸易活动发生密切的联系。世界贸易组织的社会和环境法令将因此受到限制，这样就给国内的政治过程或其他的国际机构管制留下了很多空间。

简言之,“贸易风险共担者模式”像“有效市场模式”一样,寻求打破国家在国际争端解决机制中的垄断地位,并且将实施国际法律规范的权力从国家扩展到个人,并强调国际法律规范直接可以应用于国内法庭。但与“有效市场模式”不同的是,“贸易风险共担者模式”为大量的贸易风险共担者开放了法院的大门,而非仅仅是商业利益集团。[21]

那么,就世界贸易组织争端解决机制的创立而言,哪种模式提供了更好的解释呢?笔者认为,由于《世界贸易组织宪章》仍是一个政府间条约,世界贸易组织的争端解决体系将国家看作惟一可以起诉或应诉的主体,“机制管理模式”应具有更强的解释力。但“机制管理模式”并没有说明,如果争端解决程序能给予国家一定的手段来监管违约行为的话,那么为什么主要贸易国在事隔近半个世纪后才愿意建立具有这种程序的正式国际组织呢?由于争端解决程序是世界贸易组织体系的“心脏”,寻找这个问题的答案,实际上也就是在回答:主要贸易国为何不在 20 世纪 40 年代,而是在 90 年代在国际贸易领域中缔造一个具有某些超国家属性的正式国际组织?而“有效市场模式”和“贸易风险共担者模式”将商业利益集团和贸易风险共担者作为世界贸易体系制度变革的主要动力来源,更无法说明这些贸易国作为自主的实体在制度形式选择上所考量的“国家利益”因素。尽管与安全领域相比,甚至与同属于经济事务的货币政策领域相比,国家或政府在贸易政策领域中的自主性要小许多,也就是说,私人或社会利益集团对贸易政策的影响要大一些,但国家或政府仍然具有自身的独立性,仍会以国际环境中的限制因素和其他国家的贸易战略作为其制定贸易政策的基本出发点。戴维·莱克就曾指出,即使在贸易政策领域,“对外政策制定部门领导着社会”而不是相反。[22]下面,我们在改进“机制管理模式”的基础上,通过运用第三章所确立的制度选择模型来解释这个问题。

第二节　理论预期:交易成本与美国在国际贸易关系中的制度选择

在战后国际贸易体系中,美国占据举足轻重的地位。正是在美国的全力推动下,资本主义世界在战后初期建立了以自由贸易为基本原则的国际贸易体系。如果说这一时期美国在推动贸易自由化方面的积极角色是毋庸置疑的，那么20世纪70年代以来美国的角色则备受争议。随着美国经济霸权的相对衰落，美国采取了大量与自由贸易原则不相一致的贸易保护主义措施，也频繁动用多边体系之外的双边和单边手段来处理贸易问题。但与欧共体/欧盟、日本等其他经济体相比，美国在推进多边贸易自由化方面仍然发挥了不可替代的作用。对于后一方面，约翰·奥德尔（John Odell）和巴里·艾肯格林（Barry Eichengreen）指出：

> 美国领导人会辩解说，华盛顿20世纪80年代在促成新一轮的多边贸易自由化谈判上比别国做得更多，其他国家应该对现在的僵局负更大的责任；即便如此，谈判也达成了最富生机的多边贸易自由化，有效强化了与贸易有关的制度，是有史以来最成功的。可以说美国是这次深层次的制度变革的主要支持者，这次制度变革的目标是在新的世界贸易组织中建立更主动、更统一的争端解决与执行机制。美国在日内瓦仍相当活跃，并且对世界贸易组织专家组的第一个不利于它的裁定表示服从。[23]

不论怎样评价美国的作用，作为世界上最大的单一经济体，美国对国际贸易制度的建构与转型都有着决定性的影响。没有美国的同意，任何大规模的制度变革在国际贸易体系中都不可能发生。实际上，关于国际贸易组织宪章及关贸总协定的谈判就是在美国的倡议下举行的。导致世界贸易组织创立的乌拉圭回合谈判同样是由美国发起的。因此，我们将以美国在战后国际贸易体系中的制度选择行为作为切入口来剖析关贸总协定/世界贸易组织体系的制度形式问题。由于国际贸易中不同的货物和服务贸易所涉及的资产专用性各不相同，我们无法对美国对外贸易内容的资产专用性从整体上给出判断。而问题领域敏感性在战后美国"贸易政治"中也没有发生重大的变化，因而对美国在贸易领域中交易成本大小的区分效度不大。因此，我们根据对其他四个影响变量的定序测量来比较交易成本的大小，进而推测美国在战后初期和20世纪80年代、90年代初如何作出国际贸易制度的形式选择。[24]

一、不确定性

在19世纪末,美国的工业总产值就已跃居世界首位,但在整个国际贸易体系中,欧洲仍然占据中心地位,美国并没有立即扮演主导角色。使国际贸易格局发生根本性改变的还是第二次世界大战。战争沉重打击了欧洲国家的经济,使它们在世界贸易中的地位降至资本主义史上前所未有的最低点。1939—1944年间,英国的出口贸易减少了69%,进口贸易减少了40%。法国1943年的出口贸易比1938年下降了19.3%,进口贸易则下降了69.7%。由于经济全面崩溃,德国对外贸易额更是大幅度下跌,1947年,美、英、法占领的德国西部地区的出口额在资本主义世界中仅占0.7%,进口额仅占1.7%。但战争却给美国对外贸易的增长带来了极其有利的条件。战争期间,美国实物出口增加了200%,进口增加了20%。到了1945年,美国对外贸易总额已占整个资本主义世界的32.5%。即使在欧洲国家的殖民地,美国商品所占的市场份额也急剧增加,例如,美国商品在印度进口中的比重从战前的4%增加到1944年的20%;1937—1947年的10年中,美国对法属西非的商品输出也增加了9倍。[25]随着美国商品输出的大幅度增长,美国在国际贸易体系中确立了主导地位。

20世纪70年代以后,随着西欧和日本的经济复兴,美国在国际贸易体系中的地位又发生了重大的变化。在被称为"发达国家俱乐部"的经济合作与发展组织(Organization for Economic Cooperation and Development, OECD)中,[26]美国出口额在经济合作与发展组织总出口额中的比重从1950年的50.2%下降到1970年的17.3%,此后基本维持在这一比例上,1980年为17.8%,1990年为16.1%(见图5.1)。[27]而日本和德国的出口额占世界总额的比重分别由1950年的1.4%和3.3%上升为1980年的9.8%和11.1%。在70年代以后的国际贸易格局中,"取代一个盟主(美国)的是贸易三巨头(欧盟、日本和美国),三方中没有谁可以起到领袖的作用"[28]。

这样,根据我们判断不确定性的第一个标准,即行为体的数目,美国在20世纪70年代以后国际贸易体系中所面临的不确定性要比战后初期大得多。而从行为体的信号传递来看,由于欧共体/欧盟和日本

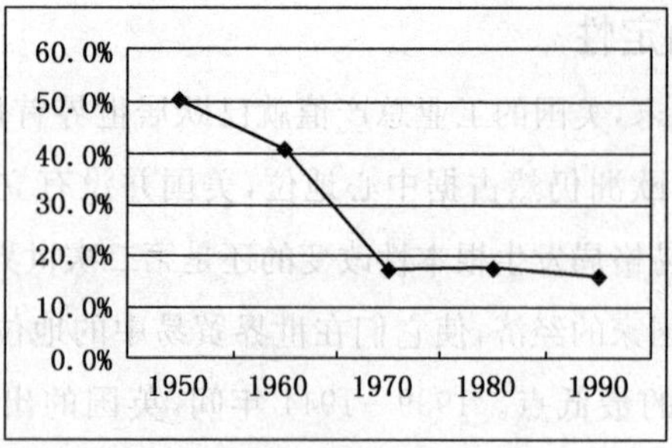

资料来源：Judith Goldstein, *Ideas, Interests, and American Trade Policy*, Ithaca and London: Cornell University Press, 1993, p.168.

图 5.1　美国出口额在经济合作与发展组织的总出口额中所占的比重(1950—1990)

70 年代以来相对明显的保护主义倾向，美国所面临的不确定性进一步增加了。自从 70 年代中期以来，欧洲国家企图保护自己的传统工业，在工业品和温带农业产品方面，西欧市场变得更加封闭。欧共体的扩大则加强了“这种内向趋势”[29]。内部市场的一体化上有时是以对外部市场的贸易保护主义增强为代价的，例如从共同农业政策中受益颇大的法国坚决反对农产品贸易自由化。从 1975 年到 1984 年，欧共体农业出口增长了 256%，而进口只增加了 14%。在 80 年代初，欧共体农产品的价格几乎是世界市场价格的一倍半，因此农产品出口需要给予极大的补贴。这种农业政策引起了世界农业市场的混乱，沉重地打击了某些第三世界国家以及其他贸易伙伴，如澳大利亚、加拿大、新西兰和美国。[30]此外，作为各国利益相互妥协、汇聚的结果，欧共体内部烦琐的决策程序使其成员国只能在贸易自由化上达成最低限度的共识，而无法产生推动贸易自由化的强大动力。

日本则在经济高速增长的过程中，向其他西方国家大量出口而很少进口，对于多边贸易谈判中所要求的关税减让坚持保有许多例外情况，从而被看作只顾剥削国外市场机会的“搭便车者”。查尔斯·金德尔伯格就认为，日本加入了关贸总协定，但却缺乏执行义务的热情。[31]日本学者小宫隆太郎也断言，日本加入关贸总协定，不是由于它信奉自由市场的原则，而是因为它想被接纳成为世界共同体中一名权利与义务完整的成员，日本小心翼翼地缓慢推进自由化进程的目的仅仅是为了应付外部的压力。[32]美国里根政府在报告中明确提出,美国不能进入日本市场的直接原因是日本政府实施的特殊产业政策。一是国家对增长产业(如电子及光通讯技术、新的半导体材料等)的扶植,即国家制定计划以确定增长产业,通产省负责实施计划,大藏省提供财政援助,在国际竞争中给予特殊优惠的政策。二是国家对成熟和衰退的产业(如合成纤维、造船、纺织等)进行有序的控制。在美国看来,日本在对外竞争方面对特定产业部门的保护违反了关贸总协定规则。[33]

这样,从行为体的数目和信号传递两个方面看,与战后初期相比,20世纪80年代、90年代初美国在国际贸易体系中面临着更大的不确定性。根据我们的假说5,不确定性越大,缔约国就越有可能选择制度化水平较高的国际治理结构。由此可以产生如下预期:[34]

预期1: 与战后初期相比,20世纪80年代、90年代初美国更可能在国际贸易关系中选择制度化水平较高的国际治理结构。

二、交易频率

就国际贸易或一国对外贸易的整体而言,衡量交易频率的基本指标是贸易额,特别是出口额。一般而言,贸易额越大,交易频率就越高。[35]战后以来,国际贸易的规模空前扩大,增长速度远远超过了历史上的任何时期。据统计,1780—1830年世界贸易年增长率为1.37%,1830—1840年为2.81%,1840—1860年为4.84%,1860—1870年为5.53%,1870—1900年为3.24%,1900—1913年为3.75%,1913—1938年为0.5%。[36]而1950—1982年间,世界贸易平均年增长率达11.2%,按出口额计算的世界贸易总额从603亿美元增加到18 539亿美元,增长了约30倍。

20世纪80年代,在两种潜在的、相互关联的力量的驱动下,国际贸易的增长速度进一步加快。第一种力量是以信息产业部门为中心的技术创新。以微电子为基础的技术在多部门的应用对国际经济活动产生了广泛的影响。第二种力量是私人部门的战略创新。公司根据更广阔的市场尺度调整其发展战略,通讯和运输成本也由于新技术的应用而得以减少。在高收入工业化国家和低工资的亚洲和拉美新兴工业化国家之间垂直一体化所带来的经济收益对公司战略产生了国际化的压力，不仅使大公司，而且使中小企业对跨国经营趋之若鹜。各种形式的公司联盟也在快速增长，包括联合投资、技术共享、营销安排等。例如，生物技术、信息技术和新材料技术在全球范围内的技术合作协议的数量从 1975—1979 年的 317 个增加到 1985—1989 年的 2 629 个。在技术创新和公司战略创新的双重力量驱动下，国际贸易、投资和技术转让相互关联，贸易在世界总收入中的比例也随之增长。1993 年，货物和服务贸易的出口总额已占世界总收入的 21%。[37]

作为技术创新与公司战略创新的主要受益国，美国在 1980—1993 年间的对外贸易也急剧扩张。1970 年，美国对外出口额为 566 亿美元，其中货物贸易为 425 亿美元，服务贸易为 142 亿美元。1980 年，美国对外出口额增长到 2 718 亿美元，其中货物贸易为 2 243 亿美元，服务贸易为 476 亿美元。到了 1993 年，美国对外出口额达到 6 417 亿美元，其中货物贸易为 4 569 亿美元，服务贸易为 1 848 亿美元。[38] 在 1980—1993 年间，美国货物贸易额增长了 1 倍，服务贸易额则增长了近 3 倍(见图 5.2)。因此，20 世纪 80 年代、90 年代初美国对外贸易的发展不仅体现在贸易总额的增加，而且体现在贸易结构的变化，即服务贸易相对于货物贸易更快的增长。

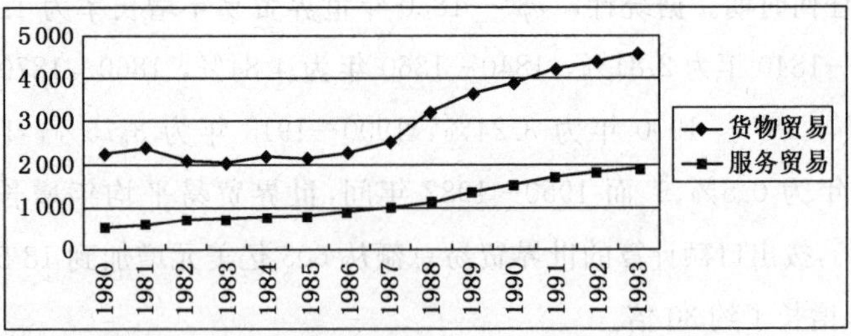

资料来源：Stephen D.Cohen, Joel R. Paul, Robert A. Blecker, *Fundamentals of U.S.Foreign Trade Policy: Economics, Politics, Laws, and Issues*, Boulder: Westview Press, 1996, p.297.

图 5.2　美国对外贸易出口额(1980—1993)单位：亿美元

这样，仅从贸易额上观察，20 世纪 80 年代、90 年代初美国在货物和服务贸易领域中的交易频率远远高于战后初期的同类数字。根据假

说 6,交易频率越高,缔约国就越有可能选择制度化水平较高的国际治理结构。我们可以产生如下预期:

预期 2: 与战后初期相比,20 世纪 80 年代、90 年代初美国更可能在国际贸易关系中选择制度化水平较高的国际治理结构。(同预期 1)

三、国家同质性

在"大萧条"及二战期间,各国普遍加强了政府对经济生活的干预,尽管在原因、方式和程度上各有不同。战争结束后,国际经济并没有立即回到以往市场经济的模式。一些西欧国家为了恢复经济,通过国有化和计划化等方式来实现政府对主要经济部门的控制。1945—1950 年间,英国工党政府先后对英格兰银行、民用航空、煤炭、铁路、电力、煤气、电报和国际无线电,以及部分钢铁工业实行了国有化。法国政府也将涉及煤炭、电力、运输三个基础工业的企业以及法兰西银行等银行和保险公司以各种方式转为国有。1946 年,法国政府还成立了负责起草经济计划的计划署,开始推行经济计划化。[39]战后西欧国家国有化、计划化的浪潮使其经济政策的制定偏离了传统的自由市场经济模式,与美国战后实现国际经济"自由化"的目标也相去甚远。在未来国际贸易安排的设计上,英国工党政府坚持将贸易与就业政策联系起来,以此保护国内经济和促进充分就业。法国和其他欧洲国家则认为贸易自由化与它们的计划不相容,这个计划是:由国家指导,对工业现代化进行投资。[40]

具有自由市场经济传统的西欧国家尚且如此,其他国家对贸易自由化的顾虑、不满乃至反对就可想而知了。苏联一度对美国战后的世界经济蓝图表示赞赏,并派代表团出席了布雷顿森林会议,但最后却没有批准《布雷顿森林协定》。苏联担心美国会利用国际货币基金组织和世界银行对苏联和东欧国家进行控制和渗透,更担心关于取消货币管制、固定卢布汇价及交流经济情报的规定会有损苏联的国家主权。[41]据此我们有理由认为,苏联以及东欧的中央计划经济国家即使参加了关税减让的贸易谈判,也不可能接受美国贸易自由化的主张。发展中国家,包括拉美国家和一些刚刚实现民族独立的亚非国家,战后初期正试图通过进口替代的方式来实现自身的工业化。由于这些国家在历史上都遭受过长期的殖民统治，在国际交换中又一直处于不平等地位，贸易自由化往往被它们看作经济殖民主义的一种手段。

在战后的世界经济中，除了社会主义中央计划经济体系和资本主义体系之间的对立外，资本主义体系内部也有不同的经济模式，分别以美国、日本和德国为代表。罗伯特·吉尔平将这三种资本主义模式称为"以市场为导向的美国资本主义体系""日本的发展型资本主义体系"和"德国的社会市场资本主义体系"。[42]但到了20世纪80年代和90年代，各国经济出现了一些趋同现象，在许多重要方面消除了差异。[43]无论是对计划经济与市场经济的关系来说，还是就不同的市场经济模式而言，这种趋同实际上是更多地向自由市场经济模式靠拢。

自由市场经济的生机勃发始于美国自1982年起可持续的经济增长。随后，西欧经济也开始摆脱"滞胀"走向复兴。以里根和撒切尔夫人在美英两国的保守主义改革为典型，西方国家普遍降低了边际税率，实行了公有企业的私有化并放松了政府的管制，其实质在于减少政府对经济的干预，让市场自发调节起主导作用。[44]与此同时，东亚的新兴工业化国家和地区由于私营部门的扩张和出口的拉动而带来了显著的经济增长。在"四小龙"之后，人口众多的东盟国家也展示出不俗的增长绩效，中国以市场为导向的经济改革则给10余亿人口带来了具体可见的实惠。而此时，进口替代作为一种经济发展战略已被证明是无效的。阿根廷、巴西、埃及、秘鲁、菲律宾和赞比亚等国在20世纪70—80年代的经历表明了一种相似的模式，即不具竞争力的国有经济、日益增加的公共部门赤字、通货膨胀和贸易支付危机。于是一些拉美国家开始转向以市场为导向的改革，到了80年代末，改革效果首先在智利、墨西哥等国显现出来。[45]

20世纪80—90年代市场经济模式在世界范围内的扩散，也与支持这一模式的国际制度有关。关贸总协定以及国际货币基金组织在战后一直致力于建构和推动以市场经济为基础的发展模式。通过其法规、规范和行动程序，这些国际制度把某种对外经济政策推广到其成员国以及与其成员国有贸易往来的国家。随着时间的流逝，这些国家之间的贸易活动越来越多地以关贸总协定规则作为标准。互惠、开放贸易、国家间协商等原则也已渗透到与贸易有关的所有领域。正如朱迪思·戈尔茨坦(Judith Goldstein)所言，无论是在推动贸易谈判方面，还是在帮助各国预测违反关贸总协定原则的行为方面，关贸总协定都提供了对自由贸易观念的制度性支持。[46]

这样，就美国的贸易伙伴或潜在贸易伙伴而言，随着自由市场经济模式的扩展，20 世纪 80 年代、90 年代初的同质性程度高于战后初期。根据假说 2，国家同质性程度越高，缔约国越有可能选择制度化水平较高的国际治理结构。我们可以产生如下预期：

预期 3：与战后初期相比，20 世纪 80 年代、90 年代初美国更可能在国际贸易关系中选择制度化水平较高的国际治理结构。(同预期 1、2)

四、透明度

美国宪法第一条第八款规定：国会有权“管制同外国的、各州之间的和同印第安部落的商业”[47]。依据这一条款以及其他相关宪法条文，从立国之初到 1934 年，美国贸易政策的主导者一直是国会。1930 年臭名昭著的《斯穆特—赫利关税法》及其后果使美国政治精英重新考虑贸易政策制定的权力分配模式。在罗斯福政府的努力下，国会通过了《1934 年互惠贸易协定法》(Reciprocal Trade Agreement Act，RTAA)，将规定细部关税的权力授予总统。自此，贸易政策的领导权就由国会和总统共享。[48]与公开的国会辩论、听证会和投票相比，总统及行政部门的决策过程更为封闭，从而使贸易政策制定的透明度问题凸显出来。

战后初期，美国在国际经济政策上的基本设想服从于更广泛的美国对外政策目标，即建构一个以自由世界经济秩序为基础的自由世界联盟。与这种政策目标相一致，以负责经济事务的副国务卿为首的美国国务院官员在贸易决策和贸易谈判中发挥了主导作用。作为战后世界蓝图的设计者，他们“决定优先考虑赢得国际上对贸易自由化的支持，而不是组织国内支持”[49]。1944 年，一些筹划者主张为吸纳商界的意见开辟一个正式的渠道，但经过激烈的内部争论，政府高官们断然拒绝了该项建议。他们仅仅对贸易自由化的计划作了个含糊其辞的公开陈述。1945 年，他们在国会的陈述也未讨论建立国际贸易组织的计划。这样，直到1946年，他们在对重要细节的处理上仍进行暗箱操作，避开了国会和社会利益集团的讨论。

到了20世纪50年代，随着威胁美国产业的国际竞争日益加剧，美国国内对国务院领导贸易谈判的攻击也在增加。国务院被指控偏好外国利益甚于美国利益，为了维持良好的政治关系和其他的外交目标而不惜牺牲美国的商业优势。当肯尼迪政府求助于国会以扩展其削减关税的授权时，众议院规则委员会主席威尔伯·米尔斯(Wilbur Mills)提出了能否信任国务院以恰当实施这一新授权的问题。米尔斯提议总统任命一个新职位，即贸易特别代表(STR)来承担这一使命。肯尼迪总统尽管不情愿，但还是接受了这项建议。根据《1962年延长贸易法》，贸易谈判权从国务院中分离了出来，由新设立的贸易特别代表专门负责。1963年1月，肯尼迪总统发布了11075号行政命令，将贸易特别代表置于"总统行政办公室"内。1974年，贸易特别代表的地位得到了巩固，国会通过立法给予贸易特别代表以内阁成员的级别和薪水。1979年，卡特总统同意了国会提出的贸易重组计划，将该职位名称改为美国贸易代表(USTR)，其职责是国际贸易政策发展、协调和谈判，包括先前由国务院处理的关贸总协定、双边贸易、货物贸易、东西方贸易事务，以及贸易救济的政策责任。

无论从正式制度还是从非正式制度上看，贸易代表都具有双重身份，即他既是总统的代理人也是国会的代理人。在美国贸易政治中，贸易代表"作为整个交易的掮客来行动，以平衡竞争性的利益、管制贸易问题和给国会山降温"[50]。这一角色在国内利益集团和外国政府之间、行政部门和国会之间、有关政府机构之间寻求一种利益的平衡、信息的沟通和立场的妥协。正如德斯特勒(I.M.Destler)所指出的："无论特别贸易代表的私人关系如何，这一白宫的职位为其与属于同一政党和不同政党的立法者们共事提供了一种灵活性，使其能够在几种利益间建立平衡并使贸易政策的博弈尽可能公开。"[51]这样，通过这种精巧的制度设置，美国贸易政策制定体系一方面防止了某些特殊利益集团(特别是保护主义利益集团)对贸易政策的控制，另一方面又使贸易决策过程尽可能公开、透明。

虽然美国贸易代表在贸易谈判中一般能够与国会保持协调与沟

通,美国的谈判伙伴依然担心美国国会在利益集团的压力下反对或修改政府间的谈判结果,特别担心国会在审议谈判结果时通过立法修正案的方式另起炉灶来提高要价。特别是就削减非关税壁垒展开贸易谈判时,美国国会对行政部门的事先授权不可能像关税谈判前的授权那样界定清晰,更可能会出现国会事后"不认账"的局面。因此,美国在多边贸易谈判中,仍然面临政府承诺在国际上怎样具有可信性的问题。《1974年贸易法》所确立的"快车道"程序(fast-track procedure)在很大程度上解决了这个问题。

根据"快车道"程序,总统将会在削减非关税壁垒的贸易谈判中咨询国会相关委员会的意见,如欲签署一个非关税壁垒协议,总统需要提前90天向国会通知其意图。作为对其咨询的回报,国会两院则被要求在总统提交实施法案后的60天内采取立法行动,并且在一个封闭规则下投票,即无论在委员会还是在大会上都不允许对法案进行任何变更。[52]这样,"快车道"程序建立一种机制来授权和实施主要的国际协议以扩展贸易,从而"增加了美国在非关税贸易协议谈判中确立领导地位的可能性"。[53]阿维纳什·迪克西特分析了"快车道"程序的价值:

> 在贸易问题上,美国的"快车道"程序是一个成功的承诺范例。美国国会决定采取一个表决程序,以使它能够以"快车道"的方式——有限的争议、没有任何修正案以及简单的通过或不通过的表决——通过投票表决那些实施国际贸易协定的国内立法。没有这样的处理,其他国家在同美国进行磋商协议的时候,就会很犹豫。这些国家担心美国国会把这种协议仅当成是新谈判的一个开端,并试图促使这些国家进行更多的让步。[54]

这样,由于贸易代表的设置和"快车道"程序的采用,对于美国的贸易伙伴来说,美国贸易政策制定体系在20世纪70年代以后具有了更大的透明度。根据假说3,即透明度越高,缔约国就越有可能选择制度化水平较高的国际治理结构,我们可以产生如下预期:

预期4:与战后初期相比,20世纪80年代、90年代初美国更可能在国际贸易关系中选择制度化水平较高的国际治理结构。(同预期1、2、3)

第三节 史实检验:从关贸总协定到世界贸易组织

以上,我们根据本书第三章所提出的假说,产生了关于美国在国际贸易制度上形式选择的基本预期。从四个影响交易成本的变量上看,与战后初期相比,20世纪80年代、90年代初美国更有可能在国际贸易关系中选择制度化水平较高的国际治理结构。下面,我们对缔造国际贸易组织、关贸总协定和世界贸易组织的具体过程,特别是美国在这一过程中所持有的立场、所采取的行为和所发挥的作用进行历史回溯,以检验我们的基本预期是否成立。

一、国际贸易组织的筹建和关贸总协定的生效

鉴于"大萧条"及其政治后果,罗斯福政府认识到美国自身的利益与国际经济的开放性息息相关,并表达了降低自身的关税以获得外国相应减让的意愿。1934年,国会通过了《互惠贸易协定法》。从1934年到1945年间,美国和其他国家达成了32项双边互惠贸易协定,其中包含了一些后来体现于关贸总协定的原则。但这些双边互惠贸易协定显然不能保证美国自由贸易理念在全球范围内的实现。根据罗斯福政府的战后世界蓝图,国际贸易组织将和国际货币基金组织、世界银行一起成为国际经济秩序的三大支柱。1945年12月,根据《布雷顿森林协定》,国际货币基金组织和世界银行宣告成立。一俟国际贸易组织成立,美国即可完成对战后世界经济体制的建构。1946年初,美国公布了自己的《国际贸易组织宪章草案》。1946年10月,起草《国际贸易组织宪章》的第一次国际会议在伦敦召开。随后分别在纽约、日内瓦和哈瓦那举行了三次会议来起草《国际贸易组织宪章》。其中,1947年的日内瓦会议集中于具体的关税减让谈判,而1948年的哈瓦那会议则完成了对《国际贸易组织宪章》的起草。

如同布雷顿森林会议上的争论主要在美国和英国之间展开一样,《国际贸易组织宪章》起草过程中的争论仍主要在美英间进行。美英争

论的基本问题包括：自由贸易、开放性竞争目标和充分就业、经济增长目标之间的关系如何折中；国家准备让渡多少主权给国际制度和国际宪章；采取什么样的制裁来确保对规则的服从；非歧视原则在多大程度上能够容忍适当的区域集团或其他的政治联合，比如英联邦和正在出现的欧洲联合。[55]在这些问题中，最难解决的是贸易和就业政策的关系和"帝国特惠制"的存留。美国政府既然在国内反对批准《1945 年充分就业法案》，在国际上也就不可能接受将充分就业作为贸易协定的一个目标。英国工党政府则将充分就业视为其首要的国内目标，不能允许贸易政策干扰他们的国内经济计划，反对任何影响其国内重建计划的关税壁垒减让。[56]而"帝国特惠制"作为一种歧视性安排，直接对美国的自由贸易原则构成了挑战，但英国国内没有任何一支政治力量愿意放弃这一联系英联邦的纽带。

除了英国，参与讨论的其他国家对贸易自由化也没有美国那样的热情，它们更注重别的经济政策目标。像澳大利亚那样的原材料生产国更关心其商品价格的稳定性。发展中国家对运用进口配额的权利感兴趣，因为使用进口配额可以保护它们刚刚起步的工业。印度和拉美只准备接受一个包含各种例外的软弱的协定。[57]在各国对自由贸易持保留立场的情况下，美国不得不作出重大让步，伦敦会议上才达成了妥协：第一，这些国家同意接受无条件最惠国待遇，除了特惠区域外，它们也同意在 1947 年春季开始谈判关税减让；第二，在贸易和就业的关系问题上，英国和其他国家占据了优势，美国不得不接受这些国家的要求，即当严重的失业和国际收支失衡出现时，可以允许一国采取有悖于贸易自由化的例外措施；第三，英国和其他国家成功地使美国同意，在国际收支失衡时可采取数量限制措施。[58]

在 1948 年哈瓦那会议上，《国际贸易组织宪章》得以完成。1949 年 4 月，美国政府将《国际贸易组织宪章》提交国会。此时在美国国内，一个非正式的保护主义者和完美主义者之间的联盟产生了。不仅贸易保护主义集团基于其一贯的立场反对批准《国际贸易组织宪章》，笃信自由贸易的完美主义者也批判这个充满政治妥协的文件。他们认为，国际贸易组织不会给美国带来多少好处，因为美国会履行其义务，而大多数别的国家却钻宪章的空子。一些组织并不指责它是一大堆不平衡的妥协，但却斥责它是一个“危险的文件”，因为它承认了一些完全背离美国方式的原则，即实际上承诺所有的国际贸易组织成员都可以为充分就业而采用国家计划方式。[59] 1948年大选后，共和党人控制了国会，杜鲁门政府也无力主导国会的立法议程。随着国际形势的急剧变化，其他更紧迫的事务，如马歇尔计划、北约的成立，都比批准《国际贸易组织宪章》占据了更大的优先性，杜鲁门政府不愿为此耗尽其政治资本。这样，面对国内强大的反对力量，杜鲁门总统在1950年宣布不再寻求国会批准《国际贸易组织宪章》。由于美国没有批准《国际贸易组织宪章》，国际贸易组织自然就流产了。

但是，作为《国际贸易组织宪章》“副产品”的关贸总协定却由于其不同的法律地位而幸存下来。如前所述，1947年的日内瓦会议中起草的后两个部分内容结合在一起，就构成了关贸总协定。关贸总协定的这些条款是从美国双边贸易协定中逐渐演化而来的，对于维护任何关税减让的义务都是必要的。杜鲁门政府认为，关贸总协定不需要提交国会批准，既然它的条款能够在现有的贸易协定法授权下施行，而且是由缔约方“临时适用”，并没有正式地采用条约承诺。[60]

由于关贸总协定与国际贸易组织预定的关系，关贸总协定本身并不打算成为一个组织。事实上，美国国会的有关委员会曾批评了美国谈判代表，因为他们同意了暗示某种组织的关贸总协定条款。国会的有关委员会指出，《1945年贸易协定延长法》并没有授权总统达成一个建立组织的协定，只是授权总统达成削减关税和其他贸易限制的协定。于是，美国谈判代表返回日内瓦，修改了关贸总协定的“一般条款”以避免其中包含任何暗示组织的含义。[61]经过这样的修改，作为一项行政协定，关贸总协定的内容完全在总统的授权范围内，无需国会的批准。正如威廉·迪博尔德所指出的：“虽然关贸总协定和国际贸易组织反映了相同的思维并来自相同的谈判过程，但它们之间的差异也极其明显，即国际贸易组织必须提交国会批准，而总统能够根据贸易协定法的授权代表美国作出对关贸总协定的承诺。”[62]

但对于参与日内瓦会议的某些国家来说，只有经过议会的批准，方可接受关贸总协定的部分条款。为了使关贸总协定尽早生效，《临时适用议定书》应运而生。根据该议定书，23个缔约方中的8个同意在

1948年1月1日起临时适用关贸总协定。在《国际贸易组织宪章》没有得到批准的情况下,关贸总协定竟"临时适用"了近半个世纪。在关贸总协定的历史上,人们曾多次试图"正式地适用"关贸总协定,但都没有取得成功。[63]

作为一种"临时适用"的多边协定,关贸总协定在其条款中没有关于其组织机构的任何规定。也就是说,从法律意义上,关贸总协定既没有自己的秘书处,也没有"成员方大会"。但实际上,在1948年哈瓦那会议后曾成立了一个"国际贸易组织过渡委员会",少量工作人员从事国际贸易组织的准备工作,同时也为关贸总协定提供必要的服务。随着国际贸易组织的流产,这些工作人员转而为关贸总协定工作,并在事实上成为关贸总协定的秘书处。更重要的是,关贸总协定用"缔约方全体"(contrcting parties)来代表法律意义上并不存在的组织机构。1960年,"缔约方全体"建立了一个由缔约方代表所组成的理事会(council)。这样,关贸总协定可以被看作一个"事实上的国际组织"。[64]

正如本章第一节所阐述的,关贸总协定在推进贸易自由化方面取得了举世瞩目的成就。但随着时间的流逝,关贸总协定在制度设计上的弱点和局限性也愈加明显,由此产生的沮丧也随之增长。特别是在争端解决机制上,关贸总协定并没有一个具有法定管辖权的争端解决机构,也没有一套以稳定的司法程序为特点的争端解决程序。贸易争端往往不能够根据关贸总协定的规则来处理,而是在经济实力的基础上通过政治、外交手段来解决。虽然关贸总协定在争端解决中建立并完善了专家组的程序模式,但专家组的报告必须提交全体缔约方批准,而这意味着"败诉"的一方作为"缔约方全体"的一个部分可以阻挠或拖延专家组报告的批准,即所谓的"否决"和"搁置"。在缺乏司法性争端解决程序的情况下,由于关贸总协定作为政府间"契约"的不完全性,各缔约方可以根据自己对关贸总协定规则的理解而自行其是,甚至与关贸总协定规则的原意违背时也可以信口雌黄。各缔约方在规则解读上的差异削弱了规则的可预测性,如果规则实际上被忽视的话,关贸总协定整个权利和义务体系的可信性都将受到威胁。劳埃德·格鲁伯对此作了分析:

在解读上的差异实际上最后阻止了在关贸总协定机制下贸易

自由化的进步。关贸总协定的主要问题并非是缺乏一个霸权实施者。机制无疑是可自我实施的，如果有恰当的结构安排，没有理由相信机制不能自我实施。关贸总协定的失败也不能归于监督，虽然1989年创立的贸易政策审查机制主要收集国家贸易政策的总体影响而非遵守规则方面的资料，因而还有相当的改进空间。关贸总协定的主要缺点在于它的各种规则依然是高度模糊的，虽然它们具有相当可观的篇幅和细节。如此，这些规则的模糊性就为各方以不同方式解读规则和选择性利用规则提供了广阔的空间。最重要的例子就是非关税壁垒的建立（与关税问题相比，关贸总协定在非关税壁垒问题上的规则必然更加模糊）。[65]

因此，基于关贸总协定“不完全契约”的性质，如果没有一个相对完善的争端解决机制，国际贸易制度就难以制约国家在对外贸易领域中的机会主义行为。正如格鲁伯所指出的：“如果没有一个机制来澄清相当复杂的条约中所包含的条款，在什么构成欺骗的问题上的分歧就可能会导致制裁和反制裁的螺旋式上升，从而使世界回到更具有保护主义色彩的贸易环境中去。”[66]显然，有远见的政治家们不可能看不到这一点。实际上，1973—1979年的东京回合就试图强化关贸总协定的争端解决机制。美国宣称要取消单一缔约方对专家组报告的否决权。但由于欧盟的坚决抵制，东京回合没能解决这一问题，只是在将现有程序诉诸文字上有所进步。[67]

二、乌拉圭回合谈判的启动

20世纪70年代，维持了二十多年的布雷顿森林体系处于风雨飘摇之中。1971年8月15日，尼克松政府宣布实行“新经济政策”，停止履行美元兑换黄金的义务，美元同黄金脱钩。“双挂钩”的终结，标志着美国在国际货币体系中的霸权地位已岌岌可危。在国际贸易领域中，虽然东京回合取得了一定的成果，但它并没有遏制住新保护主义浪潮的扩展。到了80年代初，美国在战后致力于维护的多边贸易体系面临多方面的危机与挑战。正如罗伯特·吉尔平所描述的：

> 到80年代初，布雷顿森林体系下的贸易体制已不能适应高度

一体化的世界经济，已不再适合于处理垄断竞争、规模经济和迅速变化的比较优势了。并且，70年代的新保护主义导致了各种非关税壁垒的设立，如配额和政府补贴。另外，贸易本身的特点也在变化，并且变得比贸易体制和规则快。贸易已经和跨国公司的全球经营活动紧密交织在一起，商品和服务的贸易增长得都很快。80年代，人们把新地区主义的发展，尤其是把欧洲一体化进程的加速，视作为对多边贸易体系的威胁。[68]

根据颇为流行的“自行车理论”(bicycle theory)，自由贸易政策必须具有不断向前的动量，使贸易体系越来越开放，否则自由贸易政策将成为保护主义者的“猎物”。[69]按照这一理论，面对20世纪80年代初日益增长的保护主义，最好的防御就是启动新一轮多边贸易谈判。但是，最大的两个经济体——美国和欧共体，对此有着非常不同的态度。

欧共体对启动新一轮谈判并没有特别的兴趣，主要有三个方面的原因。第一，欧共体的注意力集中在其内部市场的一体化。第二，它担心向发展中国家作出的任何新让步都可能与它和《洛美协定》(Lomè Convention)国家的特惠贸易关系发生冲突。第三，它认为在农业贸易上的任何谈判都会对其共同农业政策产生压力。[70]不过，作为最大的贸易集团和关贸总协定的支柱之一，欧共体会严肃地考虑它所应承担的责任并准备加入关于关贸总协定未来的讨论。

美国对激活关贸总协定的前景抱有相当的热情。出于对自由市场观念的信仰，也基于减轻国会压力的需要，里根政府一上台就确定了一系列雄心勃勃的贸易自由化目标，并开始在这个方向上寻求国际共识。1981年6月，美国贸易谈判代表威廉·布罗克(William Brock)在经济合作与发展组织部长级会议上宣布：“今天我们正在经历通货膨胀和经济萧条，我们必须抵制由此产生的来自保护主义的压力。”他呼吁经济合作与发展组织采取行动来应对未来的贸易问题，但他没有明确提到关贸总协定的新一轮谈判。[71]

1981年7月，在关贸总协定内发起新谈判倡议的第一步开始了。出席18国磋商小组(Consultative Group of Eighteen)的高官开始讨论世界贸易体系在经济活动中的含义以及紧张的贸易关系。这些官员认为，“贸易关系已经为大量复杂的和潜在的破坏性问题所困扰，反映在日益增加的保护主义压力上”，因此“需要改善国际合作来解决这些问题”。他们同意，“在政治层面上考虑贸易体系的整体条件将是有用的”。[72] 1981年11月在日内瓦召开的关贸总协定理事会通过了部长级宣言，提出“多边贸易体系正在受到严重威胁”，表达了各国共同支持关贸总协定的决心。部长级宣言涉及关贸总协定的争端解决程序，认为需要对之作出一些改进。美国代表团团长布罗克评价说，这次会议在正确的方向上取得了有限的进步。[73]

1983年5月，在威廉斯堡峰会上，西方七国首脑第一次讨论了新一轮谈判的可能性。美国提出发起关贸总协定的新一轮谈判，但各国首脑仅同意就此提议继续磋商，而法国要求召开一个平行的会议来改革国际货币体制。[74] 1984年2月，布罗克在四方会谈(美国、欧共体、日本、加拿大)中提出讨论新一轮谈判的内容。3个月后，讨论从四方扩大到其他十个国家的代表，还包括关贸总协定总干事和国际货币基金组织总裁。很多参与国表明它们希望进入新一轮的谈判。5月，经济合作与发展组织贸易和财政部长会议发表声明，认为新一轮谈判具有极端的重要性。11月，美国在关贸总协定年会上，建议各国贸易政策高官应当一起来讨论新一轮谈判的可能性。1985年春天，布罗克宣称，“我们需要多边谈判，而且现在就需要”，否则，“当贸易体系正濒临崩溃时，我们的商业共同体将会指控我们虚度时光”。[75] 他敦促在1986年初开始新一轮谈判以对付保护主义的压力。1985年3月，欧共体各成员国之间达成了协议，宣布支持发起新一轮谈判，不过附加了一些条件，如“事先达成充分的国际共识”等。同年5月，七国首脑在波恩峰会上宣布他们支持经济合作与发展组织的协议，希望新一轮谈判开始得越快越好，并且提到“我们中的绝大多数认为应当在1986年就启动”[76]。

1986年9月13日，里根总统在广播讲话中呼吁发起包括服务业、知识产权和投资在内的新一轮谈判。9月14日，关贸总协定部长级会议在乌拉圭的埃斯特角城(Punta del Este)召开。美国向其他各缔约方清楚地表明，如果不发起新一轮回合谈判，美国将在其他场合组织谈判或者进行双边谈判。在美国的压力下，会议克服了大多数反对意见。9月20日，会议顺利闭幕，发表了《彭塔宣言》(Punta del Este Declaration),宣布发起新一轮谈判。乌拉圭回合启动了。

三、乌拉圭回合谈判与世界贸易组织的建立

乌拉圭回合谈判中与关贸总协定制度有关的问题在两个谈判组中进行。一组集中讨论争端解决机制,主席是乌拉圭的代表朱利欧·拉卡特-缪若(Julio Lacarte-Muro)。他是乌拉圭回合谈判中唯一一位曾参与过1947年日内瓦会议的代表。另外一个谈判组的名称是“关贸总协定体系的机能”(Functioning of the GATT System, FOGS),主席是美国国务院的一位谈判老手朱利叶斯·卡茨(Julius Katz)。这一组处理四方面的问题:增加部长在关贸总协定决策中的参与;创立贸易政策审查机制;建立一个大约只有20名成员国的部长小组;加强关贸总协定与国际金融机构的关系。[77]在后三个方面的问题上,关贸总协定体系的机能谈判组中存在着不同的意见,特别是发达国家与发展中国家之间的对立,但这些分歧与争端解决谈判组中的论争相比并不难解决,因为在后者中论争的双方往往是世界上最大的两个经济体——美国和欧共体。

就关贸总协定争端解决机制而言,在20世纪70年代和80年代初,各国政府越来越多地使用了专家组程序。但强有力的证据表明专家组程序已不堪重荷。特别是由于在每一个阶段要求获得争端各方的一致同意才能采取下一步,设立专家组的要求经常被“阻挠”,即使不被“阻挠”,专家组的设立或工作也会被拖延。当专家组报告提交到理事会时,其采用则被“败诉”的国家所“阻挠”。即使报告得到了采纳,有时也会拖延多日才会执行乃至最终放弃。[78]鉴于这一愈发明显的缺陷,美国在乌拉圭回合谈判中再次提出了改革这一争端解决程序的问题。

美国以及加拿大等国认为争端解决的任务是辨别是非,“败诉”一方显然应该服从法律的判决。根据这一点来看,关贸总协定体系的一些特点明显不符合公正司法的要求。实际上,在关贸总协定争端中“败诉”的国家不仅是一个被告,而且在法庭(即理事会)上充分地享有其权利,并且在发起司法程序(设立专家组)和作出司法判决

（接受专家组的调查结果和建议）上具有“阻挠”权。而且，即使裁决为理事会同意，并没有一种有效的程序来保证“败诉”的国家服从专家组的裁决。

但欧共体以及日本等其他缔约方认为，争端解决是和解（conciliation）过程的延伸，其目标与其说是作出法律裁决，不如说是解决特定的贸易问题。从这一点看，在专家组已经设立的时候，争端各方完全可以通过双边方式达成解决，而没有必要告诉其他国家协议达成的基础是什么。如果基于具体的经济、社会或政治原因，这些直接当事方确信不同于规则文本的实际行动可能会产生更好的结果，就可将关贸总协定规则的文本作为次要的因素加以考虑。它们还认为，既然解读关贸总协定的法律是缔约方的集体任务，那么，争端各方有权参与决定法律在特定的环境下如何适用。[79]

简言之，美国和欧共体（以及各自的支持者）之间的分歧反映了它们对争端解决性质的不同看法，即争端解决是“司法性”的还是“政治性”的，是“规则导向”的还是“结果导向”的。于是，争端解决谈判组的注意力主要集中在专家组报告应该如何采用，他们的建议应该如何被付诸实施，各方主要的分歧仍在于是否应当在一致同意的基础上（即保留否决权）采用专家组的报告。当然谈判组也涉及了与之相关的其他一些问题，例如是否需要建立一个受理上诉的常设机构。美国提议建立一个上诉机构来审查专家组报告，由这一机构审查通过的报告可以在未达到一致同意的情况下采用。[80]有些国家对此表示疑虑，但欧共体支持上诉机构的建立。1989 年底，谈判组开始讨论这个方面的细节，逐渐明确了方案，即建立一个常设的法庭来审查和通过由专家组作出的裁决。[81]

1990 年 4 月，主要的改革方案都已提交到谈判组中来。美国和欧共体都提出了它们对于关贸总协定争端解决体系的观点，既有相同点，也有不同点。两个方案都支持强化专家组的构成安排，都愿意接受一个上诉机构来决定具有争议的法律问题，都同意规定某个最后期限来加快争端解决的过程，也都正视补偿的问题，也都提出在“败诉”的一方没有在合理的时间内取消其冒犯措施的情况下，缔约方有权在必要时予以报复。两个方案的分歧仍主要集中在“阻挠”专家组报告的问题上。欧共体提议保持一致同意的原则,但美国认为需要提出大胆的替代方案。美国所建议的第一种替代方案是,如果败诉一方没有强烈反对或没有将其提交上诉机构,专家组报告将自动得到采用。第二个替代方案是,仍保持一致同意的原则,但要将败诉一方排除在决定过程之外。至于如何在法律上解读,则留给随后召开的关贸总协定缔约方大会来决定。[82]

按照最初的设想,乌拉圭回合谈判应该在1990年结束。但主要由于美国与欧共体之间在农业方面的谈判陷入僵局,预定结束谈判的布鲁塞尔部长级会议以失败告终。乌拉圭回合谈判被迫延期,不过关于关贸总协定体系改革的新构想却有更多的时间来酝酿和讨论。1990年1月,美国法学家约翰·H.杰克逊出版了《重构GATT体系》一书,提议成立一个具有广泛成员的永久性国际组织——世界贸易组织,争端解决将依赖于世界贸易组织的结构。[83] 1990年4月,加拿大贸易部长正式提出建立一个国际组织以取代现存的关贸总协定体系,名称为世界贸易组织(WTO)。欧共体支持加拿大的提议,但提议这一组织的名称应为"多边贸易组织"(Multilateral Trade Organization, MTO)而非世界贸易组织,因为多边贸易组织这一名称较少具有威胁性的政治寓意。但加拿大的提议却遭到了美国政府的冷遇。美国对此的冷淡态度和它在关贸总协定其他制度改革问题上的积极立场形成了巨大的反差。那么,如何看待美国的这种"反常"态度呢?经济学家杰格迪什·巴格瓦蒂(Jagdish Bhagwati)为此提供了很好的注脚:

> 这一切在理论上是好的和正确的。但人们肯定不能阻止这样的想法:为使乌拉圭回合获得成功的结果,其困难已使我们的双手不得闲暇,我们的脊背不胜重负了;宏伟的建立世界贸易组织的任务证明可能是转移精力并威胁乌拉圭回合成功的障碍。[84]

实际上,除了担心新的世界贸易组织可能在国会重蹈国际贸易组织的覆辙外,美国政府主要担心这一宏大的制度改革目标会转移人们对实质性问题的关注,特别是将服务贸易和知识产权纳入多边贸易体系的问题。此外,在美国看来,如果在加强关贸总协定制度的具体问题上,特别是争端解决机制上取得实质性的进步,世界贸易组织的名称并无关宏旨。因此,美国的冷淡,甚至反对的态度都只是阶段性的,甚至是工具性的,用欧内斯特·普里格(Ernest H. Preeg)的话说,就是将其"作为在制度谈判组中,乃至在整个回合中一种讨价还价的筹码"[85]。一旦乌拉圭回合谈判取得了美国所期望的实质性成果,美国政府将会接受新组织的建立。

在延期后的谈判中,美国和其他国家仍然在推动建立一体化的争端解决体系。在它们看来,未来多边贸易制度中的主要问题是相互依赖的,必须采取"一揽子"方式才能解决。与其在货物贸易、服务贸易和知识产权领域各自建立一套争端解决体系,不如发展一套单一的制度框架来覆盖所有三个领域。此外,如果乌拉圭回合的成果在一个单一的法律和制度"一揽子"中相互连接起来,那么,政府和立法机构在其接受结果之前会要求知道这个"一揽子"的形状。因此,一体化的争端解决体系和建立新的多边贸易组织已经相去不远了。正如约翰·克鲁姆(John Croome)所指出的:"在回合启动后,拖延讨论一个可能的新多边贸易组织,将不再是现实的。"[86]

1991 年 12 月,各方达成了《关于建立多边贸易组织协定草案》,这一草案充分反映了美国在争端解决机制上的观点。美国仍认为并不需要建立一个新组织,但最后不再表示反对,并同意参与谈判来决定关于这样一个组织可能会采取何种形式。美国的底线也变得日益清晰起来。这时转任美国副贸易代表的朱利叶斯·卡茨就指出:"政府对当前的文本仍有大量的质疑和关切,但毫无疑问的是,多边贸易组织最终会被接受,这一构想不会被丢弃。"1993 年,美国新任贸易代表米基·坎特(Mickey Kantor)也认为,美国应当在最后关头获得最大限度的让步之后就接受新组织的建立。[87]这样,1993 年 12 月 15 日,即乌拉圭回合谈判的最后一天,美国宣布接受世界贸易组织,但提出新组织的名称应该把多边贸易组织改为世界贸易组织。坎特认为,前一名称太官僚化,而后一名称则更大众化,更具有政治感召力。精疲力尽的其他代表接受了这最后一刻的名称修改。有趣的是,世界贸易组织正是 4 年前加拿大最初提出的名称。[88]

剩下的担心就是美国国会能否批准乌拉圭回合协议了。一些国会议员声称新的争端解决程序将会侵蚀美国的主权,可是这一程序恰恰是美国谈判代表长期以来孜孜以求的。[89]这样就发生了所谓的"1994

年主权大辩论”[90]。克林顿政府在最后一刻和参议院多数党领袖达成妥协,以两个方面的补充性立法草案来保护美国的主权,一个法案是建立对争端解决结果进行国内审查的机制,另一个法案是关于国会在特定情势下决定退出世界贸易组织的程序。[91]这样,美国国会最终批准了乌拉圭回合协议。对此,约翰·H.杰克逊作了精辟的分析:

> 影响一个国家是否愿意接受世界贸易组织争端解决程序的重要因素是这个国家对于条约和制度在国际经济外交中应该扮演的角色的认识。美国经常表达关贸总协定和世界贸易组织文本对于改进规则导向的国际经济体系是至关重要的,因为它能够提升国际商务环境中的可预测性和稳定性。这又使私营企业家能够为长期投资和其他的决策作出更好的计划。简言之,基本的目标在于,由于不同国家具有不同的政治和文化结构,需要减少与国家间商务来往相联系的风险贴水。如果国家希望从这些政策中受益,当它们与争端解决程序发生冲撞时,将很难反对争端解决程序。在这些条件下有一种互惠的因素,在权衡“主权异议”时必须考虑这一因素。[92]

截止到1995年1月1日,有81个国家批准了乌拉圭回合协议。世界贸易组织在这一天正式宣告成立。

注释

1. 关于大萧条原因的综述,可参见[澳]A.G.肯伍德、A.L.洛赫德:《国际经济的成长:1820—1990》,王春法译,北京:经济科学出版社1996年版,第221—229页。

2. 有关史实可参见 Alfred E.Eckes, Jr., *Opening America's Market*: *U.S.Foreign Trade Policy since 1776*, Chapel Hill and London: The University of North Carolina Press, 1995, pp.100—109。

3. Peter Molyneaux, “American Trade Policy and World Peace”, *Annals of the American Academy of Political and Social Science*, Vol.192, 1937, p.123.

4. [美]约翰·H.杰克逊:《世界贸易体制:国际经济关系的法律与政策》,张乃根译,上海:复旦大学出版社2001年版,第15页。

5. 同上书,第40—41页。

6. 根据美国国内法,关贸总协定实际上是总统根据国会授权而签署的行政协定,并没有“条约”的明确法律地位。但在国际贸易法的研究中,学者们往往将其看作“条约”。

7. 此外还有美国国内贸易立法授权期限上的原因。参见[美]约翰·H.杰克逊:《世界贸易体制:国际经济关系的法律与政策》,第43页。

8. William Diebold, Jr., “From the ITO to GATT—and Back?”, in Orin Kirshner

ed., *The Bretton Woods-GATT System: Retrospect and Prospect after Fifty Years*, Armonk and London: M.E.Sharpe, 1996, p.167.

9. 关于其性质的一个鲜明标志就是，在关贸总协定的正式文件中，人们看不到“成员国”的字样，只有“缔约方”(Contracting Parties)的术语。

10. [英]伯纳德·霍克曼、迈克尔·考斯泰基：《世界贸易体制的政治经济学：从关贸总协定到世界贸易组织》，刘平、洪晓东、许明德等译，北京：法律出版社 1999 年版，第Ⅺ页。

11. [美]阿维纳什·迪克西特：《经济政策的制定：交易成本政治学的视角》，刘元春译，北京：中国人民大学 2004 年版，第 93 页。

12. John H.Jackson, *The World Trade Organization: Constitution and Jurisprudence*, London: Royal Institute of International Affairs, 1998, pp.36—37.

13. Ibid., p.37.

14. Ibid., p.59.

15. Ibid., p.61.

16. 参见[美]约翰·H.杰克逊：《世界贸易体制：国际经济关系的法律与政策》，第 140—141 页。部分术语的翻译有所改动。

17. 参见李居迁：《WTO 争端解决机制》，北京：中国财政经济出版社 2001 年版，第 83—87 页。

18. Giovanni Maggi, “The Role of Multilateral Institutions in International Trade Cooperation”, *The American Economic Review*, Vol.89, No.1, 1999, p.191.

19. 参见 G.R.Shell, “Trade Legalism and International Relations Theory: An Analysis of the World Trade Organization”, in Robert Howse ed., *The World Trading System: Critical Perspective on the World Economy*, Vol. Ⅱ, London and New York: Routledge, 1998, pp.347—355。

20. Ibid., pp.355—392.

21. Ibid., pp.370—379.

22. David Lake, “The State and American Trade Strategy in the Pre-Hegemonic Era”, *International Organization*, Vol.42, No.1, 1988, p.56.

23. [美]约翰·奥德尔、巴里·艾肯格林：《美国、ITO 与 WTO》，载于[美]安妮·O.克鲁格编：《作为国际组织的 WTO》，黄理平、彭利平、刘军等译，上海：上海人民出版社 2002 年版，第 253 页。

24. 基于和第四章相同的理由，我们在此首先考察区别国家间治理成本大小的不确定性和交易频率，然后再来考察区别国家间缔约成本大小的国家同质性和透明度。

25. 以上数字参见王绳祖主编：《国际关系史》(第七卷)，第 25—28 页。

26. 经济合作与发展组织的前身是 1948 年成立的欧洲经济合作组织(Organization for European Economic Cooperation OEEC)。1961 年改为现名。成立之初的主要功能是协调马歇尔计划的贯彻。包括欧洲非共产主义国家，加拿大和美国作为准成员国。除了欧洲重建之外，国际贸易自由化也是其重要目标。50 年代末，经济合作与发展组织开始发生新的变化，其目标增加了协调对发展中国家的援助。此外，美国和加拿大成为这一组织的完全成员。1973 年，在接纳日本、芬兰、澳大利亚和新西兰之后，其成员国增加到 24 个。直到 1994 年接纳墨西哥之前，成员国的数目一直保持在 24 个。参见 G.J. Lanjouw, *International Trade Institutions*, London and New York: Longman, 1995, pp.39—45。

27. Judith Goldstein, *Ideas, Interests, and American Trade Policy*, Ithaca and London: Cornell University Press, 1993, p.168.

28. [美]伯纳德·霍克曼、迈克尔·考斯泰基:《世界贸易体制的政治经济学:从关贸总协定到世界贸易组织》,第5—6页。

29. [美]罗伯特·吉尔平:《国际关系政治经济学》,杨宇光等译,北京:经济科学出版社1989年版,第222页。

30. [英]约翰·平德:《联盟的大厦——欧洲共同体》,第96页。

31. [美]查尔斯·金德尔伯格:《世界经济霸权(1500—1990)》,高祖贵译,北京:商务印书馆2003年版,第321页。

32. 同上书,第322页。

33. 赵瑾:《全球化与经济摩擦——日美经济摩擦的理论与实证研究》,北京:商务印书馆2002年版,第84页。

34. 值得注意的是,我们基于不确定性而产生的上述预期与金德尔伯格基于其"霸权稳定论"的逻辑而对20世纪70年代以后世界政治经济模式的展望基本一致。金德尔伯格提出,随着美国在世界经济上领导作用的削弱和欧洲力量的增强,就会在政治上出现三种稳定的结果和三种不稳定的结果。稳定的结果包括:(1)在外汇管制和保护主义浪潮扭转以后,美国延续了或者重新恢复了它的领导作用;(2)欧洲明确主张对世界经济体系的稳定承担领导作用和负有责任;(3)有效地把经济主权转让给国际制度:一家世界中央银行、一个世界资本市场,以及一个卓有成效的关税及贸易总协定。需要避免的三种导致不稳定的结果是:(1)美国同欧洲经济共同体争夺对世界经济的领导权;(2)像1929年到1933年时的情况那样,一方无力领导,另一方又不愿领导;(3)每一方都对稳定或者加强体系的计划保有否决权,同时又都不谋求得出自己的积极性计划。为了避免三种导致不稳定的结果,防止在世界经济领域中再次出现30年代那样的停滞和萧条,在美国和欧洲都不可能单独"领导"世界经济的情况下,金德尔伯格明确提出:"迫切需要的是选择上述第三种积极性的方案:建立具有真正权威和握有最高权力的国际机构。"参见[美]查尔斯·金德尔伯格:《1929—1939年世界经济萧条》,第368—369页。

35. 严格地讲,贸易总额应该取决于单笔交易额和交易次数两个指标。但就国际贸易或一国对外贸易的整体来说,在缺乏交易次数数据的情况下,当交易次数足够多而单笔交易额相对于贸易总额足够小时,我们可以将贸易总额作为衡量交易频率的基本指标。

36. 以上数字,参见宋则行、樊亢主编:《世界经济史》,北京:经济科学出版社1994年版,上卷,第352页;中卷,第205页;下卷,第240页。

37. 参见Ernest H. Preeg, *Traders in a Brave New World: The Uruguay Round and the Future of The International Trading System*, Chicago and London: The University of Chicago Press, 1995, p.13。

38. Stephen D. Cohen, Joel R. Paul, Robert A. Blecker, *Fundamentals of U. S. Foreign Trade Policy: Economics, Politics, Laws, and Issues*, Boulder: Westview Press, 1996, p.297.

39. 参见王绳祖主编:《国际关系史》(第七卷),第35—36页。

40. [美]约翰·奥德尔、巴里·艾肯格林:《美国、ITO与WTO》,载[美]安妮·O.克鲁格编:《作为国际组织的WTO》,第287页。

41. 参见王绳祖主编:《国际关系史》(第七卷),第50—51页。

42. 参见[美]罗伯特·吉尔平:《全球政治经济学:解读国际经济秩序》,杨宇光、杨炯译,上海:上海人民出版社2003年版,第167—190页。

43. [美]罗伯特·吉尔平:《全球政治经济学:解读国际经济秩序》,第166页。

44. 例如里根"经济复兴计划"的主要内容包括:(1)减税;(2)降低联邦政府开支增长率;(3)减少政府管制经济的规章制度和政府在经济方面的作用;(4)控制货币供应增长

率。参见李道揆:《美国政府与美国政治》(下册),北京:商务印书馆 1999 年版,第 575 页。

45. Ernest H.Preeg, *Traders in a Brave New World: The Uruguay Round and the Future of The International Trading System*, p.18.

46. [美]朱迪思·戈尔茨坦:《国际制度与国内政治:关贸总协定、WTO 和国际贸易自由化》,载[美]安妮·O.克鲁格编:《作为国际组织的 WTO》,第 201 页。

47. [美]詹姆斯·伯恩斯、杰克·佩尔塔森、托马斯·克罗宁:《美国式民主》,第 1161 页。

48. 参见金灿荣:《国会与美国贸易政策的制定——历史和现实的考察》,载《美国研究》2000 年第 2 期。

49. [美]约翰·奥德尔、巴里·艾肯格林:《美国、ITO 与 WTO》,载[美]安妮·O.克鲁格编:《作为国际组织的 WTO》,第 272 页。

50. I. M. Destler, "United States Trade Policymaking in the Uruguay Round", in Henry R. Nau, ed., *Domestic Trade Politics and The Uruguay Round*, New York: Columbia University Press, 1989, p.194.

51. I.M.Destler, *American Trade Politics: System under Stress*, Washington, DC: Institute For International Economics, 1986, p.19.

52. Judith Goldstein, *Ideas, Interests, and American Trade Policy*, p.170.

53. I.M.Destler, *American Trade Politics: System under Stress*, p.69.

54. [美]阿维纳什·迪克西特:《经济政策的制定:交易成本政治学的视角》,第 61 页。

55. Simon Reisman, "The Birth of a World Trading System: ITO and GATT", in Orin Kirshner ed., *The Bretton Woods-GATT System: Retrospect and Prospect After Fifty Years*, p.84.

56. Helen Milner, *Interests, Institutions, and Information: Domestic Politics and International Relations*, Princeton: Princeton University Press, 1997, p.143.

57. [美]约翰·奥德尔、巴里·艾肯格林:《美国、ITO 与 WTO》,载[美]安妮·O.克鲁格编:《作为国际组织的 WTO》,第 258 页。

58. Helen Milner, *Interests, Institutions, and Information: Domestic Politics and International Relations*, p.145.

59. [美]约翰·奥德尔、巴里·艾肯格林:《美国、ITO 与 WTO》,载[美]安妮·O.克鲁格编:《作为国际组织的 WTO》,第 276 页。

60. Kimberly Ann Elliott and Gary Clyde Hufbauer, "Ambivalent Multilateralism and the Emerging Backlash: The IMF and WTO", in Stewart Patrick and Shepard Forman, eds., *Multilateralism and U.S. Foreign Policy*, Boulder: Lynne Rienner Publishers, 2002, p.399.

61. John H.Jackson, *The World Trade Organization: Constitution and Jurisprudence*, pp.16—17.

62. William Diebold, Jr., "From the ITO to GATT—and Back?", in Orin Kirshner ed., *The Bretton Woods-GATT System: Retrospect and Prospect After Fifty Years*, p.159.

63. [美]约翰·H.杰克逊:《世界贸易体制:国际经济关系的法律与政策》,第 43—45 页。

64. 随着这些机构的相继设立,关贸总协定在组织形态上可以看作是与正式国际组织不同的"条约性组织",处于自我实施的国际协议与正式国际组织之间的中间地带。关于

"条约性组织"在结构功能和法律地位上的特点,可参见饶戈平、胡茜:《全球化时代国家间多边合作的组织型态》,载于饶戈平主编:《全球化进程中的国际组织》,第 70—80 页。

65. Lloyd Gruber, *Ruling the World: Power Politics and the Rise of Supranational Institutions*, p.75.

66. Ibid..

67. Ernest H.Preeg, *Traders in a Brave New World: The Uruguay Round and the Future of The International Trading System*, p.27.

68. [美]罗伯特·吉尔平:《全球资本主义的挑战:21 世纪的世界经济》,杨宇光、杨炯译,上海:上海人民出版社 2001 年版,第 95—96 页。

69. Ernest H.Preeg, *Traders in a Brave New World: The Uruguay Round and the Future of the International Trading System*, p.29.

70. John Croome, *Reshaping the World Trading System: A History of the Uruguay Round*, World Trade Organization, 1995, p.11.

71. Ernest H. Preeg, *Traders in a Brave New World: The Uruguay Round and the Future of The International Trading System*, p.30.

72. John Croome, *Reshaping the World Trading System: A History of the Uruguay Round*, p.12.

73. Ibid., p.14.

74. Ernest H.Preeg, *Traders in a Brave New World: The Uruguay Round and the Future of The International Trading System*, p.53.

75. Ibid.

76. John Croome, *Reshaping the World Trading System: A History of the Uruguay Round*, p.25.

77. Ernest H.Preeg, *Traders in a Brave New World: The Uruguay Round and the Future of the International Trading System*, pp.74—75.

78. John Croome, *Reshaping the World Trading System: A History of the Uruguay Round*, p.144.

79. Ibid., p.149.

80. Ernest H.Preeg, *Traders in a Brave New World: The Uruguay Round and the Future of the International Trading System*, p.103.

81. John Croome, *Reshaping the World Trading System: A History of the Uruguay Round*, p.264.

82. Ibid., pp.265—266.

83. 参见 John H. Jackson, *Restructuring the GATT System*, London: Royal Institute of International Affairs, 1990。

84. [美]杰格迪什·巴格瓦蒂:《风险中的世界贸易体系》,张胜纪、王春育译,北京:商务印书馆 1996 年版,第 77 页。

85. Ernest H. Preeg, *Traders in a Brave New World: The Uruguay Round and the Future of the International Trading System*, p.124.

86. John Croome, *Reshaping the World Trading System: A History of the Uruguay Round*, p.322.

87. Ernest H.Preeg, *Traders in a Brave New World: The Uruguay Round and the Future of the International Trading System*, p.125.

88. Ibid., p.173.

89. John Croome, *Reshaping the World Trading System: A History of the Uruguay

Round, p.380.

90. 参见[美]约翰·H.杰克逊:《1994年主权大辩论:美国接受并实施乌拉圭回合谈判结果》,载《GATT/WTO法理与实践》,张玉卿等译,北京:新华出版社2002年版,第419—448页。

91. Stephen D. Cohen, Joel R. Paul, Robert A. Blecker, *Fundamentals of U. S. Foreign Trade Policy: Economics, Politics, Laws, and Issues*, p.272.

92. John H. Jackson, *The World Trade Organization: Constitution and Jurisprudence*, pp.76—77.

结　语

可以把科学理论比作一个复杂的空间网络：它的术语就像一个个绳结，而连接这些绳结的网线有的相当于定义，有的相当于该理论所包含的基本的和派生的假说。整个体系就好像浮在观察平面之上，并由诠释规则将其锚定在观察平面上。这些诠释规则可看作是一些绳索，它们并非网络的一部分，而是把网络的一部分同观察平面的一些具体位置连接起来。凭借这些诠释纽带，整个网络就能发挥一种科学理论的作用。我们从某些观察到的资料开始，顺着一条诠释绳索上升到理论体系的某一点，然后沿着定义和假说达到其他各点，再沿着另外一条诠释绳索下降到观察的位置。

——卡尔·亨佩尔：《经验科学中概念形成的基本原理》[1]

第一节　研究总结

研究始于问题。在社会科学研究中，研究者可以根据个人的偏好来选择研究问题(research questions)，但这并不意味着研究者可以随心所欲地提出自己的问题。加里·金等方法论专家指出，社会科学研究中所提出的问题应该满足两个标准。第一，研究议程应该提出一个现实世界中的"重要"问题，即对理解政治、社会或经济生活，对理解显著影响众人生活的事务，或对理解和预测可能产生有害或有益影响的事件而言，该问题应该具有重要的意义。第二，研究方案应该致力于提供关于世界某些方面的可检验的科学解释，通过提高我们集体能力的方式来为某个特定的学术领域作出自己的贡献。[2]

从加里·金等学者提出的第一个标准看，制度选择在国际关系的实践中不仅涉及国家利益的增减，而且关乎国家自主性的大小。如果根据制度化水平的高低来划分制度形式，那么非正式协议、正式的条约、一般的正式国际组织和超国家组织对缔约国的自主性会产生不同程度的限制。这种对国家自主性的限制虽然可以在不同程度上制约对方的机会主义行为，但也同时给本国带来了相应的主权成本。在一个主权国家仍然是基本构成单位的国际体系中，国家不得不对国际制度形式的选择采取审慎的态度。在这个意义上，国际制度的选择构成了一种重要的国家对外行为。

从近现代国际关系史来看，制度选择是一种相当普遍的国际现象，特别对于大国、强国、富国来说，其制度选择行为在很大程度上决定了国际制度最终所采用的制度形式。随着 20 世纪国际关系中所发生的深刻变化，即使是一些小国、弱国、穷国在一定的条件下也具备了制度选择的可能。作为一个"具备全球性大国色彩的地区性大国"[3]，中国不仅因其对国际事务的深刻卷入而受到国际制度日益增强的影响，而且其自身的制度选择行为也将对某些国际制度的构建或转型发挥关键性作用。如何根据相关的制约因素来确定符合中国利益的国际制度形式，已经是并将继续是中国决策层在对外关系中所面临的重要课题之一。因此，探究国际关系中制度选择的一般性规律具有毋庸置疑的现实意义。

从加里·金等学者提出的第二个标准来看，由于既有的国际关系理论并没有为国际制度的形式选择提供一种系统的解释路径，我们尝试从交易成本经济学中寻求学理支持。[4]自 20 世纪 70 年代末以来，肯尼思·沃尔兹的结构现实主义一直在国际关系理论研究中居于主流地位。为了"概念的清晰和简练"，沃尔兹在其理论建设中将政治结构的类型提炼为两种，即"无政府状态和等级制状态这两种简单的范畴"[5]，国际结构的类型则只有一种，即"不存在合法的集中控制力量"的无政府状态。[6]虽然沃尔兹承认，"增加范畴的数目，可以使对社会的分类更接近于现实"，但他更多地强调这种做法所付出的代价："这就会从一种具有解释能力的理论，转变为一种更带描述方面精确性的、但理论化程度较低的理论系统。希望解释现象而不是描述现象的人，一定会反对这种方向的游移，当然，如果这种反对是合理的话。”[7]

这样，基于提高理论化程度的需要，结构现实主义在研究议程中有意忽略了具有不同程度等级制特点的国际制度。但是，随着范畴的数目的增加，将国际关系中更具有等级制特点的制度类型也包容进来，必然会降低解释的理论化程度吗？本书的研究表明，如果能找到恰当的分析工具，我们就可以在增加范畴数目的同时仍提供“一种具有解释能力的理论”。

我们采用的理论工具是以科斯和威廉姆森为领军人物的交易成本经济学。其实，罗伯特·基欧汉早在1984年出版的《霸权之后：世界政治经济中的合作与纷争》一书中就已经吸收了科斯的研究成果。基欧汉对国际机制功能的解释正是“立基于政治市场失灵理论和科斯定理”[8]。但基欧汉只是论证了国际机制的一个基本功能在于降低交易成本，并没有以此解释国际制度形式的选择问题。这一局限固然与他当时的研究旨趣相关。正如丹尼尔·尼尔森和迈克尔·蒂额尼所指出的：“由于需要在运用新现实主义本体论的同时揭示新现实主义的弱点，第一代新自由主义理论家在其研究议程中表面上所取得的进步受到了限制。”[9]同样需要指出的是，这一局限还与科斯定理自身的效度有关。尽管科斯定理明确了交易成本在各类制度安排优劣评价时的中心地位，但在科斯最初的理论阐释中，除了直接比较各类制度安排的治理成本外，未能提出在特定环境中最优制度选择的理论基础。科斯的论证可以用如下公式表示：

$$G^{*}=G^{1}\text{，若 } C^{1}<C^{2}$$
$$=G^{2}\text{，若 } C^{1}\geqslant C^{2}$$

其中，G^1 和 G^2 为一组可供选择的制度安排，G^* 是被选中的安排，C^1 和 C^2 是各组织安排方案所对应的交易成本。[10]这种理论解释在经验研究中难以实际应用。因为交易成本自身难以度量和观察，我们无法直接比较交易成本 C^1 和 C^2 的大小，这样也就不能确定 G^1 和 G^2 在特定的环境中何者为最优制度形式。

由于研究旨趣和研究工具的限制，基欧汉并没有为制度形式的多样性和制度选择问题提供理论上的解释。但是，“如不顾及和检验具有更多等级制特点的制度，不仅会忽视现实世界政治中的重要维面，而且会在我们的制度研究中造成选择上的偏见”[11]。对于这个基欧汉没有解答的“重要”问题，利莎·马丁、苏长和等学者运用博弈论工具来分析战略情势的不同特点，而我们仍沿着科斯所开辟的道路，通过引入科斯传统的主要继承者——奥利弗·威廉姆森的研究成果，[12]对国际制度的不同形式展开比较制度分析，并在此基础上提出了国际关系中的制度选择模型。对于我们的理论建设来说，威廉姆森在以下三个方面的贡献尤为重要。

第一，威廉姆森关于行为假定的明确陈述，使我们能够更清楚地揭示国家间交易成本的主要来源，从而使交易成本概念在国际关系中具有相应的经验内涵。威廉姆森指出：“交易成本经济学借助有限理性和机会主义这两个概念，把握住了人类的本质特征。”[13]我们认为，这两个假定同样把握住了国家对外行为的本质特征，可以作为对国家理性假定的有益补充。正是以这些假定为基础，我们讨论了信息不对称、逆向选择、道德风险和“搭便车”是如何产生国家间交易成本的。换言之，正是基于威廉姆森明确陈述的研究假定，我们才将视域集中于国际关系中的某些特定方面，从而为国际关系研究中的交易成本概念确立了比较坚实的经验基础。

当然，和威廉姆森的交易成本概念一样，我们赋予国家间交易成本的经验内涵仍然具有一些不可避免的模糊性。但从本书的分析逻辑上看，这种相对模糊性并没有降低这一概念在比较制度分析中所拥有的工具性价值。我们关于非正式协议、正式的条约、一般的正式国际组织和超国家组织的比较分析，正是以国家间交易成本概念的上述经验内涵为基础而展开的。阿维纳什·迪克西特在提出交易成本政治学框架时曾为交易成本概念的模糊性作出了有力的辩护。尽管我们试图解决的问题与迪克西特所要解决的问题不尽相同，在此参考一下他的观点仍可能是有益的：

> 理论家们可能会抱怨交易成本概念的模糊性。它们被定义得如此包罗万象以至于无法将它们纳入像阿罗—德布鲁模型或伯格森—萨缪尔森模型一样统一且完美的简单模型之中。相反，我们不得不构建出许多分散的小模型，每个小模型只处理政治过程的

一部分，然后将这些模型放在一个能够理解整体的不正式背景中。换句话说，交易成本没有提供一个单一的分析框架，只给出了一个能够组建出不同分析模型的松散的概念性框架，我认为它是一个与寡头垄断等同的概念。对寡头企业竞争的研究存在很多问题，以至于没有希望构建出与完美标准的完全竞争模型一样的统一的寡头垄断分析模型。但大多数人依然认为寡头垄断是一个有用的概念，它为处理各种具体问题的不同模型提供了庇护所，例如默认共谋、策略性承诺以及优先购买等模型。基于同样的理由，我也相信交易成本政治学提供了一个可以组织我们思考经济政策制定的有用的概念性框架。[14]

第二，威廉姆森对理性分析的深刻认同，使我们有可能在成本—收益分析基础上提出最优制度形式的抽象模型。威廉姆森虽然并不赞成新古典经济学的完全理性假定，但他主张限制而非抛弃这一“正统经济学核心承诺的东西”。他依然认为：“在许多复杂而微妙的方面，理性都被表明是一个深刻而普遍的条件。”[15]这样，他和科斯一样，在批判新古典经济学漠视制度分析的同时接受了新古典经济学的方法论个人主义，从而在研究纲领上与康芒斯等旧制度经济学家分道扬镳。对此，约翰·克劳奈维根(John Groenewegen)和杰克·弗罗蒙(Jack Vromen)指出：

实际上，可以认为威廉姆森等人把新古典经济学忽略或遗漏的契约现象置于新古典特有的“成本最小化”框架中。在交易成本经济学中，治理结构被视为降低交易成本的有效方法。在以往的新古典厂商理论中，假定厂商将选择利润最大化的生产技术，同样，交易成本经济学也假定厂商将选择有效的治理结构。从这个意义上说，威廉姆森的交易成本经济学和新古典经济学在观点上是互补的而非相互竞争的。[16]

在上述意义上，威廉姆森的研究工作实际上是把新古典经济学的研究方法扩展到其从未涉及的制度分析上，从而使传统上囿于描述的制度分析有可能接近主流经济学在演绎上的精确性(deductive rigor)。正是在这样的基点上，我们借助经济学的一些基本分析工具，在本书第三章中提出了国际关系中的制度选择模型：缔约国在交易收益给定的情况下，将选择使国家间交易成本最小化的国际治理结构；换言之，如果国际治理结构 X 使国家间交易成本最小化，X 就是这项国家间交易的最优国际治理结构。

第三，威廉姆森对交易维度的清晰揭示，使我们有可能在理论建模的基础上展开经验实证研究。斯考特·玛斯顿（Scott Masten）认为，威廉姆森关于制度形式形成之假说的关键在于：(1)指出使各类制度安排有所区别的属性，如何影响与制度相关的成本；(2)以差别化方法将上述成本的发生与交易的各个可观测维度相联系。他将关系式代入前面科斯的论证得到：

$$C^1 = \beta_1 X + e_1$$

和

$$C^2 = \beta_2 X + e_2$$

其中，X 表示影响交易成本的可观察的特征向量，β_1 和 β_2 是参数向量，e_1 和 e_2 为未被观察到的因素，如决策者估计交易成本时的误差、错觉等。即使无法观察交易成本，我们仍可以通过具体分析交易如何导致各种制度形式的效率差别来设计可检验的假说，并根据 β_1 和 β_2 的相对量值建模预测。在实证分析中，观察到制度 G^1 的概率为 $\Pr(C^1 < C^2) = \Pr(e_1 - e_2 < (\beta_2 - \beta_1)X)$，$X$ 的影响取决于 $(\beta_2 - \beta_1)$ 的符号。[17]

根据这一思路，我们在将国家间交易成本分为缔约成本和治理成本的基础上，确立了国家间缔约成本和国家间治理成本的主要影响变量：问题领域敏感性、国家同质性和透明度；资产专用性、不确定性和交易频率。也就是上面公式中影响交易成本的可观察的特征向量 X。然后根据最优治理结构选择的理论模型，提出了在经验研究中可以检验的六个假说。在 X 确定以后，我们就可以根据案例的具体数据或资料来确定 $(\beta_2 - \beta_1)$ 的符号，从而解释或预测该案例中有关国际行为主体的制度选择行为。这样，我们的理论模型具备了经验检验的可能性。

在本书中，我们根据国际关系的制度选择模型解析了两个案例，即战后初期美国和西欧国家在北大西洋公约组织缔造过程中的制度选择行为、战后初期与20世纪80—90年代美国在国际贸易制度构建中的制度选择行为。根据案例的实际数据和资料，我们在第一个案例中考察了资产专用性、不确定性、问题领域敏感性、国家同质性四项变量，在第二个案例中考察了不确定性、交易频率、国家同质性、透明度四项变量，在比较的意义上（两个主体或两个时点）提出了关于制度选择的若干预期。在接下来的史实检验中，我们所提出的这些预期都得到了证实。这样，我们一方面通过案例研究检验了基于理论模型所产生的六个假说，另一方面又从理论上解释了这些案例中的制度选择行为。

第二节 应用价值

作为一种经验理论（empirical theory），我们所提出的制度选择模型具有以下四个方面的应用价值，其中第一个方面是基本的，其他三个方面都是由此派生或引申出来的。

第一，我们所确立的理论模型可以用来解释国际关系中的制度选择行为。在以民族国家为基本单位的现代国际体系中，无论体系的结构还是“单元”的属性有何差异，制度选择都是一种基本的国家对外行为。我们在近现代国际关系史中不难发现，国家有时愿意签订具有约束力的国际条约，有时却愿意达成不具约束力的非正式协议；国家可以为加入某个正式国际组织而愿意放弃在该问题领域中的部分行动自由，却为在另一个问题领域保持自己的行动自由而拒绝加入与之相关的国际组织；一些国家试图强化某一制度安排的超国家性质，而另一些国家仍力图保持它的政府间特点。我们也亲眼目睹了当代世界各国在制度形式选择上令人眼花缭乱的外交折冲：美国积极推动世界贸易组织的成立，却竭力避免受国际刑事法院（International Criminal Court, ICC）的管辖；随着欧洲中央银行的成立，德国放弃了自己的货币主权，而英国仍游离于货币一体化的机制之外；法国前总统希拉克作为戴高乐派的领袖，却决定重返当年戴高乐退出的北约军事一体化机构。此类事例，不一而足。在以往的国际关系研究中，一些学者注意到了不同制度形式之间的一些基本差别，也注意到了国家的某些制度选择行为，但是大都停留在描述的层面上，并没有为之提供一种能够确立变量关系的研究框架。[18]作为一次理论尝试，我们发展制度选择模型的目的就是在于为这种重要的国家对外行为提供了一种基本的解释框架。根据这一分析框架中的基本假说，并以实证研究中所获取的数据或资料为基础，我们就可以确立相关因素之间的关系，从而为某一具体的制度选择行为提供一种分析与解释。

作为中国学人研究国际问题，我们的制度选择模型对解释当代中国的对外行为具有特别的现实价值。[19]自1971年第26届联合国大会恢复中国在联合国的合法席位以来，随着中国日益融入国际社会，中国与国际制度之间的联系日趋深入和广泛。在某种意义上说，“中国参与国际制度”可以成为“中国融入国际社会”的同义语。中国对国际制度的参与不仅促进了中国自身的改革与发展，而且使中国对外部世界产生了日益增长的影响。正如塞缪尔·金（Samuel Kim）所指出的：“中国在世界政治中的参与性角色，使中国开放政策的全球化成为可能，为全球互动创造了无数新的联系、新的机会、新的报偿和处罚。”[20]随着中国国际影响的不断扩大，中国在对外关系中的制度选择行为将在某些国际制度的构建或转型中发挥更为重要的作用。在这种背景和趋势下，研究中国对外关系中的制度选择行为不仅具有理论分析价值，而且具有重要的实践意义。中国的制度选择行为当然受到中国国家利益的驱动，但是简单的“国家利益决定论”并不能充分解释中国的制度选择行为。正如王逸舟所指出的：“国家利益的观点的确有更强的解释力，但同样不是没有缺失的，至少传统的、比较狭窄的定义是不够的，它没有考虑新的形势与矛盾，比方说，全球化时代国际体制的复杂性，或者国家的需求与国际的需求的某些重合。”[21]本书所提出的理论模型至少从“国际体制的复杂性”角度为分析中国与国际制度的关系提供了一种研究工具，我们可以在此基础上推进具有明确“中国问题意识”的经验研究。

第二，本书所确立的理论模型在特定的层面上将传统上相互分离的国际政治经济学（International Political Economy，IPE）和安全研究（Security Studies）整合在一个理论框架内，从而将新制度主义的研究路径扩展到国际安全领域。[22]长期以来，国际关系学者们大都把作为

“高政治”的安全领域和作为“低政治”的经济及环境领域分开进行研究，即把国际关系的现实大致分成两个“便于处理的小块”，然后在各自的版块中发展最适合其研究对象的大理论或中层理论。其结果之一便是新现实主义在安全领域中具有更强的解释力，而新自由制度主义在经济及环境领域中具有更强的解释力。也就是说，新现实主义在安全研究中居于统治地位，而新自由制度主义则是国际政治经济学的主流范式。但是，国际安全研究和国际政治经济学作为国际关系研究的两个基本组成部分总是紧密地联系在一起，从而在许多情况下要求学者“把这些小块集中起来放到一个更大、更完整的政治经济学的理论框架中去进行研究”[23]。

20 世纪 90 年代以来，一些学者分别从新现实主义或新自由制度主义两个基点出发来尝试建立一种跨越安全研究和国际政治经济学的解释框架。例如约瑟夫·格里科将新现实主义的基本理论用于解释多边贸易谈判的东京回合(1973—1979)，试图证明“新现实主义优于新自由主义，即使在后者所选择的国际政治经济学领域也不例外”[24]。而赫尔格·哈夫腾登(Helga Haftendorn)和西莱斯特·沃兰德(Celeste Wallander)等新自由制度主义者则认为：“国际制度不仅在经济和环境领域中至关重要，而且在使用武力或以武力威胁的情形中也不可小觑。”[25]他们试图运用制度主义理论来解释当代的安全问题。我们无意参与“范式间”辩论(inter-paradigm debate)，只是力图在制度选择这个特定的问题上打破安全研究与国际政治经济学之间的藩篱，为国际关系中的制度选择提供一种统一的解释框架。在本书中，我们分别以国际安全领域中的北约组织和国际贸易领域中的关贸总协定与世界贸易组织作为案例研究的对象。本书的理论模型同时应用于安全领域与经济领域中的制度选择行为，可以为我们将制度分析推广到国际安全研究中提供一些帮助。

第三，我们的理论模型有助于解释帝国主义、殖民主义等准契约问题(quasi-contractual issues)。在本书中，我们已经将主权制度设定为基本的制度环境，在此前提下对非正式协议、正式的条约、一般的正式国际组织和超国家组织展开了细致的比较制度分析，从而将国际制度形式的选择看作主权国家出于自愿的对外行为。在这一前提下，国际制度形式无论是否具有等级制特点,都是各缔约国自愿缔约的产物,都是各缔约国经过讨价还价所达成的关系性契约(relational contract)。我们的制度选择模型正是在设定这一制度环境的基础上确立的。这里我们可以略微放宽这一前提,用制度选择模型审视一下历史上有违主权原则的一些制度形式,如帝国主义、[26]殖民主义和委任统治等。

这些制度形式在二战之前曾经广泛存在,即使现在也没有完全销声匿迹,所谓"新帝国主义""新殖民主义"等即为明证。由于当事一方的意愿受到了严重的扭曲和践踏,这些制度形式只能看作准契约问题。但是帝国、宗主国或托管国在选择这样的制度形式时,同样受到治理成本和缔约成本的制约,我们所设计的一些影响变量仍然具有分析意义。例如杰弗里·弗里登通过历史统计发现,一些投资形式,如对天然生产业和农业的投资,更可能导致殖民主义式的兼并;而另一些投资形式,如对外贷款,投资国就较少地对东道国使用武力。[27]弗里登的发现实际上反映了资产专用性程度对制度形式选择所产生的影响。此外,在当事一方的意愿受到严重扭曲的情况下,缔约成本往往表现为一种高昂的强制成本,当这种缔约成本足以抵消帝国主义、殖民主义或委任统治所能降低的治理成本时,帝国、宗主国或托管国就不得不改变它们与另外一方之间的制度形式。[28]1945 年以来英帝国(British Empire)向英联邦(British Commonwealth)的转变就体现了这一成本约束。[29]

第四,我们的制度选择模型可以用来解释邦联、联邦等国家结构形式,从而将其应用范围外溢到比较政治研究的某些领域。国际制度形式的连续谱系在最优治理结构选择模型中成为坐标系的横轴(见图 3.3),基本制度形式按照制度化水平的高低在横轴上从左到右依次分布。当这一横轴向右延伸时,即制度化水平进一步提高时,邦联和联邦等国家结构形式就可以纳入制度选择模型的视野以内。虽然由于本书所探究的中心问题是国际关系中的制度选择,邦联、联邦等国家结构形式没有作为比较制度分析的对象,但我们可以按照相同的思路来考察如下一些问题:主权国家在什么样的条件下愿意结成邦联?邦联又是在什么样的条件下演进为联邦?联邦政府的权力集中化趋势动力何在?等等。实际上,1787 年美国宪法的缔造者们弃邦联而取联邦的一个基本理由就是我们在比较制度分析中所集中关注的政府对外机会主义行

为。正如约翰·杰伊(John Jay)在《联邦党人文集》中所说的:

> 假定让美国分为十三个,如果你喜欢的话,或者分为三四个独立政府,这些政府还能建立和维持什么样的陆军,它们究竟想要什么样的海军呢?如果一个政府遭到攻击,其他政府会赶去援助,为保卫该政府而流血、花钱吗?难道不会发生如下的危险:其他政府由于花言巧语的阿谀奉承而保持中立,或者被过于爱好和平所引诱而拒绝拿自己的安宁去冒险,而且拒绝为邻人提供防御,也许它们妒忌邻人,乐于看到邻人的重要地位被削弱呢?虽然这种行为未必明智,然而仍然是合乎自然的。希腊各邦和其他各国的历史,充满着这类事例,以前时常发生的事情,在类似的情况下,并非不可能重新发生。[30]

在联邦党人看来,北美十三个州相同的语言、宗教信仰、风俗习惯,以及它们在独立战争中联合作战的经历都不足以保证上述机会主义行为不会发生。即使退一步相信它们愿意帮助被侵略的州或邦联,在联合防御中也会出现一系列的困难和不便:援助的人力和款项怎么提供,何时提供,如何分配?联合军队由谁统率,统帅又将听命于哪个政府?万一发生争执,由谁仲裁?等等。[31]联邦党人将这种困难和不便的原因归结到涣散、虚弱、无力的邦联制,主张建立一个强有力的联邦政府来"照顾到全面的和共同的利益"[32]。显然,联邦党人在制宪过程中的上述考虑相当切合我们的制度选择模型。除了美国由邦联向联邦的转变外,瑞士联邦、澳大利亚联邦的形成等都可以在我们理论模型的基础上得到相应的解释。

第三节 有待深化研究的问题

我们从国家间交易成本的视角对国际制度形式选择的研究,只是一种理论探索与初步尝试,至少需要今后在以下领域中拾遗补阙,完善深化,或检验校正,以提供更多的知识增量。

第一,在我们的理论模型中,制度选择的对象是单一的制度安排。但是任何制度安排都处于其他相关制度安排构成的网络之中,其功能的正常发挥也有赖于该制度安排与其他相关制度安排的功能性协调。

正如青木昌彦所指出的:“只有相互一致和相互支持的制度安排才是富有生命力和可维系的,否则,精心设计的制度很可能高度不稳定。”[33]实际上,新制度经济学家对政治制度的关注和研究,很大程度上就是因为经济制度处于包括政治制度在内的制度网络之中,无法撇开政治制度而解释清楚经济增长、经济发展、经济转型等问题。诺思、温格斯特等学者的理论思路集中表明了这种研究转向的特点。[34]由于理论建模的限制,我们的制度选择模型有意将制度环境视为给定的外生变量,除了强调主权制度的基本环境外,并没有认真考虑制度网络的问题,但这一问题在经验研究中不应轻易予以忽视。

第二,在本书的理论模型中,我们并没有单独考虑缔约国之间的权力差距。由于我们将制度选择看成国家出于自愿的对外行为,权力差距对缔约国制度选择行为的影响并不是决定性的。约翰·伊肯伯里(John Ikenberry)的研究也表明,强国与弱国都有动机在制度问题上达成妥协,从而使权力差距问题在国际制度建设上的影响并没有看上去那么大。他指出:“对强国来说,制度是有吸引力的,因为它们能够有效排除伤害其基础的某些结果,在未来限制其他国家。在合适的条件下,这些吸引力会超过对自主性和权力自主使用的限制所带来的损失。对弱国来说,制度妥协也排除了它所担心的某些结果,如强国的统治或抛弃。”[35]此外,我们的制度选择模型还可以用资产专用性、不确定性等影响变量来表达权力差距的某些内容。例如根据相互依赖理论的观点,资产专用性反映了某种“脆弱性相互依赖”,从而成为国家权力的来源;根据“霸权稳定论”的观点,如果权力集中于一个霸权国,世界政治经济中的不确定性就比较小。但作为政治分析的基本标尺之一,国家权力的大小究竟如何影响国际关系中的制度选择,能否从有关案例中提炼出一个一般的分析模式,的确值得学者们进行深入的学理探究和严肃的学术思考。

第三,一些学者认为,某些国际制度的首要功能并不在于降低国家间交易成本,而在于降低国内的或跨国的交易成本。例如安德鲁·莫拉维切克通过对欧洲一体化的案例研究,发现有效的国际谈判的障碍很可能是国内的或跨国的,而非国家间的。其“双层网络管理者”(two-level network manager)理论试图表明,从影响交易成本大小的各种因素，如行为体的数目、每个行为体所掌握的资源、信息处理能力、专业化程度、意图透明度及产权的安全性等项指标来看，国内政治中的个人或集团比国际政治中的国家往往数目更多、力量更弱、专业化程度更高、透明度更低、产权更欠保障，从而使国内讨价还价的信息成本远高于国家间讨价还价的信息成本。[36]尽管我们仍然认为国际制度的最主要功能是降低国家间交易成本，我们也承认国际制度能够降低国内的或跨国的交易成本，例如中国政府决定加入世界贸易组织就包含了这一方面的战略考虑。如何将国内的或跨国的交易成本整合到国际关系的制度选择模型中，可能是今后理论突破的一个重要方向。

第四，我们并没有对国际关系中的制度变迁展开系统的分析，尽管为之提供了某些分析基础。在一定的意义上，制度变迁与制度选择构成了"一枚硬币的两面"：制度选择是制度变迁的逻辑前提，制度变迁是制度选择的动态优化。尽管如此，我们的制度选择模型并不能取代关于国际制度变迁的系统分析。特别由于增加了时间维度，制度建设在一定条件下可能会呈现出路径依赖（path dependence）的特征，[37]从而无法实现制度选择的动态优化。因此，如何为国际关系中的制度变迁提供一种解释框架，仍有待于展开进一步的理论探索和实证研究。也许在这个问题上，新制度经济学与历史制度主义（historical institutionalism）相结合会提供更多的方法论基础。[38]基欧汉在美国政治学会的主席演说中，就曾号召政治学家在设计国际制度时去汲取历史制度主义所提供的洞见，因为"没有这些知识，我们就难以理解人们在采取理性行为时所具有的各种预期，也无法设计以规范观点为基础的制度"[39]。

第五，根据"结构化集中比较"方法，本书对理论模型进行了初步的案例检验，并在案例研究中使用了"模式匹配"和"纵向比较"等分析技术来提高研究结论的普适性和理论检验的有效性。但是，案例研究数量过少的缺陷仍然无法从根本上克服，因此本书的理论模型还有待于经验数据或实证材料的进一步检验。笔者相信，在更多的经验研究的基础上，本书所提出的制度选择模型将会得到修正和完善。[40]

第六，任何理论范式都有其特定的适用范围，只能解释某些现象在一定层次上的问题。正如"范式"（paradigm）概念的提出者、科学哲学家托马斯·库恩（Thomas Kuhn）所指出的："范式之所以获得了它们的地位，是因为它们比它们的竞争对手能更成功地解决一些问题，而这些问题又为实践者团体认识到是最为重要的。不过，说它更成功既不是说它能完全成功地解决某一个单一的问题，也不是说它能明显成功地解决任何数目的问题。”[41]作为一种社会科学理论，交易成本经济学的解释力必然具有一定的限度，[42]单纯使用交易成本路径并不能解释清楚国际制度选择中所涉及的所有问题。例如我们可以解释某个国家的制度选择行为，但最终形成的国际制度形式是什么，我们并没有给出判断。又如在国际制度建设中，当不同国家对制度形式的期望明显不同时，什么样的国家将最终主导制度形式的确定，我们也没有提出有关的解释。在这样一些问题上，我们可能需要更多研究路径的综合运用，例如博弈论、信息经济学、演进经济学和历史制度主义，乃至社会学中的社会化理论、结构化理论，等等。

注释

1. 转引自[美]詹姆斯·多尔蒂和小罗伯特·普法尔茨格拉夫：《争论中的国际关系理论》，第26页。

2. Gary King, Robert Keohane and Sidney Verba, *Designing Social Inquiry: Scientific Inference in Qualitative Research*, p.15.

3. 陈岳：《中国国际地位分析》，北京：当代世界出版社2002年版，第179页。

4. 我们在本书导论中已经对基于权力、基于利益和基于知识的国际机制理论以及联盟形成理论、规模经济理论、一体化理论等在解释制度选择问题上的贡献和不足作了剖析，在此不再重复。

5. [美]肯尼思·沃尔兹：《国际政治理论》，第137、136页。

6. 尽管他也明确地指出，许多政治学家允许更多的政治秩序类型的存在。在这些学者看来，“无政府状态是连续体的一头，另一头则是一个合法的、能干的政府的存在”。参见[美]肯尼思·沃尔兹：《国际政治理论》，第136页。

7. [美]肯尼思·沃尔兹：《国际政治理论》，第137页。

8. Michael Zurn, “Assessing State Preferences and Explaining Institutional Choice: The Case of Intra-German Trade”, *International Studies Quarterly*, Vol.41, No.2, 1997, p.297.

9. Daniel Nielson and Michael Tierney, “Delegation to International Organizations: Agency Theory and World Bank Environmental Reform”, p.244.

10. [美]斯考特·玛斯顿：《交易成本经济学的实证研究：挑战、进展与发展方向》，载于[美]约翰·克劳奈维根主编：《交易成本经济学及其超越》，朱舟、黄瑞虹译，上海：上海财经大学出版社2002年版，第63页。

11. David Lake, “Progress in International Relations: Beyond Paradigms in the Study of Institutions”, in Michael Brecher and Frank Harvey, eds., *Realism and Institutionalism in International Studies*, Ann Arbor: The University of Michigan Press,

2002, p.146.

12. 值得一提的是,沃尔兹和基欧汉虽然在其理论建设中没有运用威廉姆森的研究纲领或主要成果,但都注意到了威廉姆森的个别观点。参见[美]肯尼思·沃尔兹:《国际政治理论》,第 209 页;[美]罗伯特·基欧汉:《霸权之后:世界政治经济中的合作与纷争》,第 133 页。

13. [美]奥利弗·威廉姆森:《资本主义经济制度》,第 67 页。

14. [美]阿维纳什·迪克西特:《经济政策的制定:交易成本政治学的视角》,第 25 页。

15. [美]奥利弗·威廉姆森:《治理机制》,前言,第 9 页。

16. [美]约翰·克劳奈维根和杰克·弗罗蒙:《理论多元化发展的理由》,载于[美]约翰·克劳奈维根主编:《交易成本经济学及其超越》,第 482 页。

17. [美]斯考特·玛斯顿:《交易成本经济学的实证研究:挑战、进展与发展方向》,第 64 页。

18. 例如,奥兰·扬对国际机制类型的讨论接近于本书关于国际制度形式的划分,特别是他对非正式机制和显在的组织作了比较分析,但是由于没有一个研究框架,他的比较分析只是罗列了一些差别。参见 Oran Young, "International Regimes: Problems of Concept Formation", *World Politics*, Vol.32, No.3, 1980, pp.342—346。

19. 美国著名中国问题专家伊莉莎白·埃克诺米和米歇尔·奥克森伯格主编的《中国参与世界》一书在八个领域(联合国、军备控制、人权、贸易和投资、金融、信息、能源、环境保护)中分析了中国参与国际制度的行为表现,但该书没有对中国在国际制度形式上的选择行为给予足够的关注。参见[美]伊莉莎白·埃克诺米和米歇尔·奥克森伯格主编:《中国参与世界》,华宏勋等译,北京:新华出版社 2001 年版。

20. Samuel Kim, "China's International Organizational Behavior", in Thomas Robinson and David Shambaugh, eds., *Chinese Foreign Policy: Theory and Practice*, Oxford: Clarendon Press, 1995, p.404.

21. 王逸舟:《启动中国与国际组织关系的多维度研究》,载于王逸舟主编:《磨合中的建构:中国与国际组织关系的多视角透视》,第 31 页。

22. 目前国际政治经济学所侧重分析的问题领域大多集中于国际贸易、金融、投资、发展和对外援助以及比较经济政策等,较少涉及国际安全领域。这种研究状况从罗伯特·吉尔平两部代表作的章节安排就可见一斑。在 1987 年出版的《国际关系政治经济学》一书中,除了总论部分外,其他各章的标题为"国际货币问题""国际贸易的政治学""跨国公司和国际生产""依附问题和经济发展""国际金融的政治经济学"等。在 2001 年出版的《全球政治经济学》一书中,除了篇幅大为增加的总论部分外,其他各章的标题为"各国政治经济体系""贸易体系""国际货币体系""国际金融体系""国家与跨国公司""国家和经济发展""区域一体化的政治经济学分析"等。

23. 宋新宁、陈岳:《国际政治经济学概论》,北京:中国人民大学出版社 1999 年版,第 19 页。

24. Joseph Grieco, *Cooperation among Nations: Europe, America, and Non-tariff Barriers to Trade*, Ithaca and London: Cornell University Press, 1990, p.3.

25. Helga Haftendorn, Robert Keohane and Celeste Wallander, *Imperfect Unions: Security Institutions over Time and Space*, Oxford: Oxford University Press, 1999, p.1.

26. 汉斯·摩根索将帝国主义作为"一种明确的国际政治类型"。迈克尔·道尔(Michael Doyle)则赋予帝国主义以国际制度上的含义,即帝国主义是一种压制从属国家主权的制度形式。参见[美]汉斯·摩根索:《国家间政治:寻求权力与和平的斗争》,第 82

页；Michael Doyle, *Empires*, Ithaca and New York: Cornell University Press, 1986。

27. Jeffry Frieden, "International Investment and Colonial Control: A New Interpretation", p.593.

28. 例如殖民主义使欧洲国家在19世纪获得了巨大的收益，但是这种情况需要假定贸易的帝国内收益要超过帝国内壁垒的损失；殖民地人民的反抗是微不足道的；殖民主义保持道义上的合法性。到了1945年，所有这些前提都受到了挑战，殖民帝国土崩瓦解。参见 Robert Keohane, "Hobbes's Dilemma and Institutional Change in World Politics: Sovereignty in International Society", p.173。

29. 参见 W. D. Hussey, *The British Empire & Commonwealth*, *1500—1961*, Cambridge: Cambridge University Press, 1963, pp.343—352。

30. [美]汉密尔顿、杰伊、麦迪逊：《联邦党人文集》，程逢如、在汉、舒逊译，北京：商务印书馆1980年版，第18页。

31. 除了在安全问题上，联邦党人还关切各州在经济关系上的机会主义行为。参见张宇燕：《经济发展与制度选择》，第168—169页。

32. [美]汉密尔顿、杰伊、麦迪逊：《联邦党人文集》，第19页。

33. [日]青木昌彦：《比较制度分析》，第19页。

34. 1995年3月，为了纪念诺思获得诺贝尔经济学奖，华盛顿大学召开了一次研讨会，与会者提交的论文反映了诺思思想的广泛影响。很多经济学家的论文都以国家、意识形态、非正式制度作为研究主题。参见[美]约翰·N.德勒巴克，约翰·V.C.奈编：《新制度经济学前沿》，张宇燕等译，北京：经济科学出版社2003年版。

35. John Ikenberry, "Constitutional Politics in International Relations", *European Journal of International Relations*, Vol.4, No.2, 1998, p.156.

36. Andrew Moravcsik, "A New Statecraft? Supranational Entrepreneurs and International Cooperation", *International Organization*, Vol.53, No.2, 1999, p.301.

37. 路径依赖概念有广义和狭义之分。广义的路径依赖指的是在时间顺序上前后阶段的因果相关性。例如，威廉·西韦尔(William Sewell)指出，路径依赖是指"在较早时点上发生的事件会影响在较晚时点上发生的事件的可能结果"。狭义的路径依赖是指一种基于报酬递增的动态社会过程，例如，玛格丽特·利瓦伊(Margaret Levi)认为路径依赖是指这样一种状况："一旦一个国家或地区沿着一种轨迹运动，逆转成本是非常高昂的。也许会有其他的选择点，但是一定制度安排的堑壕阻碍了对初始选择的轻易扭转。"参见 Paul Pierson, "Increasing Returns, Path Dependence, and the Study of Politics", *American Political Science Review*, Vol.94, No.2, 2000, p.251。

38. 历史制度主义在比较政治学和比较政治经济学中首先发展起来，彼得·卡赞斯坦(Peter Katzenstein)、保罗·皮尔逊(Paul Pierson)、史蒂文·韦伯(Steven Weber)等将其应用于国际关系研究。历史制度主义者强调裂口、多元均衡、路径依赖、意外结果和相互联系的网络，提出制度的发展不仅取决于是否适合当前的环境和政治条件，也取决于制度的起源、历史和内部动力。他们通过对历史记录的搜寻来为行为体何以如此行动而提供论证。历史制度主义者强调制度作为一种模式化关系应居于制度分析路径的核心，但他们并不认为制度是导致结果发生的惟一原因。行为体的观念与身份、行为体的利益与策略和相互间的权力分配，都被历史制度主义者带入其研究议程。他们将这些因素置于情境之中，通过聚焦于政治情势结构化的方式来揭示这些要素之间是如何相互联系起来的。参见 Steven Weber, "Institutions and Change", in Michael Doyle and G. John Ikenberry, eds., *New Thinking in International Relations Theory*, Boulder: Westview Press, 1997; James G.March and Johan P.Olson, "The Institutional Dynamics of International Political Orders", *International Organization*, Vol.52, No.4, 1998; Kathleen

Thelen and Sven Stelnmo, "Historical Institutionalism in Comparative Politics", in Sven Stelnmo, Kathleen Thelen and Frank Longstreth, eds., *Structuring Politics*, Cambridge: Cambridge University Press, 1992。

39. Robert Keohane, "Governance in a Partially Globalized World", *American Political Science Review*, Vol.95, No.1, 2001, p.11.

40. 作为制度分析的一个崭新领域,国际制度研究在统计数据搜集和处理上面临着一定的困难。尽管奥兰·扬等学者正在建设关于某些国际制度的数据库,罗伯特·基欧汉坚持认为:"既然为数众多的相关问题需要广泛的知识和合理的判断,建设这些的数据库是困难的,这项工作并非从统计卷宗中简单地抽取数据。"参见 Robert Keohane, "Institutional Theory in International Relations", in Michael Brecher and Frank Harvey, eds., *Realism and Institutionalism in International Studies*, Ann Arbor: The University of Michigan Press, 2002, p.157。

41. [美]托马斯·库恩:《科学革命的结构》,金吾伦、胡新和译,北京:北京大学出版社 2003 年版,第 21 页。

42. 关于交易成本经济学的缺陷,可参见刘元春:《交易费用分析框架的政治经济学批判》,北京:经济科学出版社 2001 年版,第 128—131 页。

参考文献

中文部分

《马克思恩格斯选集》第1卷，北京：人民出版社1972年版。

《国际条约集》(1945—1947)，北京：世界知识出版社1959年版。

《国际条约集》(1948—1949)，北京：世界知识出版社1959年版。

《国际条约集》(1648—1871)，北京：世界知识出版社1984年版。

A.C.艾萨克：《政治学：范围与方法》，郑永年、胡淳、唐亮译，杭州：浙江人民出版社1987年版。

A.G.肯伍德、A.L.洛赫德：《国际经济的成长：1820—1990》，王春法译，北京：经济科学出版社1996年版。

J.斯帕尼尔：《第二次世界大战后美国的外交政策》，段若石译，北京：商务印书馆1992年版。

R.科斯、A.阿尔钦、D.诺思等著：《财产权利与制度变迁——产权学派与新制度学派译文集》，刘守英等译，上海：上海三联书店、上海人民出版社1994年版。

S.F.比米斯：《美国外交史》(第一分册)，叶笃义译，北京：商务印书馆1985年版。

W.F.汉里德、G.P.奥顿：《西德、法国和英国的外交政策》，徐宗士、孙克武等译，北京：商务印书馆1989年版。

阿尔弗雷德·格罗塞：《战后欧美关系》，刘其中等译，上海：上海译文出版社1986年版。

阿维纳什·迪克西特：《经济政策的制定：交易成本政治学的视角》，刘元春译，北京：中国人民大学2004年版。

埃瑞克·菲吕博顿、鲁道夫·瑞切特编：《新制度经济学》，孙经纬译，上海：上海财经大学出版社1998年版。

安东尼·吉登斯:《民族国家与暴力》,胡宗泽,赵力涛译,北京:三联书店1998年版。

安妮·O.克鲁格编:《作为国际组织的WTO》,黄理平、彭利平、刘军等译,上海:上海人民出版社2002年版。

奥利弗·威廉姆森:《治理机制》,王健、方世建等译,北京:中国社会科学出版社2001年版。

奥利弗·威廉姆森:《资本主义经济制度》,段毅才、王伟译,北京:商务印书馆2002年版。

保罗·肯尼迪:《大国的兴衰》,蒋葆英等译,北京:中国经济出版社1989年版。

彼得·布劳、马歇尔·梅耶:《现代社会中的科层制》,马戎、时宪明、邱泽奇译,上海:学林出版社2001年版。

彼得·卡尔沃科雷西:《国际事务概览》(1947—1948),徐先麟等译,上海:上海译文出版社1990年版。

彼得·卡尔沃科雷西:《国际事务概览》(1949—1950),王希荣等译,上海:上海译文出版社1991年版。

伯纳德·霍克曼、迈克尔·考斯泰基:《世界贸易体制的政治经济学:从关贸总协定到世界贸易组织》,刘平、洪晓东、许明德等译,北京:法律出版社1999年版。

布鲁斯·拉西特和哈维·斯塔尔:《世界政治》,王玉珍等译,北京:华夏出版社2001年版。

查尔斯·金德尔伯格:《1929—1939年世界经济萧条》,宋承先、洪文达译,上海:上海译文出版社1986年版。

查尔斯·金德尔伯格:《世界经济霸权(1500—1990)》,高祖贵译,北京:商务印书馆2003年版。

陈乐民:《战后西欧国际关系》,北京:中国社会科学出版社1987年版。

陈乐民主编:《战后英国外交史》,北京:世界知识出版社1994年版。

陈佩尧:《北约——战略与态势》,北京:中国社会科学出版社1989年版。

陈舜:《权利及其维护——一种交易成本观点》,北京:中国政法大学出版社1999年版。

陈玉刚:《国家与超国家——欧洲一体化理论比较研究》,上海:上海人民出版社2001年版。

陈郁编:《企业制度与市场组织——交易费用经济学文选》,上海:上海三联书店、上海人民出版社 1996 年版。

陈岳:《中国国际地位分析》,北京:当代世界出版社 2002 年版。

戴维·赫尔德:《全球大变革:全球化时代的政治、经济与文化》,杨雪冬等译,北京:社会科学文献出版社 2001 年版。

戴维·霍罗威茨:《美国冷战时期的外交政策:从雅尔塔到越南》,上海市"五七"干校六连翻译组译,上海:上海人民出版社 1974 年版。

戴维·伊斯顿:《政治生活的系统分析》,王浦劬译,北京:华夏出版社 1999 年版。

丹尼尔·迪厄梅尔等,《作为方法论的制度主义》,载薛晓源、陈家刚主编:《全球化与新制度主义》,北京:社会科学文献出版社 2004 年版。

道格拉斯·C.诺思:《经济史中的结构与变迁》,陈郁、罗华平等译,上海:上海三联书店、上海人民出版社 1994 年版。

道格拉斯·C.诺思:《制度、制度变迁与经济绩效》,刘守英译,上海:上海三联书店 1994 年版。

道格拉斯·诺思、罗伯斯·托马斯:《西方世界的兴起》,厉以平、蔡磊译,北京:华夏出版社 1999 年版。

迪安·艾奇逊:《艾奇逊回忆录》,上海《国际问题资料》编辑组、伍协力译,上海:上海译文出版社 1978 年版。

方福前:《公共选择理论——政治的经济学》,北京:中国人民大学出版社 2000 年版。

冯绍雷:《制度变迁与对外关系》,载于资中筠主编:《国际政治理论探索在中国》,上海:上海人民出版社 1998 年版。

弗兰西斯·斯奈德:《欧洲联盟法概论》,宋英编译,北京:北京大学出版社 1996 年版。

福雷斯特·波格:《马歇尔传》(1945—1959),施旅译,北京:世界知识出版社 1991 年版。

戈登·克雷格、亚历山大·乔治:《武力与治国方略——我们时代的外交问题》,时殷弘、周桂银、石斌译,北京:商务印书馆 2004 年版。

哈里·杜鲁门:《杜鲁门回忆录》(第二卷),李石译,北京:生活·读书·新知三联书店 1974 年版。

汉密尔顿、杰伊、麦迪逊:《联邦党人文集》,程逢如、在汉、舒逊译,北京:商务印书馆 1980 年版。

汉斯・摩根索:《国家间政治:寻求权力与和平的斗争》,徐昕、郝望、李保平译,北京:中国人民公安大学出版社 1990 年版。

何春超主编:《国际关系史》(1945—1980),北京:法律出版社 1986 年版。

赫伯特・西蒙:《现代决策理论的基石》,杨砺、徐立译,北京:北京经济学院出版社 1989 年版。

亨利・基辛格:《白宫岁月——基辛格回忆录》,陈瑶华等译,北京:世界知识出版社 1980 年版。

亨利・基辛格:《大外交》,顾淑馨、林添贵译,海口:海南出版社 1997 年版。

霍布斯:《利维坦》,黎思复、黎廷弼译,北京:商务印书馆 1985 年版。

加里・利贝卡普:《产权的缔约分析》,陈宇东、耿勤、秦军、王志伟译,北京:中国社会科学出版社 2001 年版。

杰格迪什・巴格瓦蒂:《风险中的世界贸易体系》,张胜纪、王春育译,北京:商务印书馆 1996 年版。

金灿荣:《国会与美国贸易政策的制定——历史和现实的考察》,载于《美国研究》2000 年第 2 期。

景跃进:《从假设到理论的演进——从一个特殊的角度谈〈霸权的兴衰〉》,载于香港:《中国书评》1998 年秋季卷,总第 13 期。

卡尔・波普尔:《猜想与反驳——科学知识的增长》,傅季重、纪树立等译,上海:上海译文出版社 2001 年版。

康拉德・阿登纳:《阿登纳回忆录》,上海:上海人民出版社 1976 年版。

康芒斯:《制度经济学》,于树生译,北京:商务印书馆 1962 年版。

柯武刚、史漫飞:《制度经济学——社会秩序与公共政策》,北京:商务印书馆 2000 年版。

克劳德・梅纳尔编:《制度、契约与组织——从新制度经济学角度的透视》,刘刚、冯健等译,北京:经济科学出版社 2003 年版。

肯尼思・沃尔兹:《国际政治理论》,胡少华、王红缨译,北京:中国人民公安大学出版社 1992 年版。

拉塞尔・韦格利:《美国军事战略与政策史》,彭光谦、赵汉生、张孝林译,北京:解放军出版社 1986 年版。

拉斯・沃因、汉斯・韦坎德编:《契约经济学》,李风圣主译,北京:经济科学出版社 1999 年版。

李・阿尔司通、思拉恩・埃格特森等编：《制度变革的经验研究》，罗仲伟译，北京：经济科学出版社 2003 年版。

李道揆：《美国政府与美国政治》，北京：商务印书馆 1999 年版。

李居迁：《WTO 争端解决机制》，北京：中国财政经济出版社 2001 年版。

李沛良：《社会研究的统计应用》，北京：社会科学文献出版社 2001 年版。

梁西：《国际组织法》，武昌：武汉大学出版社 1993 年版。

刘金质：《冷战史》，北京：世界知识出版社 2003 年版。

刘靖华：《霸权的兴衰》，北京：中国经济出版社 1997 年版。

刘世锦：《经济体制效率分析导论——一个理论框架及其对中国国有企业体制改革问题的应用研究》，上海：上海三联书店、上海人民出版社 1994 年版。

刘同舜等：《战后世界历史长编》(1949)，上海人民出版社 1980 年版。

刘元春：《交易费用分析框架的政治经济学批判》，北京：经济科学出版社 2001 年版。

卢现祥：《西方新制度经济学》，北京：中国发展出版社 1996 年版。

罗伯特・艾克斯罗德：《合作的进化——对策中的制胜之道》，吴坚忠译，上海：上海人民出版社 1996 年版。

罗伯特・基欧汉：《霸权之后：世界政治经济中的合作与纷争》，苏长和、信强、何曜译，上海：上海人民出版社 2001 年版。

罗伯特・基欧汉编：《新现实主义及其批判》，郭树勇译，北京：北京大学出版社 2002 年版。

罗伯特・基欧汉、约瑟夫・奈：《权力与相互依赖：转变中的世界政治》，门洪华译，北京：北京大学出版社 2002 年版。

罗伯特・吉尔平：《国际关系政治经济学》，杨宇光等译，北京：经济科学出版社 1989 年版。

罗伯特・吉尔平：《世界政治中的战争与变革》，武军、杜建平、松宁译，北京：中国人民大学出版社 1994 年版。

罗伯特・吉尔平：《全球资本主义的挑战：21 世纪的世界经济》，杨宇光、杨炯译，上海：上海人民出版社 2001 年版。

罗伯特・吉尔平：《全球政治经济学：解读国际经济秩序》，杨宇光、杨炯译，上海：上海人民出版社 2003 年版。

罗伯特・杰维斯：《国际政治中的知觉与错误知觉》，秦亚青译，北京：世界知识出版社 2003 年版。

罗伯特·帕斯特编:《世纪之旅:七大国百年外交风云》,胡利平、杨韵琴译,上海:上海人民出版社 2001 年版。

罗杰·希尔斯曼、劳拉·高克伦、帕特里夏·韦茨曼:《防务与外交决策中的政治——概念模式与官僚政治》,曹大鹏译,北京:商务印书馆 2000 年版。

罗纳德·科斯:《企业、市场与法律》,盛洪等译校,上海:上海三联书店 1990 年版。

马尔科姆·卢瑟福:《经济学中的制度:老制度主义和新制度主义》,陈建波、郁仲莉译,北京:中国社会科学出版社 1999 年版。

马骏:《交易费用政治学:现状与前景》,载于《经济研究》2003 年第 1 期。

玛莎·费丽莫:《国际社会中的国家利益》,袁正清译,杭州:浙江人民出版社 2001 年版。

曼瑟尔·奥尔森:《集体行动的逻辑》,陈郁、郭宇峰、李崇新译,上海:上海三联书店、上海人民出版社 1995 年版。

门洪华:《和平的纬度——联合国集体安全机制研究》,上海:上海人民出版社 2002 年版。

尼科洛·马基雅维里:《君主论》,潘汉典译,北京:商务印书馆 1985 年版。

钱其琛:《外交十记》,北京:世界知识出版社 2003 年版。

秦亚青:《霸权体系与国际冲突——美国在国际武装冲突中的支持行为(1945—1988)》,上海:上海人民出版社 1999 年版。

青木昌彦:《比较制度分析》,周黎安译,上海:上海远东出版社 2001 年版。

饶戈平主编:《全球化进程中的国际组织》,北京:北京大学出版社 2005 年版。

盛斌:《中国对外贸易政策的政治经济分析》,上海:上海三联书店、上海人民出版社 2002 年版。

盛洪:《分工与交易——一个一般理论及其对中国非专业化问题的应用分析》,上海:上海三联书店、上海人民出版社 1994 年版。

盛洪:《中国的过渡经济学》,上海:上海三联书店、上海人民出版社 1994 年版。

盛洪主编:《现代制度经济学》,北京:北京大学出版社 2003 年版。

时殷弘:《美苏从合作到冷战》,北京:华夏出版社 1988 年版。

时殷弘:《新趋势·新格局·新规范》,北京:法律出版社 2000 年版。

思拉恩·埃格特森:《新制度经济学》,吴经邦、李耀、朱寒松、王志宏译,北京:商务印书馆1996年版。

斯蒂格利茨:《经济学》,姚开建等译,北京:中国人民大学出版社1997年版。

宋新宁、陈岳:《国际政治经济学概论》,北京:中国人民大学出版社1999年版。

宋新宁、陈岳:《国际政治学概论》,北京:中国人民大学出版社2000年版。

宋则行、樊亢主编:《世界经济史》,北京:经济科学出版社1994年版。

苏长和:《全球公共问题与国际合作:一种制度的分析》,上海:上海人民出版社2000年版。

苏长和:《解读〈霸权之后〉——基欧汉与国际关系理论中的新自由制度主义》,载于《美国研究》2001年第1期。

托克维尔:《论美国的民主》(上卷),董果良译,北京:商务印书馆1988年版。

托马斯·库恩:《科学革命的结构》,金吾伦、胡新和译,北京:北京大学出版社2003年版。

王杰主编:《国际机制论》,北京:新华出版社2002年版。

王绳祖主编:《国际关系史》,北京:世界知识出版社1995年版。

王铁崖主编:《国际法》,北京:法律出版社1981年版。

王铁崖、田如萱编:《国际法资料选编》,北京:法律出版社1986年版。

王铁崖:《国际法引论》,北京:北京大学出版社1998年版。

王逸舟:《当代国际政治析论》,上海:上海人民出版社1995年版。

王逸舟主编:《磨合中的建构:中国与国际组织关系的多视角透视》,北京:中国发展出版社2003年版。

威廉·奥尔森、戴维·麦克莱伦、弗雷德·桑德曼编:《国际关系的理论与实践》,王沿、孔宪倬等译,北京:中国社会科学出版社1987年版。

维尔纳·魏登费尔德、沃尔夫冈·韦塞尔斯主编:《欧洲联盟与欧洲一体化手册》,赖志金等译,北京:中国轻工业出版社2001年版。

沃伦·科恩主编:《剑桥美国对外关系史》(下册),王琛等译,北京:新华出版社2004年版。

西里尔·布莱克主编:《比较现代化》,杨豫、陈祖洲译,上海:上海译文出版社1996年版。

熊玠:《无政府状态与世界秩序》,余逊达、张铁军译,杭州:浙江人民出版社 2001 年版。

修昔底德:《伯罗奔尼撒战争史》,谢德风译,北京:商务印书馆 1960 年版。

亚当·斯密:《国民财富的性质和原因的研究》(上卷),郭大力、王亚南译,北京:商务印书馆 1972 年版。

亚历山大·温特:《国际政治的社会理论》,秦亚青译,上海:上海人民出版社 2000 年版。

阎学通、孙学峰:《国际关系研究实用方法》,北京:人民出版社 2001 年版。

杨瑞龙、周业安:《交易费用与企业所有权分配合约的选择》,载于《经济研究》1998 年第 9 期。

杨瑞龙、周业安:《中国新制度经济学》,载于刘大椿主编:《中国人文社会科学发展研究报告 2002》,北京:中国人民大学出版社 2002 年版。

杨小凯、张永生:《新兴古典经济学和超边际分析》,北京:中国人民大学出版社 2000 年版。

伊莉莎白·埃克诺米、米歇尔·奥克森伯格主编:《中国参与世界》,华宏勋等译,北京:新华出版社 2001 年版。

约哈姆·巴泽尔:《产权的经济分析》,费方域、段毅才译,上海:上海三联书店、上海人民出版社 1997 年版。

约翰·H.杰克逊:《世界贸易体制:国际经济关系的法律与政策》,张乃根译,上海:复旦大学出版社 2001 年版。

约翰·H.杰克逊:《GATT/WTO 法理与实践》,张玉卿等译,北京:新华出版社 2002 年版。

约翰·N.德勒巴克、约翰·V.C.奈编:《新制度经济学前沿》,张宇燕等译,北京:经济科学出版社 2003 年版。

约翰·福斯特·杜勒斯:《战争或和平》,北京编译社译,北京:世界知识出版社 1959 年版。

约翰·克劳奈维根主编:《交易成本经济学及其超越》,朱舟、黄瑞虹译,上海:上海财经大学出版社 2002 年版。

约翰·刘易斯·加迪斯:《遏制战略:战后美国国家安全政策评析》,时殷弘、李庆四、樊吉社译,北京:世界知识出版社 2005 年版。

约翰·鲁杰主编:《多边主义》,苏长和等译,杭州:浙江人民出版社 2003 年版。

约翰·米尔斯海默：《大国政治的悲剧》，王义桅、唐小松译，上海：上海人民出版社2003年版。

约翰·平德：《联盟的大厦——欧洲共同体》，潘琪译，沈阳：辽宁教育出版社1998年版。

约翰内斯·施泰因霍夫：《北大西洋公约组织向何处去？》，张连根等译，北京：商务印书馆1977年版。

约瑟夫·奈：《理解国际冲突：理论与历史》，张小明译，上海：上海人民出版社2002年版。

赵瑾：《全球化与经济摩擦——日美经济摩擦的理论与实证研究》，北京：商务印书馆2002年版。

詹姆斯·伯恩斯、杰克·佩尔塔森、托马斯·克罗宁：《美国式民主》，谭君久等译，北京：中国社会科学出版社1993年版。

詹姆斯·多尔蒂、小罗伯特·普法尔茨格拉夫：《争论中的国际关系理论》，阎学通、陈寒溪等译，北京：世界知识出版社2003年版。

张维迎：《博弈论与信息经济学》，上海：上海三联书店、上海人民出版社1996年版。

张锡昌、周剑卿：《战后法国外交史》(1944—1992)，北京：世界知识出版社1993年版。

张小劲、景跃进：《比较政治学导论》，北京：中国人民大学出版社2001年版。

张小明：《冷战及其遗产》，上海：上海人民出版社1998年版。

张宇燕：《经济发展与制度选择》，北京：中国人民大学出版社1992年版。

周业安：《关于当前中国新制度经济学研究的再思考》，中国人民大学比较国际政治经济活页文选2001年第7期。

资中筠主编：《战后美国外交史——从杜鲁门到里根》，北京：世界知识出版社1994年版。

邹谠：《美国在中国的失败，1941—1950》，上海：上海人民出版社1997年版。

英 文 部 分

Abbott, Kenneth and Duncan Snidal, "Why States Act through Formal International Organizations", *Journal of Conflict Resolution*, Vol.42, No.1,

1998.

Abbott, Kenneth and Duncan Snidal, "Hard and Soft Law in International Governance", *International Organization*, Vol.54, No.3, 2000.

Abbott, Kenneth, Robert Keohane, Andrew Moravcsik, Anne-Marie Slaughter and Duncan Snidal, "The Concept of Legalization", *International Organization*, Vol.54, No.3, 2000.

Alt, James, Fredrik Carlsen, Per Heum, and Kare Johansen, "Asset Specificity and Political Behavior of Firms: Lobbying for Subsidies in Norway", *International Organization*, Vol.53, No.1, 1999.

Alter, Karen, "The European Union's Legal System and Domestic Policy: Spillover or Backlash", *International Organization*, Vol. 54, No. 3, 2000.

Altfeld, Michael, "The Decision to Ally: A Theory and Test", *Western Political Quarterly*, Vol.37, No.4, 1984.

Axelord, Robert and Robert Keohane, "Achieving Cooperation under Anarchy: Strategies and Institutions", in Kenneth Oye ed., *Cooperation under Anarchy*, Princeton: Princeton University Press, 1986.

Baldwin, David ed., *Neorealism and Neoliberalism: The Contemporary Debate*, New York: Columbia University Press, 1993.

Barnet, M. and J. Levy, "Domestic Sources and Alignments: The Case of Egypt, 1962—1973", *International Organization*, Vol.45, No.3, 1991.

Baylis, John, "Britain, The Brussels Pact and the Continent Commitment", *International Affairs*, Vol.60, No.4, 1984.

Bean, Richard, "War and The Birth of Nation State", *Journal of Economic History*, Vol.33, No.1, 1973.

Brecher, Michael and Frank Harvey, eds., *Realism and Institutionalism in International Studies*, Ann Arbor: The University of Michigan Press, 2002.

Broz, Lawrence, "Political System Transparency and Monetary Commitment Regimes", *International Organization*, Vol.56, No.4, 2002.

Bull, Hedley and Adam Waston, eds., *The Expansion of International Society*, Oxford: Clarendon Press, 1984.

Chayes, Abram and Antonia Handler Chayes, "On Compliance", *International Organization*, Vol.47, No.2, 1993.

Coase, Ronald, "The Nature of the Firm", *Economica*, Vol.4, No.16, 1937.

Coase, Ronald, "The New Institutional Economics", *Journal of Institutional and Theoretical Economics*, Vol.140, No.1, 1984.

Cohen, Stephen D. Joel R. Paul, Robert A. Blecker, *Fundamentals of U.S. Foreign Trade Policy: Economics, Politics, Laws, and Issues*, Boulder: Westview Press, 1996.

Cook, Don, *Forging the Alliance: NATO, 1945—1950*, New York: Arbor House/William Morrow, 1989.

Cortell, Andrew and Susan Peterson, eds., *Altered States: International Relations, Domestic Politics, and Institutional Change*, Lanham: Lexington Books, 2002.

Cowhey, Peter, "Domestic Institutions and the Credibility of International Commitments: Japan and the United States", *International Organization*, Vol.47, No.2, 1993.

Dai, Xinyuan, "Information Systems in Treaty Regimes", *World Politics*, Vol.54, No.4, 2002.

Destler, I.M., *American Trade Politics: System Under Stress*, Washington, DC: Institute For International Economics, 1986.

Destler, I. M., "United States Trade Policymaking in the Uruguay Round", in Henry R. Nau, ed., *Domestic Trade Politics and The Uruguay Round*, New York: Columbia University Press, 1989.

Diebold, William Jr., "From the ITO to GATT — and Back?", in Orin Kirshner ed., *The Bretton Woods-GATT System: Retrospect and Prospect after Fifty Years*, Armonk and London: M. E. Sharpe, 1996.

Dixit, Avinash, *The Making of Economic Policy: A Transaction-Cost Politics Perspective*, Cambridge: MIT Press, 1996.

Dixon, William, "Third-party Techniques for Preventing Conflict Escalation and Peaceful Settlement", *International Organization*, Vol. 50, No. 4, 1996.

Donnelly, Jack, *Realism and International Relations*, Cambridge: Cambridge University Press, 2000.

Downs, George and David Rocke, "Tacit Bargaining and Arms Control", *World Politics*, Vol.39, No.3, 1987.

Downs, George, David Rocke, and Peter Barsoom, "Managing the Evolution of Multilateralism", *International Organization*, Vol. 52, No. 2, 1998.

Duffield, John, "International Regimes and Alliance Behavior: Explaining NATO Conventional Force Levels", *International Organization*, Vol. 46, No.4, 1992.

Eckes, Alfred, E.JR., *Opening America's Market: U.S.Foreign Trade Policy since 1776*, Chapel Hill and London: The University of North Carolina Press, 1995.

Elliott, Kimberly Ann and Gary Clyde Hufbauer, "Ambivalent Multilateralism and the Emerging Backlash: The IMF and WTO", in Stewart Patrick and Shepard Forman, eds., *Multilateralism and U. S. Foreign Policy*, Boulder: Lynne Rienner Publishers, 2002.

Eichengreen, Barry, "Dental Hygiene and Nuclear War: How International Relations Looks from Economics", *International Organization*, Vol.52, No.4, 1998.

Evangelista, Matthew, "Issue-area and Foreign Policy Revisited", in *International Organization*, Vol.43, No.1, 1989.

Fearon, James, "Demestic Political Audiences and the Escalation of International Disputes", *American Political Science Review*, Vol.88, No.3, 1994.

Fearon, James, "Rationalist Explanations for War", *International Organization*, Vol.49, No.3, 1995.

Finel, Bernard and Kristin Lord, "The Surprising Logic of Transparency", in *International Studies Quarterly*, Vol.43, No.2, 1999.

Frieden, Jeffry, "International Investment and Colonial Control: A New Interpretation", *International Organization*, Vol.48, No.4, 1994.

Gallagher, Nancy, *The Politics of Verification*, Baltimore and London: The Johns Hopkins University Press, 1999.

Gallarotti，Giulio，“The Limits of International Organization：Systematic Failure in the Management of International Relations”，*International Organization*，Vol.45，No.2，1991.

Garrett，Geoffrey，“International Cooperation and Institutional Choice：the European Community's Internal Market”，*International Organization*，Vol.46，No.2，1992.

Glaser，Charles，“Realists as Optimists：Cooperation as Self-help”，*International Security*，Vol.19，No.3，1994/1995.

Goldstein，Avery，“Discounting the Free Ride：Alliance and Security in the Postwar World”，*International Organization*，Vol.49，No.1，1995.

Goldstein，Joshua and Jon Pevehouse，“Reciprocity，Bullying，and International Cooperation：Time-series Analysis of the Bosnia Conflict”，*American Political Science Review*，Vol.91，No.3，1997.

Goldstein，Judith，*Ideas，Interests，and American Trade Policy*，Ithaca and London：Cornell University Press，1993.

Goldstein，Judith，Miles Kahler，Robert Keohane，and Anne -Marie Slaughter，“Introduction：Legalization and World Politics”，*International Organization*，Vol.54，No.3，2000.

Grieco，Joseph，*Cooperation among Nations：Europe，America，and Non-tariff Barriers to Trade*，Ithaca and London：Cornell University Press，1990.

Grieco，Joseph，“Anarchy and the Limits of Cooperation：A Realist Critique of the Newest Liberal Institutionalism”，in David A. Baldwin，ed.，*Neorealism and Neoliberalism：The Contemporary Debate*，New York：Columbia University Press，1993.

Grieco，Joseph，Realist International Theory and the Study of World Politics，in Michael Doyle and G. John Ikenberry，eds.，*New Thinking in International Relations Theory*，Boulder：Westview Press，1997.

Gruber，Lloyd，*Ruling the World：Power Politics and the Rise of Supranational Institutions*，Princeton：Princeton University Press，2000.

Haftendorn，Helga，Robert Keohane and Celeste Wallander，*Imperfect Unions：Security Institutions over Time and Space*，Oxford：Oxford University Press, 1999.

Haggard, Stephan and Beth Simmons, "Theories of International Regimes", *International Organization*, Vol.41, No.3, 1987.

Hans-Henrik Holm and Geoge Sorensen, eds., *Whose World Order? Uneven Globalization and the End of the Cold War*, Boulder: Westview Press, 1995.

Hasenclever, Andreas, Mayer, Peter, and Rittberger, Volker, *Theory of International Regimes*, New York: Cambridge University Press, 1997.

Hass, Ernst, "Why Collaborate: Issue-linkage and international Regimes", *World Politics*, Vol.32, No.3, 1980.

Hinds, Lynn and Theodore Windt, *The Cold War as Rhetoric: The Beginnings, 1945—1950*, New York: Praeger, 1991.

Hoag, Malcolm, "What Interdependence for NATO", *World Politics*, Vol.12, No.3, 1960.

Hoffman, Aaron, "A Conceptualization of Trust in International Relations", *European Journal of International Relations*, Vol.8, No.3, 2002.

Honig, Jan, *NATO: An Institution under Threat?*, New York: Institute for East-West Security Studies, 1991.

Ikenberry, John, "Constitutional Politics in International Relations", *European Journal of International Relation*, Vol.4, No.2, 1998.

Ismay, Hastings, *NATO: The First Five Years, 1949—1954*, Utrecht: Bosch, 1954.

Jackson, John H., *Restructuring the GATT System*, London: Royal Institute of International Affairs, 1990.

Jackson, John H., *The World Trade Organization: Constitution and Jurisprudence*, London: Royal Institute of International Affairs, 1998.

Jervis, Robert, "Systems and Interaction Effects", in Jack Snyder and Robert Jervis, eds., *Coping with Complexity in the International System*, Boulder: Westview Press, 1993.

Jervis, Robert, *Syetem Effects: Complexity in Political and Social Life*, Princeton: Princeton University Press, 1997.

Johnston, Alastair Iain, "Treating International Institutions as Social

Environments", *International Studies Quarterly*, Vol.45, No.4, 2001.

Jonsson, Christer and Jonas Tallberg, "Compliance and Post-Agreement Bargaining", *European Journal of International Relations*, Vol. 4, No. 4, 1998.

Kahler, Miles, "Rationality in International Relations", *International Organizations*, Vol.52, No.4, 1998.

Kaplan, Lawrence, *The United States and NATO: The Formative Years*, Lexington: The University Press of Kentucky, 1984.

Kaplan, Lawrence, *NATO and the United States: The Enduring Alliance*, Boston: Twayne Publishers, 1988.

Kaplan, Lawrence, *The Long Entanglement: NATO's First Fifty Years*, Westport: Praeger, 1999.

Keohane, Robert, *After Hegemony: Cooperation and Discord in the World Political Economy*, Princeton: Princeton University Press, 1984.

Keohane, Robert, "Reciprocity in International Relations", *International Organization*, Vol.40, No.1, 1986.

Keohane, Robert, *International Institutions and State Power: Essays in International Relations Theory*, Boulder: Westview Press, 1989.

Keohane, Robert, "Hobbes's Dilemma and Institutional Change in World Politics: Sovereignty in International Society", in Hans-Henrik Holm and Geoge Sorensen, eds., *Whose World Order? Uneven Globalization and the End of the Cold War*, Boulder: Westview Press, 1995.

Keohane, Robert, "International Institutions: Can Interdependence Work?", *Foreign Policy*, No.110, Special Edition: Frontiers of Knowledge, 1998.

Keohane, Robert, "Governance in a Partially Globalized World", *American Political Science Review*, Vol.95, No.1, 2001.

Keohane, Robert, "Institutional Theory in International Relations", in Michael Brecher and Frank Harvey, eds., *Realism and Institutionalism in International Studies*, Ann Arbor: The University of Michigan Press, 2002.

Keohane, Robert, *Power and Governance in a Partially Globalized World*, London and New York: Routledge, 2002.

Keohane, Robert, Andrew Moravcsik and Anne-Marie Slaughter, "Legalized Dispute Resolution: Interstate and Transnational", *International Organization*, Vol.54, No.3, 2000.

Kim, Samuel, "China's International Organizational Behavior", in Thomas Robinson and David Shambaugh, eds., *Chinese Foreign Policy: Theory and Practice*, Oxford: Clarendon Press, 1995.

Kindleberger, Charles, "Dominance and Leadership in the International Economy", *International Studies Quarterly*, Vol.25, No.2, 1981.

King, Gary, Robert Keohane and Sidney Verba, *Designing Social Inquiry: Scientific Inference in Qualitative Research*, Princeton: Princeton University Press, 1994.

Kirchner, Emil and James Sperling, eds., *The Federal Republic of Germany and NATO: 40 Years After*, New York: St. Martin's Press, 1992.

Koremenos, Barbara, Charles Lipson and Duncan Snidal, "The Rational Design of International Institutions", *International Organization*, Vol. 55, No.4, 2001.

Krasner, Stephen ed., *International Regimes*, Ithaca and London: Cornell University Press, 1983.

Krasner, Stephen, "Global Comunications and National Power: Life on the Pareto Frontier", in David A. Baldwin, ed., *Neorealism and Neoliberalism: The Contemporary Debate*, New York: Columbia University Press, 1993.

Krasner, Stephen, "Compromising Westphalia", *International Security*, Vol.20, No.3, 1995/1996.

Kydd, Andrew, "Trust, Reassurance, and Cooperation", *International Organization*, Vol.54, No.2, 2000.

Lake, David, "The State and American Trade Strategy in the Pre-Hegemonic Era", *International Organization*, Vol.42, No.1, 1988.

Lake, David, "Anarchy, Hierarchy, and the Variety of International Relations", *International Organization*, Vol.50, No.1, 1996.

Lake, David, *Entangling Relations: American Foreign Policy in Its Century*, Princeton: Princeton University Press, 1999.

Lake, David and Robert Powell, eds., *Strategic Choice and International Relations*, Princeton: Princeton University Press, 1999.

Lake, David, "Progress in International Relations: Beyond Paradigms in the Study of Institutions", in Michael Brecher and Frank Harvey, eds., *Realism and Institutionalism in International Studies*, Ann Arbor: The University of Michigan Press, 2002.

Langlois, Catherine and Jean-Pierre Langlois, "Tacit Bargaining in International Relations: A Game Model and A Case Study", *Journal of Conflict Resolution*, Vol. 40, No.4, 1996.

Lanjouw, G. J., *International Trade Institutions*, London and New York: Longman, 1995.

Levy, Jack, "Qualitative Methods in International Relations", in Frank Harvey and Michael Brecher, eds., *Evaluting Methodology in International Studies*, Ann Arbor: The University of Michigan Press, 2002.

Lipson, Charles, "The Transformation of Trade: The Sources and Effects of Regime Change", *International Organization*, Vol.36, No.2, 1982.

Lipson, Charles, "International Cooperation in Economic and Security Affairs", *World Politics*, Vol.37, No.1, 1984.

Lipson, Charles, "Why Are Some International Agreements Informal?", *International Organization*, Vol.45, No.4, 1991.

Maggi, Giovanni, "The Role of Multilateral Institutions in International Trade Cooperation", *The American Economic Review*, Vol. 89, No. 1, 1999.

March, James G. and Johan P. Olson, "The Institutional Dynamics of International Political Orders", *International Organization*, Vol. 52, No. 4, 1998.

Martin, Lisa and Beth Simmons, "Theories and Empirical Studies of International Institutions", *International Organization*, Vol.52, No.4, 1998.

McCalla, Robert, "NATO's Persistence after the Cold War", *International Organization*, Vol.50, No.3, 1996.

McCarthy, Patrick, *Hierarchy and Flexibility in World Politics: Adaptation to Shifting Power Distribution in the United Nations Security*

Council and the International Monetary Fund, Aldershot: Ashgate, 1998.

McGillivray, Fiona and Alastair Smith, "Trust and Cooperation through Agent-specific Punishments", *International Organization*, Vol. 54, No. 4, 2000.

McGinnis, Michael, "Issue Linkage and the Evolution of International Cooperation", *Journal of Conflict Resolution*, Vol.30, No.1, 1986.

Milgrom, Paul, Douglass North and Barry Weingast, "The Role of Institutions in the Revival of Trade: The Law Merchant, Private Judges and the Champagne Fairs", *Economics and Politics*, Vol.2, No.1, 1990.

Miller, Lynn, *Global Order: Values and Power in International Politics*, Boulder: Westview Press, 1990.

Milner, Helen, "International Theories of Cooperation among Nations", *World Politics*, Vol.44, No.3, 1992.

Milner, Helen, "The Assumption of Anarchy in International Relations Theory", in David A. Baldwin, ed., *Neorealism and Neoliberalism: The Contemporary Debate*, New York: Columbia University Press, 1993.

Milner, Helen, *Interests, Institutions, and Information: Domestic Politics and International Relations*, Princeton: Princeton University Press, 1997.

Mitchell, Ronald, "Sources of Transparency: Information System in International Regimes", *International Studies Quarterly*, Vol.42, No.1, 1998.

Mitchell, Ronald and Patricia Keilbach, "Situation Structure and Institutional Design: Reciprocity, Coercion and Exchange", *International Organization*, Vol.55, No.4, 2001.

Moe, Terry, "The New Economics of Organization", *in American Journal of Political Science*, Vol.28, No.4, 1984.

Molyneaux, Peter, "American Trade Policy and World Peace", *Annals of the American Academy of Political and Social Science*, Vol.192, 1937.

Moravcsik, Andrew, "New Statecraft? Supranational Entrepreneurs and International Cooperation", *International Organization*, Vol.53, No.2, 1999.

Morrow, James, "Arms versus Allies: Trade-offs in the Search for Security", *International Organization*, Vol.47, No.2, 1993.

Morrow, James, "Alliances, Credibility, and Peacetime Costs", *Journal of Conflict Resolution*, Vol.38, No.2, 1994.

Morrow, James, "Modeling the Forms of International Cooperation: Distribution Versus Information", *International Organization*, Vol.48, No.3, 1994.

Morrow, James, "The Strategic Setting of Choices: Signaling, Commitment, and Negotiation in International Politics", in David Lake and Robert Powell, eds., *Strategic Choice and International Relations*, Princeton: Princeton University Press, 1999.

Ness, Gayl and Steven Brechin, "Bridging the Gap: International Organizations as Organizations", *International Organization*, Vol.42, No.2, 1988.

Nicholson, Michael, *Rationality and the Analysis of International Conflict*, Cambridge: Cambridge University Press, 1992.

Nielson, Daniel and Michael Tierney, "Delegation to International Organizations: Agency Theory and World Bank Environmental Reform", *International Organization*, Vol.57, No.2, 2003.

North, Douglass, "A Transaction Cost Theory of Politics", *Journal of Theoretical Politics*, Vol.2, No.4, 1990.

Olson, Mancur, "Increasing the Incentive for International Cooperation", *International Organization*, Vol.25, No.4, 1971.

Olson, Mancur and Richard Zeckhauser, "An Economic Theory of Alliance", in Francis Beer, ed., *Alliance: Latent War Communities in the Contemporary World*, New York: Holt, Rinehart and Winston, Inc, 1970.

Osiander, Andreas, "Sovereignty, International Relations, and Westphalian Myth", *International Organization*, Vol.55, No.2, 2001.

Pahre, Robert, "Most-Favored-Nation Clauses and Clustered Negotiations", *International Organization*, Vol.55, No.4, 2001.

Pierson, Paul, "Increasing Returns, Path Dependence, and the Study of Politics", *American Political Science Review*, Vol.94, No.2, 2000.

Powaski, Ronald, *The Entangling Alliance: The United States, and European Security, 1950—1993*, Westport: Greenwood Press, 1994.

Preeg, Ernest H., *Traders in a Brave New World: The Uruguay Round and the Future of the International Trading System*, Chicago and London:

The University of Chicago Press, 1995.

Puchala, Donald and Raymond Hopkins, "International Regimes: Lessons from Inductive Analysis", in Stephen Krasner, ed., *International Regimes*, Ithaca and London: Cornell University Press, 1983.

Reisman, Simon, "The Birth of a World Trading System: ITO and GATT", in Orin Kirshner ed., *The Bretton Woods-GATT System: Retrospect and Prospect after Fifty Years*, Armonk and London: M. E. Sharpe, 1996.

Reus-Smit, Christian, "The Constitutional Structure of International Society and the Nature of Fundamental Institutions", *International Organization*, Vol.51, No.4, 1997.

Rosendorff, B. Peter and Helen Milner, "The Optimal Design of International Trade Institutions: Uncertainty and Escape", *International Organization*, Vol.55, No.4, 2001.

Ruggie, John, "International Responses to Technology: Concepts and Trends", *International Organization*, Vol.29, No.3, 1975.

Sandler, Todd, "Alliance Formation, Alliance Expansion, and the Core", *Journal of Conflict Resolution*, Vol. 43, No.6, 1999.

Sandler, Todd and Jon Cauley, "Design of Supranational Structures: An Economic Perspective", *International Studies Quarterly*, Vol.21, No.2, 1977.

Sandler, Todd and Keith Hartley, *The Political Economy of NATO: Past, Present, and into the 21st Century*, Cambridge: Cambridge University Press, 1999.

Sartori, Anne, "The Might of the Pen: A Reputational Theory of Communication in International Disputes", *International Organization*, Vol. 56, No.1, 2002.

Shell, G. R., "Trade Legalism and International Relations Theory: An Analysis of the World Trade Organization", in Robert Howse ed., *The World Trading System: Critical Perspective on the World Economy*, Vol.Ⅱ, London and New York: Routledge, 1998.

Smith, E. Timothy, *The United States, Italy and NATO, 1947—1952*, New York: St. Martin's Press, 1991.

Snidal, Duncan, "The Limits of Hegemonic Stability Theory", *Interna-*

tional Organization, Vol.39, No.4, 1985.

Snyder, Glenn, "The Security Dilemma in Alliance Politics", *World Politics*, Vol.36, No.4, 1984.

Sprupt, Hendrik, "Institutional Selection in International Relations: State Anarchy as Order", *International Organization*, Vol.48, No.4, 1994.

Stein, Arthur, *Why Nations Cooperate: Circumstance and Choice in International Relations*, Ithaca and London: Cornell University Press, 1990.

Strange, Susan, "Cave! hic dragones: a Critic of Regime Analysis", in Stephen Krasner, ed., *International Regimes*, Ithaca and London: Cornell University Press, 1983.

Sweet, Alec and Thomas Brunell, "Constructing a Supranational Constitution: Dispute Resolution and Governance in the European Community", *American Political Science Review*, Vol.92, No.1, 1998.

Taylor, Michael, *Community, Anarchy, and Liberty*, Cambridge: Cambridge University Press, 1982.

Thelen, Kathleen and Sven Stelnmo, "Historical Institutionalism in Comparative Politics", in Sven Stelnmo, Kathleen Thelen and Frank Longstreth, eds., *Structuring Politics*, Cambridge: Cambridge University Press, 1992.

Tonelson, Alan, "The Economics of NATO", in Ted Galen Carpenter, ed., *NATO at 40: Confronting a Changing World*, Washington, D.C.: Cato Institute, 1990.

Underdal, Arild, "Explaining Compliance and Defection: Three Models", *European Journal of International Relations*, Vol.4, No.1, 1998.

Wagner, Harrison, "Economic Interdependence, Bargaining Power and Political Influence", *International Organization*, Vol.42, No.3, 1988.

Wallander, Celeste, "Institutional Assets and Adaptability: NATO After the Cold War", *International Organization*, Vol.54, No.4, 2000.

Weber, Katja, "Hierarchy Amidst Anarchy: A Transaction Costs Approach to International Security Cooperation", *International Studies Quarterly*, Vol.41, No.2, 1997.

Weber, Katja, *Hierarchy Amidst Anarchy: Transaction Costs and Institutional Choice*, Albany: State University of New York, 2000.

Weber, Steven, "Institutions and Change", in Michael Doyle and G. John Ikenberry, eds., *New Thinking in International Relations Theory*, Boulder: Westview Press, 1997.

Weingast, Barry and William Marshall, "The Industrial Organization of Congress; or Why Legislatures, like Firms, Are not Organized as Markets", *Journal of Political Economy*, Vol.96, No.1, 1988.

Werner, Suzanne and Douglas Lemke, "Opposites Do not Attract: The Impact of Domestic Institutions, Power, Prior Commitments on Alignment Choices", *International Studies Quarterly*, Vol.41, No.3, 1997.

Willetts, Peter, "Transactions, Networks and Systems", in A.J.R.Groom and Paul Taylor, eds., *Frameworks for International Cooperation*, London: Pinter, 1990.

Williams, Michael, "Hobbes and International Relations: A Reconsideration", *International Organization*, Vol.50, No.2, 1996.

Williamson, Oliver, "Reflections on the New Institutional Economics", in *Journal of Institutional and Theoretical Economics*, Vol.141, No.1, 1985.

Williamson, Oliver, "The Firm as a Nexus of Treaties: An Introduction", in Masahiko Aoki, Bo Gustafsson and Oliver Williamson, eds., *The Firm as a Nexus of Treaties*, London: Sage Publication, 1990.

Williamson, Oliver, "Hierarchies, Markets and Power in the Economy: An Economic Perspective", in Claude Menard, ed., *Transaction Cost Economics: Recent Developments*, Cheltenham: Edward Elgar Publishing Limited, 1997.

Williamson, Oliver, "The New Institutional Economics: Taking Stock, Looking Ahead", *Journal of Economic Literature*, Vol.38, No.3, 2000.

Williamson, Oliver and Scott Masten, eds., *The Economics of Transaction Costs*, Cheltenham: Edward Elgar Publishing Limited, 1999.

Woodhouse, C. M., "Attitudes of NATO Countries toward the United States", *World Politics*, Vol.10, No.2, 1958.

Yarbrough, Robert and Beth Yarbrough, "Reciprocity, Bilateralism and Economic 'Hostages': Self-enforcing Agreements in International Trade", *International Studies Quarterly*, Vol.30, No.1, 1986.

Yarbrough, Beth and Robert Yarbrough, "Cooperation in Liberation of International Trade: After Hegemony, What", *International Organization*, Vol.41, No.1, 1987.

Yarbrough, Beth and Robert Yarbrough, "International Institutions and the New Economics of Organization", *International Organization*, Vol. 44, No.2, 1990.

Yarbrough, Beth and Robert Yarbrough, *Cooperation and Governance in International Trade: the Strategic Organizational Approach*, Princeton: Princeton University Press, 1992.

Young, Oran, "International Regimes: Problems of Concept Formation", *World Politics*, Vol.32, No.3, 1980.

Young, Oran ed., *The International Political Economy and International Institutions*, Cheltenham: E.Elgar Pub.Co., 1996.

Zahariadis, Nikolaos, "Asset Specificity and State Subsidies in Industrialized Countries", *International Studies Quarterly*, Vol.45, No.4, 2001.

Zimmerman, William, "Issue Area and Foreign-policy Process: A Research Note in Search of a General Theory", *American Political Science Review*, Vol.67, No.4, 1973.

Zurn, Michael, "Assessing State Preferences and Explaining Institutional Choice: The Case of Intra-German Trade", *International Studies Quarterly*, Vol.41, No.2, 1997.

索　引

A

B

C

D

K

X

Y

后 记

本书是运用经济学理论和方法来分析国际关系问题的一次尝试。套用当今学术界的流行说法，本书也可以算是“经济学帝国主义”的一个产物。在我看来，经济学对国际关系研究领域的“入侵”首先来自方法论上的辐射力。在现代社会科学的各个主流学科中，经济学在形式上最接近自然科学，理论化或科学化程度最高。主流经济学已经形成了一套相当严谨、相当简约、在某种意义上甚至相当优美的研究方法。这套研究方法不仅在主流经济学中无可争议，而且对其他社会科学学科也具有莫名的吸引力。随着经济学研究方法的“外溢”，一些国际关系学者比照经济学理论的建构方式来提出自己的分析框架，甚至直接运用经济学的理论模型来解释国际关系中的经验问题。肯尼思·沃尔兹和罗伯特·基欧汉等国际关系理论大师的研究工作就为我们树立了这样的“样板”。此外，原属于经济学的一些研究对象也进入国际关系学者的视野，如国际贸易、国际金融、国际投资、发展与对外援助等，从而形成了国际政治经济学。虽然国际政治经济学在构建理论体系的努力上并没有取得显著进展，但是在经验研究上却取得了累累硕果，极大地开拓了国际关系学者的研究视野。

从方法、理论和视野这三个方面来看，本书体现了从经济学到国际关系研究“知识迁移”的某种努力。应该说，这种萌动在我攻读国际政治本科专业时就已开始。我购买的第一本国际关系理论著作就是罗伯特·吉尔平的《世界政治中的战争与变革》，读后为经济学理论在该书中的有效应用深深打动。硕士论文的写作为我将这种萌动转化为真正的学术探索提供了第一个机会。在学习国际关系理论的过程中，我注意到当代国际关系理论的主流学派之一——新自由制度主义的研究纲领正是借助新制度经济学的研究成果而确立起来的。鉴于这样一种学术脉络，我在硕士论文中，将新制度经济学理论用于解释国际制度的需求问题和供给问题。在读博士以后，通过对国际制度文献更广泛、更深入的研读，我发现国际制度文献更多地聚焦于制度效率问题，而对制度形式问题并没有给予足够的关注。对于默契、国际协议、国际组织和超国家组织等不同制度形式，国际关系学者的通常做法是分别进行研究，而没有将其看作处于同一连续谱系上的国际制度形式。也就是说，现有国际制度文献没有明确提炼出国家在上述不同的制度形式中如何作出选择的问题。而以奥利弗·威廉姆森为集大成者的交易成本经济学为经济生活中的制度选择问题提供了一种有效的分析工具。因此我决定在博士论文中，借助较为成熟的交易成本经济学研究路径，来为国际关系中的制度选择现象提供一种理论解释。本书正是在我的博士论文基础上修改而成的。

感谢我的博士导师陈岳教授。正是陈老师的宽容、理解与支持使我能够在这条多少有些“标新立异”的研究道路上不断前行。陈老师仔细审阅了论文初稿，大到篇章结构，小到标点符号，他都提出了中肯的修改意见。陈老师还经常关心我的生活情况，让我备感温暖。

感谢我的硕士导师宋新宁教授。作为最早将国际政治经济学介绍到中国学术界的学者之一，宋老师将我引入了国际政治经济学的学术殿堂。在我读博士期间，宋老师不仅继续关心我的学业进展，而且鼓励我将国际制度的研究深入下去。

感谢所有参加我的博士论文开题、评审和答辩的各位学界前辈。中国人民大学国际关系学院李景治教授、时殷弘教授、金灿荣教授、李宝俊教授在论文开题报告论证会上提出了宝贵的建议，使我的论文在研究设计上更趋合理。中国人民大学国际关系学院张小劲教授和景跃进教授仔细审阅了论文初稿，他们在社会科学方法论上的丰富知识令我受益匪浅。中国人民大学经济学院杨瑞龙教授也审阅了论文初稿，对我将新制度经济学方法应用于国际关系研究的尝试给予了热情的鼓励。宋新宁教授、中国人民大学经济学院方福前教授、中国社会科学院世界经济与政治研究所王逸舟教授、北京大学国际关系学院贾庆国教授、中国现代国际关系研究院傅梦孜教授在百忙之中参加了我的论文答辩会，提出了许多中肯的意见。此外，对我的论文进行匿名评审的各位专家亦充分肯定了论文的价值，在此一并表示衷心的感谢。

本书有幸纳入“当代国际政治丛书”，同样是和学界前辈的提携分不开的。王逸舟教授在答辩会结束后就热情地将我的博士论文推荐给上海人民出版社。作为丛书主编，华东师范大学国际关系与地区发展研究院冯绍雷教授提出了详尽而中肯的修改意见，对本书的修改工作有很大帮助。他们的师长风范让我终生难忘。

在书稿修改过程中，复旦大学国际关系与公共事务学院苏长和博士为我提供了富于建设性的评论，方福前教授也以经济学家的眼光给予了进一步的指点。上海人民出版社的范蔚文先生和杨承纮先生为本书的出版付出了很多辛劳，他们的专业眼光和敬业精神令我钦佩。

感谢欧盟委员会设立的“亚洲联系项目”(Asia-Link Programme)。在这个项目的资助下，我于 2003 年赴英国杜伦大学(University of Durham)访问学习，为博士论文写作搜集了大量的英文文献资料。杜伦大学政治系威廉·卡拉汉博士(Dr. William Callahan)、华威大学(University of Warwick)国际关系系研究生张珊珊在我访学期间提供了很多帮助。此外，英国杜伦大学政治系研究生乔纳森·古德威尔(Jonathan Goodwill)、美国老自治领大学(Old Dominion University)亚洲研究所博士候选人卢春龙也帮我搜集了一些研究资料。对于他们的帮助，在此表示由衷的谢忱。

2005 年，我申请的教育部人文社会科学研究青年基金项目《中国参与国际合作的制度形式研究》获得立项资助(批准号为 05JCGJW012)。作为该项目研究计划的一个组成部分，本书确立的模型为我分析中国在对外关系中的制度选择行为提供了理论准备。感谢教育部提供的资助和支持。

感谢《世界经济与政治》《欧洲研究》《经济研究》《教学与研究》《国际论坛》等期刊为我发表学术成果提供了园地，使我在学术探索的路途中不断获得信心和力量。

自 1994 年入学起，我在中国人民大学国际关系学院连续攻读了十年，博士毕业后又以教师的角色成为这一学术重镇中的一员。感谢所有教过我、帮过我的老师们。除了前面提及的学界前辈，我在此特别向林甦、王乐理、杨光斌、萧延中、刘丽云、罗天虹、房乐宪等老师表达深深的谢意。

最后，衷心感谢我的家人。没有他们的期待和奉献，本书的完成将是难以想象的。

田 野

2006 年 2 月 9 日

重版后记

作为我的第一部学术专著,《国际关系中的制度选择:一种交易成本的视角》有幸列入国内享有盛誉的"当代国际政治丛书",由上海人民出版社于2006年出版。时光荏苒,本书初版至今已逾十年。2016年年初参加"当代国际政治丛书"出版二十周年座谈会后,上海人民出版社的潘丹榕女士向我建议本书可出修订版(第二版)或者重版。经过斟酌,我觉得本书还是以重版为宜。主要的考虑,一是本书的基本学术观点尚无意加以改动,个别错字和标点可以通过重版来修正;二是即使本书在学术观点上还有不完善的地方,保留原样不动也可使其在学术史上的意义得以保存,以便围绕着相关理论脉络继续进行学术探索与争鸣。

针对本书所阐述的国际制度选择的交易成本模型,这些年来一些学界同仁发表了若干评论,先后见刊于《世界经济与政治》《河南师范大学学报》《外交评论》《制度经济学研究》等期刊上,以及一些相关主题的学术著作中。这些评论既有肯定和赞誉,也有批评和商榷。在本书重版之际,我向这些评论的作者表示衷心的感谢。作为学术制度的一个重要组成部分,学术争鸣可以促进知识的增长。因此我借此机会对学术批评中某些我认为比较重要的问题加以回应,以便更好地推动学界对国际制度的交易成本分析。

一是由于交易成本难以独立测定,有学者认为"交易成本"这个概念本身就有问题,因而主张废弃这个概念。本书在文献回顾中已经说明,尽管科斯在提出其交易成本概念时面临着难以测度的困难,但这个困难已经由交易成本经济学的集大成者——奥利弗·威廉姆森通过交易成本推理的操作化加以解决了,而这正是威廉姆森继科斯和诺思之后作为第三位制度经济学家获得诺贝尔经济学奖的主要理由。本书初版时，威廉姆森在新制度经济学中的地位已然确立，但毕竟还没有诺奖得主的光环，而且按照诺贝尔奖的授奖惯例，新制度经济学代表人物中已经有科斯、诺思先后获奖，作为同一领域研究者的威廉姆森再度获奖的可能性也不是很大。2009 年 10 月，我正在纽约和同事聚会，从新闻中获悉当年诺贝尔经济学获得者竟然是威廉姆森和另一位更冷门的获奖者——政治学家奥斯特罗姆，当时我的心态完全可以用“惊喜”二字形容。威廉姆森的获奖，一方面和 2008 年国际金融危机下经济治理问题的凸显有关，另一方面也进一步表明了交易成本分析对社会科学研究包括国际关系研究的重大价值。

二是本书没有将国家间交易收益纳入制度选择的模型。有批评者认为，因为协议实施涉及成本和收益，交易成本只是成本中的一部分。还有批评者指出：“实现国际合作是目的。降低交易费用是手段，是第二位的。”其言下之意是，在讨论国际制度选择时需要认真考虑甚至首先考虑国际合作或者国际交易的收益。诚然，交易收益对国际合作是有重要意义的，如果没有交易收益，或者交易收益小于交易成本，国际合作就不会发生了。也正是在这个意义上，在交易收益不为零时，国家要使交易成本尽可能小于交易收益。我认为，这个意思事实上已包含在本书对“降低国家间交易成本”的论述中。而且，在制度选择问题上可以有两种表示方法，一种是假设交易收益给定，使交易成本最小化的制度安排为最优制度安排；另一种是假设交易成本给定，使交易收益最大化的制度安排为最优制度安排。由于新制度经济学文献为交易成本而非交易收益提供了更有效的分析工具，本书将交易收益看作给定在研究设计上是必要的，也是可行的。

三是国家并非总是要降低交易成本。有批评者指出：“如果多花点交易成本能够实现更大的利益，则多付出一些交易成本也是值得的。”批评者以沃利斯和诺思对美国交易成本的度量为据来说明，现代经济中交易成本不仅在绝对量上出现了增长，而且相对量也出现了增长。批评者的用意似乎是在强调经济越发达，交易成本就应该越高，因此没有太大的必要来降低交易成本。这里我们需要分清“交易成本的总和”与“每一笔交易成本”。沃利斯和诺思所估算的是 1870 年到 1970 年间“交易成本的总和”占美国国民生产总值的比重，即从 25％上升到了

45%。导致这一比重上升的主要原因在于发达经济体中分工与专业化的发展带来了交易范围的扩张与交易频率的增加,而不是单笔交易成本的提高。诺思非常清楚地说明了这种差别:“我们希望通过交易成本总量的增加实现亚当·斯密所展示的生产的专业化和劳动分工带来得的好处。同时,我们希望能够以较低的成本实现每一笔交易。”[1]因此,针对某个议题领域中高额交易成本对国际合作的阻碍,国家需要通过国际制度设计来降低交易成本,从而实现可以相互获益的合作。

四是很难说某一项国际制度安排降低了交易成本,至少难以找到相应的经验证据。对于这种看法,我想强调的是交易成本分析本质上是比较制度分析,不能就某一个制度安排来探讨其交易成本的高低。威廉姆森的核心思想正是比较“各种治理结构下的不同交易成本”,而不是“一个个治理结构的成本”。威廉姆森认为,“无论在什么情况下,交易成本经济学的应用都是比较制度分析”。[2]他在《资本主义经济制度》一书的绪论中也明确指出:“交易成本分析方法……考察在另一种治理结构下,为完成任务需要花费多少计划成本、调整成本和监督成本,再比较这两种成本之高低。”[3]因此,如果没有比较,就不能简单地说一种国际制度降低了交易成本。事实上,本书的理论假说都是在比较的意义上提出的,两个案例研究也都是在比较的框架下讨论的。

五是最优制度选择似乎违反了交易成本分析的辅助性行为假设——个体有限理性与机会主义。有批评者认为,行为体在国际制度选择过程中,无法确切地知晓所有的制度选项,无法对这些选项的治理能力与交易成本进行加总、比较、排序,更无法就何谓最优制度达成共识,并为实现该制度结果实施联合行动。因此,“最优制度选择违背了有限理性与机会主义的定义特征,与交易成本理论的辅助性行为假设难以兼容”。这种批评意见敏锐地注意到了有限理性和完全理性的区别,但是忽视了新制度经济学所强调的另外两点。首先,有限理性也是目标导向的,其对最大化的条件约束可以纳入成本范畴(比如信息成本)。其次,根据威廉姆森的“有远见的缔约”[4],行为体有能力预见、感知风险,从而有能力设计出各种制度安排。事后治理结构的设计正是用来对付不完全契约所带来的各种问题,特别是机会主义问题。这样,在各种成本约束下,行为体会选择最优的制度安排以更有效地应对信息不完全和机会主义等问题。

六是有限理性假定不宜作为分析国际合作问题的基本假定。批评者认为,"合作障碍的根源是作为行动系统属性的不确定性,而不是作为行为体属性的有限理性"。批评者试图以不确定性来代替有限理性作为分析合作问题的起点。但实际上,有限理性是行为体的特征,不确定性是环境(结构)的特征。两者不是非此即彼的关系,单一的解释也都不充分。在哲学层次上,这两者谁更重要的问题也许要追根问底。但在社会科学中,根据具体的研究问题选择一个作为分析的起点即可。为了给国家的对外行为找到更可靠的微观基础,本书还是从行为体的属性出发来推演国际制度选择的逻辑。

七是资产专用性、不确定性等自变量与国际制度选择这一因变量之间关系的有关假说似乎不能成立。有批评者认为本书的假说 4 不成立,因为资产专用性有可能增加国家间的依附性,导致合作意愿下降,从而减低制度化水平。批评者显然没有理解威廉姆森关于资产专用性的论述。根据威廉姆森对市场和企业两种治理结构的比较,当其他条件不变时,资产专用性程度越高,事后机会主义行为给交易方带来的损失就越大,因此交易就越适合由更可能制约事后机会主义行为的企业来组织。同样,在国际关系中,制度化水平更高的制度安排越有可能制约事后机会主义行为,因此资产专用性越高,国家就越有可能选择制度化水平较高的制度安排。批评者还认为本书的假说 5 不成立,因为其可能导致意料之外的主权等方面的成本而制约制度化水平。在此,批评者忽视了交易成本经济学的一个基本假设,即机会主义行为是导致事后交易成本的主要原因。正是由于可能的机会主义行为,行为体才会面对交易中大量的不确定性,这种不确定性被威廉姆森称为行为上的不确定性。由于制度化水平更高的制度安排可以更有效地制约事后机会主义行为,当行为上的不确定性越大时,国家就越有可能选择制度化水平较高的制度安排。总体来看,对本书上述假说的批评更多地来自对交易成本经济学逻辑的理解不够充分,特别是对事后交易成本和事先交易成本的不同形成机制的区分不甚了了。实际上,交易成本经济学在新制度经济学各种分支中独树一帜的一个原因就在于对资产专用性和事后机会主义行为的强调。因此,借此重版之际,我建议读者在阅读本书时可以先浏览一下威廉姆森等人的交易成本经济学著作或者相关的新制度经济学教科书。

八是本书没有看到制度在建立社会关系方面的作用，特别是忽视了社会规范这样的非正式制度的作用。基于交易成本分析方法，本书将效率作为评价制度绩效的标准，而没有考虑制度在塑造身份认同和社会合法性上的作用。实际上，国际制度理论从研究路径上可以分为理性主义国际制度理论和建构主义或社会学的国际制度理论，本书只是在理性主义的路径下讨论了国际制度的形式选择问题。在制度形式上，建构主义或社会学的国际制度理论也可以提供相当有力的解释。朱杰进的《国际制度设计：理论模式与案例分析》[5]一书正是在这一路径下为国际制度形式选择问题提供了新的解释，可以与本书的理性主义解释形成互补。不过需要注意的是，由于社会学制度主义主要以合法性机制来解释组织趋同性，因而在这一视角下的分析难以有效分析各种制度形式之间的差别。

九是本书将主权制度设定为基本的制度环境，从而将国际交易看作平等的主权国家之间的权利转移。有批评者指出，这样的解释是存在问题的，交易不一定是平等主体之间的平等交换。批评者以制度经济学家巴泽尔对奴隶制衰落的分析为例，奴隶主与奴隶之间的不平等交易也是一种契约(奴隶合同)。感谢批评者对此问题的系统论述。虽然我在结语部分提及本书的理论模型可以解释帝国主义、殖民主义等准契约问题，但也只是列举了一些相关的文献，并没有将其与交易概念在国际政治中的适用范围放在一起加以讨论。正如戴维·莱克 2009 年出版的著作[6]所表明的，国际关系中的等级制也是现代国际体系中非常普遍的现象，更不用说在前现代的国际体系中了。随着近年来对东亚古代国际体系研究的升温，如何更有效地运用交易成本分析方法来讨论这些与主权规范不一致的制度环境下国家在对外关系中的制度选择，在未来的一段时期内将是我思考和探索的一个方向。

此外，还有一些批评意见也提出了重要的问题，不过由于我在本书结语第三节“有待深化研究的问题”中已经事先进行了说明，在此就不再展开了。比如有批评者指出，本书“试图将对所有制度的解释还原到个体的理性计算的层次上，也就是试图在制度真空中解释一种制度”。另有批评者也强调:“制度选择并非发生于一个制度真空的环境中。”本书结语已坦诚指出:“本书由于理论建模的限制,我们的制度选择模型有意将制度环境视为给定的外生变量,除了强调主权制度的基本环境外,并没有认真考虑制度网络的问题。”又如,有学者认为本书“关心的是制度之间的比较,而忽视了制度变迁的过程”。的确如此,本书结语就言明:“我们并没有对国际关系中的制度变迁展开系统的分析,尽管为之提供了某些分析基础。”尽管如此,这些批评仍表明,本书虽然有意绕开了这些问题,但这些问题本身仍然具有重要的意义,而且和本书所讨论的制度选择问题密切相关,值得深入探索和追踪研究。

自本书初版以来,中国学者在相关的理论研究领域中已经取得了不少新的成果。尽管本书理论模型的适用范围并非只限于国际政治经济学领域,但还是由于研究方法和案例选择的原因而被更多地看作国际政治经济学著作。在时间上不无巧合的是,2006年前后中国的国际政治经济学研究开始进入到“范式转换”(paradigm shift)的阶段。为了反映十余年来国际政治经济学理论在中国的新发展,我撰写了《国际政治经济学理论在中国:回顾与思考》一文作为重版序言,希望以此弥补这次没有修订给读者带来的某些缺憾。

最后,感谢上海人民出版社的潘丹榕女士,正是她的支持使本书在出版十余年后得以重新面世。本书重版的责任编辑史桢菁女士为版式调整及文字订正做了大量细致的工作,在此也一并致谢。据出版社方面查询,本书在2010年就已售罄。这几年来,坊间对本书仍有需求,但也只好去图书馆借阅复印。有学生告诉我,本书的复印本甚至在书店中有售。希望本书的重版能够满足读者的需求,并在原版的基础上继续推进中国的国际政治经济学理论与国际制度研究的蓬勃发展。

田　野

2017年8月10日

注释

1. [美]道格拉斯·诺思：《经济学的一场革命》，载[法]克劳德·梅纳尔编：《制度、契约与组织——从新制度经济学角度的透视》，刘刚等译，北京：经济科学出版社 2003 年版，第 51 页。

2. Oliver Williamson, "Hierarchies, Markets and Power in the Economy: An Economic Perspective", in Claude Menard, eds., *Transaction Cost Economics: Recent Developments*, Cheltenham: Edward Elgar Publishing Limited, 1997, p.7.

3. [美]奥利弗·威廉姆森：《资本主义经济制度》，段毅才、王伟译，北京：商务印书馆 2002 年版，第 9 页。

4. [美]奥利弗·威廉姆森：《治理机制》，王健、方世建等译，北京：中国社会科学出版社 2001 年版，前言第 9 页。

5. 朱杰进：《国际制度设计：理论模式与案例分析》，上海：上海人民出版社 2011 年版。

6. David Lake, *Hierarchy in International Relations*, Ithaca: Cornell University Press, 2009.

图书在版编目(CIP)数据

国际关系中的制度选择:一种交易成本的视角/田野著. —增订本. —上海:上海人民出版社,2018
(当代国际政治丛书)
ISBN 978-7-208-14878-9

Ⅰ.①国… Ⅱ.①田… Ⅲ.①国际关系-研究 Ⅳ.①D81

中国版本图书馆CIP数据核字(2017)第268691号

责任编辑 史桢菁 潘丹榕
封面设计 晓阳工作室

·当代国际政治丛书·
国际关系中的制度选择
——一种交易成本的视角
(增订版)
田 野 著
世 纪 出 版 集 团
上海人民出版社出版
(200001 上海福建中路193号 www.ewen.co)
世纪出版集团发行中心发行 上海商务联西印刷有限公司印刷
开本 635×965 1/16 印张 20 插页 4 字数 281,000
2018年1月第1版 2018年1月第1次印刷
ISBN 978-7-208-14878-9/D·3133
定价 65.00元

当代国际政治丛书

书名	作者		定价
国际关系中的制度选择:一种交易成本的视角(增订版)	田　野	著	65.00 元
制衡美元:政治领导与货币崛起	李　巍	著	58.00 元
当代国际政治析论(增订版)	王逸舟	著	68.00 元
东亚秩序论——地区变动、力量博弈与中国战略	门洪华	著	48.00 元
国际政治学概论(第四版)	李少军	著	55.00 元
国家的选择——国际制度、国内政治与国家自主性	田　野	著	45.00 元
关系与过程——中国国际关系理论的文化建构	秦亚青	著	42.00 元
危机下的抉择——国内政治与汇率制度选择	曲　博	著	35.00 元
规范、网络化与地区主义——第二轨道进程研究	魏　玲	著	35.00 元
社会认知与联盟信任形成	尹继武	著	32.00 元
全球公共问题与国际合作:一种制度的分析	苏长和	著	32.00 元
语言、意义与国际政治——伊拉克战争解析	孙吉胜	著	36.00 元
霸权体系与国际冲突	秦亚青	著	32.00 元
中国安全观分析(1982—2007)	李小华	著	36.00 元
意识形态与美国外交	周　琪	主编	42.00 元
西方国际政治学:历史与理论(第二版)	王逸舟	著	35.00 元
国际政治理论的社会学转向:建构主义研究	袁正清	著	25.00 元
世界秩序:结构、机制与模式	潘忠岐	著	30.00 元
社会性别视角下的国际政治	李英桃	著	26.00 元
和平的纬度:联合国集体安全机制研究	门洪华	著	35.00 元
美国人权外交政策	周　琪	著	30.00 元
国家与超国家——欧洲一体化理论比较研究	陈玉刚	著	31.80 元
弹道导弹防御计划与国际安全	朱　锋	著	36.00 元
全球化时代的国际安全	王逸舟	主编	28.00 元
国际政治理论探索在中国	资中筠	主编	23.00 元
制度变迁与对外关系——1992 年以来的俄罗斯	冯绍雷	著	30.50 元
冷战及其遗产	张小明	著	22.00 元
文明与国际政治——中国学者评亨廷顿的文明冲突论	王缉思	主编	19.00 元